わが人生 19

◉神奈川歯科大学理事長
鹿島 勇

婆《ば》娑《さ》羅《ら》な人生に破顔一笑する

神奈川新聞社

婆娑羅な人生に破顔一笑する

目次

本書第1章は神奈川新聞「わが人生」欄に２０２０（令和２）年6月1日から8月31日まで、63回にわたって連載されたものに加筆・修正しました。

はじめに

３カ月にわたる神奈川新聞連載を愛読していただいた友人・知人からの数々の指摘により、新たな自分を発見することができました。私の人生を瞥見《べっけん》してきた彼らの疑問に対して、納得のいく答えが文章の中に点在しているとのことでした。

コラムの中に出てくるフレーズ、「私の中の私の私」「嘘の皮を被って真を貫く」「状況に応じて別の自分を創り上げて物語の主人公の如く錯覚に陥れる」、まさにサイコパス的な人間のなせる技。また時間の経過に関係なく、過去の情景を場面ごとに細部にわたって映像として記憶に残せる術、それは一つの突出した能力と言えるサバン症候群に少し近い。雑念を忘却という手段で消し去り、ただ一点にのみ集中できる性格はある意味アスペルガー症候群。それらは、少年時代の複雑な家庭環境による心的障害を伴ったまま成長してきたアダルトチルドレンの延長線上にあるとのことでした。

そのまま解釈すれば、私は心的外傷を伴う発達障害であり、精神的そして知的障害を併せ持つ人間ということになります。それは、狂気に近い大胆さと病的ともいえる繊細さとのバランスを取りながら生きることを理想とする私の信念に近いものがあり、決して悪い評価とは思っていません。

第1章では、プライドや虚栄心を排し、ありのままの73年間にわたる自分史をつづることにいたします。

さて本学は、1910年、東京神田猿楽町を開学の地とし、以来、幾多の困難と危機を乗り越え、今年で、創立111年目を迎えることになります。その100年目に当たる11年前の2010年、自ら招いた不祥事により、本学は存続そのものが危ぶまれる、創立以来の致命的とも言える大打撃を被りました。その原因は、社会変化を見据えた的確な危機感と、将来本学が「こうありたい」、「こうあるべきである」という未来構想の欠如にほかなりませんでした。そのため、非効率的な組織運営と不健全な財務管理が、長きにわたって放置されてきた結果でした。

しかしながら私たちはこの不祥事を、いつかは実行しなければならない抜本的な大学構造改革の契機として、むしろ前向きに捉えることに致しました。そして2010年を節目とした、新しき旅立ちに当たり、本学の未来を戦略的にデザインするとともに、その実現に向けた改革を進めてまいりました。改革は大学再建という大義の元、分裂・破壊・創造を繰り返す激しいものとなりました。

これまでの12年間、1年毎に改革の反省と次なるビジョンについて、学内新聞（神奈川歯科大学新聞）新年号の冒頭に述べてきました。それは、「ペン」の力によって教職員を鼓舞し、危機感を共有しながら大学再建に突き進むという私の戦略の一つでした。

第2章では、改革元年（２０１０年）からメタモルフォーゼ（２０２１年）まで、復旧と復興を同時に進めてきた本学再建の歴史をつづることにいたします。

第1章　わが人生

110年の歴史持つ大学

横須賀には艦《ふね》と英語とジャズが似合う――。

横須賀の象徴、記念艦・三笠を擁する三笠公園のすぐそばに、わが神奈川歯科大があります。現在、歯学部に在学する学生は1年生から6年生まで計711人。歯学部を持つ県内の大学は、本学と鶴見大学（横浜市鶴見区）だけです。学校法人神奈川歯科大学は歯学部と短期大学部（歯科衛生学科・看護学科）、付属病院、横浜クリニック、東京歯科衛生専門学校、羽田空港第3ターミナル歯科などを運営しています。

神奈川歯科大が横須賀市稲岡町に開学したのは1964（昭和39）年ですが、前身は10（明治43）年、東京・神田に開校された東京女子歯科医学校にさかのぼります。以来、110年の歴史の中で、神奈川歯科大は多くの有為な人材を輩出し、日本の歯科医学教育機関の一翼を担ってきました。近年は、歯科医師国家試験の合格率で私立歯科大学のベスト5に入っています。

建学の精神「生命に対する畏敬の念」に込められた教育理念は、専門知識や技術の習得だけではありません。そこには「全てのものに対する〝慈しみの心〟を養い、培う」という壮大な世界観が含まれています。それは、最も小さい単位である自分自身から家族、きょうだい、友人、隣人、ひいては生きとし生けるもの、果ては森羅万象に対する慈しみの心を学び取ることを意味します。それは〝知と愛〟のバランスの取れた医療人の育成につながります。

正門前で大学の未来像を語る

また、本学は「健康長寿社会を支えるプロフェッショナル組織」の構築を将来ビジョンに据えています。それは日本だけでなく、世界のグローバル化という時代の潮流に沿ったものでなくてはなりません。そこで9年前からアジア全域を対象とした国際歯科医療教育機関としての役割を担うべく、積極的に留学生を受け入れて来ました。目下、135人の留学生が歯学部で研さんを積んでいます。

私は戦後の第1次ベビーブームの初年、1947年に生まれた〝団塊の世代〟です。受験戦争の中で青春を過ごし、高校卒業後、故郷・宮崎県を離れて神奈川歯科大に入学しました。以来、横須賀生活は通算で半世紀近くになります。大学院に進み、米国留学を経て本学卒業生の教授第1号になりました。

２００９年に神奈川歯科大学理事長に就任しましたが、それは大学の理事らが不祥事で逮捕され、メディアの注目を集める混乱のさなかでした。

“消去法”で理事長に

前身から数えれば１１０年に及ぶ神奈川歯科大の先進的な歴史を語るとき、世間をお騒がせした一大汚点を避けるわけにはいきません。２００９年に理事長に就任した私が託されたのは、当時、混乱の極みにあった大学の再建と信頼の回復でした。

12年前、逮捕者を出す刑事事件に発展した本学理事による不正投資によって、大学は存続の危機に陥りました。大きな組織が崩壊していく様は、一つの国が滅びてゆくときの無秩序状態に酷似しています。人、もの、お金、感情、思惑、恨み、裏切りなど人間の本質が見事に露呈します。「歴史はうそと裏切りでつくられる」という格言を痛感させられました。教育界や地元の方々はもちろん、本学の教職員でさえ、大学の歴史の終焉《しゅうえん》を覚悟していました。

そのようなときに〝消去法〟によって私は理事長に推挙されました。大任を引き受けたのは、年明けの２０１０年が本学の創立１００周年の記念すべき年であり、私が本学卒業生第1号の教授であったことに、宿命めいたものを感じたからでした。

大学の理事長室で激動の半生を振り返る

当時の本学は深刻な経営危機に陥っていました。時間的な余裕がなく、復旧と復興を同時進行せざるを得ない切迫した状況でした。復旧は財政上の問題で、収支の改善です。お金の出口と入り口の問題ですから、現状を把握すれば解決の手法は、おのずと決まります。この財政再建には、なぜか根拠のない自信めいたものを持っていました。

一方、復興はお金を使って本学の夢、希望、未来を手に入れることです。復旧より難題と直感していました。難局に立ち向かうのに、私の環境はそれなりに適していました。当時は離婚して10年以上。１人暮らしをしていた私には子どもがおりませんし、失うものは何もありません。自分の全てを母校の再建にささげる、ただその一点に集中できたのです。

一連の事件と再建の道のり、奇跡的な〝V字回復〟については後に詳しく書くことになるでしょう。

今回、新聞紙上で「わが人生」をつづる機会を得ました。私は現在、神奈川歯科大理事長のほかに横須賀芸術劇場の理事、昨年からは横須賀ジャズ協会の会長も務めています。今日までの、それなりに激動の人生を支えてくれたのは恩師や〝脱力する静〟としての音楽と、〝動〟としてのゴルフ、さらに孤独のうちに何かに熱中することでした。

次回からはまず1人暮らしの私の様子、好きなジャズとゴルフから書き起こそうと思います。次に、今や限界集落になった故郷の寒村にタイムスリップし、少年時代を回想します。続いて、青春時代から前期高齢者までの人生グラフィティ（落書き）に自分流のサイエンス（科学）とエスプリ（機知）をまじえ、プライドや見え、やせ我慢を排して、ありのままの自分史をつづることにします。

洗濯機と微分・積分

25年前、12年間の結婚生活に終止符を打ちました。以来、葉山の一軒家に1人で住んでいます。私は離婚するまで、料理、洗濯、掃除などは一切しませんでした。しかし、離婚後、身の回りのことは意外にこまめに立ち働き、すさんだ男所帯にはなりませんでした。

1人になって、一番困ったのは洗濯です。洗濯機のふたを開け、下着やタオルを放り込み、ボタンを押すと水が供給され、とりあえず、水流で洗濯まではできます。しかし、いくら待っても次の排水・脱水に移りません。

てっきり、機械の不具合だろうと思っていました。仕方なく、びしょびしょの洗濯物を槽から取り出し、バスタブですすいだ後、手で絞り、外に干していました。そんなことを、1カ月以上繰り返していました。

ある日、洗濯が終わったとき、何かの拍子で洗濯機のふたがバタンと閉じました。すると、なんと排水が始まり、脱水まで処理してくれたのです！　そのときの感動は、今でも忘れることがありません。私は「洗濯機はふたを閉じなければ最後までは機能しない」ということを初めて知ったのです。

物理・化学・数学を得意とする放射線学の教授でありながら、洗濯一つできない。それ

葉山の自宅庭で洗濯物を干す。後ろに相模湾。家事は何でもこなします

は数学ができても算数ができない、微分・積分ができても足し算・引き算ができないことと同じであり、自分が間抜けな人間に思えて仕方ありませんでした。

また、仕事から帰宅してスイッチを入れても、電気がつかないことがありました。はて?と、いろいろ調べてみると、銀行口座の残高不足で4カ月間も電気代の引き落としができず、電力の供給がストップされていたのです。全てがそんな調子で、離婚当時は異次元の世界に放り出されたような戸惑いと緊張の連続でした。

以後、ゆっくりではありますが、生きるための生活学習を積み重ねました。その気になって覚悟を決めると、洋服などのボタンの付け替えや簡単な染み抜きまでできるようになりました。今では毎日朝食を作り、気分が乗れば夕食も作ります。といっても、簡単な蒸し野菜や干物などの焼き魚あたりまでが限界ですが。

そのなかで、自分の家では絶対に食べないと決めている料理と食材があります。鍋物とたくあんです。1人で食べる鍋はわびしく、たくあんを食べるポリポリという音も、もの悲しさを誘います。

休日は庭の雑草取り、庭木の簡単な剪定《せんてい》。大掛かりな家や窓などの清掃は月に2回、専門業者に依頼しています。

知人や友人が来た時、恥ずかしくないように普段から心掛けていることがあります。「脱いだらそろえる（靴）。脱いだら掛ける（服）。食べたら洗う（食器）。たまる前に洗う（下着）。ごみはためない」

今の私は独り立ちした前期高齢者として、それなりに暮らしています。

色の好みは桃色吐息

「何色が好きですか」と問われたら「ピンク」と答えます。理由を聞かれると「桃色吐息と言うでしょ」と返します。吐息だから強い色調ではなく、淡いサーモンピンクかソメイヨシノのつぼみ色のイメージです。

神奈川歯科大学の理事長に就く前、私は同大放射線科の教授でした。放射線治療室を改装する際、壁の色について教室員や放射線技師と議論したことがあります。一般的に病院のカラーは清潔感のある白色が基本なので、壁も白を主張する声が圧倒的でした。

私はピンクを提案しました。放射線治療を受ける口腔《こうくう》がんの患者は失意のどん底にあります。女性なら、顔の皮膚が焼け、悲しみの極みに違いありません。そんな患者に白装束はふさわしくない。明るい気持ちになれるピンクを、と主張しました。

散々議論した結果、淡いピンクの下地に薄い緑色、青色、赤のアラベスク模様にすることになりました。仕上がった壁を見て、教室員たちは納得してくれました。常識にとらわれない思考によって、患者を癒やすことができたのではないかと思っています。

自宅浴室を大改装する際も「壁、床、バスタブ、全てピンクに」と頼みました。業者は特別にモーテル用のパンフレットを持ってきました。そこには、私好みの組み合わせが豊富にありました。全てピンクに統一した浴室を見た来訪者は絶句し、やがて「素晴らしい」という声を発します。

ピンクが好きになったのは、1人暮らしを始めてからです。患者の悲しみの極みならぬ、孤独と寂しさの極みから脱却する手段の一つだったのです。以来、私の服はピンクが基本になりました。シャツの9割はピンクで、スーツやコートなどの生地の基調もピンクです。

1人暮らし以前、ファッションにはあまり興味がありませんでした。「服は清潔感があれば良し、靴は履ければ良し、車は走れば良し」が私の哲学でした。しかし、やがて1人暮らしを悟られないように、着るものに気を使うようになったのです。

自宅に並ぶ香水。毎日ブレンドして使用しています

続いて身にまとうピンクにふさわしい香りを求めるようになりました。今、自宅には各メーカーの50種類近い香水が並んでいます。

服と香りが決まると、次はネクタイ。服の基本がピンクなので、ポケットチーフとネクタイは合わせやすい。そこで、ネクタイピンにこだわりました。気持ちが落ち着くように選ぶのはグリーンの翡翠《ひすい》やエメラルド。仕事が戦いの様相を呈しそうなときは、ピジョンブラッドと呼ばれる血の色のルビー。気分爽快なときは、青いアクアマリン。穏やかで静かな気分のときは、パールやダイヤ。豪華に聞こえるかもしれませんが、全て母親の形見をタイピンに改良したものです。
おしゃれと言われることもありますが、実は1人暮らしのわびしさをカムフラージュしているにすぎません。

講演会と「お肌測定」

学校法人神奈川歯科大学理事長としての私の仕事は大学の運営と経営ですが、年に10回ほど講演を頼まれます。企業からの依頼が多く、テーマは10年前の危機を乗り越えて大学再建に取り組んできた体験談が主です。

たまに健康食品の会社からユーザーへの啓蒙《けいもう》として、骨粗しょう症をテーマにした依頼が来ます。となると、対象年齢は40～80歳代の女性が中心。理事長に選ばれてわずか10年ほどの経営者としてよりも、40年間にわたって研究してきた専門分野の話の方が、私には楽しく感じられます。

しかし、聴衆が熟女の方々となると、勝手が違います。修羅場を潜り抜けてきた多くの女性から一斉に視線を浴びると、全身のエネルギーが吸い取られてゆくのを体感します。90分間話し続けるには、一種のトランス（恍惚《こうこつ》）状態に陥ることが重要です。

会場には多種多様な香水がブレンドされた、お香のような香りが充満しています。匂いに敏感な私は、壇上に立った瞬間、会場の香りで覚醒します。

聴衆を飽きさせないコツがあります。グラフや数字ではなくイラストを使って「難しいことをやさしく」、小説や歴史を引いて「やさしいことを深く」、身の回りの出来事に置き換えて「深いことを面白く」。

千人の女性を相手に講演。演題は「やさしい骨と肌の話」＝2018年、都内のホテル

テーマは骨粗しょう症ですが、多彩なエピソードを交え、途中から彼女たちが最も敏感に反応する健康美の話題へ。つまり、全体のストーリーを美の集大成につなげるのです。

言葉だけでは説得力がありません。「お肌測定」の実演を取り入れます。教授時代に特許を取得した骨の診断ソフトの応用で、かかる時間は１人１分。正確さ、簡便さを自負している装置です。

機器は正直であることを説明し、どんな結果でも素直に受け入れることを約束してもらいます。そして会場から希望者を3、4人募ります。手を挙げるのは肌に自信を持つ方ばかりで、お肌の美しさは一目瞭然。これまでの実演で結果が実年齢より高く出たことはなく、おおむね20～30歳若い結果になります。自分の肌の若さが公に認証されるのですから、みなさん、大喜びです。

ただ一つ、例外がありました。某大学の医学部での講演会で40代の女医さんが手を挙げました。その顔を見て不安がよぎりました。予感的中。実年齢より10～15歳高い数値が出ました。彼女はやり直しを求めましたが、何度やっても結果は同じ。怒り心頭に発した彼女の顔が今も忘れられません。

経営者としての講演は本学の再建が主です。その道のりは険しいものでした。過去の闇がフラッシュバックして、話の途中で気が重くなり、時間も長く感じます。本学の再生は、多くの教職員の犠牲の上に成し遂げられました。講演を終えたとき、私はいつも心の中で彼らへの感謝の気持ちをささげています。

テニスからゴルフへ

精神的、肉体的ストレスから私を解放し、脱力させてくれる手段の一つがゴルフです。

以前は「木を切り倒し、山を削り、自然を破壊して造られた金持ちの遊び」というイメージでした。同じボールを打つゲームでも硬式テニスの方が、抵抗なく受け入れることができました。20代から30代半ばまで、テニスに取りつかれていました。

ハワイのマウイ島で初めてのゴルフ＝1981年ごろ

私のテニス仲間、2歳上の立野有文さんは当時、都内の女子高校の理事長でした。彼の父親は立野信之。二・二六事件をテーマにした小説「叛乱《はんらん》」で直木賞を受賞した作家です。立野さんとのテニスは、常に真剣勝負。ボールが落ちたのがラインの内か外かで、言い争うようなゲームでした。

彼の友人の中国系女性が、ハワイでホテルの支配人をしていました。私たちがテニス目的でハワイに行くとき、主に滞在するのは、まだ日本人観光客が少なかったマウイ島やハワイ島。支配人は海の見える部屋を用意してくれました。

立野さんはゴルフも好きでしたが、私のゴルフ嫌いを知っていて、私をゴルフには誘いません。ところがある日、「気分転換に」とゴルフに誘われました。1人でホテルに残っても退屈だろうし、しぶしぶ同行することに。向かったのはマウイ島のゴルフ場でした。

クラブの種類、持ち方、スイングの仕方、ティーショットのときのボールの置き方、簡単なルールなどなど。立野さんは丁寧に教えてくれました。

生まれて初めてのゴルフで、私はハーフを51でプレーしたことになっていました。彼は「初めてで51とはすごい！　才能がある」と褒めちぎり、「きっと、テニスよりうまくなる」とおだてます。人間、褒められると悪い気はしません。「途中でゴルフを投げ出さないように、一番高いゴルフセットを買った方がいい」という彼の言葉に乗せられ、私は某メーカーの最高級フルセットを買いました。

ゴルフ好きな方ならご承知のように、全くの初心者が51で回れるはずがありません。立野さんの〝策略〟にはまったのです。本当に51のスコアが出るまでに1年かかりました。以来、テニスラケットを手にすることが減り、やがてテニスはやめました。狭いコートで動き回るより、ホールごとに異なる景色と空間を悠々と歩いて回る方が、気分は爽快です。自分の思いと身体が同調せず、計算と違う軌跡を描いて飛んでいくボールに不思議な魅力を感じました。

私のテニスはダブルス戦が多く、責任の半分は相方にあります。しかし、ゴルフは全て自己責任。そこが、自己中心的で独善的な私の性格に合っていました。「ブルジョアのお遊び」というイメージは、脳から消去されました。

ゴルフ歴40年。いろいろな方と楽しみました。そのなかで、強烈な印象を受けた総入れ歯の後期高齢者のご婦人と、小泉純一郎元総理のエピソードを次回、ご紹介します。

忘れられないゴルフ

故郷・宮崎県でのゴルフで、仲間がご高齢の女性ゲストを連れて来ました。ホテルのオーナーである彼女は歯が1本も残っておらず、上下とも入れ歯。ティーショットのときは、入れ歯でカチカチと音を立ててリズムを取ります。顎の形からしても、入れ歯が合っていないようでした。

夏の暑い日。ティーショットの前に水を一口飲んだ彼女は、いつものようにティーグラウンドでリズムを取り始めました。そして、ボールをヒット。瞬間、飲んだ水にむせたためか、ボールとともに上下の入れ歯が飛び出したのです。

小泉元総理らとゴルフを楽しむ。左から私、小沢さん、小泉さん、長堀さん＝2019年、箱根カントリークラブ

私たちはおかしさを通り越して、うろたえました。私と同年代の女性が「鹿島さん、あなた歯医者でしょ。早く拾って！」と声を掛けました。私は慌ててティーグラウンドに落ちている下の入れ歯と、排水溝のそばにある上の入れ歯を拾い、彼女の顔を見ないように渡しました。彼女は何か言葉を発しましたが、入れ歯がないのでよく聞き取れません。きっと〝ありがとう〟とおっしゃったのでしょう。私にとって、思い出のスイングになりました。

もう一人、ゴルフで忘れられない方は小泉純一郎元総理です。横須賀商工会議所名誉会頭の小沢一彦さんに誘われ、箱根のカントリークラブに招待されました。小沢さん、その友人である原子力関係のビジネスをされている長尾源一さん、私の3人が個室で待っていると、笑みを浮かべてブルーのゴルフズボン姿の小泉さんが現れました。

初対面の私は緊張していましたが、小泉さんは「打ちっぱなしに行こう」と誘いました。私の練習用のボールかごを持ち、練習場に案内してくれます。元総理の気さくさに驚いた私は、さらに4人での会話の内容に驚きました。

4人とも独身で、長尾さんは奥さまを亡くされたばかりでした。話は自然と女性論になります。すると、小泉さんは「鹿島さん、60歳過ぎて再婚なんて考えたら絶対だめだよ」と言いました。巧みな話術に、私は聞き入るばかり。「60過ぎたら〝たまに食事、時々添い寝〟くらいがちょうどいい」という結論に落ち着きました。その夜は遅くまで、楽しい会話と食事に盛り上がりました。

3年後、再び小泉さんとゴルフをする機会を得ました。メンバーは前回の小沢さんと、横須賀共済病院の長堀薫院長。同病院は、日本で初めて人工知能（AI）を駆使したAIホスピタル構想に挑戦していることで有名でした。長堀院長はタブレット型端末を用意しその構想を説明するつもりのようでしたが小泉さんはあまり興味を示さず、端末の出番はありませんでした。

行きつく話は、やはり女性論。その日、小泉さんの子息、進次郎さんは福島で「信なくば立たず」と演説していました。それを知ってか知らずか、おやじ殿はクラブを握りながら「芯なくば立たず」を連発し、周囲を笑わせておられました。不思議な方でした。

私だけのスカジャン

この本を「横須賀には艦《ふね》と英語とジャズが似合う」と書き始めました。

日本に港町は数あれど、この3点セットが違和感なく溶け込む町は横須賀の〝どぶ板〟通りをおいて他にないと思います。そして、戦後ジャズ発祥の地としての横須賀を象徴するのがスカジャン。横須賀基地に駐留する米軍兵士が、ジャンパーにオリエンタル柄を刺しゅうさせたのが始まりとされています。

私も横須賀ジャズ協会会長（2019年就任）として、スカジャンを仕立てることにしました。実は、そこには、もう一つの目的がありました。恩師のお葬式に着るためです。

恩師とは、本学の横地千仭《よこちちひろ》名誉教授。御年101歳、解剖学の先達です。本学には教学用の資料館「人体標本と100年史」がありますが、横地先生はそこに展示している200体以上の人体標本の製作者です。資料館は多くの方に本学の歴史を知っていただくとともに、教職員・学生一同が先人の志を心に刻むために開設しました。

その標本を基にした解剖学の教科書は世界23カ国の言語に翻訳され、これまでに400

万部近く発行されました。この種の教学用の標本展示施設は珍しく、横浜市大医学部の標本の一部も、横地先生が造ったものと聞いております。

　横地先生の奥さまはとうに亡く、先生は一軒家に１人暮らし。買い物から料理、洗濯、掃除まで自分でやっていらっしゃいます。先生には子どもがいないため、私は遺言を託されました。内容は「葬式無用、読経無用、供花無用、惜別無用、紙と鉛筆そして楽しい音楽（ジャズ）があれば良い」。そのときに備えて、私はスカジャンを作ったのです。「紙と鉛筆」は、あの世でも絵を描くおつもりかもしれません。

自身がデザインしたスカジャンを着て

　さらに、自分の脳を資料館の展示室にオブジェとして置いてほしいとも頼まれました。その日ができるだけ遅く来てほしいと切に願っていますが、時が来れば、私はスカジャンを着て弔辞を読むことになるでしょう。

私のスカジャンのデザインは、資料館の一室にある「横地千仭の世界観」に展示している、先生が描かれた頭部骨格の絵画を基にしました。この絵が素晴らしいのは、先生が若き日に本格的にデッサンの勉強をされたからです。その美しさは、ためらいのない〝一筆書き〟にあります。以前、川内康範の小説「月光仮面」の挿絵を描いた画家が見学に来て、「線の重なりが全くないから美しい」というようなことを語っていました。

私は、頭蓋骨の口から炎が噴き出している図柄をスカジャンの背中に置くことにしました。前には頭蓋骨の口からトランプが飛び出している絵と、「頭蓋骨曼荼羅《まんだら》」の一部を刺しゅうすることにしました。世界にただ一つの強烈なインパクトを持つスカジャンと自負しております。

〝チンドン〟とジャズ

私は1947年、宮崎県東臼杵《うすき》郡門川《かどがわ》町に生まれました。日向灘の海岸線から九州山脈に入った小さな山村です。

門川町立西門川小学校に入り、5年生まで通いました。5年生の夏、私たち家族は宮崎市内に引っ越しましたが、その後、西門川小の児童数は徐々に減り、やがて全校（1〜6

年生）で19人となり、今年3月、ついに閉校になりました。

宮崎市内に住むようになって、強烈なカルチャーショックを受けたのはチンドン屋さんでした。それまで見たことのないカラフルで派手な衣装と厚く塗り固めた化粧、トランペットなどが奏でる音楽とともに町中を練り歩くパフォーマンスに引き付けられ、一日中後を追いかけては、母に叱られたものです。

あこがれのチンドン屋の姿で、下町の研究者が開発した骨のサプリメントのＰＲに参加（後列右から３人目）＝2001年ごろ

チンドン屋さんの音楽は、トランペットあるいはコルネットにサックスとクラリネット、そして太鼓と鉦《かね》が組み合わさっていました。時々、バイオリンが加わりました。チンドン屋さんが奏でる音楽の中で、もの悲しい「天然の美」のメロディーが、私にはとても新鮮でした。

さて、ジャズの基本となる楽器はトランペット、トロンボーン、クラリネット。チンドン屋さんと同じ、三つの管楽器です。さらに、ドラムセットが太鼓と鉦とすれば、両者の設定は似ています。独善的ではありますが、私は日本のジャズのルーツはチンドン屋さんだったと考えています。

２０１８年、映画「ボヘミアン・ラプソディ」が大ヒットし、社会現象になりました。世界的人気を誇った英国のロックバンド「クイーン」のボーカルを務めたフレディ・マーキュリーの伝記ドラマです。私見では、彼らの音楽も、元をただせば、オールドジャズから派生したブルース、リズム・アンド・ブルース、ゴスペルにカントリーミュージックが組み合わさって生まれた〝音のイノベーション（変革）〟だと思います。

米国に留学していたとき、ルイジアナ州から来ていた友人に誘われて、彼の故郷、ニューオーリンズに遊びに行ったことがあります。ミシシッピ川の川下りを楽しみ、夜はジャズバーへ。そこで、60歳代の黒人女性が歌っていました。全身から絞り出す、枯れ果てたような声で、一点を見つめて歌っていました。

彼女は、私たちのテーブルにやって来ました。私が周囲とはかなり違った人種に見えたからでしょう。「あなたはラテンでも、白人でもないわね。一体、どこから来たの？」。私が「ジャパン」と答えると、彼女は「知らないわ。きっと遠い国なんでしょう」と返してきました。そして続けました。「あなたは若いけど、これまでの人生はどうだった？　あなたの国は、あなたに優しかったかい？」。その言葉に、こするようなドラムの音が重なります。

米国の一断面をのぞいたように思った瞬間、私の脳裏にチンドン屋さんの「天然の美」が浮かんできました。

ジャズはサイエンス

私は１９８０年から1年半にわたり、米国のカリフォルニア大学ロサンゼルス校（ＵＣＬＡ）に留学しました。期待と不安に満ちた生活ぶりは後に詳しく書きますが、ここでは現地でのジャズ体験をご紹介します。

ＵＣＬＡでのテーマは骨の研究です。実験動物としてジャーマンシェパードを使うため連日、大型犬との格闘が続く上に、英語での会話も大変で、かなりストレスを感じていました。

そんな日々、ストレスを発散させてくれたのは、４人のジャズバンドが出演するレストランバーでした。

ロサンゼルス郊外のシャーマンオークスという町にある、赤いリンゴの看板が目立つ「ダ

横須賀ジャズ協会のイベントで。後列に上地克明横須賀市長（左から２人目）と並んで（その右隣）記念撮影＝2019年11月

ニーズアップル」という名前の店でした。犬の実験が終わる週末に、仲間たちと車でベンチュラ・フリーウエイを飛ばして駆け付けました。

バンドの名前は忘れましたが、彼らはスタンダード曲はもちろん、どんなジャンルでも見事にジャズへと編曲していました。私のお気に入りの一曲は、シルベスター・スタローン主演の映画「ロッキー」のテーマ曲。イントロを聴くだけで勇気と自信が湧いてきましたが、「ロッキー」と分かるのは最初と最後のフレーズだけで、ほとんどは彼ら固有の「ロッキー」でした。

独自の感性に任せて、自由に、お客の年齢層や男女比、着ている服の色など、その時々の気分や雰囲気によって自在に編曲していました。彼らは演奏する前に、必ずそのときの編曲の理由を語り、それがまた人気でした。私は数えきれないほどの「ロッキー」を聴きましたが、その都度、微妙に違っていました。

あるとき、私は彼らに「なぜ譜面がないのか」と尋ねました。答えは「譜面とか、決まったリズムやメロディーは要らない。ジャズは脳で演奏するもの。指や手足は付属品だよ。まして、歌詞なんてどうでもいい。だから脳もスイングするんだろう」。

そう言われれば、演奏の最中、彼らはほとんど目を開けていませんでした。何かに陶酔したかと思うと急に覚醒し、ときには狂気すら感じさせました。今振り返れば、彼らは薬を使わずに幻覚を見る〝ナチュラルハイ〟の状態にあったのかもしれません。

従って、童謡から演歌、そしてポップスまで、全ての音楽はジャズになり得ます。頭の中で既成のフレーズを瞬時に破壊しながら、リアルタイムで再構築し、それをメッセージとしてアウトプットする―。ある意味で、音で表現する〝破壊と創造の美学〟であり、一つのコミュニケーション手段とも言えます。

研究者は自分の感性によるひらめきや、感じた矛盾に対して独自の仮説を立て、それを実験によって証明していきます。これが、サイエンス（科学）です。

自分の感性に従って既存のものを破壊し、新しいサウンドに創り変えるジャズもまた〝音のイノベーション（変革）〟であり、サイエンスかもしれません。

「回らないすし」の話

葉山に住む私は、自分の車でラジオを聴きながら大学に通います。自宅を出るときは78・9MHz（メガヘルツ）の「湘南ビーチFM」。一山越したところで電波が悪くなり、78・5MHzの「FMブルー湘南」に切り替えます。本町山中道路に差し掛かる頃に電波の入りが良くなり、音声が明瞭になります。ラジオ世代には至福のひとときです。

私の学生時代、テレビを持つ学生は少なく、主流はラジオでした。糸居五郎の「オールナイトニッポン」と城達也の「ジェットストリーム」は深夜放送番組の双璧で、私たちの世代のほとんどが慣れ親しんだのではないでしょうか。

私は2016年から、FMブルー湘南の番組審査委員を務めています。年に数回集まって、うなぎを食べながら番組についての意見を述べます。

3回目の会議で、私は「電波を買いたい」と申し出ました。毎週1回、電波を自由に使わせてほしい、とお願いしたのです。番組の編成から制作まで神奈川歯科大が引き受け、局側は放送禁止用語のチェックだけをするという条件です。局側はこれを受け入れ、年40〜50回の30分番組を作ることになりました。

私はそれを教務部と人事課に採用した30代前半の新入社員4人に丸投げしました。大学の教務部が担当する広報の仕事は、ラジオ番組の制作と通じるものがあります。とはいえ、実際にはかなりかけ離れています。その距離が離れれば離れるほど、高い「イノベート力（変革する力）」が付く、と考えました。10年、20年先を見据えた先行投資であり、本学の将来を背負う人材へと成長することを期待したのです。

「ＦＭブルー湘南」の番組作りの担当は１年ごとに交代する。2020年３月まで携わった大学の若手職員と

最初の番組で、私が取材されることになりました。インタビューの最初から私は若者言葉に困惑し、世代間の溝を痛感させられました。やりとりはかなりちぐはぐで、違和感が残ったことは否めませんでした。

そのインタビューの途中で、食事の話になりました。若者たちの食生活に興味がありましたが、驚いたのは彼らが「すしは回るもの」と思っていることでした。回転ずししか食べたことがないのです。さすがに、「回らないすし」があることは知ってはいましたが…。他日、私が彼らをすし店に招待する約束をしました。

約束の日。彼らは初めての「回らないすし」と理事長との同席に緊張し、店の雰囲気にのまれ、新鮮なネタ（赤貝と鳥貝）が動いていることに感嘆しました。何とかかわいい若者たちでしょうか。やがて緊張もとれ、彼らは旺盛な食欲を発揮しました。子どものいない私にとって若者との食事は楽しく、「出来の悪い息子と娘を連れて来たおやじの気持ちを味わえたよ」とジョークを飛ばしました。

後に、彼らはラジオ番組でかなりの時間を割いてその話をしたそうです。温かい気持ちになるとともに、私の心中で存在の薄かった家族という概念がほんのり浮かんできました。

研究者から経営者へ

私は、自然科学の医療系である歯科医学分野をライフワークにしてきました。一方、経営という社会科学分野には、興味はあるものの、具体的なことは何一つ身についていませんでした。しかし、理事長就任となると、それでは済みません。

そこで社会科学を基本から学び、体得するために経済同友会（東京、神奈川）、内外情勢調査会（横須賀支部）、交詢社、在京経営者会議、ロータリークラブ（横須賀地区）に加盟することにしました。交詢社は、福沢諭吉が１８８０年に創立した日本で最初の社交クラブで、会員の中心は慶応大学ＯＢの実業家です。在京経営者会議は、私の古郷・宮崎県出身の実業家で結成されています。

本学の不祥事を伝える新聞各紙（2009年）。この不祥事がなければ、理事長になっていなかったはずなのだが…

経済同友会では、日本経済をリードする一流企業経営者の方々の講演やパネルディスカッション、勉強会などを通じて国の動きを感じ取ります。内外情勢調査会では、メディアで活躍しているジャーナリストの本音を直接、少人数で、質問を交えて聴くことができます。

交詢社では文化人の講演を通して多方面から日本の動きを推し量り、在京経営者会議では同郷である実業家の方々と個人的な意見のやりとりが可能です。ロータリークラブでは、地域密着を目指す本学の足元の動きがよく見えます。

さらに、これまでのメインバンクを中心にした取引形態を改めて、地方銀行に分散することにしました。結果、地元に関する多くの情報が入ってくるようになりました。

それらの情報を集約すると、本学の進むべき方向性や最終到達地点にたどり着くための軸が見えるようになりました。そこから得た未来構想の基軸を「時代の潮流の先読み」「次世代人材育成のための教育力」「本学の付加価値を高める独創性」の3点に置きました。そこで、私は人工知能（ＡＩ）の進化と社会との関わり方を成長戦略の軸に据え、その基点をシンギュラリティーに設定し、本学の未来図を描くことにしました。

専門用語が続いて恐縮ですが、シンギュラリティーとは「ＡＩが人間の脳（知性）を超える特異点」を意味します。それは西暦２０４５年と予測されており、２０１８年に公開されたスティーブン・スピルバーグ監督のＳＦ映画「レディ・プレイヤー１」も、設定を２０４５年にしていました。

とはいえ、ＡＩに情報技術（ＩＴ）とグローバリゼーション（世界化）が複雑に絡み合い、時勢を見通すことは困難です。１００年先、いや、50年先も見えるようで、見えません。となると、10年ごとの成長戦略の策定と実行の着実な積み重ねがシンギュラリティーを超えた時代を制し、１００年後の本学のありさまを決定づけることになります。当然、私にはそれを見届ける時間的な余裕はありません。先人の志を後進が引き継いでほしいと願うばかりです。

東京進出の前進拠点

「前衛」と訳されるフランス語の「アバンギャルド」は、革新的な表現方法の枕ことばとして、特に芸術分野で使われます。しかし、本来は軍事用語で、本隊に先駆けて敵地を偵察したり、先制攻撃をかける部隊を意味しています。

2019年に、学校法人神奈川歯科大学は、アバンギャルド（前進拠点）として東京都北区の東京歯科衛生専門学校を買収しました。

この学校の理事長は私より2歳年上の立野有文さんで、彼との交流の一端をすでに紹介しました。立野さんは、私が今まで出会った男性の中で最も高いプライドと品格、センス、そして寛容さを併せ持っています。常々私の「かくありたい」と思う畏敬の念とコンプレックスが絡み合う、あこがれの人物です。私が結婚相手を最初に引き合わせ、意見を求めたのも立野さんでした。

彼の父親、立野信之さんは「叛乱《はんらん》」で直木賞を受賞した作家ですが、女子高等学校の校

本学が買収した東京歯科衛生専門学校。武家屋敷のような外観で、キャンパスには約500坪（1650平方メートル）の日本庭園がある

長・理事長も務めた人物です。立野さんはその跡を継いで、学校法人を経営していました。

41年前。立野さんが本学を訪問した際、当時、本学に併設されていた「日本女子歯科衛生専門学校」の看板を目にしました。そこで彼は同様の専門学校をつくろうと考え、即、決断。アッという間に東京都北区に東京歯科衛生専門学校を創設しました。それは屋敷門で囲まれ、日本庭園を持つ、とても学校とは思えないたたずまいでした。

やがて私は結婚し、同時に助教授に昇進したために時間的な余裕がなくなり、立野さんとも疎遠になりました。

歳月が流れたある日、本学の事務局長から「どこかの歯科衛生専門学校が売却されるらしい」という報告がありました。私は東京にアバンギャルドを探していた時期でしたから、その情報に注目しましたが、校名と場所がなかなか特定できません。いろいろ調べた結果、東京歯科衛生専門学校である可能性が出てきました。瞬間、立野さんの顔が脳裏に浮かびました。

彼に手紙を書くことにしました。三十数年ぶりのコンタクトです。私はてっきり彼が重い病気になり、学校売却は瀕死《ひんし》の状態での決断ではないかと思い込んでいました。不安を抱きながら慎重に文面を考え、売却の話に触れました。

すると、彼から電話が入りました。懐かしい声で「病気じゃない。勝手に殺すな。だけど、学校の売却は君の話の通りだよ」。行方不明の兄弟が生還したようなうれしさでした。

彼が私の家を訪ねてくれることになりました。当日、昔の恋人を迎えるような気持ちで、そわそわしながら待っていました。再会の握手に、熱いものがこみ上げてきました。

それから1年後、彼は本学への専門学校の事業継承を決断してくれました。私は不思議な巡り合わせで、東京進出の拠点を獲得することができました。

座右の銘は「莫煩悩」

文部科学省が定めた、大学の経営状態を示す指標があります。A1、A2、A3からB、

C、Dまで14ランクに区分けされ、A評価は正常、Dなら存続の危機です。評価は、学生の教育を円滑に遂行していくための必要最低限の収支条件や、大学の運営が永続的に担保される収支状態、負債の有無や額などによって決定されます。

神奈川歯科大は改革以来、A評価を維持しています。本学に奉職して40年以上になりますが、教授に就任するまでは教育、研究、臨床に没頭してきました。私が選択した分野は基礎と臨床にまたがる放射線を専門とする領域でした。私は、生身の人間を相手にする臨床よりも、研究の方が性に合っていました。

私たち大学人は助手から講師、そして准教授へと昇格し、運が良ければ、最後に教授のポストを得ます。その間、難しい決断を迫られる局面に何度もぶつかります。そのときの判断の指標が、好きか嫌いか、損か得か、敵か味方か、役に立つか立たないか、生産性が高いか低いかなどであったことは否めません。

しかし、倒産寸前の大学の理事長になったとき、覚悟と使命感を軸にする新たな指標に切り替える必要を感じました。「自分」を消して「大学にとって、どうあるべきか」という一点に集中することです。

私は教授就任時から「莫煩悩《まくぼんのう》」を座右の銘にしてきました。13世紀、元の襲来という国家存続の危機に直面した鎌倉幕府第8代執権・北条時宗に、禅僧・無学祖元が送った言葉です。「煩悩するなかれ」。私は「自分の死力を尽くして事に当たり、結果がいかなるものであろうとも、宿命として受け入れる」と解釈しています。組織の中で幾度も修羅場をくぐり、それなりに生き抜いてきた私の信念を表現する言葉として気に入っています。

不祥事のため7年遅れで開催した創立100周年記念式典で。左から櫻井孝神奈川歯科大学長、小泉進次郎衆院議員、私、古屋範子衆院議員、長谷徹短大学長＝2017年

理事長就任の翌年、2010年が本学創立100周年の記念すべき年であり、私が本学卒業生第1号の教授であったことで「自分はこの日のために生まれてきた、選ばれた人間」という錯覚に陥ったことが、理事長を引き受けた動機の一つになりました。

当時は「引くも地獄、とどまるも地獄」。私は目的のためには手段を選ばぬマキャベリズム、節義と分限を重んじる論語、状況に応じて「うその皮をかぶって真を貫く」という三つの手法を使い分けて事に当たりました。そうしていると、私の中に何人もの私が出来上がり、本当の自分がどれか分からなくなることがありました。

ただ、どんな状況下でも、医療教育機関としての原理・原則はぶれないように意識しました。それは極めてシンプルです。つまり、大学教育の主役は学生であり、彼らが臨床教育を受ける付属病院の主役は患者、教職員はあくまで脇役である――。この信念に基づいて10年間、ノンストップで走ってきました。それは、これからも続きます。

映画会と清流と星空

宮崎県東臼杵郡門川町大字川内…以下略。私が生まれた町です。町といっても、当時、人口200人に満たない、山あいの小さな村でした。大字小字という田舎特有の長い住所は、字が大きい私には迷惑でした。今でも履歴書に本籍地を書く際など、どうかすると枠からはみ出してしまいます。

1954年、私は門川町立西門川小学校に入学しました。小遣いをもらっても、使う場所は村に2軒ある品数の少ない駄菓子屋だけ。終戦直後の47年生まれの私たちは、甘いものに飢えていました。アンパン、ハッカが入ったあめ、コンペイトウ。それらが駄菓子屋にないときは、山に行き、山ナシやコケ桃、カキ、アケビなどを食べました。ムクロミと呼んでいた木の実は、冬に採って米ぬかに入れておくと1週間ほどで黒く熟し、甘くなりました。バナナもメロンも見たことがない、貧しい村でした。

母校である西門川小学校は2020年３月に閉校。その閉校記念碑の前で、さまざまな思いがこみ上げた

娯楽は月に1度の映画会が唯一の楽しみでした。畑にスクリーンを張り、広い庭にござを敷いて客席にし、牛小屋から映写機で映します。〝青空劇場〟なので、辺りが暗くならないと始まりません。

亜熱帯気候に近い宮崎県では、急に雨が降ることもあり、夏は傘持参。蚊に刺されたときの対策として、アンモニア水も必携でした。土砂降りで中止になったりもしましたが、待ちわびた映画会でした。

3年前、神奈川歯科大のフェスティバルのゲストに、ジャズ歌手の阿川泰子さんをお招きしました。私とほぼ同世代と思われる彼女は、雑談の中で、生まれて初めて見た映画「ダンボ」に感動したと話しました。耳の大きな象の子が空を飛ぶディズニー映画ですが、幼少の私が見てもさほど感動しなかったでしょう。私は象を見たことがなかったのです。

私が初めて見た映画は嵐寛寿郎が明治天皇に扮《ふん》した「明治天皇と日露大戦争」です。日本が大国ロシアを撃破する内容ですから、みんな拍手喝采。私には勧善懲悪映画にしか映りませんでした。幼少の阿川さんと私の情報差がどれほどのものだったか、お分かりでしょう。

そんな過疎の村で、強烈にまぶたに焼き付いているものが二つあります。

一つは五十鈴川の清流。深さ2、3メートルの川底の小石を数えることができる、澄み切った流れ。私たち子どもはその川で捕れるアユ、エビ、カニ、ウナギなど豊富な魚をタンパク源として育ち、成長してきたと言っても過言ではありません。

もう一つは、星空です。夜空をほうきで掃けば、星の一つでも落ちて来そうな、満天の星。私にとって、星や宇宙は小学校に上がる前から身近にありました。天の川の中心が、星の見えない暗黒部分であることも、自分の目で確かめることができました。

暗くなるまで川で遊び、満天の星を仰ぎながら家路に就く―。それは、私にとって、空気のように当たり前のものでした。

〝放蕩と奇行〟の父親

私は1947年10月7日、父・鹿島清（1909年生まれ）、母・ナズ（20年生まれ）の長男として生まれました。姉、妹、弟が1人ずついます。

鹿島家の系図をひもとくとルーツは常陸の国・鹿島村とあり、今の茨城県の鹿島神宮近辺かと思われます。祖先は九州に逃れた源氏の落人とのことですが、父は鹿島家の43代目でした。これは、父が1990年に亡くなった時、本家が見せてくれた地元の新聞で知りました。鹿島の本家には直系の男子が1人いましたが若くして亡くなり、曲折を経て私の弟が44代目を継ぐことになりました。

鹿島家は家柄にこだわり、父もプライドが高く、母はそんな家系を忌み嫌っていました。私の元妻が「あなたの家は横溝正史の『八つ墓村』みたい」と言ったことがあります。

さて、父の話を書かなければなりません。父は〝放蕩《ほうとう》と奇行〟の人でした。母が鹿島家を嫌った理由も、そこにあります。

父は次男であったために一度、養子に出ましたが、長続きせず、1年で戻り、やがて1歳年下の母と結婚しました。けんかに明け暮れ、かと思うと、いつの間にか仲直りしている。子ども心に、不思議な両親でした。

父と2歳の私

父は山や田畑など莫大《ばくだい》な財産を相続し、それを食いつぶして生活していました。本気で働くということを、死ぬまで一度もしませんでした。私が神奈川歯科大に入学した際、入学金や学費は「山の一部を売った」と言っていました。

父の経歴は闇の中です。旧制高校時代は成績優秀でしたが、女性問題などで退学と転校を繰り返したそうです。東京の大学に1年ほど通って中退、戦時中は職業軍人だったようです。召集されたのではなく、軍に志願したわけです。軍歴、階級、任地など一切語りませんでした。ただ、上海に赴任していたとき、結婚直後の母が訪ねて行くと、父は見知らぬ女性と同居していました。「軍の特殊任務だ」と言い訳し、世間知らずの母は、そのまま3人で暮らしたといいます。

父は日本軍の特務機関で働いていたと聞いたことがあります。就寝中の父がひどくうなされて跳び起きることが何度もあったことを、よく覚えています。危険な秘密工作などに従事し、死線をくぐった体験があったのかもしれません。

先に〝放蕩と奇行〟と書きましたが、父はお酒を飲まず、愛煙家であり、放蕩の相手はもっぱら女性です。上海は一例で、母以外の多くの愛人がいました。

忘れられない光景があります。私が宮崎市内の高校に通っていた頃、同級生と映画を見た帰りに、歓楽街を歩きました。と、どこからか私の名前を呼ぶ声がしました。友達が「あの2階から誰かが君を呼んでる」と言うので、振り向くと父がいました。女性用の派手なじゅばんをまとい、たばこをくゆらせて…。私は逃げるように、その場を去りました。

複雑怪奇な家庭環境

放蕩《ほうとう》だけでなく、父の奇行もかなりのものでした。

いきなり旅に出ると言って、数カ月行方知れず。突然、オートバイに乗って帰ってきた父は、母にブローチなどのお土産を渡します。母の激怒はいつの間にか収まり、翌日、母はオートバイの後部座席にまたがって、父と一緒に畑に行ってしまうのです。母の変わり身が、私には理解できませんでした。

そのほか、いきなりバナナの木を庭に植えたり、大きなシェパードを連れてきたり。夫婦げんかが絶えず、愛想が尽きた母は「明日は、みんなで大分のおばあちゃんの家に帰ろう」と涙ながらに子どもたちに言うのですが、実家に帰ったことは一度もありませんでした。母の実家は大分県の小さな漁村で、酒屋とミカン園を営んでいました。

先に故郷の星空の美しさを紹介しましたが、私に北斗七星を指して、初めて星座というものを教えてくれたのは父でした。また、時々、町に連れていってくれるのですが、父は私を愛人宅に預けて消えてしまいます。その女性は母より若く、漫画やお菓子をたくさん買ってくれました。私は子ども心に、そのことを母には言ってはいけないと自覚していました。

そんな父親を、私は成人してからも憎悪していました。私の大学時代、父とけんかして私が床の間の日本刀を振り上げて大立ち回りになり、母が泣きながら私の腰にすがって止めたこともあります。私は、父のような生き方を軽蔑していました。父の全てを反面教師として心にとめ、私は成長しました。

ただ一点、今も「父にかなわない」と思うことがあります。他人に対して嫉妬心や、ねたみを全く持たないのです。知り合いの成功を、自分のことのように喜ぶのです。悪の中に、ひとかけらの澄み切ったピュアなものがある——。母は、父の唯一の美点が分かっていたのかもしれません。

父の最期も、修羅場でした。父は1990年に81歳で亡くなりました。白血病で3カ月入院しましたが、その間、母は一度も見舞いに行きませんでした。では、父の身の回りの世話を誰がしていたのか。仲の良かった私の姉や、父を取り巻いていた女性たちでした。

ある日、母から私に電話がかかってきました。母は号泣していました。父の病気が治ってほしい、と訴えるのです。死の間際まで、あれだけひどい仕打ちをされながら、なお、夫の回復を祈る——。私は、夫婦というものがよく理解できませんでした。

私の家の仏壇には母の写真だけがあり、父がいません。「私が死んでも、10年間は、あの人

小学1年生の運動会の日に家族と。前列左は姉、後列は弟を抱いたお手伝いさん（左）と母

の写真を私の横に置くな」という母の遺言なのです。母が88歳で亡くなって10年以上。そろそろ2人の写真を並べてもいいかなと思いますが、なかなか決心がつきません。

私は、そのような複雑怪奇とも言える家庭環境の中で育ちました。

アユ捕りに魅了され

故郷・宮崎県東臼杵郡門川町で通っていた町立西門川小学校は、山と田んぼに挟まれた総2階建ての木造校舎でした。町立門川中学校と渡り廊下でつながり、運動場は共用、運動会も合同でした。

小学1年生から見た中学生は見上げるほど背が高く、私も早く大きくなりたいと思ったものです。私は今でこそ身長170センチですが、子どもの頃は小柄で、高校1年から急に背が伸び始めました。

私たち団塊の世代は、都会の小学校なら1学年10クラス前後あったようですが私たちの小学校は40人の1クラスだけ。村のほとんどの家は林業や農業に従事していて、稲刈りや田植えの繁忙期には学校を休む子がいました。中には、きょうだいを背負って登校し勉強する中学生もいました。

それは決して特別ではなく、日常的なことで、授業中に背中の子どもが泣きだすと、先生も一緒にあやしたものです。寒い冬もストーブやスリッパはなく、わら草履を履いている子はましな方で、ほとんどははだし。それでも子どもながらに〝足るを知る〟楽しい学校生活でした。

私たちが最も生き生きしたのは、夏です。主舞台は以前紹介した川。といっても、泳ぎを楽しむという感覚はなく、川は食べ物を捕る場所でした。村を流れる五十鈴川は、船の上から数メートル下の川底の石まで数えられるほど澄み切っていました。私たちの獲物は豊富な川エビ、カニ、ウナギ、アユなどです。

岩が折り重なる浅瀬の水のうねりは、固まった大きな水あめのようで、流れが一瞬、止まっているように見えます。しばらくして、岩底を巻き込む水流によって舞い上がった砂煙が見えたとき、

子どもの頃、一番の遊び場だった五十鈴川。2020年、墓参りのため帰省した際に撮影

改めて「ここは川なんだ」と確認するほどの美しさでした。

私はエビ突きが得意で、道具の銛《もり》や、捕ったエビを入れる箱も手作りしました。小学生の私にとって難しかったのはアユ突きで、かなりのテクニックが必要でした。腕が上達してくると、アユの逃げる方向とスピードを予測し、距離を計りながら、泳ぐアユを銛で仕留めます。

あるいは、ひもでつないだ針を竹ざおの先端に着け、泳いでいるアユの背にその針を引っ掛けて捕る高度な技があります。村一番の名人と言われた中学生は、1日で何十匹も仕留めました。小学生の私たちはせいぜい数匹ですが、技と手作りの道具を駆使した、アユとの〝ゲーム〟に魅了されました。

わが家では、アユはお正月のごちそうでした。夏に捕ったアユは炭火を使った乾燥機で時間をかけて、カラカラになるまで乾燥させます。お正月に、そのアユを鍋に入れ、水だけ足して一日中、煮込みます。乾燥アユは原形に膨らみ、頭からしっぽまで柔らかくなっています。調味料は不要。アユ本来の香りと甘みが出て、とてもおいしくいただけます。それが、わが家のお正月の定番でした。

村一番のウナギ捕り

ウナギは、紀元前4世紀のアリストテレスの時代から食されてきました。泥の中から自然に生まれた、と信じられていたようです。幼い私にとってウナギは故郷の清流、五十鈴川で捕れる、どこにでもいる川魚でした。成長期の村の子どもたちの貴重なタンパク源の一つでもありました。

私は〝村一番のウナギ捕り〟を自負していました。捕る方法は三つ。一つは「ポッポ」と呼んでいた竹筒にミミズを入れて、夕方、ウナギのいそうな岩場に沈めておき、早朝引き上げる方法です。ミミズは竹やぶにいる、横じまのあるシマミミズが適していることを覚えました。ウナギが入るポッポの口を、川下に向けてセットします。新しいポッポだとウナギも用心するので、1年ほど川に沈めておくと、ウナギは安心して入るようになります。

もう一つは、田んぼのかんがい用水で捕ったドジョウやカエルを釣り針に引っ掛けて、夕方、岩場につるしておき、早朝引き上げる方法です。「入れ針」と呼んでいました。ドジョウやカエルは生きていないと、ウナギが食いつきません。餌の付け方に、こつがありました。

私が最も興奮したのは、川に潜ってのウナギとの〝一騎打ち〟。餌を付けたひも付きの針を細い竹の先に引っ掛け、岩穴に差し込んでウナギを釣り上げる方法です。一番食い付

懐かしくて、通販で買ったポッポ。これは編んだものですが、子どもの頃に使っていたのは自作のシンプルな竹の筒でした＝理事長室

きがいい餌はアユの切り身でした。

　水中に潜って岩穴に針を差し込んでいる間、息を止めていなければなりません。ウナギが餌をのみ込んだと感じた瞬間、仕掛けをグイッと引いて針をウナギの喉に引っ掛け、引っ張り出します。驚いたウナギが私の腕に巻き付くと、私はその腕を高く突き上げ、川底を強く蹴って、水面に飛び出します。大物を仕留めたとき、ウナギに締め付けられた腕は血中の酸素欠乏により、青紫色のチアノーゼ状態になっていました。

　捕ったウナギを家に持ち帰ると、母はぬるぬるしたウナギを新聞紙で押さえつけ、まな板に横たえてその頭に錐《きり》を突き刺し、見事な手さばきで、かば焼きを作ってくれました。

　子どもの頃から日常的に食べていたウナギ。それが神秘性を帯びた動物だと知って驚いたのは、随分、後のことです。

21世紀になってニホンウナギの産卵場所は日本から約3千キロ離れたマリアナ諸島沖であることが突き止められました。成熟したウナギは秋から冬にかけて産卵場に向かい、5～6月にかけ産卵します。誕生したウナギの幼生は半年以上も太平洋を回遊した後、親ウナギが育った河川を遡上《そじょう》し、そこをすみかとします。

日本では各地でウナギを養殖していますが、それは川を遡上してきた稚魚（シラスと呼ばれます）を捕まえて育てているのです。ウナギを1カ所で卵からふ化させて養殖できないのは、産卵場所がはるか海のかなたにあるためなのです。科学で解明できないことが、まだたくさんあります。

肥だめにはまった話

故郷・宮崎県の山あいにあった私の家の背後には庭を挟んで、なだらかな山林がありました。家の前は道路と用水路、そしてやぶを隔てて10メートルほどの崖下に川が流れていました。冬になると、子どもの遊び場は川から山に移ります。

山にはクリ、シイの実、山柿などが豊富でしたが、一番夢中になったのはコジュケイという、ウズラより少し小さい鳥を捕まえるための罠《わな》を山に仕掛けることでした。このキジ科の鳥は鳴き声が独特で「ちょいとこい」と聞こえます。食用としても十分な大きさで、肉厚で味も良く、山のタンパク源として重要でした。

この罠を作るには、小型のナイフ1本あれば十分でした。罠は堅いカシの木を曲げて、それが元に戻るときの反発力を利用します。丈夫なカシの木、ひも代わりの細長い植物のツル、鳥をおびき寄せるための赤い実があれば、30分ほどで作ることができました。

朝早く数カ所に罠を仕掛け、日没ごろ、様子を探りに出掛けます。遠くから罠を見て、曲げたカシの木が元に戻っていれば、成功。鳥が掛かっています。

獲物の鳥を持ち帰ると、ウナギと同様に母の出番です。熱湯をかけて素早く鳥の羽をむしり、内臓を取り除いて炭火の上に金網を置き、ゆっくり焼き上げます。冬の鳥はたっぷり脂肪を含んでいて、染み出た鳥脂でくちばしまで食べられる、おいしい鳥の丸焼きが出来上がり。私たちは、興奮しながら待っていました。

かすみ網猟を知ったのは、宮崎市に引っ越してから。都会の子どもたちは町外れのススキ畑に、細い黒色のナイロン製の網を横に張り、遠くから手をたたいてスズメを網の中に追い込んでいました。私の田舎では、スズメは空気銃で撃ち捕るものでしたから、かすみ網にとても興味を持ちました。もっとも今では鳥獣保護法で罠もかすみ網も禁止されているようです。

さて、広い畑には数カ所、肥だめがありました。若い読者はご存じないでしょうが、肥だめというのは肥料用のふん尿をためておく所です。ススキで隠れていることが多く、夢中で鳥を追いかけていると、肥だめの存在を忘れてしまいます。

昔を思い出し、62年ぶりに鳥罠を再現してみました＝葉山町の自宅

私は、見事に肥だめにはまってしまいました。首までの深さだったので命は助かりましたが、全身ふん尿まみれです。その臭いといったら…。泣きながら家に帰ると、母親がまずホースの水で勢いよく全身を洗い流し、それから風呂を沸かしてくれました。

しかし、その失敗は一度では済まなかったのです。2週間ほど後に、別の肥だめにドボン。母親に「何度、同じことを繰り返すの。

学習しなさい！」と、こっぴどく叱られました。

以来、私はチーズが一切食べられなくなりました。とりわけブルーチーズが大の苦手。匂いが、あのときの体験そのものなのです。15年前に2回目の薬投与でやっと除菌できたピロリ菌も、おそらく、あそこで感染したのでしょう。

都会の夜空に月二つ

小学校5年生の夏に、私たち一家は宮崎県西端の宮崎市内に引っ越し、私は市立小戸《おど》小学校に転校しました。

「子どもの教育のために」と母親が父親を説得したことになっていましたが、実は母が『八つ墓村』みたいな田舎」から脱出したかっただけの転居でした。

新しい住まいは目抜き通りから少し引っ込んだ、静寂と喧騒《けんそう》が入り交じった場所にありました。家から徒歩数分で歓楽街や映画館があり、もともと放蕩《ほうとう》な父は、うれしそうでした。母は初めのうちは気乗りがしない様子でしたが、近くに都会的で品ぞろえ豊富なショッピングセンターがあり、新しい町がすぐ気に入ってしまいました。

私は、身近に山も川もない生活に大いに戸惑いました。特に驚いたのが、学校の教育格差です。小戸小では5年生になるとローマ字を勉強していて、ほとんどの子がローマ字で書かれた教科書をスラスラと読むことができます。私の田舎にはローマ字の教科書すらなく、私にとってローマ字はエジプトの象形文字と同じでした。

転校する前、町立西門川小学校４年生のときの写真。奥から２列目、左から２番目が私

私を最も悩ませたのは、言葉遣いでした。田舎言葉で話していると、担任の先生から「乱暴な言い方はやめなさい」と、よく注意されました。次第に話すことが嫌いになり、今で言う引きこもり状態になりました。しかし、そんな環境にも少しずつ慣れ、6年生になる頃はほとんど言葉の壁はなくなりました。

一方で、楽になったことがありました。服装です。田舎では新しい服を着て登校すると、からかわれたり、触られたりしました。それが嫌で、新調した服に、わざわざ泥を付けて汚したものです。都会では、そんな気遣いは不要でした。

さて、近くの友達の家に行くのに、恵比州町という歓楽街を通らなければなりませんでした。通りにはお姉さんたちが椅子に座り、客引きをしています。その不思議な光景は、思春期の少年を刺激しました。「早く大人になって、こういう場所を知りたい」という好奇心だけは旺盛になっていました。

ある日、田舎で一番仲良しだった2歳年下の駄菓子屋さんの息子が、遊びに来ました。初めて都会に出て来た彼は、見る物全てが初体験でした。

私の家から徒歩10分ほどの場所に、宮崎市内で一番大きなデパートがありました。午後5時になると、サイレンを使ってドボルザークの「新世界より」を流していました。その音色に、友達は「サイレンが壊れている」と思ったようです。

デパートの屋上から、いつも、大きなオレンジ色のアドバルーンが上げられていました。時々、日が落ちても、アドバルーンが上がったままになっていました。それを見た彼は、感極まったように言ったものです。「やっぱり、都会はすごい。お月さまが二つ見える」

私が5年生の夏まで過ごした村の〝田舎度〟は、他を圧倒していたようです。

母の鉄拳にぼうぜん

宮崎市立小戸《おど》小学校を卒業した私は1960年、同市立宮崎西中学校に進みました。

教育熱心な母は私を私立中学に入れようとしましたが、勉強嫌いな私は無理と分かっていました。母は「おまえは、やればできる」が口癖で強く私立中学を勧めましたが、自分の実力は自分が一番よく知っています。しかし、父も母に同調したので、やむなく受験しました。

「やればできる」と言われても「やらない」のですから、当然、入試に失敗。1学年14クラスもある市立のマンモス中学に行くことになりました。中学時代の私は身長が低く、145センチくらい。3年生まで、半ズボン姿で映画館に行けば、小学生料金で入館できました。相変わらず勉強嫌いで、試験の点数はひどいものでした。

さすがに母も堪忍袋の緒が切れて、「なぜ、勉強に身を入れないの!」「どうして、こんな点数しか取れないの!」と怒りました。私は「仕方ないだろう、あんたの頭に似たんだから。そんなに言うなら、産まなきゃよかったんだ!」と言い返しました。

すると、母の顔が一変しました。それまで見たことのない〝鬼の形相〟です。いきなり鉄拳が飛んできました。平手打ちではなく、強烈な拳が私の頬を打ちました。私は何が起

上海時代の母。優しさと激しさを併せ持つ気性でした＝1940年ごろ

きたのか分からず、ぼうぜんと立ちすくみました。母が罵声を浴びせました。

「私だって、おまえのような子なんか産みたくなかったんだ。大きな計算違いだよ。おまえは犬か猫に生まれたかったのか！」

そこまでは覚えていますが、その後はショックで、母の言葉の記憶がありません。殴られた頬は赤く腫れ上がり、数日後に皮膚が裂けました。父は学校の先生に殴られたと思っていましたが、母も私も本当のことを言いませんでした。

その事件以来、母は「勉強しろ」と言わなくなりました。私が不登校になると「行きたくなければ、行かなくていい」と言い、時には率先して学校を休ませて、近くの青空市場に連れて行ってくれました。

勉強を除けば、中学校生活はそう悪くはありませんでした。外国映画を見るようになり、

「黒いオルフェ」など当時の中学生には早すぎる作品が何となく理解できる気がして、かなり〝ませた〟中学生でした。

ただ一つ、コンプレックスを抱いたのが運動会のダンスです。

1学年700人以上が運動場に並んで踊るのですが、私は背が低いのでいつも列の後方でした。女生徒の数が男生徒より少ないために、後方の者は男同士で手をつなぐことになります。この恥ずかしさは3年生まで続き、結局、女生徒とダンスをすることは一度もありませんでした。

高校は県立の名門校に入る実力がなく、中学受験で失敗したミッションスクールの男子校に進学。そこでの出来事が、私の人生を大きく変えました。

ガッロ神父と出会う

私が進学した日向学院高等学校はサレジオ系ミッションスクールの男子校で、自宅から自転車で30分ほどの距離にありました。生徒の半分ほどは市外から電車通学し、遠方から入学した生徒のために寮が用意されていました。

1学年5クラスで文系と理系に分かれ、授業は普通の（聖職者ではない）先生と、神父さまが担当します。男子校なので何かと気遣いする必要がなく、同級生とすぐ打ち解けました。学校の近くに、シスターと呼ばれる修道女が運営する孤児院「カリタス園」があり、優秀な子は特待生として高校が受け入れていました。

私の仲良しの1人は、その孤児院出身の特待生でした。寮で暮らす彼の成績は常に学年トップ10以内。優秀ですが少し暗い印象で、両親を知らず、小さいときからシスターに育てられたと彼から聞きました。

その彼は、あるときから授業中に寝てしまうことが多くなり、度々、先生に注意されました。私が「勉強のし過ぎじゃないか」と心配すると、彼は「自分のルーツを考えると寝られない」というのです。

そのうち、彼はささいなことに激高し、同級生に暴力を振るうようになりました。倫理の先生だったイタリア人のガッロ神父は孤児院時代から彼をよく知っており心配してくれたので、私はよく彼に付き添って神父の元に通いました。彼はその後もひどく精神を病み、ついに退学しました。

私は、あることを後悔しました。風変わりではあるが家庭的な雰囲気を味わってもらおうと、彼をわが家に連れていったことがあったのです。しかし、それが彼には良くなかったのでは…。その思いをガッロ神父に伝えると、私の友情に感激した様子で「神のご加護がありますように」と1枚の写真をくれました。十字架にはりつけにされたキリストの姿がありました。

私はそれを本の間に挟んでいましたが、あるとき、その十字架の上に書かれた文字「INRI」の意味をガッロ神父に尋ねました。神父は「ラテン語で『ユダヤの王様、ナザレのイエス』という意味で、罪状書きの頭文字です」と答え、「聖書を勉強してみたら」と勧めてくれました。以来、週に2回、私は放課後に神父の元を訪れ、特別に教えを受けることになったのです。

私が通っていた頃の日向学院高等学校。正門前から望む

高校には、多くの若い神父や修道士が教員として働いていました。彼らは一生独身で、清貧・貞淑・服従の下に生活します。何が、彼らをそうさせるのか。私は本気

で聖書を勉強してみようと思いました。そのため進級を辞退し、1年生をもう一度やりたいと担任の先生とガッロ神父に頼みました。信仰と無縁な担任は反対しましたが、ガッロ神父は賛成してくれました。

問題は両親です。ところが、あっさりと「おまえの好きなようにしなさい」。結局、1年生を繰り返し、高校を4年間で卒業することになりました。私は「変わった生徒」として校内で有名になってしまいました。

洗礼を受けたものの

高校1年生をやり直した勉強は順調に進み、神父さんや修道士、シスターの生き方にも共感できるような気がしてきました。2年に進級し、学寮に入りました。自宅を離れた生活は初めての体験でした。

ある日、食堂で夕食を済ませ自室に戻る途中、中庭を歩いていると、何やら黒い塊が転げ回っています。辺りは薄暗く、正体がよく分かりません。目を凝らすと、黒い修道服をまとった2人が、取っ組み合いのけんかをしているではありませんか。イタリア人と日本人の修道士でした。理由はともあれ、聖職者が感情をむき出しにして暴力に訴えている姿は衝撃でした。

聖職にある人のイメージが崩れていく中で、私はキリスト教の洗礼を受けました。クリスチャンネームはナターレ。ガッロ神父が付けてくれました。女性的な響きが最初は気に入らなかったのですが、イタリア語で「クリスマス」の意味で、キリストを直接意味すると知り、とても光栄でした。

しかし、私の中で少しずつ疑問が膨らみました。自分にはクリスチャンとしての資格がないのではないかという思いです。正直に言えば、私は女性に興味がありました。一方で聖職者にも憧れていました。しかし一生独身を通し、清貧で貞淑な生活を貫徹する覚悟はあるか…。とてもそのような決断はできません。

ある時、学寮の舎監をしていた若くてハンサムな日本人修道士が突然、学校を去ったと耳に

洗礼時に〝代父〟(神に対する契約の証人役) を務めてくれた親友、柳川富士朗君 (左) と米国グランドキャニオンで＝1981年

しました。彼は朝の起床時と夜の消灯時に鐘を鳴らすのが役目でした。学校を辞めた後は市内の仏具店に勤め、その店の女主人と一緒に住んでいると聞きました。元修道士の改宗と女性との同居は、私にはショックでした。しかし修道士の人生方向転換はよくあることでした。

私は3年に進む前に寮を出て、実家に帰りました。

普通の高校生活に戻り、改めて大学受験勉強に集中することにしました。第一志望は、京都の大学。当時、古都の文化に憧れていたためです。

受験本番。英語と国語は平均的な出来だったので、得意な数学で勝負するつもりでした。数学の出題傾向には一定のパターンがあり、しかも数学だけが配点が多く、200点満点です。そこに懸けました。問題を見た瞬間、予想した出題で、「9割は解ける」と直感しました。

ところが、1問目でつまずきました。一番得意なサイクリックオーダー形式（a、b、cがアルファベット順に循環した形で書かれる）の因数分解が、どうしても解けません。決して難問ではなく、それまでに何度も解いたはずでした。残り4問はかなりの難問でしたが、何とかクリア。結局、最も簡単な第1問が解けず、受験は失敗しました。

因数分解が解けずに焦ったこの体験は、今でも夢の中に出てきます。それが、私の人生を大きく変えることになりました。

その奇跡的な出会い

京都で大学受験に失敗し、宮崎に帰らず、職にも就かず、無為な生活をして半年ほどたった頃。祇園の芸妓《げいぎ》であった菊千代姐《ねえ》さんとの出会いが偶然、突然やってきました。それは叡山電車の一乗寺駅から終点の出町柳駅まで行き、そこから二条城近くに住んでいる友人の所へ行く途中のバスの中で起きました。

私はロングシートに座りました。やがて車内はとても混み合い、座っている人でも身動きできなくなりました。私の前に立っている人は、つり革につかまり、バスの動きにつれて前後左右に激しく揺れていました。知らないうちに、私の学生服の袖口の小ボタンが、立っている人が着ている目の粗いカーディガンの裾に絡み合っていました。私は次の駅で降りるのでボタンを外そうともがいていると、スカート姿のその女性が気付きました。身動きできない状態でその人の脚に私の膝が押し付けられ、太腿部に当たる感触が伝わってきました。

バスの中で出会った時の菊千代姐さん

そっと見上げると、青く透き通った白目の中の大きな黒い瞳が私を見下ろしていました。まつ毛は長く反り返っており、フランス人形を見上げているような感じでした。膝に当たる太腿の感触が心地よく、あえて膝の位置を変えなかった私は一種の罪悪感を覚えていました。それもあって、焦れば焦るほどボタンは複雑に絡み合ってしまいました。

再び彼女を見上げると、ニコリと笑みを浮かべ、腰をかがめて「一緒に降りましょ」と優しく耳元に話しかけてくれました。立ち上がって改めて間近に彼女を見ると、色白のなめらかな肌に薄化粧をした、何とも言えない日本女性の美しさを感じさせました。

私よりもかなり年長の彼女は、バスを降りると細長い指で丁寧にボタンを外してくれました。男子校で育った私は女性への対応が分からず、ぼうぜんと立ち尽くしていました。

膝で触れたふくよかで弾力性のある大腿部の感触だけが頭の中を駆け巡っていました。「ありがとうございます。ご迷惑をおかけしました」と言うと、彼女は「僕ちゃん、学生さんね。色が白いけど東北から来たの」と聞いてきました。私は大きな目を直視できず、伏し目がちに「九州の南です」と答えると、にっこりして私の頬に人さし指を軽く滑らせ、タクシーを拾って去って行きました。

家族以外の女性で、しかも色香の漂う指で自分の肌を触れられたのは初めての経験でした。私は一日中彼女の指の余韻を引きずり、妄想にふける日がしばらく続きました。これが20歳の私と菊千代姐さんの出会いでした。

宿命の人だったのか

宮崎の実家のすぐ近くに、母の最も親しい友人がいました。不動産を扱っている店の奥さんです。私は〝大田のおばちゃん〟と呼んでいました。おそらく夫婦関係が母と同じような境遇だったのでしょう、2人はいつもヒソヒソ話をしていました。〝大田のおばちゃん〟の友人が京都で芸者の置き屋をしており、2人には京都にいるなら一度あいさつに行くように言われていました。

11月に入った頃、とりあえずあいさつだけはしておこうと思い、訪ねて行きました。それは京都の花街である宮脇町の大通りから少し入った所にあり、棟続きの長屋風の家の一部に小さな看板が掲げてありました。私は置き屋さんというのは置き物屋さんのことで骨董品《こっとう》の店とばかり思っていましたが、芸妓や舞妓《まいこ》さんを料亭等に派遣する、今でいう人材派遣業の事務所のような仕事でした。

「大田のおばちゃんからの紹介です」と告げると、「あら、やっと来てくれたのね」と、おかみさんはうれしそうに部屋に通してくれました。思ったよりも家の中は狭く、玄関からすぐに急な階段があり、上ではにぎやかな若い女性の声がしていました。そして、三味線や太鼓の音が天井を通してかすかに聞こえてきました。日が傾くと数人の年長の女性が集まり、お座敷に上がる準備をしていました。帯を締めるキュッという絹擦れと、仕上がりにポンポンと帯を叩く音が階段から聞こえてきました。

夕食をごちそうになりましたが、どこかの店から取り寄せた箱弁でした。でも中身は豪華で、久しぶりにまともな夕食を楽しむことができました。家の中も少しずつ人が増え始め、騒々しくなってきたことから失礼することにしました。また来ることを約束し、初めての置き屋さんを後にしました。

大通りに出ると、さまざまな髪飾りを付けた多くの芸妓や舞妓さんがゆっくり歩いていました。その様は、日本の伝統文化に裏打ちされた品格さえ感じ、父がよく通っていた宮崎の歓楽街とは全く異なった風情でした。通りの中ほどに差しかかったとき、急に声を掛けられた気がしましたが、私のことではないと思い、そのまま歩いていました。「僕ちゃん」と明確な言葉を耳にした時、思わず振り返りました。黒い和服に高島田の髪をした芸者さんでした。真っ白な化粧はしているものの、紛れもなく数カ月前にバスの中で学生服の袖口のボタンが絡みついた女性とすぐ分かりました。「学生服を着ていたから、すぐに分かったわよ」と小走りで駆け寄って来ました。当時の私はジャケットなど持っておらず、いつも普通のズボンに詰め襟の黒い学生服を着ていました。「こんな所で僕ちゃんどうしたの。遊ぶには

京都の花町宮脇町で出会った時の菊千代姐さん

まだ早いわよ」と言われましたので、知り合いの置き屋さんにあいさつに行ったことを説明しました。2度目の出会いであり、その装いに少々ショックを受けましたが、20歳の田舎者にはまさに観音様のように映りました。

「どこに住んでいるの」と聞かれたので、「左京区の宝ヶ池の方です」と答えると、「あら、私は詩仙堂のそばよ。近いわね」と返してきました。「明日、北白川の方へ行く用事があるので、お昼を一緒に食べようか。ごちそうしてあげる。でも不思議ね、こんな所でまた会うなんて」。私は天にも昇る気持ちで「はい」と元気よく答えました。彼女は、待ち合わせの場所を説明し、「僕ちゃんの所から白川通りで銀閣寺方面のバスに乗って、途中で右側にルーブルというレストラン喫茶の看板が見えたら次の駅で降りてね」と指示しました。

私は彼女の言葉を何度も反復しながら帰途に就きました。

“半同棲”の甘い生活

約束の時間より早く、私はルーブルというレストラン喫茶に着きました。古都にはふさわしくない打ちっ放しの鉄筋コンクリート造りで、ルーブルと大書した看板にも違和感を抱きました。奥のベンチシートと椅子を組み合わせた席で待つことにしました。

しばらくすると、彼女は意外に質素な服装で現れました。私を見つけると「来てくれたのね、僕ちゃん」と言って反対側の椅子ではなく、ベンチシートの私の横に座りました。私が思わず横ずさりすると、いたずらっぽく、さらに私に擦り寄ってきました。彼女の彫りの深い顔と長いまつ毛の下の大きな目、透き通るような肌と艶のある黒髪は周囲の人たちの目を引きました。2人がどのような関係に見えるか分かりませんが、私は例えようのない優越感を覚えました。

まず「〝僕ちゃん〟はやめてくれませんか」と頼むと「だって、君の名前知らないでしょ。家では何と呼ばれていたの」と問い掛けてきました。「〝いさむ〟という名だけど、〝いいちゃん〟と今でも呼ばれています」と答えると、「じゃあ、いいちゃん。コーヒー、紅茶どっち」と顔を近づけてきました。

彼女は〝菊千代姐さん〟が通り名で、本名は珠子。〝珠ちゃん〟でいい、とのことでした。しかし、私は菊千代の方が何となく気に入り、菊ちゃんあるいは千代姐と呼ぶことにしました。この日を境に、私たちは度々会うようになり、いつの間にか半同棲《どうせい》のような生活に入って行きました。

彼女の三味線の腕前は大したもので、はやりの音楽をリクエストすると器用にアレンジして楽しませてくれました。当時ヒットしていた「ブルー・ライト・ヨコハマ」を、艶と張りのある声で都々逸調に歌ってくれました。練習している最中に私が急に家を訪ねると、その気配を察知して、三味線の音色がいきなりエレキ調になり、ベンチャーズの名曲「パイプライン」の〝デケデケ〟に変わります。彼女独自の〝いらっしゃい〟の意味でした。特殊な家庭環境下で少年時代を過ごした発達障害に近い私にとって、彼女は精神的にも肉体的にも菩薩様でした。

半同棲時代の菊千代姐さんと私

一方、彼女にとっての私は、魑魅魍魎《ちみもうりょう》の世界からはい上がって来た先に見た自由という安らぎ、そして本来の自分に戻れる癒やしだったのかもしれません。彼女が故郷を出た後、どんな代償を払って今の生活を勝ち取ったのか、当時は知る由もありませんでした。今なら、かなりの修羅場を潜り抜けて来たことは容易に想像できます。

彼女は私より13歳年上で、出身は青森県の雪深い山村で奥入瀬の川沿いの小さな村ということでした。中学校を卒業して大阪の紡績工場に集団就職し、2年間勤めて退職、今の仕事に行き着いたそうです。退職後の経緯は多くを語りませんでした。

彼女は私と同じ左京区の詩仙堂というお寺の近くの一軒家に住み、若い芸妓さんたちに三味線を教えていました。特定の置き屋に所属せず、状況に応じて各置き屋から呼ばれてお座敷に上がるという比較的自由な生き方をしていました。

庭付きのしゃれた一軒家は彼女の持ち家で、生活にかなり余裕があるように思えました。最初は背後にヤクザか金持ちのパトロンがいるのかと思っていましたが、面倒を見てくれていた方が5年前に亡くなったことを打ち明けてくれました。

〝いい女〟とは〝美人でプライドが高くてセンスが良く、気性が激しくて金遣いが荒い〟という定義があると聞いたことがあります。彼女の美ぼうは突出していましたが、その他の点は普通の女性より謙虚でした。年上とはいえ、20歳のときに最高の女性に巡り合った訳ですから、私にとっては、まさに作家の開高健が言った〝知恵の悲しみ〟の極みと言えるでしょう。早い時期に舌が肥えてしまうと、その後、何を食べても感動しなくなる。知恵は段階的に、少しずつ蓄える方が良い――。

涙を捨てて横須賀へ

千代姐《ちよねえ》の三味線を子守歌にうたた寝し、起きれば、私が見てきた映画や小説の話を独自の解釈で得意げに説明する—。年齢の差を除けば、何百年さかのぼっても違和感のない男女の姿だったでしょう。彼女は私の欲するものは何でも与えてくれ、私を秘密の宝物のように扱ってくれました。しかし、私は受験に失敗して流されてゆく生活に終止符を打たなければならない日がいつか来ることを恐れていました。

〝半同棲〟が1年になろうとするある日。私は評判になっていた米映画「卒業」に彼女を誘いました。2人で見る初めての映画でした。サウンドトラックであるサイモンとガーファンクルの「サウンド・オブ・サイレンス」が流れると、彼女は「寂しくて悲しいね」とぽつりと発しました。故郷を思い出したのか、しんみりとしており、映画の選択を誤ったと少し後悔しました。

しかし、主人公（ダスティン・ホフマン）と、見合いした娘（キャサリン・ロス）の母親の不倫という展開になると、彼女の態度が一変しました。そして「私たち、こんなに不自然ではないよね、普通に見えるよね」と私に問いかけてきました。私は映画に集中できず、「黙ってて」と少し不機嫌な声で言いました。彼女は「はい」と答え、いつもの年長のお姐さん言葉ではなく、対等な返事をしたことに少し戸惑いました。

帰途、「私たち、ずっとこのままでいいよね」という彼女の言葉にドキッとしました。私は常々、このままではいけないと自問していましたが、一方で、この人となら男として落ちるところまで落ちても構わないという覚悟のようなものも、少なからずありました。

しかし、次に発した彼女の一言は、私の心に楔《くさび》となって打ち込まれました。「いいちゃんは、好きな事をしていいからね。私が一生懸命働いて、一生面倒見るから。子どもは一人だけつくろうね」…。衝撃は子どものことではなく、「私が一生面倒を見る」の言葉でした。私は能力のないヒモのような男で、最も軽蔑すべき父親の生き方に重なったのです。その言葉を彼女に言わせた自分がふがいなく、自分に対して怒りさえ感じました。

彼女は何となく私の心の変化を察知したのか、「今日は外で食事して帰ろう」と白川沿いの洋食レストランに行くことにしました。黙々と食事をする私に「さっきのこと、気にしないで。いいちゃんの好きなようにしていいから」と優しくささやきました。そのとき、私はこの人との子ども以外には、父親にはなれないような不思議な予感がしました。どんな状況になっても、この人以外の子どもの父親にはなるまいと秘かに誓いました。

そして、ついに別れの日がやってきました。私は全てを断ち切って再出発するために、

別れ際に振り返った時の菊千代姐さん

横須賀の大学に行くことにしました。彼女は何となくその予感を抱いていたようですが、私たちはその件について話し合うことはしませんでした。年長であることを気にしていた彼女が、我慢していたに違いありません。私の方から話そうとすると、首を振って聞こうとしませんでした。

「荷物はそのままにしておいて。荷物がなくなると香りが消えてしまうから」という一言に、私の心は再び揺れました。「横須賀で駄目だったら、すぐ帰って来る」と私は彼女の家を後にしました。彼女は泣くことも、すがりつくこともなく、私が見えなくなるまで立ち尽くしていました。「名誉もカネも家も要らぬ。おまえがそばにいればいい」と決めぜりふを吐くには、20歳の私は若すぎました。

神奈川歯科大に入って歳月が流れ、教授になったとき、私は詩仙堂を訪ねました。一緒に暮らした家は跡形もなく、周りには低層の高級マンションが立ち並んでいました。彼女は白血病を発症し、青森に帰って50歳の若さで亡くなったと風の便りに聞きました。生きていれば、85歳になります。

私の自宅玄関には、50号の舞妓さんの油絵が掛けてあります。その人物は菊千代さんではありませんが、若き日の思い出と自分自身への戒めにしています。

横須賀駅に降りた日

私の大学受験について両親の希望はどうだったかというと、父は経済学部か商学部、母は大型船の船長に憧れて最初は水産大学を勧め、後には白衣が気に入ったらしく「医師か歯科医師になれ」と言いました。2人とも、結局、自分の夢を押し付けているだけ。私はこれといった目的はなく、とりあえず文系の法学部へと思っていました。

私に対する母の愛情は、他のきょうだいを圧倒していました。理由は単に、私が長男だから。当時の九州のほとんどの家庭では〝長男第一主義〟だったのではないでしょうか。

先に母の鉄拳について触れましたが、千両役者ぶりも大したものでした。母が私に何か言い聞かせるときは、決まって目を大きく見開き、視線を外さず、巧みな言葉と迫力満点の形相です。その口で運命だの宿命だのと言われると、ついその気になるのでした。

大学１年生のとき、下宿先の次女と＝1969年

さて、受験のため京都に行ったのですが、菊千代姐さんとの出会いにより、私はいつのまにか別世界にのめり込んでいました。宮崎に帰らず職にも就かず、「これではいけない」と思いながら2年間、堕落した生活から抜け出せませんでした。

心配した母のたっての願いで、ようやく私は京都と決別し、横須賀の神奈川歯科大学に行くことにしました。いとこの女性がそこで学んでいたことも、理由の一つでした。

１９６９年春、私は神奈川歯科大に入学しました。みやびな京都から、軍都だった横須賀へ。ＪＲ（当時は国鉄）横須賀線の横須賀駅に降り立った日は春一番が吹き荒れ、舗装していない駅前は砂ぼこりが舞い上がっていました。「3カ月もつかな」と思ったことを覚えています。それが、まさか半世紀近く暮らすことになろうとは夢にも考えていない21

歳の旅立ちでした。

入学式に出席もせず、ホテルでぼんやりしているといきなり父が現れました。父は知り合いの海上自衛隊幹部の家に私を連れていき、その方の部下の紹介で、私は一般家庭に下宿することになりました。そのお宅のご夫婦はとても優しく、私を大歓迎してくれ、2階の部屋を食事付きで借りたのです。3人の娘さん（4歳、小学3年生、中学1年生）がいて、私たちはすぐ仲良しになりました。

大学に慣れた頃、私は少林寺拳法部に入りました。京都で習っていたからですが、体育会系クラブを選んだのは、自分を鍛えて「京都時代のような怠惰な生活に戻らないぞ」という決意の表れでもありました。

ご多分に漏れず、少林寺拳法部は「根性」「辛抱」「我慢」がはびこる世界でした。とりわけ、夏合宿は朝から晩まで理不尽、不条理なことばかり。しかし、それが私の精神修養になったことは間違いありません。

厳しい練習がない土日には、下宿の3姉妹と散歩に行ったり、勉強を教えたり。それまで経験したことがない家庭のぬくもりを味わった大学1年目でした。

“心からの愛”を知る

神奈川歯科大の2年生になると、歯科医が本当に自分に適している仕事か悩むようになりました。

クラブ活動の少林寺拳法には出るものの、授業は次第に欠席するようになりました。当時は1年間で80こま以上授業を休むと自動的に留年。私はギリギリの78こまで、辛うじて3年生になりました。

その頃、下宿先の家の長女が中学3年生になりました。彼女が高校受験の勉強をするために独立した部屋が必要だろうと、アパートに引っ越す旨を告げました。実は、それは大義名分。初めてのガールフレンドができたからなのです。

彼女の名前はKさんとしておきます。大学の同級生で、3年生から卒業までの4年間、守護神のように私を支えてくれました。北国出身で6年間、学内の女子寮に入っていました。寮には住み込みの舎監がいて、女学生たちの生活を監視しています。特に、男子の出入りは禁止されていました。規則違反をすると、寮を退去させられます。

3年生のある日、私は午前中の実習が遅くなって、昼食を取ることができませんでした。それを知ると、彼女は寮の食堂で余ったサンマ定食を内緒で1階の自室に持ち帰りました。

私は窓の外でひそかに待機。彼女とその友人が私の両腕と腰をつかみ、窓越しに部屋に引き上げました。サンマ定食を慌てて食べたせいか、骨がのどに引っ掛かり、またひと騒ぎ。そのときの情景は、今でも脳裏に焼き付いています。

試験が近づくと、彼女は私のために要点をまとめたノートやコピーを用意してくれました。臨床実習では、患者の技工物（義歯など）を作るのが嫌になった私の代わりに、それを作ってもくれました。彼女がそばにいなかったら、私は卒業はおろか、進級すらできなかったでしょう。

少林寺拳法部で鍛える＝1972年

臨床実習で、私は担当のインストラクター（指導員）と相性が悪く、トラウマになった出来事が起きました。私が作った奥歯のかぶせものを、彼が「こんなものを患者さまの口の中に入れられるか！」と床に投げつけたのです。当の患者さんはよほど私を気の毒に思ったのか、床に転がったかぶせものを拾って「私、これでいいですよ」とインストラクターに渡してくれました。この件以来、私はすっかりやる気をなくしました。

そんな私をKさんは心から心配し、さまざまに助けてくれました。周囲から「甘やかし過ぎだ」と非難されていると耳にしましたが、彼女は気に留めていませんでした。

私より3歳年下でしたが、精神年齢は10歳上と言ってもいいくらい落ち着きがありました。身長150センチくらいの、少しポッチャリした、目の大きい、色白の、かわいい女性でした。優秀で、もの静かで、多くを語らず、私の前では笑顔を絶やしませんでした。

私が心から愛し、共に生きることを決意した最初の女性でした。

名物教授との出会い

ガールフレンドのKさんの献身的な支えで、私は何とか歯学部の最終学年、6年生になりました。

10月ごろ、大学病院で治療してきた患者を下の学年に引き継ぎながら登院実習が終了し、いよいよ卒業後の進路を決める段階になりました。友人たちは、ほとんど進路を決めていました。しかし、落ちこぼれの私は進路を選択する余裕はなく、とにかく卒業することで精いっぱいでした。

ある日、午前中の臨床実習を終え、昼食を取ろうと学食に行きました。いつもは定食なのですが、なぜか麺類が食べたくなり、きつねうどんにしました。近くのテーブルは満席。窓側の端の席が空いていて、急いで確保しました。それが運命の出会いを生んだのですから、一寸先に何があるか、人生は分かりません。

東与光教授（中央）と出会って、大学院に入学した当時の私（右）。左は、放射線科の閑野政則放射線技師長＝1975年

私の前に座っていたのは放射線科の名物教授、東与光《ひがしともみつ》先生。当時、放射線科は不人気で、入局希望者がほとんどなく、常に定員割れの講座でした。さらに〝変わった人〟ばかりが集まっていることで有名でした。

私は、東教授の講義を聴いたことがあるか定かでありませんでした。教授はいつも鼻毛が思いっきり外に飛び出し、ボロボロのバッグを持ち、さえない格好で出勤されることで目立っていました。私がうどんを食べ始めると、教授が声を掛けてきました。そのときのやりとりを再現します。

「君、何年生？」「6年です」「卒業したら、どうするの？」「実家は歯医者じゃないので、どうするかまだ決めていません」「（ニッコリして）今日、実習が終わったら、すぐ私の部屋に来てください」

私は積極的に行く気はありませんでした。学食を出て病院に戻る途中、たまたま少林寺拳法部の先輩に出会いました。東教授から誘われたことを話すと、先輩はうれしそうに「僕が一緒に行ってやるよ」と言い、結局、先輩についていく流れになりました。

臨床実習が終わり、先輩と東教授の部屋を訪ねました。ドアを開けて、びっくり。部屋中に本やプリント類がすさまじく散乱して、かびの臭いが漂っています。流し台には盛大にごみがたまり、コバエが飛んでいます。私があっけに取られていると、先輩は「私の後輩、鹿島をよろしくお願いします！」と発し、教授に頭を下げました。私は一瞬戸惑いましたが、その場の雰囲気に押されて、思わず「よろしくお願いします」と頭を下げてしまいました。この時から生涯にわたって、私は放射線と関わることになったのです。

後に知ったのですが、この先輩は病理学講座に所属していて、放射線科の教授と仲が良かったのです。誰も入局しようとしない放射線科を心配した彼にとって、私は〝渡りに船〟だったのかもしれません。

私は落ちこぼれの自分を入れてくれるだけでありがたく、とりあえず放射線科に籍を置いて、ゆっくり自分の将来を考えることにしました。

彼女とのつらい別離

歯学部6年生として迎えた1975年。卒業間近です。その頃、本学に大学院が開設されることが決まりました。私は「どうせ放射線学講座（放射線科）に入るなら学生でいた方が都合がいいし、4年間遊べる」という不届きな考えで、東与光《ひがしともみつ》教授に「大学院生として入局したい」と申し入れました。教授は快諾してくれました。

私をずっと支えてくれたガールフレンドのKさんにそれを伝えると、とても驚き、強い口調で言いました。「何を考えているの。大学院は、ものすごく勉強する所よ。あなたの最も不向きな道じゃないの！」。彼女は真剣に心配し、意見してくれました。

私の友人たちは、まず私が大学院を選んだことにびっくりし、放射線科を選んだことにさらに驚きました。彼らの情報では、そのときの放射線科の医局員は全員、3月末で退職

大学の卒業式の謝恩会で、私を支えてくれたKさんと＝1975年

することになっていて、私1人になるというのです。

私の決意は変わりませんでした。勉強にも臨床にも興味が持てない6年間を過ごした身ですが、大学院という全く新しい領域に飛び込むことが、冒険の旅立ちのように思えてならなかったのです。

東教授は放射線科の〝金の卵〟を逃すまいと、教授室の前にある誰もいない研究室の窓側に私の机を置いてくれました。不人気な講座とはいえ、部屋と机を持っている学生（6年生）は私しかいません。不思議と優越感が湧いてきました。

連日、放課後にその部屋で卒業試験と国家試験の勉強に励みました。Kさんは時々様子を見に来てくれ、「あなたがまじめに勉強している姿を初めて見た」と、最後は大学院進学をむしろ喜んでくれました。しかし、別離が迫っていました。

卒業試験と国家試験を無事に通過して75年4月、私は本学大学院第1回生として放射線学講座に入局しました。落ちこぼれの私が大学院に残り、優秀なガールフレンドは実家の歯科医院を継ぐことを前提に、父親の出身大学の研究生として働くことになりました。勤務地は東京。私たちは離れ離れになりました。

ショックが追い打ちをかけました。しばらくして、Kさんが故郷の北国に帰ったのです。学生時代、彼女の実家に遊びに行ったことがありました。歯科医院を経営する彼女の父親は地元の名士で、彼女が家業を継ぐのは宿命だと強調しました。

私は母に打ち明けました。母は、私の姉の夫を先方に送り、彼女を私のお嫁にもらいたいと伝えました。しかし、彼女の父親は「鹿島君が、うちの養子になる以外の選択肢はない」と明確だったそうです。そんな状況で、彼女が実家を捨てて私の元に来ることはできなかったでしょう。

私は諦めざるを得ませんでした。彼女への感謝を何度もつぶやきました。心に区切りを付けるために、思い出の写真や彼女からもらったものなどを処分するつらい日が続きました。

奇人・変人の集団へ

卒業式の後、帰省して母に大学院進学を報告すると「おまえはいつも何の前触れもなく、急に言い出すね」と言われました。顔が笑っていたので安心しました。

1975年4月1日、神奈川歯科大学大学院入学式。入学者は私を含めわずか13人。全員が本館の一室に集められ、教務担当者から所属先が告げられ、おのおの選択した講座に向かいました。学長訓示や大学院教授の出席もなく、現在とは全く違う入学式でした。

放射線科の教授室に行くと、東与光《ひがしともみつ》教授は鼻毛をむしりながら「君を指導してくれる若尾さんという化学者が研究室にいるから、あいさつしてきなさい」と言いました。続けて「立教大学の原子力研究所にいた人で、ちょっと変わってるけど気にしないで」。

「放射線科は変人ばかり」という学内の評判が頭をよぎりました。

後で知りましたが、若尾博美先生は私より2歳年下でした。研究室に行き、あいさつしようとすると「ちょっと待って」と制され、しばし室内を見渡すと意外にも整然としており、実験台の上にはフラスコやビーカー、試薬などがきれいに並んでいます。実験中なのか、茶色の液体が入った三角フラスコがアルコールランプの上で沸騰しています。そこまでは「異常なし」。

ところが若尾先生は椅子に座り、腕組みをし、机の前の壁の上方一点をじっと見つめたまま微動もしません。1分、2分過ぎても固まったまま。私は嫌がらせかと思い、3分ほど過ぎた頃、声を掛けようとしました。そのとき、彼は丸めた新聞をいきなり壁にたたきつけました。それから振り返ると、恥ずかしそうに「若尾といいます。よろしくお願いします」と先にあいさつしてくれました。

〝若尾鍋〟で有名だった指導者の若尾博美先生（右）と＝1977年

私は「壁に向かって瞑想でもしていたのですか」と尋ねました。「いや。ハエが止まっていたので、やっつけてやろうと思って、下に降りて来るのを待ってたんです」。この人が4年間付き合う上司かと思ったとき、講座の選択を誤ったと後悔したものです。

あいさつが済むと、若尾先生が「お昼、一緒にどう?」と誘ってくれたので、お付き合いすることにしました。すると彼は「さいか屋で買い物をしてくるから」と出て行きました。

戻って来た彼が取り出したのは、鶏の手羽先の唐揚げ。それを実験用の大きめのシャーレの上に置き、アルコールランプで温め始めました。横では三角フラスコが煮えたぎっています。「この液体は?」と聞くと「患者の尿中の微量成分を検出するために濃縮している」。唐揚げに使っているシャーレが気になりましたが、「よく洗ったから大丈夫」とのことでした。シャーレで2度焼きした手羽先は、意外に美味でした。

これが、私と直接指導者とのファーストコンタクトでした。しかし、以後、私が付き合うことになる奇人・変人は、若尾先生1人ではなかったのです。

優しかった変人たち

大学院の放射線科を選択した私は、直接指導を受ける若尾博美先生に初めてお会いし、その変人ぶりに面食らいました。以後も彼の行為にしばしば驚き、ときには目を見張りました。ユニークすぎるエピソードを、いくつかご紹介しましょう。

ある日、若尾先生は校内の花壇を、じっと見つめていました。相手は、花の周りを飛び交う小さなミツバチと思われる昆虫でした。と、彼は目にもとまらぬ速さでミツバチを捕まえました。そこまでは、どうということはありません。彼は当たり前のようにミツバチを口に入れました。「小さなミツバチは甘くておいしい」とのことでした。あるいは焼き肉をしているときなど、小さい虫がそばに来ると、彼はそれを平気で箸でつまみ、焼いて食べてしまいます。また、実験用のネズミも、鍋に入れて食用にしてしまいます。

学内で開いた放射線科のバーベキュー会。左から閑野政則先生、私、教授秘書の緒方和子さん＝1978年

　周囲から「『若尾鍋』というのがあるから、誘われても食べない方がいいよ」と注意されていました。それは、一度食べるごとに鍋を洗うことをせず、数カ月間にわたって異なる具を付け足しながら、同じ鍋で食べ続けるというものです。「熱してしまえば、全ての細菌は死滅する」というのが、東京理科大出身の化学者である若尾先生の言い分でした。人間離れした彼の行いは、書き始めたらきりがありません。

　さて、入局初日の話に戻ります。昼食が終わると東与光《ひがしともみつ》教授から「放射線の技師の方々にもあいさつしてきなさい」と言われ、病院の4階にある放射線科に行き、まず技師長の閑野政則先生にあいさつしました。先生は甲高い声で「放射線科に入局した変わり者というのは君か。うちは教授を筆頭に奇人・変人の集団だから、最初はショックを受けるかもしれないが、すぐに慣れるから」と言いました。するど、横にいた技師の方が技師長に「まあまあ、そう脅かさないで。久しぶりの入局者なんだから」となだめます。

私の不安は、頂点に達していました。放射線科を選んだのは間違いだった…。しかしその後、私の同級生が助手として入局することを聞いて、不安は少し和らぎました。

東教授率いる放射線科の医局員（定員7人）は、元同級生の助手と実験を担当する若尾さんの2人だけ。他には1週間に1、2度しか来ない助教授、4人の技師、2人の受付女性、秘書、そして新入大学院生の私という顔ぶれ。大所帯の他科と比べると、半分にも満たない小さな組織でした。

最初の3カ月間は、後悔ばかりでした。どうしても奇人・変人たちになじめず、いつ辞めようかとタイミングを見計らう日々。しかし、同僚は思っていたよりもみんな優しく、笑いが絶えない家庭的な雰囲気でした。個性を重んじる自由主義的な空気が、みなぎっていました。
私は次第に「放射線科を選んで良かった」と思うようになりました。

月光の下で働いた頃

歯科大学3年生の時、私は父と大げんかして「あんたのお金で教育を受けるつもりはない！」と、たんかを切りました。強気の裏には、母が小口の金融業を営んでおり、経済的に何とかしてくれるだろうという計算がありました。

予想通り、3年生から卒業までの4年間、母が学費を送金してくれました。しかし、私が勝手に決めた大学院進学まで母に甘える気はありませんでした。そこで母から大学院の入学金と1年分の授業料を借り、アルバイトで生活費を賄うことにしました。後のことは何とかなるだろうと、さほど深刻に考えていませんでした。

東与光教授は、歯科医師としての腕を磨くために、週1日は学外で働くことを積極的に勧めていました。東教授自身も週1日、東京の病院で甲状腺の専門医として働いていました。生活と学問は切り離して考えるよう、教授は口ぐせのように話していました。

大学院に入学した1975年の夏、ネズミの実験で出入りしていた細菌学講座の教授か

旭化成川崎製造所の歯科診療室から見た無機的な景色

ら、ＪＲ南武線の武蔵新城駅前にある京浜総合病院の事務長を紹介されました。その病院の歯科の先生が急に辞めることになり、閉科にするまでの３カ月間、患者の後始末してほしいというのです。私は何のためらいもなく、引き受けることにしました。当時、歯科医師が不足しており、急な話でもあることから、病院側が破格の待遇を提示してくれたのです。私は週２回午後１時から５時まで、そこで働くことになりました。

　歯科の整理が終了する頃、事務長から新しい話が持ち込まれました。川崎にある旭化成の工場に企業内歯科診療室を開設する計画があり、歯科閉科後の京浜総合病院の医療器材一式を旭化成に譲り渡すので、そこで働くことを勧められたのです。旭化成創業の地は私の故郷・宮崎県の延岡市です。小さい時からその社名を耳にしており、不思議な縁を感じました。

旭化成川崎製造所（川崎区夜光）は川崎駅からタクシーで約30分、京浜工業地帯のど真ん中にありました。「夜光」という地名にふさわしく、至る所で煙突から赤々と炎が噴き出し、夜はさまざまな巨大なクリスマスツリーが林立しているような景観でした。

当時の夜光近辺は、工場から排出されるガスの臭いが強烈で、時々目や喉が痛くなることもあり、健康を考えると良い働き場所とは思えませんでした。さらにその工場は埋め立て地に建っていて、陸地と1本の橋でつながっていました。もし地震でその橋が落ちてしまうと埋立地に取り残され、逃げ場がない危険な場所でもありました。

工場関係者からは、たとえ逃げられても、向かい側が青酸カリの製造工場だから、あたりに青酸ガスが充満してしまうと聞かされました。私は一瞬ためらいましたが、それらの危険手当を含めた労働条件を聞いた時、「働かせていただきます」と即答しました。土曜日を含む週2回の診療で、本学の教授に匹敵する好条件でした。

お陰で1年のうちに、入学金と1年分の授業料に、指輪のプレゼントを付けて母に返すことができました。母は指輪だけ受け取り、満足げな笑みを浮かべていました。

私はその職場で大学院を卒業するまで、2人の衛生士さんと1人の受付兼事務長さんとの4人態勢で働きました。学生時代とは違い、本気になって働くと患者から感謝され、歯科の治療がまんざらでもなく思えるようになり、腕も上達していきました。工場で働く人の中には宮崎県出身者も多く、彼らの方言に少なからず癒やされました。

私はできるだけ多くの患者を診てあげられるよう、時間外の午後8時頃まで働きました。工場の煙突の間にぽっかりと浮かぶ月を見ながら川崎駅近辺で食事をし、家路に就く――。私はいつの間にか、月光の下で稼ぐ歯科医、〝ムーンライト・デンティスト〟と呼ばれていました。

お尻が「カチカチ山」

歯学部卒業後、私は大学院に進み、同級生の多くは大学の医局に残りました。しかしどの世界も理想と現実が一致することはまれです。彼らの半分が、3年以内に辞めていきました。

一方、私が入局した放射線学教室は個性を重んじる自由主義で、一見バラバラで無秩序のように見えましたが、ひとたび何か事が起きると、技師から受付の女性まで全員が集まり、同じ立場で考える強力な団結力がありました。そんな環境の中で4年間、私は伸び伸びと研究、というより〝研究もどき〟の勉強や、指導者である若尾博美先生の手伝いをしていました。

夏は海に潜り、秋は旅行、冬と春はテニスに興じました。ある夏のこと。海で体を冷やし過ぎたせいか、肛門の周りに何となく違和感を覚えました。とりあえず、勧められるままに抗生物質を服用しているうちに、違和感は消えました。そして、お盆の時期となり、久しぶりに宮崎の実家に帰りました。数人の女性を含む友人たちを連れて。

帰省中に起こった〝お尻「カチカチ山」事件〟の後も、懲りずに長浜海岸でバーベキュー。左の海パン姿が私＝1976年

母たちは、私が女性を同伴して来たことに驚いていました。友人たちは当初、宮崎の異常なほどの高温多湿の暑さと、独特な食文化や方言に戸惑いましたが、すぐに慣れたようなので、市内から車で30分ほどの清流に連れて行きました。

これまでに何度か書きましたが、私は川遊びが大好き。得意になって川エビやアユ、ナマズ、ウナギなどを捕って皆に見せました。特に都会育ちの女性たちは驚きの連続だったでしょう。その帰宅途中、異変が起きました。お尻に強烈な痛みが来ました。夜になるとお尻は爆発し、高熱と痛みで一晩中苦しみました。

翌朝、母は「おまえが汚いお尻を川につけたせいで、水神様が怒ったに違いない」と言い、私を仏壇のある畳の間に移しました。しばらくして、母の友人である白装束の女性祈《き》祷《とう》師がやって来ました。大きな玉の数珠を首に巻いた祈祷師は私の布団の周りを護符で囲み、神事に使う榊の枝を振り回し呪文を唱え始めました。母が信心深いことは知っていましたが、ここまでとは…。友人たちは、目を丸くしています。痛みと熱と恥ずかしさ。私は、いたたまれませんでした。

父と母が相談し、私は父の戦友がやっている病院に行くことになりました。明治生まれの父の世代の男たちには「医者でも、歯医者でも、痛いのが名医」という理解不能の定義がありました。まして、父は元職業軍人。いったい、どういうことになるのか。友人の一人（女性）がタクシーに同乗してくれました。

病院はT肛門科といい、場所は宮崎県営野球場の近く。父は高校野球が好きで、私が中学生の頃、よくその球場に連れて行かれました。スタンドから、外野席の後方に「T肛門科」と大書した病院の屋根がよく見えたことを今でも覚えています。

私はお尻から腰にかけて炎がついた感じで、まさに「カチカチ山」状態でした。

麻酔なしの切開手術

父の戦友がやっている宮崎市内の病院は木造で、田舎でよく見かける診療所に近く、清潔さは感じられませんでした。先生は丸い眼鏡をかけたお年寄りで、眼鏡の片方のツルを、ひもで結んでいるのが何となく気になりました。

診察室はカーテンで仕切っただけで、そこにあった戸板の上に寝かされました。あおむけになり、両足をおなかの方に引き付けて両腕で抱えるように指示されました。ポーズが決まると、すかさず体格のいい看護婦さんが、束ねた腰ひもで私の腕と両足をぐるぐる巻きにしました。

先生は、付き添いで来てくれた友人の女性を診察室に呼び入れるといきなり私のズボンを脱がせ、お尻を露出させて彼女に言いました。「肛門の下に、うみがたまっている。切開するからよく見ておきなさい」。診察台が、そのまま手術台でした。

先生は「痛いけど、我慢しろ」と言った瞬間、メスで患部を切り裂きました。麻酔なし！

〝お尻「カチカチ山」事件〟のときに病院へ付き添ってくれた友人。その節は大変お世話になりました

後にも先にも、あれほど痛い思いをしたことはありません。疼痛《とうつう》性ショックとは、こういう感じかと思うくらいで、めまいがしましたが、彼女の手前、必死に我慢しました。

野蛮極まる処置と、あふれ出たうみに驚きながら、彼女も懸命に耐えていたようです。悲劇は、それで終わりませんでした。

即入院。激痛にうなりながら彼女の肩につかまって、何とかベッドへ。6人部屋で4人入院していました。冷房はなく、壁に取り付けられた扇風機が1台。リボン状の長いハエ取り紙が、天井から何本も垂れ下がっていました。

手術から2時間後、ガーゼの取り換えです。看護婦さんが持つガーゼを見て、がくぜんとしました。表面の1枚は漏出液を防ぐための油紙で、その下は正方形に切った新聞紙が数枚。患部に触れる最後の数枚だけがガーゼなのです。私は、早く退院して、まともな病院に移る決心をしました。

そこへ、さらなる災難が襲ってきました。突然、けたたましいサイレンの音が響き渡りました。何と､年に1度の火災避難訓練の日だったのです。彼女は入院の支度をするため、家に向かっていました。手術から3時間、痛みはピーク。それなのに「君、焼け死ぬよ！」と怒鳴られ、はうようにして中庭に出ました。さらに「君が一番若いから」と、消火器を持たされる羽目に。まさに、踏んだり蹴ったりでした。

その後、病院に戻ってきた彼女に聞くと、両親は朝からずっとテレビで高校野球を見ていたそうです。なんて親だろうと思いましたが、痛みに強い2人には、私の手術など切り傷程度だったのかもしれません。

結局、入院中、両親は一度も様子を見に来ませんでした。この入院を機に、私は親から早く独立する決意をしました。

学位第1号を目指す

大学院に入学して3年間、自由奔放な生活を送りました。「海外旅行に行きたい」「友人とテニスをしたい」と言えば、東与光《ひがしともみつ》教授はいつも笑顔で「行ってきなさい」と応じてくれました。週に1度しか来ない助教授には、私は大変評判が悪く、会うと必ず嫌みを言われました。しかし、週に1度我慢すればいい、と彼の言葉を無視して自分流を貫いていました。

それでも、最終学年の4年生になると、さすがに少し焦りを感じました。卒業するためには最後の1年間で研究テーマを絞り、実験を重ねてデータを出し、それを基に論文をまとめなければなりません。「1年間は遊びを控え、生活をシンプルにして研究に集中しなさい」と初めて教授に注意されました。

遅まきながら東教授のことをご紹介しますと、金沢大学医学部出身の医学博士でありながら、神奈川歯科大学の教授を務めていました。研究に対する貪欲さにおいて、私の45年間の研究者生活の中で、東教授を超える方はいません。とりわけ、研究論文への執着心は時に常軌を逸していました。当時、すでにアイソトープ（放射性同位元素）の研究で高く評価されており、世界的にも有名でした。

しかし、役職へのこだわりや政治的野望などは一切なく、学内のどの派閥にも属さない研究一筋の変わり者として知られていました。一度、無理やり教学部長を押し付けられましたが、そのやる気のなさと無責任さで、3カ月で交代させられたそうです。

また、100年以上の歴史を持つ東京の有名私大の放射線科教授に推薦されながら、断ったと聞きました。その大学の教授はほとんど母校出身で、他大学出の自分が教授になっても、政治的な動きに翻弄《ほんろう》されて研究に集中できないと考えたからです。「神奈川歯科大の方が自由で、私には机と椅子さえあれば十分」とのことでした。

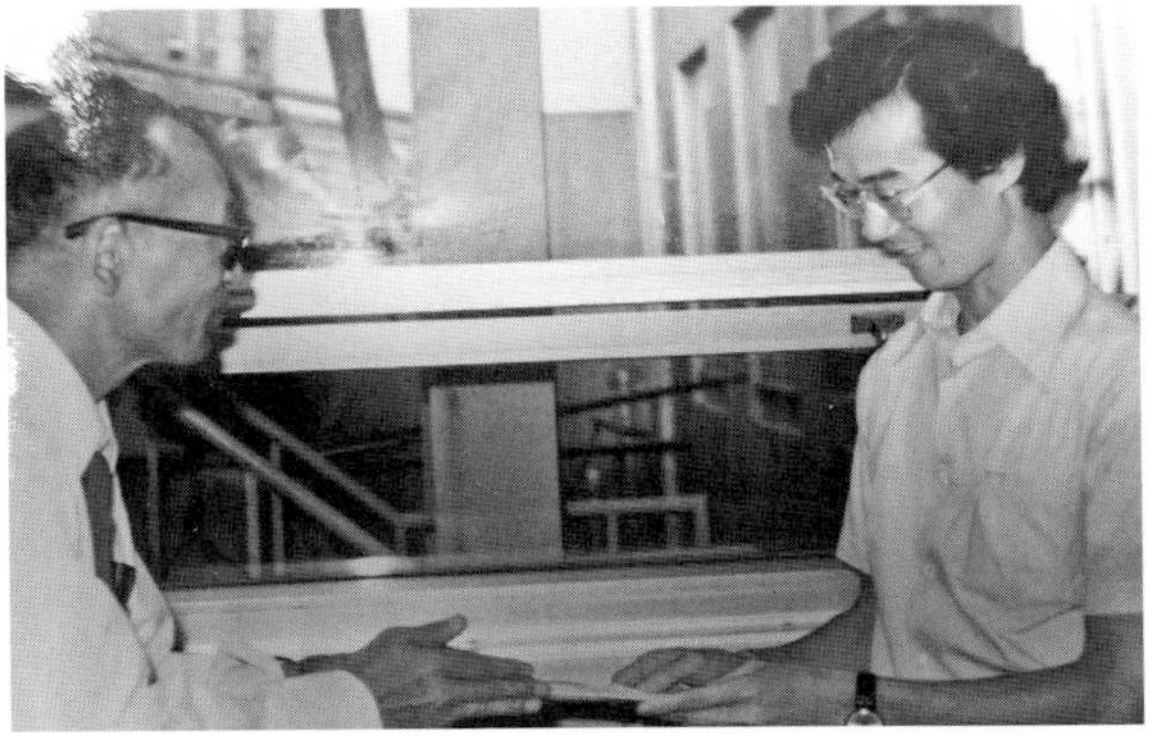
紆余（うよ）曲折を経て東与光教授（左）から学位取得のお祝いを受け取る＝1979年

ある日、東教授が自身の大学院時代に大変な苦労をされたことや、派閥と政治に振り回された体験を話してくれました。そのとき、教授が私を放任してくれた理由を初めて理解しました。自然科学への狂気に近い探求心と、奥の深い優しさを併せ持つユニークな先生でした。

教授の命令で読んだ多くの論文から実験の組み立てとデータの整理・解釈の方法、論文の初歩的な書き方などを学び、若尾先生の手伝いをしながら実験手法を会得し、私は本学の学位第1号を目指して論文をまとめる決意をしました。

論文のテーマは「ネズミの足に移植した癌《がん》に放射線を照射し、癌親和性アイソトープ（癌に集まる放射性同位元素）集積のメカニズム」に決まりました。私生活をシンプルにし、何度もネズミにかまれながら実験を積み重ね、論文をまとめ上げました。

そして4年生の夏、私は教授と一緒に当時の大学院研究科長に論文を提出に行きました。

母の期待を裏切って

１９８０年4月、大学の長期海外派遣研究員として9月からの米国留学が正式に決まりました。とりあえず、そのことを母に電話で報告しましたが、「あ、そう」という素っ気ない返事でした。

留学の準備を済ませて、出発までの1カ月間。英語の勉強という大義名分で、私は自由になりました。しかし、英語の勉強よりも最後の夏を思いきり楽しむことにしました。仲間たちと伊豆に魚釣りに行ったり、慣れ親しんだ長浜の海でサザエやトコブシを捕ったり、精いっぱい遊び回りました。

ある日、母から小包が届いていました。中には夏用の下着と私が小さい時によく食べていたビスケットやコンペイトー、ドロップスの缶が入っていました。いまだに私を幼児扱いしている母を思うと、少ししんみりしました。その翌日も大学に顔を出しはするものの、友人たちと海に素潜りに行ったり遊びほうけていました。

留学１週間前、友人たちと伊豆旅行

疲れ果ててマンションに帰ると、玄関に女性のげたがきちんとそろえられていました。部屋に入ると、和服姿の母が畳の間に正座しています。私は幻かと思いましたが、紛れもなく母でした。「母さん、どうしたの？　何かあった？」と声を掛けました。母は「アメリカに行くんだって？」と聞きます。私は「うん」とだけ答えました。母は「何のために？」と聞き返してきました。私は一瞬言葉に詰まりましたが、「自分の未来を探しに」と言いました。その一言で母は「もうこの子は故郷・宮崎には帰って来ない」と確信したのでしょう。母は「あ、そう」とだけ言って、その件についての会話は終わりました。

翌日、母は何事もなかったように、妹や孫たちに会うこともなく、帰って行きました。

後になって、母は私が宮崎で開業することを楽しみにしていて、市内の一等地に開院のための土地を購入していたと妹から聞きました。その土地に「歯科医院建設予定地」と看板まで立てていました。看板はいつの間にか引き抜かれ、片隅に放り投げられていたそうです。母の期待を裏切ることになり、私の胸は申し訳なさでいっぱいでした。

留学出発の1週間前。東与光教授から大学の理事長にあいさつに行くように言われました。理事長と初めて話をすることになったのですが、私は学長と理事長の立場の違いを良く理解しておらず、さほど緊張はしませんでした。卒業証書や博士号取得の証書は全て学長の名前で出されており、理事長より学長に会う方がはるかに緊張しました。

川村二郎理事長（当時）は、私の顔を見ると笑みを浮かべ、「健康に気を付けて、多くのことを学んできてください。そして帰国してもすぐ大学を辞めずに、大学の発展に貢献してください」と言いました。私は、つい「はい。すぐ辞めることはせず、理事長になるまで頑張ります」と答えてしまいました。川村理事長は一瞬驚いた顔をされ、「そうか、そうか」と笑顔で立ち上がり、ポケットから財布を取り出し、餞別《せんべつ》を手渡してくれました。40年以上も前の、恐れを知らない若者と大学トップとの会話でした。

海外留学を決意する

大学院4年生の夏、私は学位論文を大学院研究科長に提出しました。本学の学位第1号を目指していました。研究科長は、あまりに早い提出に少々驚いていました。

大学院3年生のとき、初めての国際学会で発表。この頃から留学を意識し始めた＝1977年、スウェーデン

それは、本学で初めて提出された大学院生の学位論文でした。しかし、委員会で審査された結果、内容が不十分という理由で差し戻しにされました。私の指導者は、世界的に有名な東与光教授です。その権威が自信をもって送り出した論文ですから、私より教授の方がショックを受け、「戦略を誤って、論文を早く出し過ぎた」と後悔しました。そのとき、私は審査の背後に指導教授間のプライドのぶつかり合いがあることを感じました。

「私に政治力がないばかりに、君に迷惑をかけた」と教授は頭を下げました。「先生、遅れても大丈夫です。1年遅れても平気ですよ」。そんな心にもない強がりが、自然に私の口から出ました。結局、癌《がん》に集まる放射性同位元素をテーマにしたその論文はさほど内容を変えずに7番目に提出し、審査を経て大学院を卒業することができました。

大学院を卒業して、そのまま放射線学教室の助手として、医局に残ることになりました。仕事はこれまでの研究の延長と、後輩の大学院生の指導です。その毎日に次第に飽きて、情熱が少しずつ薄れて行きました。机に片ひじをついてぼんやりしているか、あるいは遊びに出て教室にいないか—。私は後輩に「雲隠れの先輩」「ストーブあたりの先輩」と呼ばれるようになっていました。

このまま教授と同じ分野の研究を続けても、師を超えることはできないと分かっていました。オリジナリティー（独創性）のあるテーマを見つけ出さなければなりません。それには「歯科医師」であることから進んで「医学と歯学にまたがる領域」に踏み出すことが必要でした。自分の未来を探すために、私はひそかに海外留学を決意しました。

ちょうどその頃、大学は海外留学を奨励し、40歳以下であれば給与・賞与はもちろん、特別奨学金として300万円を支給する制度を始めたばかりでした。私は、それを利用しようとしました。

東教授は積極的には賛成しませんでしたが、強いて反対もしませんでした。やる気のうせた私を見て、留学がただの観光旅行に終わってしまうことを心配してくれたのかもしれません。

当時は、夫婦で留学する方が精神的にも肉体的にも良いと思われていましたが、私は単身を選びました。一緒に行きたい女性がいなかったこともありますが、中途半端な気持ちを捨て、自らを厳しい環境に置く覚悟でもありました。

さて、どの大学に行くか。南国生まれの私は、寒さが苦手です。気候温暖で、最先端の研究を進めている大学を探すことにしました。ある日、何げなく雑誌をめくっていた私は、見たことのない1枚の画像に引き寄せられました。

夢のカリフォルニア

留学先を探していた私が目にした1枚の写真は、コントラストが強調された骨の画像でした。

それは米国のカリフォルニア大学ロサンゼルス校（ＵＣＬＡ）の歯学部で行われている研究で、私の研究領域とは全く関係がなく、その知識もありませんでした。しかし、動物的な勘とでも言いましょうか、妙に引かれたのです。

たまたまＵＣＬＡ出身の日系人歯科医師が、神奈川歯科大の隣にある米海軍横須賀基地の病院で働いていました。彼に推薦状を書いてもらい、ＵＣＬＡ歯学部の研究に興味があるので参加させてほしい旨の手紙を出しました。数日後、思いがけず、受け入れＯＫの返事がきました。１９７０年代後半の米国は豊かで、各大学がそこそこに人を雇える研究予算を確保することができたようです。

大学院を卒業して2年目の80年夏、私は憧れのカリフォルニア州ロサンゼルスに向けて成田を飛び立ちました。不安と期待が入り交じる中、ＵＣＬＡに着いたのは夕暮れ。カリフォルニア特有の濃い青色の空が、ゆっくりとオレンジ色に溶け込んでいく美しい季節でした。

カリフォルニア大学ロサンゼルス校（ＵＣＬＡ）正門前の風景＝1980年

話の順序からすれば、ここで私の英語力に触れるべきでしょう。私は甘く自己判定して、英会話の50パーセントくらいは理解できると思っていました。ところが、ＵＣＬＡの先生方は会話能力のなさ（低さ、ではない）にがくぜんとし、私は大学内にある外国人を対象にした夜間の語学学校に強制的に通わされました。この件は、後に書きます。

さて、ＵＣＬＡに着くと、主任教授が私を車に乗せ、私が下宿する教授の知人宅に急ぎました。車はウエストウッドという町から15分ほどの閑静な住宅街に入り、ピンクや赤のブーゲンビリアで覆われた家の横に止まりました。白雪姫でも住んでいそうな、こんなメルヘンチックな家で生活するのか、と思ったのは早とちり。教授は通りを隔てた反対側の家のドアをノックしました。庭木が伸び、垣根を越えて飛び出しています。白雪姫どころか、魔女の家のような暗い感じの古びた家でした。

現れた女性は真っ黒なロングドレス姿で首にはたくさんの装飾品、そして真っ赤な分厚い口紅。夕暮れの日差しと薄暗い玄関の白熱灯の下で、まさに魔女のようでした。教授の背中越しに私と視線が合うと一瞬、びっくりしたようなしぐさを見せました。その意味を、私ははかりかねました。

家の中は無駄なく整理され、家具は少なく、質素な生活ぶりがうかがえました。ソファにはタヌキと間違えるほど大きな猫が丸くなっており、床には頼りなさそうな犬がゴロリ。

壁にはエルビス・プレスリーの額縁写真が、所狭しと飾ってあります。

彼女の名前はトゥルーディー。プレスリーのデビュー当時から第1秘書として活躍し、芸能界では名の通った人だと教授が説明してくれました。

〝魔女〟は優しかった

私はビートルズ世代で、プレスリーは私より一世代前の若者が熱狂したロックンロールの元祖です。でも彼女の部屋に飾られた多くのプレスリーの写真に、懐かしさがこみあげました。

私が留学した1980年は、70年代を代表する音楽であるイーグルスの「ホテル・カリフォルニア」の余韻がまだ残っていました。ベトナム戦争で米国が疲弊し、若者たちの間でマリファアナ（大麻）が流行した時代。「ホテル・カリフォルニア」の歌詞の内容は、まさにマリファアナをイメージさせるものでした。

プレスリーの写真に見入っていると突然、トゥルーディーさんが部屋の明かりをつけて話し始めました。振り向くと、彼女の顔が一変していました。100年生きてきた〝魔女〟から、60歳くらいの優しいおばさんに変身したのです。照明の関係でしょうか…。

私を連れてきてくれたホワイト教授は下宿の条件を再確認すると、私に「ゆっくりお休みなさい」と言って立ち去りました。私は1人暮らしのこの女性宅の一部屋を借り、しばらくの間、一緒に住むことになりました。

米国での私の下宿先、トゥルーディーさんの家＝1980年

彼女がユダヤ人と知ったのは、数日後でした。ユダヤ人という言葉は、キリスト教文化圏では一種の宗教的、社会的差別概念を含んでいます。私は高校でキリスト教の教育を受けましたが、ユダヤ人にあまり良い印象を持っていませんでした。シェークスピアの戯曲「ベニスの商人」の高利貸シャイロックのイメージです。しかし、イザヤ・ベンダサン（山本七平の筆名）の「日本人とユダヤ人」を読み、双方に共通点が多いことを知っていました。

トゥルーディーさんは、自分の子どものように私に接し、あれこれと面倒を見てくれました。私が「庭が暗い」と言うと、翌日、庭師を呼んで枝打ちをしてくれました。家全体の雰囲気が見違えるように明るくなり、私の部屋にカリフォルニア特有の乾いた陽光が差し込みました。

またソファ、テーブル、テレビから食器まで、新品にしてくれました。さらにビーチパラソルを買って、庭に置きました。どう見てもその庭にはミスマッチでしたが、パラソルの下で食べる朝食は格別でした。

私は部屋代として月３００ドル（当時の為替レートで5万円ほど）しか払っていませんでした。しかし、彼女は毎日朝食を作って私を学校に送り出し、夕食を準備して私の帰りを待っていてくれました。

ほとんどはコーシャフードと呼ばれる宗教的意味合いを持つ不思議な料理で、私が好きになったのはマッツァボールのスープです。日本の〝つみれ団子〟に味が似ていて、何度も作ってくれと頼みました。

ユダヤ文化に触れる

トゥルーディーさんの英語に次第に慣れた頃、話の弾みでユダヤ人の教会に一緒に行くことになりました。私は、そこで多くのユダヤ人が無心で聖書を朗読する姿に初めて接しました。

トゥルーディーさんの友人の老婦人がいました。彼女は聖書を胸に押し当て、全身を揺すり、涙ぐんでいました。彼女はナチスの強制収容所から生還しましたが、家族は全員、殺されたそうです。

祈りの儀式の後、この老婦人は私に収容所の体験を一生懸命話してくれましたが、独特な英語で半分も理解できませんでした。しかし、顔全体に深く刻まれたシワと悲しげな瞳、時々私の袖を引っ張る干からびた手から、彼女の心の叫びを十分感じることができました。

また、トゥルーディーさんはユダヤ人の歴史を教えるために「屋根の上のバイオリン弾き」という映画に連れていってくれました。他にも、ドイツ人になろうとしてなれなかったユダヤの詩人ハイネの苦悩、なぜユダヤ人が高利貸で身を立てなければならなかったのか、ゲットー（ユダヤ人を隔離した地域）で深く静かに伝承されたユダヤ文化など、トゥルーディーさんは私に語り続けました。

ある日、彼女は大事そうに宝石箱を持ってきて、中から1枚のセピア色の写真を取り出しました。40年も前の写真ということで、ボートに乗った若き日の彼女が恥ずかしそうに写っています。オールを握っている男性が、東洋人であることはすぐ分かりました。彼の

ＵＣＬＡでの私の上司、ホワイト教授が自宅で私の歓迎会パーティーを開いてくれた。手前がホワイト夫妻、（後列左から）私、教授秘書のラナさん、トゥルーディーさん、グラッド准教授夫妻＝1980年

顔つきは、どこか私に似ていました。初めて私を見た彼女が驚いたようなしぐさをしたことも、私を厚遇してくれる訳も、それ故だったのです。

彼はフィリピン人で、名前はカニーザ。彼が医学生としてウィーンに留学したときに２人は知り合い、恋に落ちました。しかし、ナチスのユダヤ人狩りを逃れるために、トゥルーディーさんは泣く泣く彼と別れ、米国に渡りました。

そんな体験談を、彼女は毎晩のように話してくれました。それは私にとって苦痛ではなく、歴史の真実に触れる貴重な機会でした。彼女の話から推察すると、私が出会った時の彼女は優に70歳を超えていました。

トゥルーディーさんにはご子息が２人いました。１人は、南カリフォルニア大学を卒業してハリウッドで映画監督を目指す優秀な若者。もう1人の方には、知的障害がありました。彼女は離婚し、女手一つで2人を育てたのだと、彼女の友人から聞きました。監督志望の息子さんからマクヤという日本人ユダヤ教徒の組織を知り、彼に誘われてその集会に参加しました。30人ほどの集まりで、最初は違和感がありましたが、話してみると、みんな紳士的で人が良く、私を歓迎してくれました（日本では「キリストの幕屋」という名で活動しています）。私は、米国の奥深さを改めて知らされました。

UCLAのモンロー

トゥルーディーさんに続いて、もう一人のユダヤ人女性、ラナさんを紹介しましょう。

彼女は当時、私が在籍していた教室の教授秘書で、私と同い年。典型的なユダヤ人の顔つきのトゥルーディーさんとは違い、茶色の髪と黒い瞳、小柄な体つきで、むしろ東洋的な雰囲気を感じさせました。あねご肌で女優のキャサリン・ロスに似ており、独身だったことから人気があり、用もないのに医局の前をうろうろする学生もいました。

ラナさんは、教室のもろもろの仕事を全て取り仕切っていました。実験に必要な機材の手配や動物の使用に関する書類上の手続きなど、必ず彼女を通さなければなりません。気が強いだけでなく、好き嫌いが激しく、強烈な個性を持っていたために、彼女に対する主任教授の気配りに目を見張ることも度々。ＵＣＬＡでラナを知らない人はもぐり、と言われたほどです。

私が学んだ教室に来る前の5年間、彼女は学長秘書で、それなりに政治力がありました。私の部屋も彼女が決めたようで、研究室にある冷蔵庫の後ろの小さな〝隙間〟を与えられました。それでも、外の廊下に向かって独立したドアがあり、電話が引かれていました。机は横長の大きな実験台で広々していて、壁には大きなボードがあり、私は自分の部屋がすこぶる気に入っていました。

あるとき、私は彼女に「日本を知っていますか」と尋ねてみました。彼女は「ハワイの横か？」と返しました。嫌みなのか、本当に知らないのか分かりませんでしたが、いずれにしても、私は何となく彼女にあまり好かれていないようだと感じ取っていました。

当時、10人近いスタッフは誰一人たばこを吸わず、いたずらにでも吸おうものなら、全員の非難を浴びたものです。しかし、ラナさんだけは別格。他人の迷惑を顧みず、一日1箱のメンソール入りバージニアスリムを、自分のデスクで堂々と吸いました。それをとがめる人は、ＵＣＬＡにはいませんでした。

彼女の服装は、決まって派手な色合いの大きく胸の開いたプリントシャツと、深くスリットが入ったやや長めのゆったりしたスカート。脚を組んで片ひじをつき、遠くを見つめるようなまなざしでロングサイズの紫煙をくゆらせる姿は、私にはハリウッドの代表的セクシー女優マリリン・モンローに重なって見え、まさに絵になっていました。彼女を見ていると、ここが米国であることや、彼女が私とは異なる人種であることを実感したものです。

ハロウィーンパーティーでラナさん（左）と。鬼の面をかぶっているのが私＝1980年

ある日のこと。私が実験動物のための計画書を提出すると、彼女は「こんな英語力で、よくアメリカに来たわね」と冷たい口調で言いました。以来、ストレートにずけずけものを言う彼女が嫌いになり、他の教室員と同じように、必要なとき以外はなるべく近づかないようにしていました。

「怖い米国人」の変身

ある日、昼食のためにカフェテリアに向かう途中、遠くからさっそうと歩いてくるラナさんの姿を見かけ、私は速足で途中の角を曲がろうとしました。途端、彼女の大きな呼び声。見つかってしまいました。彼女は「カフェテリアの値段は最高、味は最低。あそこで損をしないのはコークだけ」と言い、「いい店を知ってるから、ついて来なさい」と、すたすた歩き始めました。

彼女の誘いを断ったら、あとでどんな意地悪をされるか分からない…。一種の恐怖に駆られて、私はおとなしくついていくことにしました。まるで、母親に取り残されないように、その後を必死に追いかける子どものように。

UCLAの建物はとても複雑で、私はそれまでに何度も迷っていました。しかし、ラナさんは大学病院の廊下を足早に上に下に、10回以上もコーナーを横切って（おそらく最短コースで）ウエストウッドの街に出ました。その間、会話は一度もなし。彼女は私がちゃんとついて来ているか確かめるために、数回、振り返っていました。

ウエストウッドの大通りに面した路地を入った所に、こぢんまりしたカフェバー風のレストランがありました。彼女はその店に入るや否や、シーバスロック（ウイスキー「シーバスリーガル」の氷割り）を注文しました。店員と顔なじみらしく、店員の頭には布製の三角帽子が載っています。

ラナさんは私のためにピータブレッドというサンドイッチを注文し、「ワインでも飲むか」と言いましたが、私は断りました。恐る恐る「昼間からお酒を飲んで大丈夫ですか」と聞くと、これからハヌカ（ユダヤ教徒の祭り）に行くので午後から休暇を取っているとのことでした。そのとき、私は彼女がユダヤ人であることを知ったのです。店員の三角帽子も、ユダヤ人という印でした。

医局のパーティーで自慢の少林寺拳法の演武を披露。対戦相手（手前）は、少林寺拳法ロサンゼルス支部道場にお願いした＝1981年

私が断ったのに、彼女はグラスワインを注文しました。そのあたりが、まことに強引です。乾杯するとき、彼女は「チアーズ」と英語で一般的な言葉を使いましたが、私はトゥルーディーさんに教わったユダヤ式の「ラハイム」

と言いました。その数日前、トゥルーディーさんにハヌカパーティーに連れていかれ、ハヌカの意味や、しきたりなどを経験していたのです。

それを聞いたラナさんは目を丸くして大笑いし、手をたたいて喜びました。その瞬間から彼女の大きな目は下がり気味になり、「怖いアメリカ人」から「優しいユダヤのお姉さん」に変身しました。よくよく見れば、彼女が鼻筋の通った彫りの深い美人であることに、私は初めて気が付きました。

彼女は私の耳元で優しくささやきました。「私の名前はラナ・ホープ・カプラン。今日からラナと呼んで」

私はカシマンスキー

〝昼酒〟を機に、ラナさんは私に優しくなりました。「英語も話せない、とっつきにくい日本人」から「面白いやつ、おかしな男」に変わったのです。

彼女は酔った勢いで、これから会うボーイフレンドのことを話し始めました。彼がホモセクシャル（男性の同性愛者）であることが分かり、別れ話をするためにお酒を引っ掛けている、というのです。

私が留学した1980年の米国ではホモセクシャルがよく話題に上りました。エイズという単語も、性的少数者を意味するLGBTなる言葉もまだありませんでした。

ラナさんは私に「大学にも怪しい男がいる。東洋人は狙われやすいから気をつけろ」と忠告。ホモセクシャルの見分け方を〝講義〟してくれました。以下は、現在からすれば差別的な問題発言ですが、当時の米国人インテリの、ありのままの表現として再現します。

彼女が特徴として挙げたのは「もみあげが長い」「髪を短くしてパーマをかけ、きっちり横分けにしている」「くしをズボンの後ろポケットに入れている」「絶えず鏡を見て、自分の姿を気にしている」「ぴっちり肌に張り付くようなズボンをはいている」など。極め付きは「厚めのプラスチック製の黒縁眼鏡」でした。当時、私が住んでいたウエストウッ

米国ではラナさんの他にも交友関係は広がった。ミセス・ブラウンの次女の家のプールサイドで、ご主人と。大学に近いこともあり、実験で疲れた後にいつも一泳ぎしていた

ドやビバリーヒルズかいわいでは、黒縁眼鏡はホモセクシャルの暗黙のサインだったそうです。

私は、それらの判定基準の根拠は何か、と尋ねました。すると、UCLAの各部署にいる友人たちと協力して学内のホモセクシャルを子細に観察して得た統一見解だ、というのです。私はUCLAで働く女性たちの強さと恐ろしさを、改めて痛感しました。

〝講義〟を終えたラナさんは5杯目のシーバスロックを一気に飲み干して、私たちは店を出ました。彼女の足元はふらついていました。駐車場まで送りましたが、彼女は飲酒運転を気にすることなく、真っ黒なシボレーに乗り込み、うつろな目をして、猛スピードで走り去りました。当時は飲酒運転の取り締まりはさほど厳しくなく、検問に引っ掛かっても「まっすぐ歩ければOK」でした。

翌日、彼女はケロリとして定刻に大学に現れました。私の顔を見るや、小走りに近づいて「彼にきっぱりサヨナラを言ったわ」と耳打ちし、かすかに笑いました。ラナさんへの恐怖心と嫌悪感は消えました。留学3カ月目のことです。

彼女は私に名前を付けてくれました。「カシマ・イサム」をもじって「サム・カシマンスキー」。ロシア系ユダヤ人風の名前です。「ジャー」や「スキー」で終わる名前は、典型的なユダヤ人だというのです。そう言えば、元国務長官のヘンリー・キッシンジャーも、クリントン大統領との不倫で有名になったモニカ・ルインスキーもユダヤ人です。

以後、私はラナさんから「サム」と呼ばれました。

「ミセス・ブラウン」

家主のトゥルーディーさん、教授秘書のラナさんの他に、私をかわいがってくれた女性がいました。私は彼女を「ミセス・ブラウン」と呼んでいました。

彼女はＷＡＳＰ（ワスプ＝白人＆アングロサクソン＆プロテスタントのこと）と言われる典型的な英国系米国人で、当時77歳。ウエストウッドの広い庭があっておしゃれな造りの家に、ダックスフント犬と住んでいました。

ミセス・ブラウンはズッキーニやカボチャ、ラディッシュなど多くの野菜を庭で栽培し、よく料理を作ってくれました。それを、先祖が英国から持って来たウエッジウッド（英国の代表的な陶磁器メーカー）の食器に盛り付け、食器の由来を説明してくれました。

娘さんが2人いて、近くに住む長女が毎日のように夫と訪れていました。娘さんたちは「犬だけでは母が寂しいだろう」と短期留学生の日本人女性を下宿させていました。その

ミセス・ブラウン（中央右）の家での夕食会で。左が私。彼女は当時の英国首相、マーガレット・サッチャーによく似ていた＝1981年

留学生は私のテニス仲間で、車がない彼女を家に送ったとき、ミセス・ブラウンを紹介されたのです。以来、時々、食事をごちそうになっていました。

女子留学生は半年後に結婚式を控えていて、式の3カ月前に帰国しました。ミセス・ブラウンは、新しい下宿人を探すのだろうと思っていた私に「あなたが時々、食事に来てくれればいいわ」。彼女の子も孫も全て女性だったので、私を息子か孫のように思ってくれたのかもしれません。

私にも祖母はいますが、実はあまり良い思い出は残っていません。父方の祖母にはよくぶたれ、母方の祖母には「変わった子」という冷たい視線しか感じていませんでした。祖母に近い年齢の女性で、自分の分身のように愛情を注いでくれたのは、外国人のトゥルーディーさんとミセス・ブラウンでした。

ミセス・ブラウンにも私の研究の話をよくしましたが、あるときからラナさんやトゥルーディーさんに触れるのを一切やめました。ミセス・ブラウンの次女の家に家族全員が年に1度集まるパーティーでの、ある出来事が原因でした。

次女の家はウエストウッドの1等地にあるプール付き邸宅で、夫はWASPで銀行役員。かなりプライドの高い人物と感じました。一方、長女の夫は善良そうな普通のサラリーマン。双方の家庭格差は歴然としていました。ミセス・ブラウンと2人の娘、そして長女の夫は大変仲が良く、その4人の会話は和やかに弾むのですが、次女の夫が加わると大激論になるのです。

ところが——。私がユダヤ人の家に下宿していると話した瞬間、激論はやみ、全員が「どうして、そんな所にいるの！　早く母の家に引っ越しなさい！」と口をそろえたのです。私の頭の中は混乱と衝撃で真っ白。この家族に本気で受け入れられていることを実感するとともに、米国の根底に流れる複雑な人種差別を初めて経験しました。

私の研究と英語特訓

UCLAでの私の研究は、新しい歯科専用の画像診断装置を使って、骨の変化を観察するというもの。装置はロサンゼルスのパサデナにあるゼロックス社（以下、X社）が開発を進めており、その試作器の臨床治験をＵＣＬＡで行っていました。

それまでのがん研究（核医学）から画像工学へ、つまり生物学の世界から物理・数学の世界に飛び込んだのですから、無謀としか言いようがありません。しかし、自分の師を超えて研究者として生きるなら、その道しか残されていませんでした。生身の人間を相手にする臨床歯科医師が自分に向いていないことは、よく分かっていました。何としても、新しい研究を成功させて帰国しなければなりませんでした。

当初、ＵＣＬＡの先生方は私の英会話力のなさにあぜんとし、研究プロジェクトに必要な最低限の知識のなさに、がくぜんとしました。彼らは、私の推薦状を書いた米海軍横須賀基地で働くＵＣＬＡ出身の日系人医師の過大評価を信用して私を受け入れたことを後悔したに違いありません。

そこで、その日の仕事が終わった後、午後6時から9時まで、大学内にある外国人を対象にした語学学校に私は半強制的に通わされることに。そして、2カ月後にはＵＣＬＡの大学院セミナーで90分の講義をすることを約束させられたのです。院生相手に90分、英語で講義するとは！　内容は日本でやっていた研究でよいと言われましたが、さすがに楽天家の私も、ただおろおろするばかりでした。

帰宅して家主のトゥルーディーさんに相談すると、その夜から会話と発音の特訓開始、となりました。ラナさんの協力もあり、2カ月間かけて準備した私の講義は、なんとか無事に終了しました。

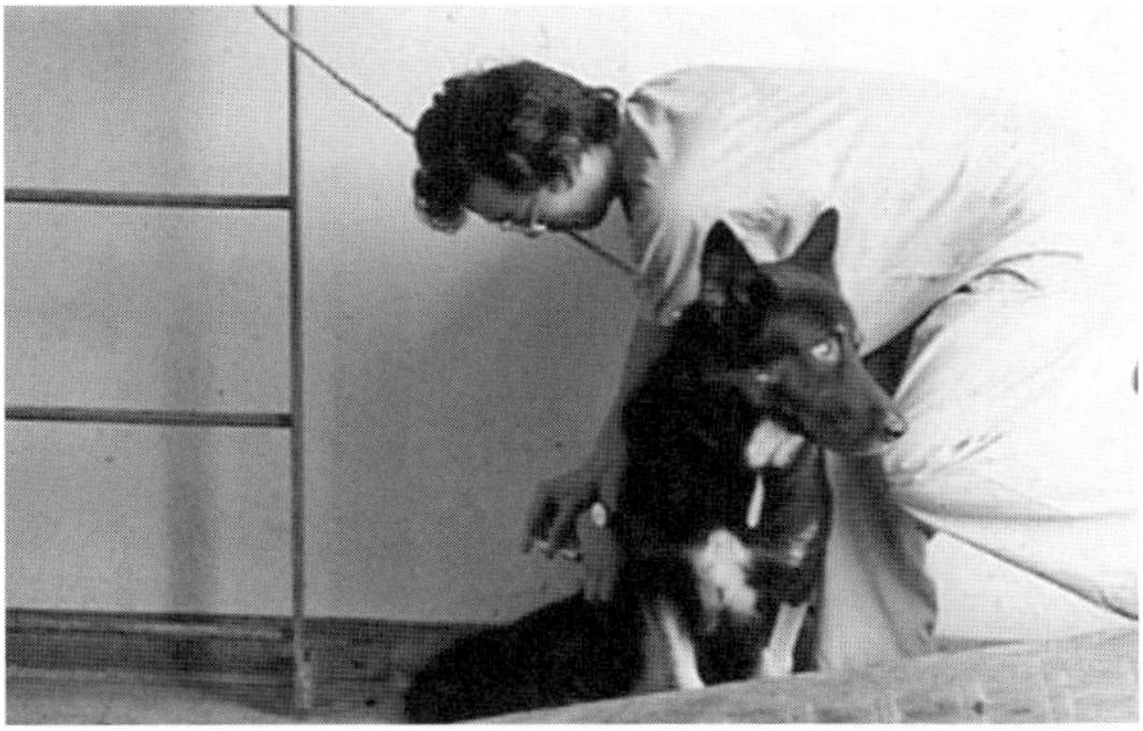

実験用のジャーマンシェパードに麻酔の注射をしているところ。下あごのエックス線撮影のために毎回眠らせる必要があった＝1980年

特訓のおかげで次第に英会話の力がつき、講義の1カ月後には犬を与えられて骨の研究を担当するようになりました。実験は犬の下の歯を数本抜いて、下あごの骨の変化を新しい診断装置で追うもの。必要な機材や設備の手配、複雑な書類の手続きなどは、例によってラナさんがそつなく済ませてくれました。

それからは、全てが順調に進みました。カリフォルニアの青い空と爽やかな乾いた空気、そして友好的な仲間たち。私が独身であったせいか、教室員は事あるごとに私を引っ張り回してくれ、会話力も上達しました。思いっきり背筋を伸ばして、ウエストウッドかいわいを、X社の友人が貸してくれた1970年型ベンチシート、フルサイズのビュイックセンチュリオンで走り回りました。

実験データは順調にそろい、歯科領域の知識も増え、何となく一筋の光が見えたような気がしました。しかし、私たちが行っていた画像診断装置の研究は、新しいといっても、従来通りのアナログ画像。その頃から、時代はゆっくりとデジタル化に移り始めていました。

時代はデジタル化へ

UCLAでの実験が進むにつれ、研究は行き詰まりました。私が留学した1980年当時、それらを解決する技術は日本が最も優れていました。私はその分野のエキスパート、小西六《こにしろく》写真工業（後のコニカ）の医療機器開発本部長に会うことにしました。ベルギーのブリュッセルで開かれる国際医学放射線学会に彼が参加するというので、当地で3時間面会する約束をしました。

ブリュッセルへ飛行機で12時間。ホテルのロビーで学会が終わるのを待ちました。現れた彼はひどく慌てて「緊急事態が起きたので、30分しか取れません」。その日のうちに帰国するという彼から会場で起きたことを聞くだけで、用件を切り出す余裕はとてもありません。日本のライバル社、富士写真フイルムが画期的な画像装置を開発したというのですが、何のことやら分かりませんでした。

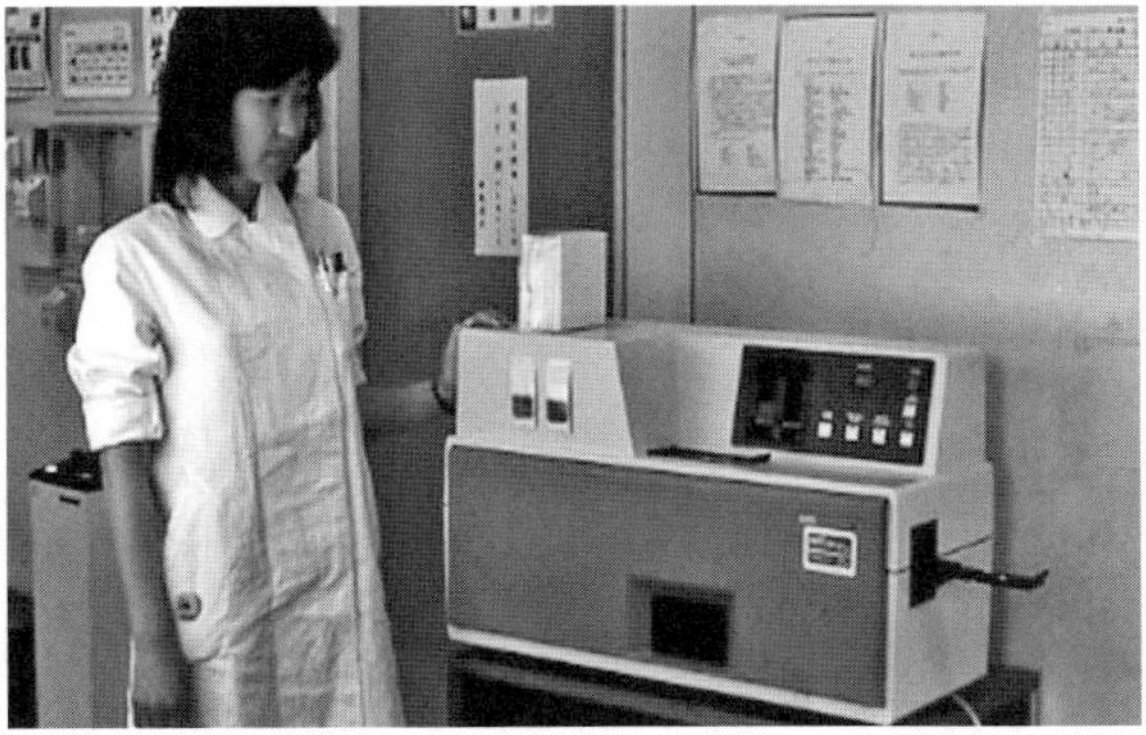
ＵＣＬＡで研究・開発され、1982年に日本に輸入された歯科専用の画像診断装置。現像処理の要らない当時としては画期的なシステムで、私の実験も開発に貢献した＝神奈川歯科大学

何のために、ブリュッセルまで来たのか。帰りの航空券は２日後。私は仕方なく街を歩き、映画を見て、通りで黒ビールを飲み、ムール貝を食べました。２日目。どうせなら、学会に出向き、富士写真フイルムの発表の内容を少しでも見ておこうと思いつきました。

会場には大きなパネルが１枚掲げられていて、人だかりができていました。日本人の若者がパネルを指しながら、たどたどしい英語で懸命に説明しています。隣に立った色黒で額の広い人物が、若者に細かい指示を出しています。この発表こそ、世界をアッと言わせたコンピューターを使った新しいデジタルエックス線診断装置（CR＝コンピューテッド・ラジオグラフィー）の基本原理に関する研究でした。従来のエックス線フィルムにかわり、短時間での画像化・デジタル化を可能にしたのです。

その装置を作るまでの研究者らの苦闘は、柳田邦男が「ガン回廊の炎」で活写しています。中に〝七人の侍〟として登場する研究者のリーダーが「色黒で額の広い」人物でした。私が後に彼と深く関わり、それがライフワークになるとは思いませんでした。

さて、UCLAでの私たちの研究は米国のゼロックス社（X社）と共同で行っており、X社の技術者が教室に出入りしていました。中にイェロミン・ローターというドイツ人がいました。同社研究主任というかなりの地位の人ですが、私を敵視していました。私が日本の〝スパイ〟だと本気で思ったらしいのです。

あいつは共同研究を盗み、日本企業と組んで安くて高品質な機器を作って米国に逆輸出しようとしている――。当時の日本はオリジナルな研究はできないくせに、物まねだけは天下一品と評されていました。

私は、人間と同じサイズのジャーマンシェパード犬を実験に使っていました。大学の動物舎から与えられた犬でしたが、イェロミンは私が意識的にドイツ犬を選んだと勘違いし「秋田犬を使え！」と激怒しました。

ドイツ犬が結んだ縁

最近の事情は定かではありませんが、私の留学当時のＵＣＬＡでは、実験に使った犬は最終的に殺処分する規則でした。ジャーマンシェパードは私にとても懐いていたので、実験がほぼ終わり、処分の日が近づくと、私は落ち込んでしまいました。

その前夜、私は一大決心をしました。犬に麻酔をかけ、車で大学の外に連れ出すのです。ミセス・ブラウンに事情を話すと、大の犬好きな彼女はシェパードを娘の家で飼うと言ってくれました。犬を毛布でくるみ、車に乗せようとしたとき、実験動物舎専属の獣医師に見つかってしまいました。

しかし、彼は見ぬふりをしてくれただけでなく、事情を話すと、犬にワクチンを打ってくれました。犬小屋と当分の餌代として、私はミセス・ブラウンの娘さんに５００ドル渡しました。１ドル＝２５０円の時代、私にとっては大金でした。1年後と2年後に訪ねると、犬は私を覚えていました。

ジャーマンシェパードの命を救ったことは、イェロミンの心を一変させました。私たちは大の親友になりました。彼はアメリカンドリームを抱いて西独から単身ニューヨークに渡り、大学を卒業し、X社に入社。一セクションを任されたのですから、そこそこ成功したと言えるでしょう。彼の家はX社のあるパサデナの1等地にあり、何度も遊びに行きました。

その後、彼の運命は大きく変わりました。富士写真フイルムが開発したデジタル画像診断装置の波にのみ込まれ、職を失ったのです。プロジェクトの最高責任者だった彼は、一挙に10歳も老いたような風貌になりました。それでも、彼はまだラッキーだったかもしれません。他社に引き抜かれ、東海岸のデラウェア州に移って行きました。

ＵＣＬＡ時代の旧友イェロミン・ローター（左）と、彼の自宅でくつろぐ＝1998、米国デラウェア州

私が帰国して数年後、突然、イェロミンから国際電話がかかってきました。頭脳明晰《めいせき》な

彼はデュポン社に勤務し、以前と同じようにエックス線画像診断装置の開発に携わっていました。その開発に必要なトランジスタは日本のある会社が生産しているものが最適で、私にその会社との橋渡しをしてほしいと言うのです。彼の研究に私を参加させようとする、彼の計らいでもありました。

21世紀を目指した、全く新しいコンセプトのデジタル画像システムでした。私にとっては、いわば〝棚からぼたもち〟です。もとをたどれば、1匹のジャーマンシェパードが結んだ縁でした。

イェロミンが開発を目指す装置は、将来、宇宙ステーションと地上とを結ぶ医用画像通信に最適と思われました。彼と私は、再び夢とロマンを追いかけるテーマを持ったのでした。

傲慢さが招いた誤算

私は1982年3月、米国留学を終えて帰国。神奈川歯科大の助手から講師になりました。しばらくしてUCLAで開発に携わった歯科専用の画像診断装置が完成し、日本にも輸入されました。コピー機を応用した、現像処理の要らない画期的なエックス線電子写真システムです。日本で発売し、さらに韓国、アジアに展開することになっていました。

その開発に関わった唯一の日本人の私は、専門学会や医療業界で一躍〝時の人〟に。「歯科診断学を根本から変える革命」という触れ込みで多くの出版社も注目し、某社から専門書の執筆を依頼されました。37歳を迎える年の7月でした。

その本は新システムの「基礎と臨床」がテーマ。1カ月で資料を集めて整理し、3カ月で執筆、1カ月で推敲《すいこう》という過酷な日程でした。出版社は8月の夏休み期間中、私に集中的に原稿を書いてもらおうと、高級ホテルの一室を借りてくれました。場所は長野県の斑尾高原。そこで、私の若さ故のおごりが出ました。

ホテルにはきれいなテニスコート、近所には整備された散策路、おしゃれなカフェやレストラン。遊び好きな私からすれば、とても執筆に専念できる環境ではありません。友達を呼び寄せてはテニスやハイキング、パーティーと大盤振る舞いに及び、文章は1ページも書けません。それも1週間で飽きてしまい、ホテルを引き揚げてしまいました。

出版社に大金を使わせた後ろめたさから、以後は必死になって原稿を書き、何とか10月中に脱稿。続いてゲラ刷りが出て、何度か校正を繰り返しました。印刷に入ったのは12月。暮れも押し詰まってから、最終印刷のゲラに数カ所の間違いを見つけました。急いで出版社に連絡すると「時間がありません。直接、印刷会社で直してください」。

それは家内工業の、小さな木造小屋のような印刷所でした。修正はおよそ30カ所。印刷所の主人は細い毛筆をなめつつ、白い修正液を塗った上から手書きで直接、写真印刷の原版を修正していきます。彼は平仮名、英語、漢字の文字を完璧に再現し、前後の活字と全く違和感がありませんでした。まさに神技。日本の職人の極みを見せつけられ、息をのんだ一日でした。

本は出版社の予定通り、12月末に発刊されました。書名は「デンタル・ゼロラジオグラフィー」、定価1万8千円。「歯の乾式エックス線撮影」という意味です。私は「37歳で1冊の専門書を1人で書き上げたのだから、この先、少なくとも10年は研究者として飯が食えるだろう」と高をくくっていました。それは傲慢《ごうま》さから来る大誤算でした。この装置は、わずか3年で消滅してしまったのです。

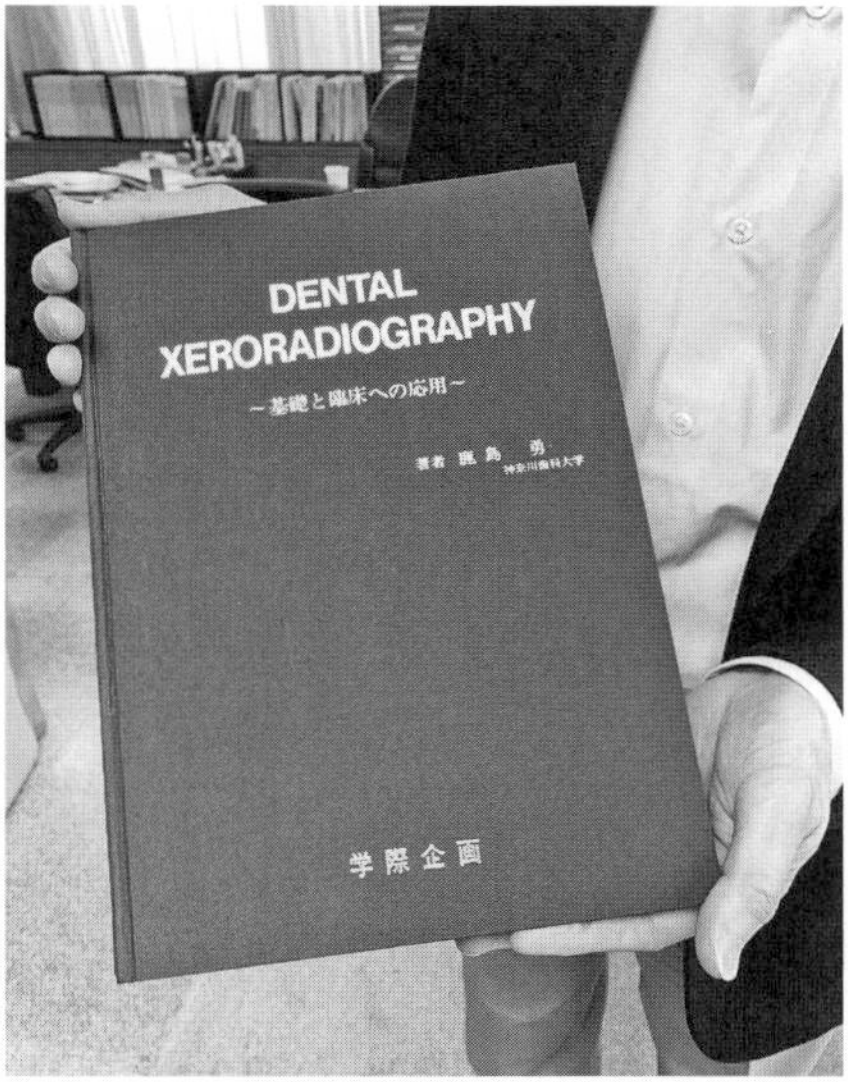

これが1万8千円の専門書。出版は1984年

時流を読み切れず、強い思い込みと自尊心で突っ走って来た自分を、これほど恥ずかしく思ったことはありませんでした。時代は少しずつアナログから脱却し始めていたのです。

岐路で運命の〝再会〟

私の研究は大学院時代とは異なる新分野の画像工学に移っていました。東与光教授の指導を受けた分野から完全に離れたのです。

独立となれば、研究費の全てを自力で獲得しなければなりません。研究費の枯渇は、研究者としての生命の終わりを意味します。幸運にも、私は文部省（当時）の科学研究費を連続して得ることができました。

教授との間に溝ができ、折り合いが悪くなりました。しかし、教授は私を独り立ち途中の若手研究者として認め、ライバル的存在として接してくださいました。私は教授に迷惑をかけないよう、講師として学生教育に全力投球しました。その努力は、１９８５年度卒業生主催の謝恩会で「ベスト講義賞」をいただくことで報われました。

とはいえ、将来の進路について「開業医か研究者か」で悩んでいました。ある日、突然の胃痛に襲われ、病院で診察を受けると、ストレスによる胃潰瘍。胃壁の神経に沿って、三つの潰瘍ができていました。

悶々《もんもん》とする中で、ある日、画像専門の研究会から「米国留学中の仕事について話をしてくれ」という依頼を受けました。研究者として最後の、集大成の発表になるかもしれない…。私は気合を入れて準備し、講演に臨みました。

第40回日本歯科放射線学会総会の打ち上げ会場で。高野正雄さん（前列右から３人目）と、総会の会長を務めた私（同右端）＝1999年

その後の懇親会場で、１人の男性が「面白い仕事をしていますね」と話し掛けてきました。私は研究の行き詰まりと、将来の選択に迷っていることを打ち明けました。彼は「一度、私の所に来て、先生の話を聞かせてください」と、名刺を出しました。富士写真フイルム（当時）の人でした。

３日後、開成町に同社の宮台開発センターを訪問し、２時間にわたって話し込みました。彼は「世界中探しても、あなたの研究を成し遂げるには、わが社の高野しかいない」と断言し、高名で分刻みで動いている高野さんと会えるように取り計らってくれました。

1週間後、私は機器事業開発本部長（当時）の高野正雄さんに会うため、再び同センターを訪ねました。なんと、その人は私がベルギーのブリュッセルで開かれた学会で見かけた「色黒で額の広い」人物ではありませんか。私は〝再会〟に驚きましたが、高野さんにとっては初対面でした。

眼光鋭く、あまり笑わない高野さんは、なぜか私を気に入ってくれました。独特な個性を持ち、礼儀にとても厳しい方でネクタイをせずに訪問すると「出直して来い！」と一喝され、追い返されました。「礼儀も知らない人間が研究者を目指そうとは、歯科のレベルはそんなものかね」「研究に行き詰まったからといって、すぐ方向転換しようとするのは、もともと研究者としての才能がない証拠。君は自分に才能があると錯覚していたのではないか」

屈辱的な言葉を何度も浴びせられながら、不思議と腹が立ちませんでした。その後、高野さんの協力を得て、私の研究は面白いように発展していきました。

母校出身の教授1号

高野正雄さんには研究面だけでなく、企業の厳しさなど多くを教えられました。私がいかに温室育ちであるかを思い知らされました。

衝撃を受けたのは、企業内プロジェクトの浮き沈みです。私がＵＣＬＡ留学中に関わった画像診断装置の生産は、１９８８年に終わりました。高野さんが発明した装置が、世界市場の大半を占めたからです。ともに研究に携わった友人たちは職を失いました。隆盛を誇ったセクションが消滅するときのすさまじさは、国の滅亡する様と同じです。一事にこだわり続け、それが敗退した衝撃は計り知れません。

私は高野さんの教えに従って、方向転換しました。画像診断装置の開発に固執することをやめ、装置を利用して社会の役に立つこと、つまり臨床的な研究テーマにかじを切りました。それは、最終的に「骨変化の画像工学的研究」に収斂《しゅうれん》していきます。

そんな頃、私が大学院入学以来お世話になった東与光教授が、胃がんのため亡くなりました。翌90年に神奈川歯科大は新しい教授を全国公募することになりました。東北地方の大学の現役教授が応募し、86年から助教授だった私との一騎打ちになりました。

業績で審査されれば勝てる、と私は確信していました。しかし、どの世界でも選挙や選考となると、ことは単純ではありません。「白い巨塔」のように、関係者の思惑が入り乱れます。本学の教授は出身大学がバラバラで、派閥めいたものがありました。

私に対する周囲の評は「個性が強くて生意気」。選考で人間性や協調性を問われると不利、と分かっていました。私は母校出身の教授第1号を目指したのですが、それにもかなり抵抗があったことを後に知りました。選考に落ちたら別の人生に踏み出す決心をしましたが、幸い、教授になることができました。

教授としての私は、とても恵まれていました。

教授になって３年目の医局集合写真。前列中央が私＝1992年

源は、豊富な研究費を確保できたことです。教室員が研究に関して「やりたい、行きたい、欲しい」という要求を拒否したことは一度もありません。それは東教授が身をもって私に示してくれたことでした。大学院生が1年早く論文を書き上げると、海外留学を勧めまし

た。私自身、海外の文化に接して世界観を養うことの大切さを知ったからでした。

私は教授就任を機に、より一層、教育・研究にまい進する傍ら、新たな決意を固めました。いずれ私も年齢を重ね、気力・体力・知力が衰えるはずです。学問的能力が、後進と交差する時期が必ず来ます。そのとき、私を追い越してゆく若い研究者の成長を、自分のことのように喜べる上司でいようと心に誓いました。

2011年までの教授時代に私が指導した博士論文取得者は50人以上。それらは全て英語の論文で、学外の専門誌に発表されたことは、今でも自慢の一つです。

突然現れた〝幻の妹〟

私には姉、妹、弟が一人ずつおります。しかし、ほかに腹違いのきょうだいが2、3人いるらしいとは知っていました。何しろ、父親は〝放蕩《ほうとう》の人〟で、多くの愛人がいましたから。ただ、それがどこの誰かは定かではありませんでした。

私が教授に就任して間もなく、故郷・宮崎県の神奈川歯科大同窓会から講演に呼ばれた際に、突然、その人は現れました。

講演後の懇親会に続く2次会の席。私の隣に座った後輩が「先生の妹さんにお会いしました。美人ですね。でも、随分年が離れていらっしゃるんですね」と言いました。はて？私は40代、妹は3歳違いで、しかも関東に住んでいます。何かの間違いではないか…。しかし、その女性は私をお兄さんと呼び、私の名前も今の立場もよく知っているというのです。嫌な予感がしました。

後輩が仲立ちして、私はその女性と近くの喫茶店で会うことになりました。私の母が健在なときで、もし、本当に父の子どもだったら、と心が乱れました。その10年ほど前、中国残留日本人孤児が一時帰国するニュースが世間の注目を集めたときのことを思い出していました。私の姉が心配顔で私に言ったものです。「もしも、その孤児の中にお父さんの子どもがいたら、どうしよう。お父さんは上海にいたことがあるし」

喫茶店には20代とみられる、スラリとした日本的な女性が座っていました。私の姉や妹とは、顔立ちが全く似ていません。彼女はいきなり私を「お兄さん」と呼びました。私は辛うじて動揺を抑え、彼女の話に耳を傾けました。

父からいろいろなことを聞いていたらしく、私や家族の細かいことまでよく知っていました。ただ、彼女自身の家族については、一切触れませんでした。なぜ、私に会いに来てくれたのかと聞くと、彼女は「父が家族の中で一番自慢していたので、以前から会いたかった」と答えました。

これまで何度も書きましたが、私は父とは犬猿の仲でした。なのに、私を自慢していたとは意外でした。この人は、本当に父の子どもなのだろうか。年齢の割に落ち着いた話し方や品格を感じさせる物腰は、父好みのタイプに見える。ひょっとしたら、父の愛人かもしれない…。いずれにしても、この出来事は私の胸だけにしまっておこう、と決めました。

いつも女性を引き連れて旅行していた父。実家に残っていたこの写真は「平戸にて」と書かれていたが、撮影年や何のグループかは不明

彼女と会ったのは、それが最初で最後でした。一応、「何かあったら連絡して」と、私の名刺を渡しましたが、以来今日まで電話は一度もありません。

つい最近になって、無性に〝幻の妹〟に会いたいという衝動に駆られるときがあります。長年の確執から、私と父はほとんど会話を交わしませんでした。

もし父が生きていたら、杯を交わしながら男同士、大人の話をしただろうに、と残念に思うことがあります。70歳を過ぎると、私が父にとってきた態度や言葉を後悔するばかりです。

父の本音と母の直感

東京で形成外科医院を開業している、いとこがいます。私の父は彼を子どもの頃からかわいがっていて、その医院を時々訪ねていました。しかし、それはカムフラージュで、実は吉祥寺に住んでいる、私とは腹違いの兄に会いに行っていたのです。私より10歳年上のこの兄に私は会ったことはありませんが、母から「東大法学部に行った秀才」と聞いていました。

1982年ごろのこと。兄を訪ねた父が何を思ったのか、帰途に横須賀の私のマンションに来たことがあります。当時の私は留学を終え講師になったばかり。私は留守で、たまたまガールフレンドがいました。ノックすると女性が現れたので、父は部屋を間違えたかと思い、帰ろうとしたそうです。彼女が事情を話すと父は部屋に上がり、私との確執を語り始めました。

２人は近所のすし屋に場所を移してさらに話し込み、父は「今日のことは内緒にしてほしい」と頼んだそうです。口の堅い彼女は約束を守り、私が父の来訪を知ったのは数カ月後でした。父と彼女は、私の知らないところで意気投合したようでした。

弟が継いだ本家・鹿島園本舗の看板の前で。本家は宮崎県東臼杵郡門川町でお茶の製造と販売をしている＝2019年

私が研究者として未完成だった時期に、彼女がささげてくれた献身的な思いやりと優しさを忘れたことはありません。しかし、すれ違いなどによって、彼女と結ばれることはありませんでした。歯学部時代のガールフレンドＫさんと同じくらい、私が心から愛した女性であったことは今でも変わりありません。

85年に私が38歳で結婚したとき、父には一切相談せず、母が全てを取り仕切りました。ですから、結婚式が間近に迫ってから、父は初めて長男の嫁に会ったのです。その時まで、父は私の相手が、てっきり私の留守中にマンションで会った女性だと思い込んでいて、かなり機嫌が良かったと聞きました。それが別の女性と知って、少なからずショックを受けていたそうです。マンションで会った女性が、よほど気に入っていたのでしょう。

母は直感が鋭く、少々、神がかっていました。私が結婚すると、よく私に「この人はいつか遠くへ行ってしまいそうな気がする」と言っていました。それを防ぐために、実家の不動産権利証の名義を彼女にする、と言い出すほどでした。また、鹿島家の本家が新しい仏壇を購入して、数百年の歴史を持つ仏壇を分家である私の家に置いたことを怒っていました。「本家の血が絶え、その跡を分家の次男（私の弟）が引き継ぐことになる」予感がするとも言っていました。

結婚して12年後、私たちは離婚しました。また今から3年前、本家を継いでいた男性が若くして亡くなり、本家の血が絶えて、私の弟が養子に入り、鹿島家44代目を継ぎました。全て、母の予感通りでした。

最近になり、両親を一人の男と女として見たとき、この極めて特異に見えた夫婦の関係を何となく理解できるようになりました。

民放特番の〝主役〟に

1997年、宮崎県の民放・宮崎放送から出演依頼が来ました。この後に書く骨と重力の研究の関係で、それまでも何度か宇宙の話でメディア出演はしましたが、今回は40周年記念特別番組で、私を主役とした初のドキュメンタリーです。CMなしの60分番組を2年かけて制作し、映像コンテストに出品するという話でした。

まず、取材対象者を決めなければなりません。仕事関係や私的な友人知人らをディレクターに紹介し、彼は2人の女性に絞りました。私が大学院生の時から知っている患者の野坂美津子さんと、歯科衛生士の大石恵さんです。

美津子さんは幼少から次々に病気を発症し、成人するまでのほとんどが入院生活でした。主治医は甲状腺を専門にする私の恩師で、私は彼女が中学生の頃、初めて病院で会いました。主たる病気は骨と血管で、恩師は「小学校に入学するまで生きていられないと思っていた」と彼女の成長に驚いていました。恩師が亡くなって私が主治医になり、彼女が成人するまで術後の口腔《こうくう》ケアや全身の骨のチェックを担当していました。

事前調査で、10年ぶりに美津子さんにお会いしました。彼女は良い伴侶に恵まれ、なんと2人の子どもの母親になっていました。しかし、頭の血管に腫瘤《しゅりゅう》があり、いつ爆発する

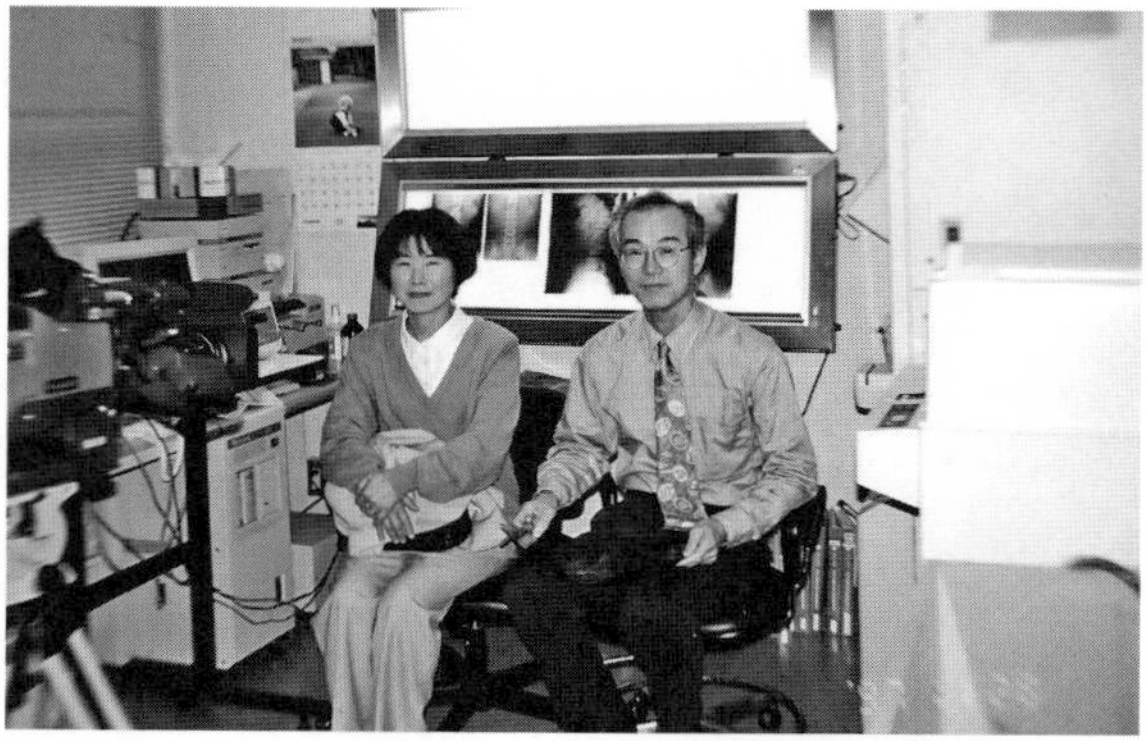

大石恵さん（左）の乳がんはその後、骨転移した。私（右）は神奈川歯科大放射線科で骨の定期健診の結果を説明した＝1997年11月

か分からない状況でした。

私とディレクターは、美津子さんの実家に向かいました。ご両親は美津子さんの病魔との苦闘、就職や結婚までの辛苦を静かに語ってくれました。私たちが目頭を押さえるほどのすさまじさでした。「これ以上、娘を苦しめたくない。そっとしておいてください」。しかし、ディレクターは諦めず、諦めかけた私を連れて何度も実家を訪ねました。しかし答えは変わりませんでした。

内容の大幅変更を覚悟しかけた矢先、美津子さんから電話がありました。「私は今日が最期と思いながら、毎日を生きています。幼い子どもたちに、私が生きていた証しを映像で残せるなら、協力させていただきます」。両親もやっと納得してくれた、というのです。

私は吉報を、ディレクターに伝えました。彼はしばらく沈黙し、絞り出すように「良い番組を作りましょう」とだけ言いました。

大石恵さんは、開成町にある富士写真フイルム（当時）の歯科診療室で働く歯科衛生士。そこは私たちの放射線学教室が管理運営していました。2人の幼い子がいる彼女が、胸にしこりができたので町の医院の婦人科に行くと、乳腺症という診断。しかし、しこりが大きくなり、私に診てほしいと話があったのが撮影開始の前年でした。診察すると、ビスケットが乳房の表層に埋まっているような葉状タイプの乳がんでした。

放射線学の研究者と、重い病気と闘う2人の女性。その人生を対比して、真の幸福とは何かを考えてもらうという番組のコンセプト（方針）が固まりました。

撮影の思い出と離婚

宮崎放送のドキュメンタリー番組の収録中、忘れられない出来事がいくつもありました。

私が担当した患者の1人、野坂美津子さん宅で、彼女と2人の子どもとの触れ合いを撮影したのは3月3日、ひな祭りの日。「何もありませんが、夕食をご一緒に」と誘われ、私たちクルーは食卓を囲みました。

娘さんは4歳と小学4年生。でもひな壇がありません。下の子がうれしそうに「おじちゃん、おひなさまよ」と指さしたテレビの上に、赤と青の色紙で折った、おびなとめびなが並んでいました。私は「かわいいね」と言いましたが、内心は複雑でした。それまで私が経験した桃の節句には、大小はともかく、どの家にもひな壇がありました。

子どもたちは脚の悪いお母さんを一生懸命手伝い、心のこもったちらしずしなどを運んでくれました。「お父さんは？」と聞くと、長女が「お仕事でいつも遅いの」と答えました。母親の病気とともに成長したであろう長女の、母親への気遣いは、まるで大人のよう。真の教育とは何か、家庭の幸せとは何かを考えさせられる一夕でした。

もう1人の患者、大石恵さんには、つらい思い出があります。来院した彼女に、がんが全身に転移していると告げると、泣き崩れました。しかし気を取り直すと、その朝の玄関での出来事を話してくれました。ある程度覚悟はしていたものの、幼い下の娘さんに「行ってらっしゃい」と言われて思わず涙をこぼすと、娘さんが「お母さん、いい子だから泣かないで」と頭をなでてくれたというのです。

しばらくして、大石さんは熱海の病院に入院しました。病院の許可が出て、撮影に向かいました。最期の撮影になるかもしれません。松林越しに海が見える病室に彼女は寝ていました。やせ細り、話すこともつらそうでした。死を悟ってか、しきりに感謝の気持ちを口にしました。私はその手を取り、うなずくことしかできません。3日後、大石さんは旅立ちました。

この撮影中に、私は離婚しました。それをディレクターに伝えなければと思いつつ、機会を逸していました。ある酒席で、やっと告白すると、ディレクターは含みのある笑みを浮かべました。離婚によって、平板だった私の人物像に陰影ができたということらしいのです。その夜、彼らクルーは宮崎帰りをキャンセルして私の家に来て、私の独り暮らしの様子を収録していきました。

私が故郷・宮崎県の五十鈴川で川エビを捕るシーンも撮影した。潜っているのが私＝1997年

さて、残すは米国での収録。西のカリフォルニア州ロサンゼルスから東のデラウェア州ウィルミントンまで大陸横断の旅です。

まず、私がＵＣＬＡに留学中に下宿していたトゥルーディーさんの家を訪ねました。しかし、その家は売却され、彼女は老人ホームに移ったようですが、その場所は不明。無理もありません。私が留学してから18年の歳月が流れていました。

宇宙への夢開く電話

ドキュメンタリー番組の収録も、大詰め。私たち撮影クルーは、私がＵＣＬＡに留学していた当時の関係者に会いに行きました。今回はミセス・ブラウンとの再会を紹介します。

彼女は私をかわいがってくれ、実験用ドイツ犬の命を救ったことを書きました。カリフォルニア州パサデナの老人ホームにいることが分かり、彼女の長女の協力を得て撮影が許可されました。

18年ぶりに会う彼女はしっかり化粧し、真っ赤な口紅に、花柄のワンピース姿。私を見るや駆け寄って、抱きしめました。「私を覚えていてくれて、ありがとう」と言うと、「忘れる訳ないでしょ。私の息子なんだから」。目頭が熱くなりました。

撮影が終わり、帰国して3カ月後、ミセス・ブラウンは95歳で亡くなりました。私を待っていてくれたのか、という思いでした。

その他、連載に登場したラナさんやイェロミン・ローターらの近況もカメラに収め、撮影は全て終了しました。撮影時間は総計５００時間以上。それを60分に編集し１９９９年、「宇宙からみた生命～Ｄｒ．ＫＡＳＨＩＭＡの世界～」の題で放映されました。

ちなみに、前回ひな祭りの話を紹介した野坂美津子さんは健在で、長女は結婚し、下の娘さんは大学の薬学部を昨年卒業しました。

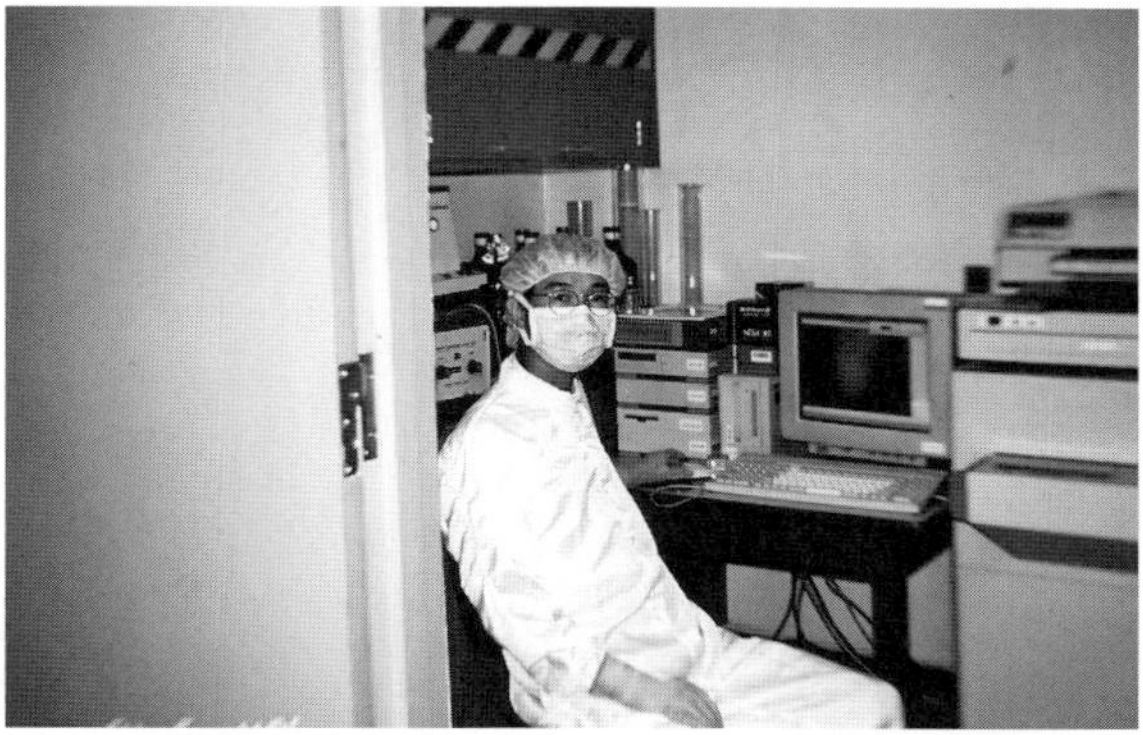

宇宙科学研究所から依頼されたアマガエルの骨の解析が、その後の研究の扉を開いた。米国フロリダの航空宇宙局（ＮＡＳＡ）で宇宙イモリの解析に参加した時の１枚＝1994年

この番組のＤＶＤを見ていると、宮崎放送と私を結び付けた一つの出来事がよみがえります。

91年7月のある日のことです。大学の教授室で科学雑誌「Ｎｅｗｔｏｎ」を読んでいると、電話が鳴りました。受話器を取った瞬間、指先から頭のてっぺんまで、いつもと違う何かの刺激が走ったような気がしました。電話の主は「文部省の宇宙科学研究所ですが」と切り出しました（いずれも当時の名称です）。

その2年前、東京放送（ＴＢＳ）とソ連宇

宙総局が、日本のジャーナリストをソ連の宇宙基地ミールステーションに滞在させる協定を結び、90年に秋山豊寛さんが日本人で初めて宇宙を体験しました。電話の主はその時に宇宙に持っていった日本のアマガエルの骨のエックス線学的解析を、私に依頼したいと言うのです。

なぜ私なのかを聞く余裕すらなく、私の頭の中は宇宙実験に参加できる興奮で渦巻いていました。受話器を置いたときには、解析の基本的なコンセプトが頭の中に完全に出来上がっていました。いつの日か、そういう仕事をしたいと夢見ていた私にとって、さほど難しい注文ではなかったのです。

宇宙科学研究所（現・宇宙航空研究開発機構＝ＪＡＸＡ）の要望は、専門知識を持たない一般の人が「なるほど」と納得できるような、宇宙での骨の変化を端的に示す画像を提供することにありました。微小重力下で何が起きているかを、数字やグラフではなく、子どもにも理解できるように1枚の画像で示すのです。

修羅場の3年だった

テレビ番組制作開始の１９９７年から１９９９年までの3年間、私生活は修羅場と化していました。

母が10年前の交通事故が原因で次第に足腰が弱くなり、歩くのも困難になってきました。私たちきょうだいは、地元に住む弟に母の面倒を見てもらうことを相談するために、宮崎の実家で家族会議を開きました。母の面倒を見る代わりに、全財産を弟に譲ることを申し合わせていました。私たちは、手続きに必要な実印を各自持参することになっていました。弟には常々母がかわいがっている3人の孫もおり、ベストな選択と全員が考えていました。長男の私は、弟に母の生活費としていくらか送金することまで約束していました。

私が話の口火を切りました。「足も弱くなってきたから、そろそろ弟たちと同居したら?」。すると母は「いいや。私は長男であるおまえの所に行きたい」と答えました。私は絶句しました。すでに私の元妻は家を出ており、離婚のための手続きを進めているところでした。「どうして?」と私が聞くと「だって、おまえが長男だから」の返答に、私は何も言えませんでした。母親であると同時に、私の自由気ままな生活を許し、きょうだいの誰よりも愛情を注いでくれたことに恩義を感じていたからです。

一緒に住む心構えをしていた弟の顔色は、一変しました。長男と次男の違いを、改めて痛感したでしょう。以来、この件が彼の心の傷となり、私と弟は次第に疎遠になっていき

1999年、第40回日本歯科放射線学会の大会長も無事に務め上げることができた

ました。九州ではよくある話だと聞きましたが、私は一人でどのように母を介護していこうかと、そればかりが気がかりでした。

母が上京の準備をしている時、私は離婚しました。番組撮影の真最中であり、私一人では母の面倒は見切れません。取りあえず、横浜市旭区にある有料老人ホームに入居することになりました。施設は新しく、部屋も独立していますが、高額の費用を払わなければなりませんでした。母は「早く良くなって、一人暮らしの私の食事を作らなければ」とリハビリに真剣に取り組んでいると聞いた時、さすがに私も涙しました。

私は番組撮影、母の面倒に加えて、2年後に本学で行われる歯科放射線学会総会の会長を務めることになっており、準備に明け暮れていました。

その頃、昼夜を問わず、無言電話が頻繁にかかってくるようになりました。誰がかけているのか、何の目的か、心当たりがありません。ただ、番組のなかで宇宙で生まれ育った地球人を想像したアニメ動画の制作をお願いした女性に思い当たりました。何回か食事をしている時、彼女が不満めいた言葉を発していたことを思い出し、もしかしたらと直感が働きました。

彼女に会って直接確認しようと思い、私が信頼する閑野技師長に相談しました。先生は大変心配し、食事をする時は必ず大勢の人がいる場所を選び、食べ物、飲み物には十分注意を払うよう助言されました。私は東京でのコンサートに誘い、食事は個室ではない場所を選びました。コンサートが終わり、彼女は機嫌良く電車のホームまで見送ってくれました。電車のドアが閉まる間際、「もう嫌がらせの電話はしないでくださいね」と一言告げました。途端に彼女の形相が一変し、般若のようになりました。

その後、事態は解決したものの、後味の悪い出来事でした。バブルがはじけ、芸術家としての彼女の生活は激変しました。一方、当時の私は勢いに乗っていました。彼女の私に対する嫉妬めいた感情や愛情は感じていましたが、私はそれに対して明確に応えることをしませんでした。そういう態度が、彼女を〝モンスター〟にしてしまったのかもしれません。

「離婚、別離など男女の争いの行き着く先はお金。国と国との争いの行き着く先は資源と土地」の格言通りでした。

番組撮影と突然の母の上京、離婚、ストーカー、学会総会の準備…。私にとっては修羅場の3年間でしたが、多くの友人・知人の援助と協力によって無事に乗り切ることができました。

夢の宇宙実験に参加

1969年7月、米航空宇宙局（NASA）は人類を月に送りました。月に向かう宇宙船アポロ11号のアームストロング船長らがとらえた地球の姿がテレビ画面に映し出されたとき、それは暗黒に浮かぶオアシスのように青く、神秘的に輝いていました。

この1枚の画像で私たち人類は初めて地球の美しさを知り、地球人であることを意識し、地球を慈しむ気持ちを抱くようになったのです。〝20世紀最大の画像〟と言われるゆえんです。月への有人宇宙飛行計画につぎ込まれた膨大な国家予算は、1枚の画像に集約されたといっても過言ではありません。画像は難しい理論や数字抜きに、ストレートに、視覚を通して、全ての人の脳に届くのです。

私が91年に宇宙科学研究所（現・宇宙航空研究開発機構＝ＪＡＸＡ）から依頼されたテーマの核心は、まさにそこにありました。宇宙という微小重力下における骨の変化を、シンプルに画像で見せるのです。その課題は、コンピューテッドラジオグラフィー（ＣＲ）と、バイオイメージングアナライザー（ＢＡＳ）と呼ばれる装置に、マイクロフォーカス管（ＭＦＴ）という特殊なエックス線発生装置を組み合わせることで解決できることを、私は既に知っていました。

当時、ＣＲは医科用の画像診断装置として、ＢＡＳはＣＲと同じ原理で開発された研究用の解析機器として活用されていました。ＭＦＴはコンピューターの部品であるマイクロチップや、たばこなどの品質管理に使われているエックス線撮影装置でした。私たちのグループは新しい装置を開発したのではなく、

秋山さんの宇宙ガエルの骨の解析は、神奈川歯科大学第２研究棟にある、ＣＲとＢＡＳとＭＦＴを組み合わせた骨構造解析センターで行った（写真は、2007年の改装後のもの）

既に存在する機器を組み合わせることで、新しいシステムを構築したのです。

この発想は、今で言うイノベーション（革新）です。これからの時代は「０・１％以下のインベンション（発明）99・９％以上のイノベーションで創られる」と言われています。私が30年前にその手法を取り入れたきっかけは、富士写真フイルム社の企業理念から学んだものでした。

富士写真フイルム機器事業開発本部長（当時）の高野正雄さんと出会って以来、私は研究テーマを「骨変化の画像工学的研究」に絞っていました。対象は人間の骨です。宇宙科学研究所の依頼は、対象が人間からカエルに変わっただけ。長年やってきた仕事に、たまたま今度の要望がはまったということなのです。

このＣＲとＢＡＳにＭＦＴを組み合わせた方法で90年に日本人初の宇宙飛行士・秋山豊寛さんが宇宙に持ち込み、地球に連れ帰ったアマガエルの骨の変化を解析しました。それは92年の毛利衛さんの宇宙卵、94年の向井千秋さんの宇宙イモリにつながりました。

ＮＡＳＡで仕事をし、講演に呼ばれ、私の名前はいくらか知られるようになりました。そうして、故郷・宮崎の民放テレビ局とつながりができたのです。

「重力と骨」について

私たち人類は地上で「1G《ジー》」という強さの重力を体全体に受けているために、地面に対して直立歩行することができます（GはGravity＝重力）。つまり、地球上では、上と下の位置関係がはっきりしています。

ところが、「ゼロG」に近い微小重力の宇宙では上下関係がなくなり、体が宙に浮くようになります。そうすると、船酔いと同じような〝宇宙酔い〟や、血液循環の変化から顔がむくんだり（ムーンフェイスと呼ばれる）します。また心臓機能が低下し、筋肉や骨が弱くなるなど、1Gの地球で育った私たちの体にさまざまな障害が発生します。

宇宙酔いや血液循環トラブルなどは日数の経過とともに次第に軽くなり、やがて安定します。弱くなった筋肉も、筋力アップのトレーニングにより、ある程度改善することができます。しかし、骨が弱くなる現象は急激ではありませんが、日数がたっても止まらず、少しずつ症状が進みます。

宇宙に長期間滞在していると、血液中のカルシウムは正常でも、尿の中のカルシウム量が増大し、尿とともに体外に出ていってしまいます。カルシウムは骨の成分であるだけでなく、〝命の炎〟と言われるくらい、細胞、血管、神経を含めたあらゆる臓器の機能をつ

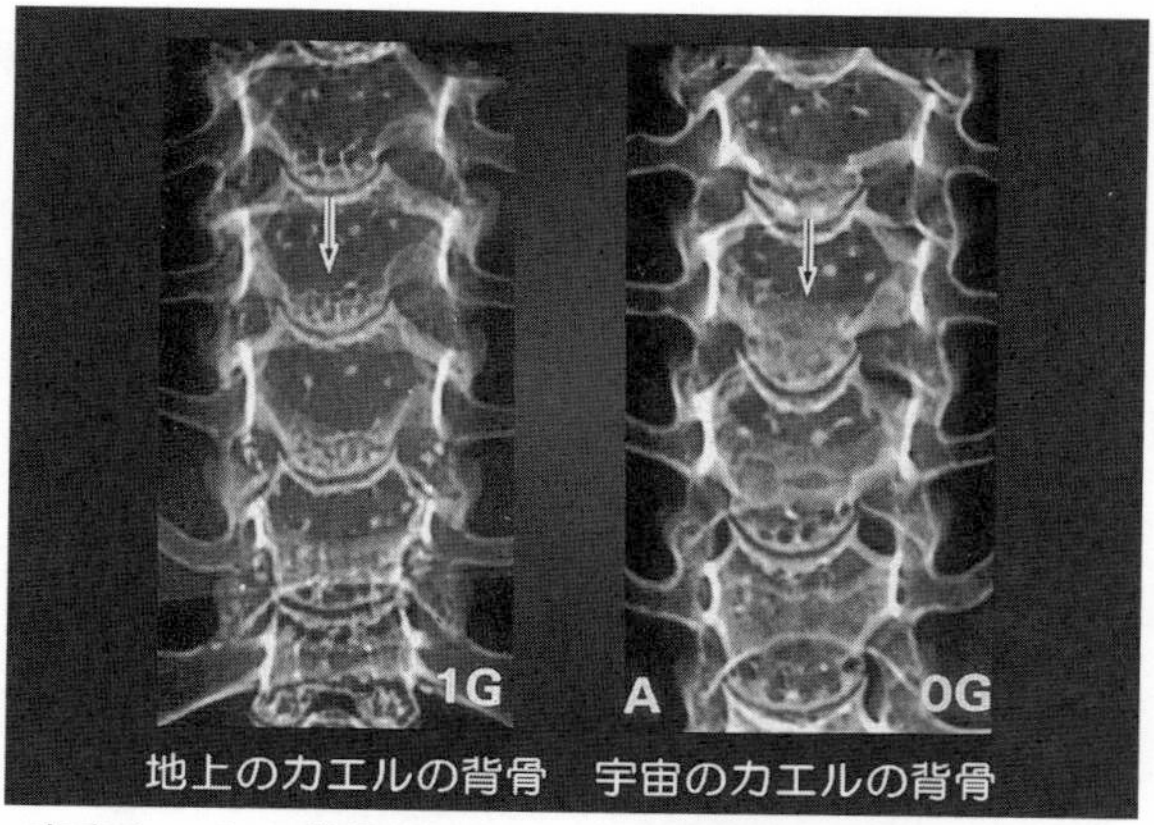

宇宙カエルの背骨のエックス線写真（右）。左と比べて網状の骨が壊れている様子（矢印）が分かる＝1991年

かさどる、人体の構成元素の重要な一つです。

さらに悪いことに、一度宇宙でカルシウムが体外に出てしまうと、地球に帰還した後、いくらカルシウムを補充しても完全には元に戻らないことが分かっています。そして、その原因や予防方法は、まだ完全には解明されていません。

私たちの骨は、常に古い骨が壊され、新しい骨が作られるということを繰り返しています。骨の基本的な構造は、骨の周りを覆う薄い皮の骨膜、外力に耐えることができる厚くて硬い外側の皮質骨、そして骨の中心部にある骨髄腔によって成り立っています。骨髄腔は海綿骨と呼ばれる無数の小さな骨の壁で仕切られ、その中にある骨髄が骨に栄養を供給します。海綿骨は、カルシウムに異常が生じると、敏感に異常をキャッチして、さまざまな形で私たちに知らせてくれます。

海綿骨は、骨のエックス線写真には網目状またははしご状の、まだら模様の白い線で写し出されます。

1990年、ジャーナリストの秋山豊寛さんがソ連の宇宙ステーションに8日間滞在。彼は実験のためカエルを連れていきました。上に掲載した写真の右側は、そのカエルの背骨のコンピューター画像。帰還後に私たちが撮影して、解析しました。左は1Gの地上で飼育された別のカエルで、矢印は網目状の海綿骨を示しています。

0Gに近い宇宙で過ごした右の画像は左と比べて、まだら模様がなくなっています。微小重力下では骨が溶け出し、弱くなるのです。これは、長期間宇宙にいると、早く老人になるかもしれない、ということを想像させます。

「地球の生物」の証し

1992年、宇宙飛行士・毛利衛さんが、スペースシャトルに鶏の受精卵を持ち込み「微小重力下でも、地球上と同じように生物は発育・成長するか」という実験をしました。

宇宙で7日間過ごした卵を地上で受け取った私たちは、ヒヨコになる前の鶏胚(卵の中で育つ鶏の赤ちゃん)の上腕と首の骨の発育と重力との関係を調べました。結果、地球上の1Gに比べ、宇宙の0Gでは骨の出来具合が少ないことが分かりました。それだけ発育・成長が遅れていることを意味しています。もしかしたら、宇宙で生まれ育った人間は〝もはや地球人ではない〟のかもしれません。

映画に登場する宇宙人は決まって、痩せ気味の子どもサイズで、目が大きく、首が細長く、顔はシワシワ。彼らには重力に耐える体格は不要なのか、宇宙では成長が遅いから地球人より寿命が長いのか――。〝宇宙好き〟の空想は尽きません。

94年、日本人初の女性宇宙飛行士・向井千秋さんが、イモリを使った実験をしました。宇宙で孵化《ふか》して2週間を過ごしたイモリの耳石と骨の解析を、私たちは担当しました。そのなかで、私は1枚の画像に想像力をかきたてられました。

ここに掲載した写真は地球帰還後6日目のイモリの耳石のコンピューター画像です。カルシウムを成分とする頭の骨や脊椎など、骨らしきものは写っていません。はっきり形を確認できるのは、矢印で示した耳石だけです。耳の中にある耳石は平衡石とも呼ばれ、重力に対する体の傾きを感知する器官と考えられています。重力に対応するために、耳石が真っ先に発育し、成長することを示しています。宇宙での重力は本当にわずかですから、本来、耳石は不要のはず。耳石の発生は、地球上の生物である証しかもしれません。

そして耳石とともに発生しかけているのが、同じく矢印に示した弓状の顎の骨です。地球上の生物として生まれた以上、食べて生きていかなければなりません。そのために餌を捕食する顎の骨が、耳石の次に発生するのかも。重力と生物との関係を勉強させられたイモリの宇宙実験でした。

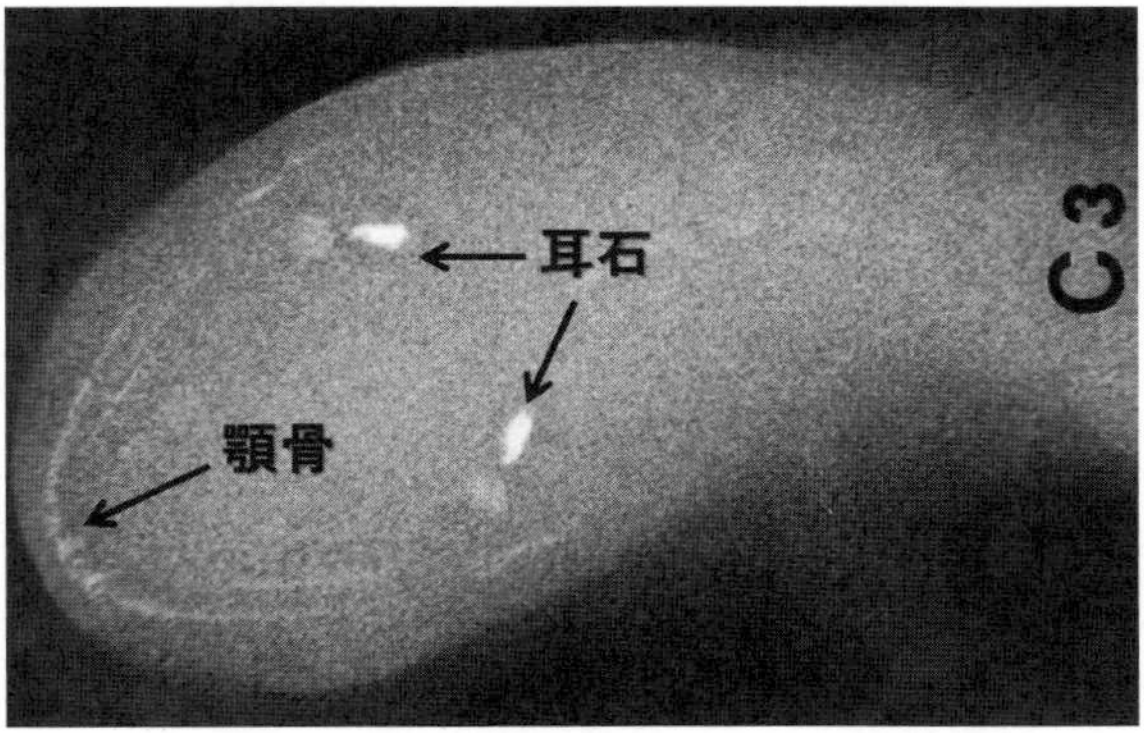

地上に戻って6日目の宇宙イモリの頭。耳石と顎の骨の発生が確認できる＝1994年

私にとって、宇宙はサイエンスの追求といった大げさなものではなく、子どもがテレビゲームに夢中になるのと同じ次元の〝大人の遊び〟です。それがゲームというバーチャルリアリティーではなく、実際の宇宙実験なのですから、何とも幸せです。

私は、これらの宇宙実験を通して得たテクノロジーを、骨粗しょう症の診断と治療に応用しました。そして、それは大学発のベンチャー企業の創発へと発展していくことになります。

99年に出版された「テクノマエストロ」（実業

之日本社）という本は、宇宙開発、人工臓器、地震予知、生物資源などさまざまな分野で偉大な発明・発見をした研究者１４０人（主に日本人）を紹介。私も取り上げられました。その見出しは「骨の中身を見た男」でした。

下町の一徹な研究者

骨と言えば、もう一人、忘れられない方がいます。

私の故郷、宮崎市内でうなぎ料理専門店を経営する山口水春《みずはる》さん。ウナギの骨を粉末にした「救骨さん」という健康食品を開発したお年寄りです。その通称「おやっさん」が「『救骨さん』の効果を科学的に証明してほしい」と私に依頼してきました。２０００年ごろのことです。

初めてお会いしたおやっさんは、痩せてはいますが、粋な感じで、とても80歳には見えません。目の輝きは少年のようで、全身からいぶし銀の迫力が伝わってきました。捨てるしかない大量のウナギの骨を何とか生かせないか、試行錯誤を繰り返してきたそうです。骨を煮て肉をはがし、関節を一つずつばらし、すりつぶし…。10年かけ、やっと骨の成分だけを抽出することに成功したというのです。「先生、私の冥土のみやげと思って、老い先短い年寄りの夢をかなえてくださらんか」。殺し文句でした。

当時の私は教授で、ウナギの解析をすることになったと医局員に伝えました。既に各種動物の骨のほか、骨にいいといわれる多彩な食材を扱っていたので「カエル、イモリ、ヒヨコ、ヤマメ、納豆の次はウナギですか」と少々迷惑げな言葉が返って来たものです。

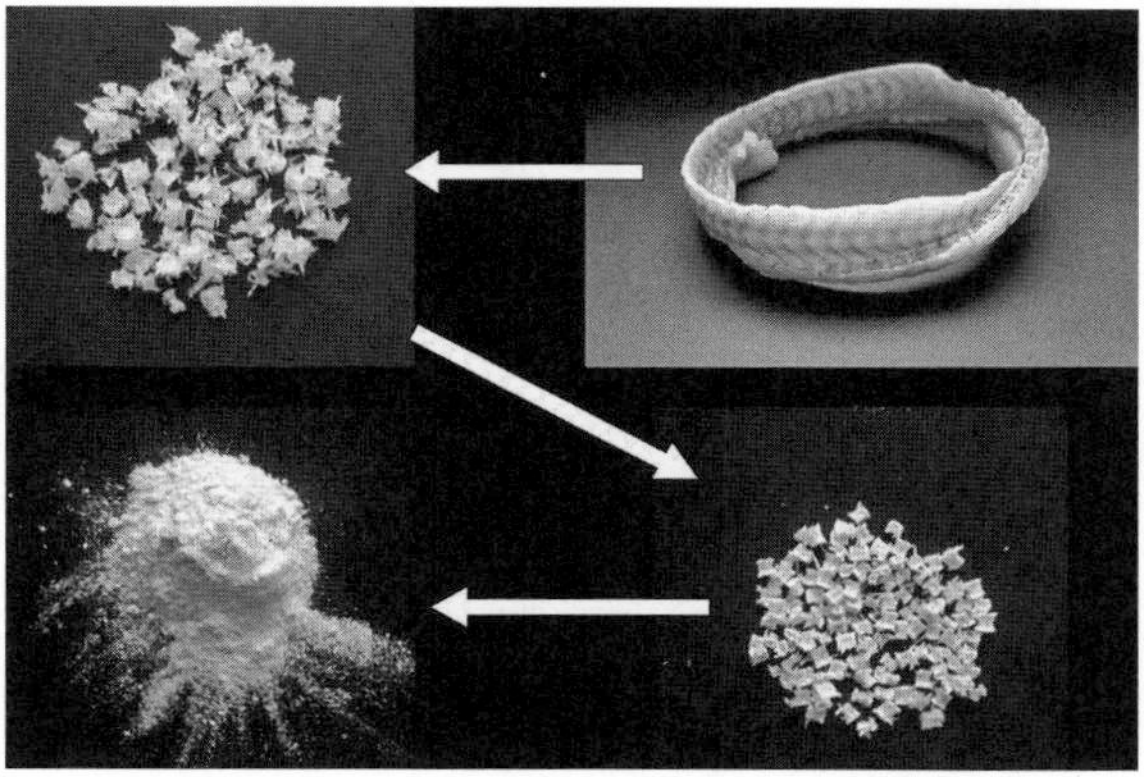

「おやっさん」が考案したウナギの骨を粉末にする工程。肉を除去して骨をばらし、骨髄を抜いた後、特殊な機器でパウダーにする

私はまず、骨粗しょう症を生じさせたネズミを作るように指示。続いてカルシウム源としてウナギの骨の微粉末を入れた餌と、一般的なカルシウムを含んだ普通の餌を用意。骨粗しょう症のネズミを2グループに分けて、ウナギ入りと、そうでない餌を3カ月間食べさせる実験を始めました。

結果が待ち遠しいおやっさんの電話攻勢はすさまじく、とうとう大学まで実験の様子を見に来ました。その後、大量の「救骨さん」

が医局に送られてきました。しかし、実験結果が判明しない段階なので、医局員は誰一人持っていこうとはしませんでした。〝まゆつば〟と思われていたのです。

しばらくたったある日、私の机に積まれていた「救骨さん」の箱が減っているような気がしました。解析結果が次第に明らかになって来ると、「救骨さん」を見向きもしなかった大学院生や医局員らが、1箱、2箱と持っていくようになりました。「私のおばあちゃんが腰が悪いので」「山で転んで腰骨を骨折したので」といった具合です。

実験の結果、ウナギ骨微粉末入りの効果が見事に表れていました。実験の報告書をまとめて、おやっさんに手渡ししました。「先生、本当にありがとうございます」と、こぼれんばかりの笑顔を見せてくれました。

2002年、おやっさんは83歳で亡くなりました。満足しきったような、安らかな寝顔をしていました。コツコツと信じる道を歩み続け、決して諦めなかった、下町の名もなき研究者。私は戦友を失ったような気持ちになり、「いい出会いでしたね、おやっさん」とつぶやき、合掌しました。

「救骨さん」とうなぎ料理店は、今でも現役です。

〝超個性派〟の教え子

教授として研究室をまとめた20年間。学位（博士）論文の指導をした大学院生と研究生は50人以上に上ります。その中で、強烈な印象を残した3人の超個性派をご紹介しましょう。

まず「スーパーおぼっちゃま」と称された医局員。幼いときから食事は専属のお手伝いさんが準備し、魚は骨をきれいに抜いてありました。食べるのは切り身ばかりで、彼は魚の全体像を見たことがありません。ですから、魚は赤身と白身しか区別がつきません。さらに千切りにされたキャベツとレタスの違いも分かりませんでした。自然の中でワイルドに育った私とは、別世界の人種でした。

2人目は「麿様《まろさま》」。母親が公家の出で、本人も烏帽子《えぼし》が似合いそうなところから、そんなあだ名がつきました。幼少のみぎりから、全て他人任せだった習性は、食事のときによく現れました。テーブル上の塩、しょうゆ、こしょうなど、自分の手が届く範囲にあっても、人さし指で「それ、取って」。枕を「おまく」と言うなど、彼が発する京言葉は、私たちに〝みやびの世界〟を感じさせてくれました。

「麿様」は、お酒好きでした。遠方で開かれた学会の懇親会などで飲み過ぎて倒れてし

「ドクトル・ヴィトン」と呼ばれた教え子（左）と大学院卒業式でのツーショット。彼女の急逝がいまだに信じられません

まうことがよくありました。となると、タクシーを借り切って横須賀の病院に〝ご帰還〟し、特別室のベッドに直行――。味のある人物でした。

最後の1人は女性です。彫りの深い、歌舞伎役者のような顔立ちで、持ち物は常にルイ・ヴィトンかシャネル。時々、靴や傘まで同じブランドだったために「ミス・シャネル」「ドクトル・ヴィトン」と呼ばれていました。

彼女は長年、歯科衛生士として神奈川歯科大の病院に勤務し、しばらくして病院を辞め、歯科医師を目指して本学の歯学部に入学しました。頭の良さは抜群で、歯学部を特待生で卒業し、大学院に進みました。

頭脳の明晰《めいせき》さは同僚はもちろん、先生たちをも圧倒し、そのため、教室では浮いた存在になってしまいました。主任教授は持て余したのか、私の教室で指導してほしいと頼んできました。正直なところ、私も彼女が苦手でした。

確かに知能指数（ＩＱ）は高いのですが、エンゲル係数（収入に対する食費の割合）もかなりの高さ。典型的な肉食系で、菜食系の私とは正反対でした。朝からステーキで、食べっぷりが何とも見事。むしろ、すがすがしいくらいでした。彼女のエネルギーの源は、全て肉にあるようでした。

彼女はさっさと学位論文を仕上げ、すさまじい勢いと集中力で研究に没頭し、多くの研究論文を発表。やがて、その世界で有名な存在になりました。

その後、彼女は4年制大学の環境衛生学部のあるポストに応募し、それを射止めました。画像工学の主任教授として活躍していた彼女は２０２０年、60歳の若さで心臓病で急死しました。私の自慢の教え子でした。

恩人で師匠で戦友で

大学人として生きてきた私が、心から信頼する、恩人であり師であり戦友である先生がいます。医師でも歯科医でもない、放射線技師長・閑野政則先生です。

先生は絶えず私に寄り添い、教室や病院、学内のさまざまな人間関係や政治的な駆け引きなどに関して的確なアドバイスをし、人生の指針を示してくれました。教室では「かしま／かんの」の2人のイニシャルから「ＫＫコンビ」と呼ばれ、病院では先生は「鹿島夫人」「鹿島付き春日局」などと形容されました。誰もが認める強烈な個性派コンビでした。

閑野先生は私の良い点と悪い点を率直に指摘し、落ち込んだとき、傲慢《ごうまん》なときに誠実に支え、あるいは諭してくれました。そして、最後に「褒めちぎる」ことを忘れませんでした。私的な面でもガールフレンド、見合い、結婚や離婚など、あらゆる局面で私を支えてくれました。助手から講師、教授へと、私は閑野先生と共に階段を上って来たと言ってもいいでしょう。

私が教授になったとき、教室の運営について先生に相談し、「大学院十訓」を創りました。それを医局員に示すことからスタートしました。「研究者は、皆同じ事を考えている。研究は悠々と急げ」「無駄を惜しんではならない、無駄の中に真実がある」などの十訓は、30年を経た今でも十分通用します。

非凡な能力と知識、人脈を持つ先生は、大企業の社長や政治家になっても立派に成功したと思いますが、時々、「英語ができなかったばかりにチャンスを逃した」と口にしていました。そこで、私は講師になったとき、朝8時から閑野先生と医局員に英語を教えることにしました。

あるとき、会話の中に「エブリタイム」という単語が出ました。すると先生は隣の医局員に「どうして、ここでエビとタイが出てくるんだ?」と質問。周囲の爆笑を誘いました。

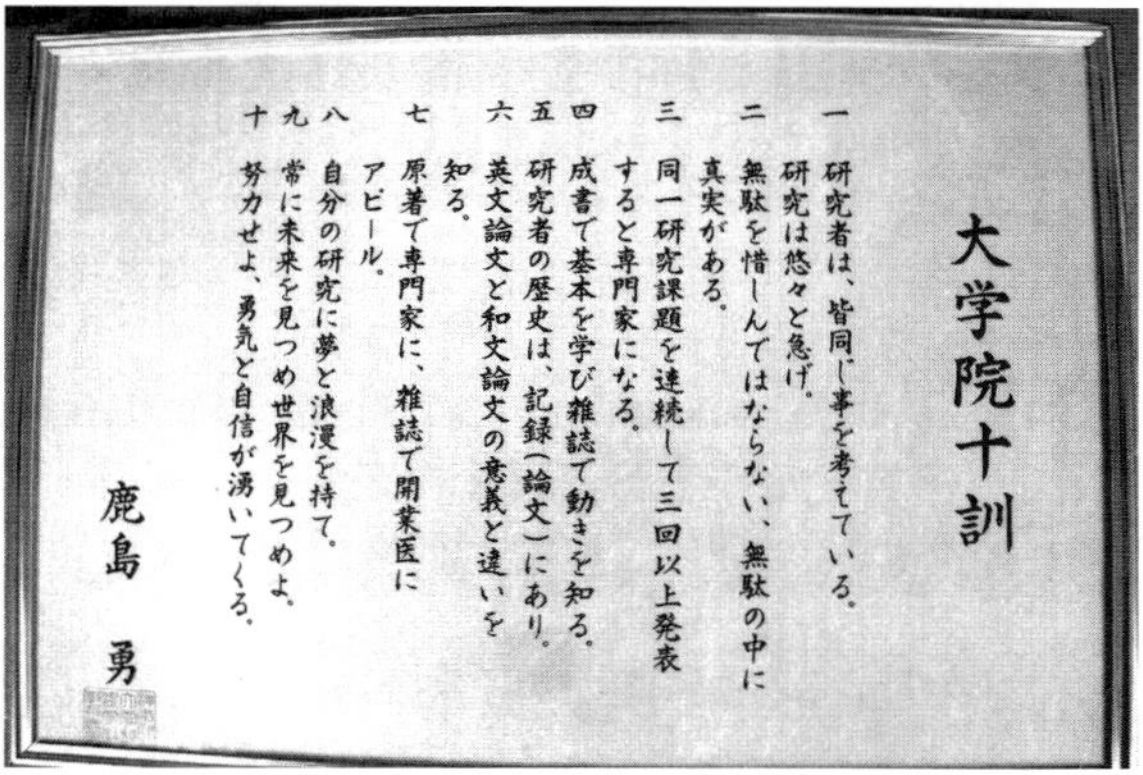
大学院十訓

一 研究者は、皆同じ事を考えている。研究は悠々と急げ。
二 無駄を惜しんではならない、無駄の中に真実がある。
三 同一研究課題を連続して三回以上発表すると専門家になる。
四 成書で基本を学び雑誌で動きを知る。
五 研究者の歴史は、記録（論文）にあり。
六 英文論文と和文論文の意義と違いを知る。
七 原著で専門家に、雑誌で開業医にアピール。
八 自分の研究に夢と浪漫を持て。
九 常に未来を見つめ世界を見つめよ。
十 努力せよ、勇気と自信が湧いてくる。

鹿島 勇

今も放射線学教室の医局に掲げている「大学院十訓」


数学や物理に優れた能力と才能を発揮する先生の〝英語アレルギー〟は想像以上でした。

私が理事長に就任する前に閑野先生は定年退職を迎え、大学を去っていきました。私は、よりどころとしての最愛の恋人を失うような寂しさを感じました。

私が理事長として大学を運営してゆくに際して、真っ先にやらなければならないこと。それは閑野先生の庇護《ひご》、閑野イズムへの甘えの構造から脱却し、独立した道を拓《ひら》くことでした。道は想像した通りに険しく、孤独感にさいなまれました。

それでも、少しずつ閑野イズムを薄め、鹿島イズムの比重を大きくしていきました。今では、閑野イズムを消したと思っています。先生の退職後、私たちは旧友・戦友・恩人の関係で再スタートを切りました。

人生を決定づける三つの要素は「育った環境」「結婚相手」「上司」と言われます。私が大学人として育った環境の90％は閑野イズムで、それは一種の宗教だったと言えるかもしれません。

“ベンチャー”に挑む

ベンチャー企業という言葉は、一般にすっかりおなじみになりました。革新的なアイデアや技術を武器にして、それまでにない新しい事業を展開する中小企業のことです。

2007年、5年後に定年を迎える60歳のときでした。副学長だった私は、学内発（そして初）のベンチャー企業を立ち上げることにしました。それまでの研究の中から新しいビジネスに役立つテクノロジーを選び出し、実用新案特許を申請し、取得しました。骨粗しょう症と肌に関する特許で、設立した株式会社の名は「骨構造解析研究所」。資本金1000万円。私は社長に就きました。

会社の主たる業務は栄養補助食品や食品添加物、薬剤、化粧品などを解析して科学的な総合評価を下すことです。滑り出しは順調で、1年目から多くの顧客を獲得しました。コカ・コーラボトラーズジャパン、富士フイルムホールディングスや協和発酵などの大企業からの依頼も来ました。

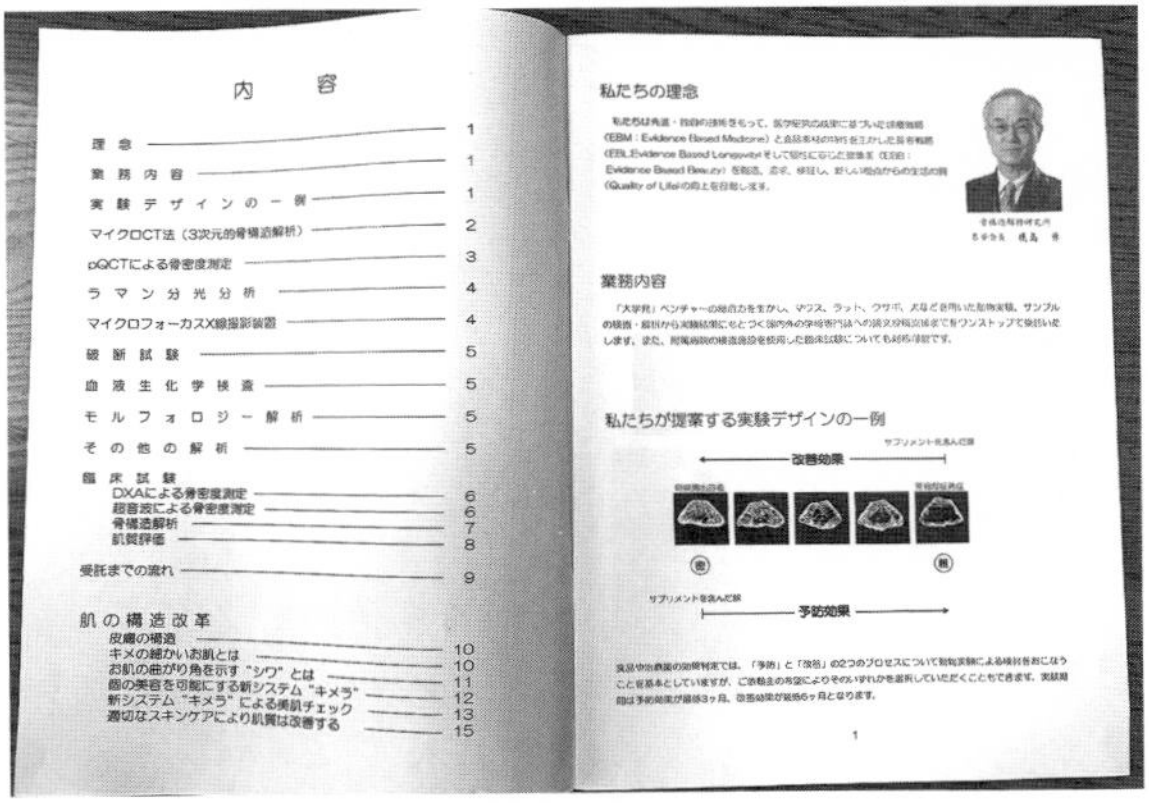

「株式会社骨構造解析研究所」のパンフレット

動物を使った研究の価格は最低でも３００万円、ヒトを使った臨床治験は1千万円以上になります。安定した収入の見通しも立ち、新会社の順風満帆ぶりは恐ろしいほどでした。

08年、私は当時の学長とともに副学長の任を解かれました。次期学長選挙で私が応援した学長は、教授会の過半数の支持を得られずに大学を去り、私は従来の放射線科の教授に戻りました。学内の理不尽な政治に翻弄《ほんろう》されて神経をすり減らすより、ベンチャー企業を運営していく方がいいと思うこともありました。

しかし、私の知らないところで、大学は腐敗していました。06年に当時の理事による不正投資が発覚し、翌07年に刑事事件に進展。理事は総退陣することになり、09年6月に暫定理事になった私は同10月、教授会有志たちに呼び出されました。翌年4月から学長をやってほしいというのです。

私を育ててくれた母校のために残りの数年間を学長として奉職し、65歳の定年を迎えたら、骨構造解析研究所で残りの人生を歩いていければ―と考えました。学長とベンチャー企業の社長は兼務できますし、そこの〝社員〟である放射線科の医局員は皆優秀でした。私は学長と社長業をこなせる、と思っていました。

ところが、風向きがまた変わりました。その年の9月にマスメディアが本学の不祥事を大々的に報じたことから、大学は一気に存続の危機に陥りました。学長就任を引き受けたのに、その前年の12月16日、私は〝消去法〟によって理事長に選出されたのです。

理事長は経営者ですから、利益相反（一方の利益が、他方の利益と競合または相反する）を避けるため、ほかの企業の社長を兼務することはできません。私は大変悩みましたが、これも宿命と思って、母校の理事長就任を了承しました。

「骨構造解析研究所」は連載29回に登場した若尾博美先生が社長となり、18年からは休眠しています。

再建へ覚悟と使命感

２００９年12月16日、私は学校法人神奈川歯科大学理事長に就任しました。年明けの１月初旬、文部科学省から呼び出しを受けました。理事長になる前も、暫定理事会の１人として、学長とともに何度も文部科学省に出向き、不祥事の後始末をしていました。しかし、今回は「理事長１人で来るように」とのことでした。

部屋に通され、しばらくすると、参事官を筆頭に７人がずらりと私の前に座りました。参事官は開口一番、言いました。「先生が、貴校にとっては最後の理事長と考えていますので、それなりの覚悟をもって再建に取り組んでほしい」。私は反射的に「世のため、人のためにならない大学なら、消去した方が国家のためです」と答えました。意表を突かれた参事官は「そうならないように、私たちも最大公約数で理事長を支援します」と返しました。

私は覚悟と使命感を持って、私事を捨て、全てを母校である大学の再建にささげる決意をしました。

09年、前理事の不正投資によって逮捕者を出した本学ですが、それ以前の20年ほどは潤沢な資産を有する学校法人でした。しかし、そこに甘んじて、少子化などの社会環境の変

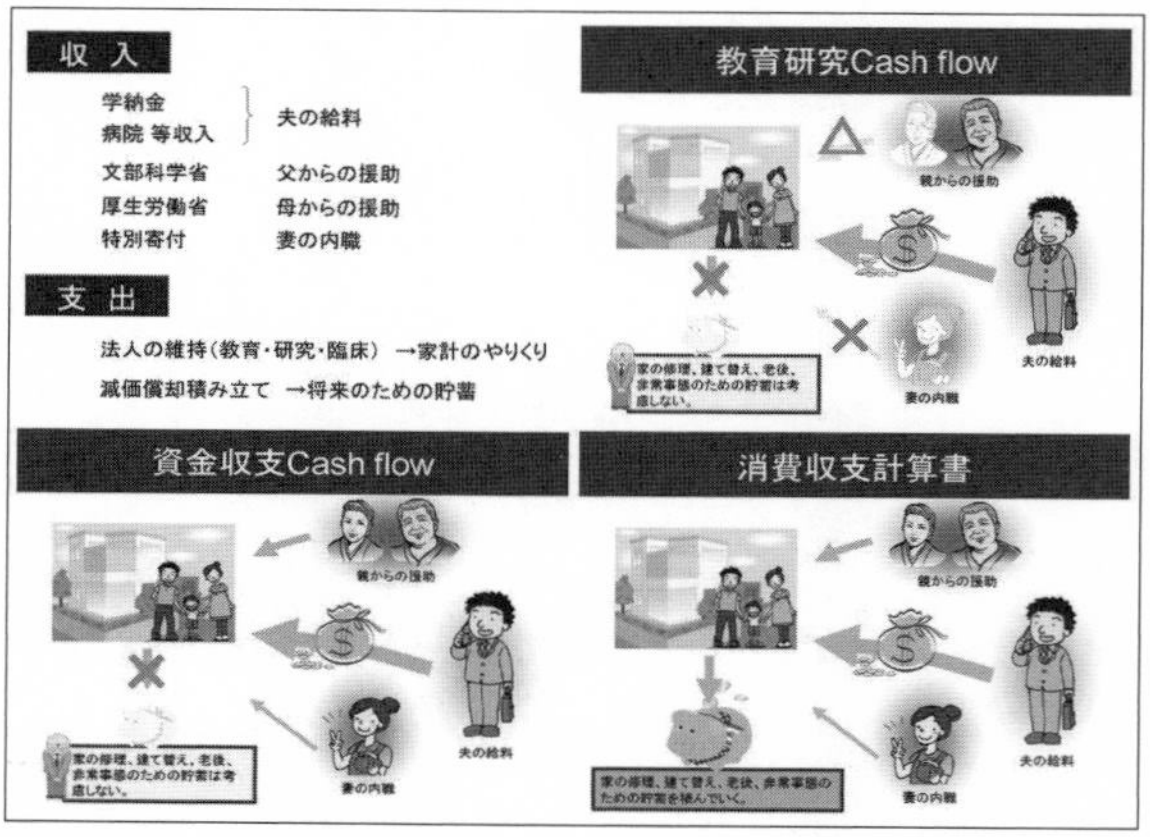

危機感を共有するため学校法人の財務のしくみを家族の生活に例えたイラストを作成し、財政の現状を分かりやすく説明した＝2010年

化を見据えた危機感と本学の未来を想定した将来ビジョンを持たぬまま、非効率的な組織運営と、過大な人件費をはじめとする不健全な経営状態を放置してきました。

私は大学の現実、経営状態を正確に把握することに努めました。それを、うそ偽りなく開示し、イラストなどを使って分かりやすく説明し、全ての教職員で危機感を共有することを改革の第一歩にしました。そして、財政再建こそが喫緊の課題であると確信しました。

財政再建に「魔法のつえ」や「打ち出の小づち」はありません。外部から経営指導を受ける方法もいろいろ調べましたが、最終的に私はその道を採用しませんでした。結局、大学自らが問題解決のための戦略を立て、検証を重ねながら、着実にそれを実行していくしかないのです。

本学の収入源は学生と病院であり、主な支出は人件費です。かといって、各講座・分野・学科の定員の限界を超えた削減だけでは、かえって複雑に多様化した教育・研究・臨床の現場に混乱を招きかねません。組織構造の抜本的改革なしに、財政再建は不可能です。そして、改革は学校法人としての本来の役割である教育の質を担保するものでなければなりません。

私は財政再建と組織の構造改革、教育システムの改革を三位一体と考えました。その道は遠く、厳しいものになるのは必至ですが、将来を担う世代にとっては、夢と希望の光が見えるものでなければ成功へと導くことはできません。

起こってしまった不祥事は、やらなければならない構造改革の契機になったと考えるようにしました。こうして、神奈川歯科大の再建に向けた新しい旅が始まりました。〝改革元年〟の２０１０年のことでした。

ナチスを反面教師に

評論家の小林秀雄は「範例の宝庫である歴史から今を学ぶ」と述べています。第1次大戦後のドイツの状況は、10年前の神奈川歯科大が置かれていたそれに似ていました。

第1次大戦の敗北で全植民地を失い、巨額の賠償金を課せられたドイツは疲弊し、すさまじいインフレに襲われ、失業者があふれました。国民は希望を失い、疑心暗鬼に陥り、変化を切望しました。

その隙をついて台頭してきたのが、ヒトラー率いるナチスです。私はナチスのガバナンス、ビジョン、財政、イデオロギー、そして象徴を反面教師にして本学の再建に臨みました。

まずガバナンスです。ナチスは権力を握ると、国家秘密警察による反体制派への弾圧でそれを維持しました。対して私は父母会、同窓会、組合への情報公開、教職員を対象にした全体説明会、さらに教職員との合同勉強会などを通して、真実の共有に努めました。再建の中心的な力になったのは「報酬は改革成功という名の達成感」のフレーズで公募した大学再建プロジェクトチームでした。

次に、ナチスのビジョンは全ヨーロッパの征服であり、人種差別をむき出しにした大ドイツ帝国の建設でした。本学の将来ビジョンは「未来につながる財政基盤」「貢献が報われる誇りある労働環境」「歯科を中核にしたグローバルな教育研究」「国内外のニーズに応える高度先進医療」を4本柱として、健康長寿社会を支える口腔《こうくう》医療のプロフェッショナル組織を確立することとしました。

そして財政面。世界恐慌の深刻化につれてドイツの賠償金は漸次軽減されましたが、国内生産力は回復せず、国民は相変わらずインフレと高い失業率に苦しみました。一方、本学は年間10億円以上の赤字からのV字回復を、改革元年から模索しました。その年の冬季賞与や役職手当支給の停止を決断。さらに不採算部門の廃科・閉校に踏み切り、対象部門の教員に退職勧告することにしました。厳しい決断で、いまだに万感胸に迫るものがあります。

理事長就任１カ月後の2010年１月に開催した大学再建についての教職員との最初の勉強会のメンバーたち（最前列中央が私）。メンバーを入れ替えて計５回行い、危機感を共有することができた

最後にイデオロギーです。一般に「憎しみは団結を生み、愛情は分裂を生じる」と言われます。ナチスは憎しみの対象をユダヤ人に向け、国民の憎悪をあおりました。本学は資産回収を目的に、旧理事・監事の善管（善良な管理者）注意義務違反による損害賠償を求める民事裁判を起こしました。被告の通帳、

自宅、マンションなどは闇討ち的に差し押さえられました。

多くの教職員の協力と忍耐によって、本学は改革1年目で財政のV字回復を達成しました。

2013年、「人体標本と100年史」という歴史資料館を開設しました。本学が100年に及ぶ時をかけて創り上げた文化力の象徴です。それは大学の品格と歴史、卒業生の絆、在学生の母校愛、教職員の帰属意識、そして外交上の象徴になりました。

3分間にかけた主張

理事長として改革を断行しましたが、それ以前に大学改革の一環として、歯科技工専門学校の閉校と湘南短大の1学科（ヒューマンコミュニケーション学科）の廃科が旧理事会で決定し、公示されていました。ともに、長期にわたる定員割れによる不採算部門。とりわけ、短大の1学科は文系で、医療に特化した教育法人を目指す本学にとって、存在意義を見いだせなかったことが廃科の主たる理由でした。

それまでは廃科が決まった部署の教職員の処遇は、専門領域に関係なく、他科への異動で対応していました。資金的余裕があれば、その時もそれが可能だったかもしれませんが、経済的・時間的猶予はなく、待ったなしの改革が迫られていました。必要もないのに、教職員を他科へ異動させれば、人件費だけが膨らみます。学生のための教育カリキュラムであるべきものが、異動教員のためのカリキュラムを改めて作ることになりかねません。その繰り返しに、終止符を打たなければなりませんでした。

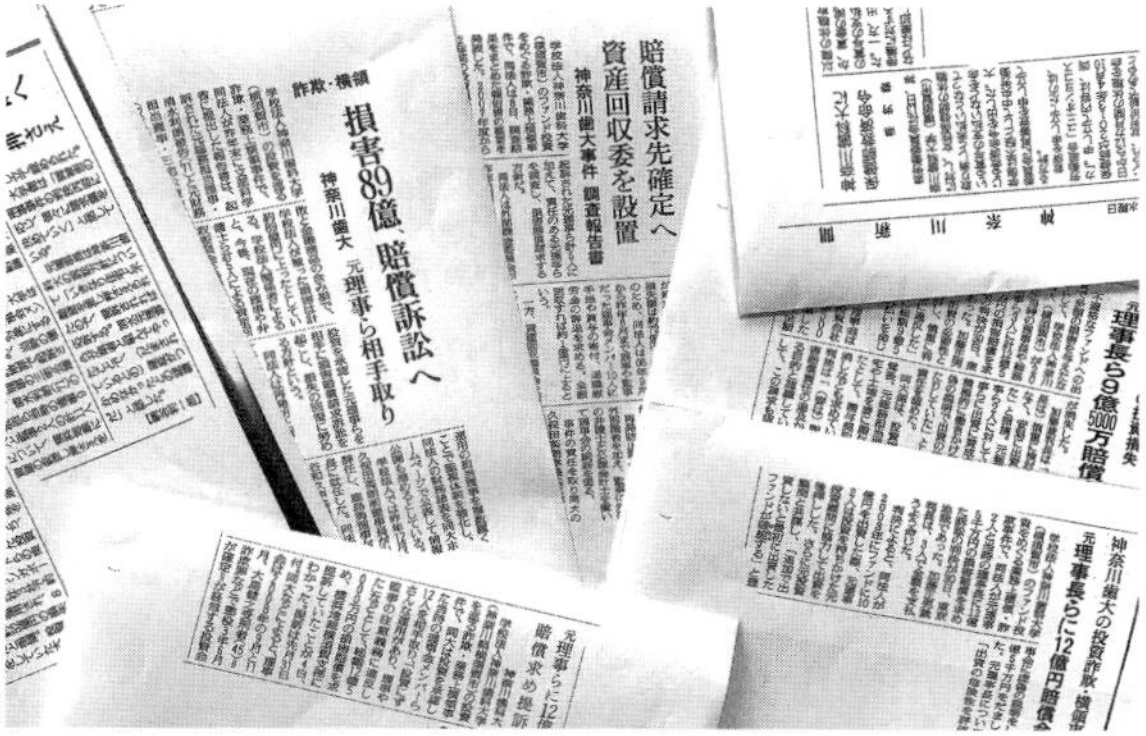

旧理事に損害賠償を求めた民事裁判、大学改革の過程で私が被告になった労働裁判。メディアの注目を集める苦難の日が続いた

そこで、２０１１年3月に閉校・廃科となった専任の教職員全員に退職勧奨することになり、結果、労働裁判へと展開していきました。私は被告として証言台に立つことになりました。実に複雑な気持ちでした。

被告側（大学側）弁護人の主尋問、原告側弁護人の反対尋問。証言台に立つ私は資料を持つことが許されなかったため、あらゆる教育カリキュラムや職務など全てを頭にたたき込んでおかなければなりません。それに費やした時間は膨大なものでした。主尋問については弁護士と事前に打ち合わせすることができますが、反対尋問ではどんな質問をされるか分かりません。証言台での緊張感は、それまでに味わったことがないものでした。

裁判が「修辞学的な理屈合わせの正当化の応酬」だということがよく分かりました。答弁が終わり、最後に裁判官の1人が「何か付け加えたいことはありますか」と尋ねました。この瞬間が最も重要だと直感しました。私は3分間、思いのたけを訴えました。

「大学の主役は教員ではなく、学生であります。教員を残すためのカリキュラムではなく、学生ファーストのそれでなければなりません」と教育機関としての原理・原則に則した主張に徹しました。結果のいかんを問わず、私はこの3分間の自己主張で十分満足することができました。

改革は、犠牲を伴います。とはいえ、教員として同じ時間と空間を生きてきた同僚と争うことは、何とも気の重い責務でした。裁判で闘った方々も、家庭に戻れば良き夫であり、妻であり、父母であると考えると、心苦しいばかり。裁判は何度やっても、勝敗にかかわらず、後味の悪いものです。

私はこの裁判を機に、どんな状況下でも、医療教育機関としての原理・原則に徹することを決意しました。

忘れ得ぬ故郷と聖母

私の人生は、日本の原風景とも言える小さな里山から始まりました。複雑な家庭に育った少年時代、青春の苦悩を抱いてさまよった大学・大学院時代、自分探しの米国留学時代。その線上に、ある程度の栄光を手にしたものの、引き換えに多くの人や物を失いました。行き着いたのは、神奈川歯科大学理事長という役を演じる舞台でした。

舞台の幕は、まだ下りていません。私は何役もの〝私の中の私の私〟を演じ続けています。時々、どれが本当の自分か分からなくなります。素直な自分に戻れるのは、10歳まで過ごした故郷に立った時です。

衝動に駆られて、故郷に帰ります。実家の跡地、通った小学校、走り回った山野、最も多くの時間を過ごした清流。ゆっくり歩いて、風景や音、匂いに溶け込みます。道路拡張や護岸工事で川の流れは変わりましたが、大小さまざまの岩や岩礁は昔のまま。それを眺めていると、昔の私が今の私に話し掛けてきます。悠久の時の中を駆け抜けていく自分の後ろ姿が川面に映ります。故郷を訪れる時は、いつも独り。誰とも視線を合わさないよう

夏の終わり、葉山の自宅で遠い昔の少年時代や忘れ得ぬ〝聖母〟たちに思いをはせます＝2020年８月
に、帽子を目深にかぶって――。

10歳まで育った風土や風景が人格形成に最も強く影響し、自分のルーツとして生涯、心の中に刻み込まれると言われます。昭和の大スター、石原裕次郎の記念館は、彼が9歳まで過ごした北海道・小樽にありました（２０１７年閉館）。本人が熱望した立地だそうです。

里山の次に思い起こすのは、恩師や友人、知人たちです。とりわけ、母親をはじめとする多くの女性に私は助けられ、支えられてきました。これまで出会った女性たちは、その時代ごとに現れた〝聖母〟でした。彼女たちには、私なりに精いっぱいの愛情を注いできたつもりです。なので何の後悔もなく、一人一人の思い出を、頭の中の特別な引き出しにしまっています。

女性たちが今、私をどう思っているか、知る由もありません。たとえ、忘れ去られていてもよいのです。私の心の中に、今でも彼女たちが消えることなく存在していることが重要なのです。私はその出会いが、その時々に、それなりに素晴らしいものであったことに感謝しています。

浮世離れした両親から生を受けて以来、72年にわたる生きざまをつづってきましたが、わが人生の〝表層〟を書いたにとどまり、その〝基底〟を射抜くには、どうやらさらに多くの紙幅が必要です。

第2章　神奈川歯科大学改革11年の歴史

神奈川歯科大学新聞より

（表記は原文のままです）

改革元年

本学は、平成9年度には350億近い潤沢な資金を有した学校法人であった。それが今や数年後には存続さえ危ぶまれる危機的状況に陥っている。

この状況に至るまで抜本的な手が打たれなかった理由は、少子化などの社会環境の変化を見据えた「的確な危機感」と、将来本学が〝こうありたい〟〝こうあるべきである〟という「将来構想」の欠如である。このために、法人内の非効率的な組織運営と、過大な人件費をはじめとする不健全なコスト構造が放置され続けてきたのである。

坂本竜馬は日本の行く末を案じ、新しい日本の国家構想として、船中八策（大政奉還を主とする八か条）を提案した。本学にとって欠けていたものは、それに等しい、神奈川歯科大学未来化構想の設計図といえよう。直ちに本学の未来化構想の設計図を描き、その実現に向けた改革に着手しなければならない。

未来化構想実現のための改革には、従来の仕事のやり方・慣習との決別や雇用調整など、痛みを伴う施策も想定される。当然そこには人の心理的要因が複雑に絡み合ってくる。つまり、当事者である教職員の意識改革も同時に成し遂げなければ、改革は成功しないということである。

このような改革を経営サイドからのトップダウンだけで行った場合、教職員にとっては「やらされる改革」でしかなく、肝心な教職員の意識改革ができないばかりか、全体としての組織能力の低下を招くだけである。表面的に変わったように見えることがあったとしても、それは単なるモグラたたきの対症療法でしかなく、本質的な改革にはつながらない。改革は、大学全体が一つの生命体と化し、自ら分裂と破壊を繰り返しながら一つの形あるものへと進化を遂げなければその目的を達成することはできない。つまり、当事者である教職員の主体的な参画がなければ改革は成功しないということである。

そこで、その中心核として大学健全化プロジェクトチームの立ち上げを目的に、教職員全員を対象にしたその有志を公募した。幸いにも60名の有志が集まり、その中から自薦、他薦で13名のコアチームと5名のメンターを構成することができた。

このプロジェクトチームでの検討や立案された案がいきなりうまくいくとは思っていない。まさに産みの苦しみであろう。しかし、次世代を担う若いチームが大学の将来像について知恵を絞り、考え抜いて結論を導き出し、方策を立て、戦略・戦術を打ち立てそれを実行していくことは、次世代の人材が育つ絶好のチャンスといえよう。私も本学に33年間奉職しているが、そのような機会を経験したことも聞いたこともかってない。そのプロセスは回を重ねる度に付加価値の高い大学の財産となっていくはずである。

もちろん、私は、経営者として私なりの本学の設計図を既に描いている。しかしこれをこの改革のゴールとして押し付けるつもりはない。意識改革ができていない状態でやることだけを示せば「トップダウンに依存する受け身の思考停止」に陥る危険性が高いからだ。今後プロジェクトチームが全教職員を巻き込みながら考えてくれる設計図とその実現戦略を自分のそれらと照らし合わせながら進化させ、全職員との対話を重ねながら実現させていきたいと考えている。そうしなければ、教職員が将来像のオーナーシップを持つことはできず、改革を成功させることはできない。

このプロセスを経ることによって、たとえ理事長や理事会が誰に変わろうとも、将来像のＤＮＡとしての設計図は進化と共に次世代へと受け継がれていく事になるであろう。

改革の道程は虫の目で見れば修羅の場であるかもしれないが、鳥の目で見れば未来へとつながる輝かしいものであるはずだ。その輝かしい流れの構築へとナビゲートすることが私の本来の役割りであると考えている。

（２０１０年）

改革元年（平成22年度）を振り返って

学校法人の経営状態は、私学事業団および文部科学省により指定された経営判断指標を基準として判定される。正常な経営状態とは、教育研究活動によるキャッシュフロー（CF）が黒字であり、かつ外部負債も10年以内で返済が可能な状態であり、更に帰属収入から消費支出を控除した帰属収支差額もプラスであること、と定義されている。しかも、これらの条件を3年のうち2年間クリアしていなければならない。本学は、従来より外部負債はない。しかし、教育研究CFについては過去10年来黒字になったことはない。また、帰属収支差額も教育研究CFと連動して毎年10億円近いマイナス計上を続けてきた。私立歯科大学の平成21年度消費収支決算報告書において、マイナス計上しているのは、本学と他の1校のみである。しかもその1校は、国からの補助金交付を自ら断っている法人である。補助金交付を受けている本学とは質的に異なる。そこで、平成21年度の不祥事を機に、長年に渡って先延ばしされてきたこの問題を解決すべくの3ケ年計画を立案した。その計画のもと、平成22年度より大学の自力再生を目指し、経営健全化に取り組んできた。自力再生へのシナリオは、平成22年度フェイズⅠとして教育・研究キャッシュフローの黒字化、平成23年度フェイズⅡとして帰属収支差額の黒字化、そして平成24年度フェイズⅢは、学校法人としての永続性担保のための最終調整の3ケ年計画である。

まず、本学の平成21年度までにおける経営判断指標に基づいたB2評価からの脱却を目標に、対症療法ともいえる種々の戦略を立案実行することにした。それらは、学生の確保、コスト意識の徹底、医療収入増加の促進、兼職の制限、管理職手当の一時支給停止、予算執行の10％停止、不採算部門の整理、早期退職の勧奨、冬季賞与支給停止等である。その結果、10年来成し得なかった教育研究CFの黒字化を達成し、さらに帰属収支差額もかろうじて黒字化することができた。この棚牡丹ともいえる帰属収支差額の黒字化は、平成20年度ゼロ査定されていた医療ファンドの回収成功に起因している。つまり病院や研究棟建て替え等のために備蓄されていた預金の一部を回収し、平成22年度決算に組み入れたにすぎない。あくまでも自力再生とは、一時的な資産回収やファンド解約金等の単年度に限った収入を除いて消費収支バランスを取ることである。従って、平成22年度の帰属収支差額の黒字は本学の純粋な意味での実力と言うことにはならない。しかしながら、次々に生じる諸々の問題を抱えながら、わずか一年足らずでのこの驚異的回復は、１００年の歴史の重みを感じている教職員個々の力の結集した総合力の賜物に他ならない。教職員の皆様によってもたらされたこの勝利は、本学を最高位の経営判断指標であるA評価へと限りなく近づけたのである。本学は、確実に再生から創造への新しき旅立ちへと進化を遂げている。

その勝利の端光が見えてきたにも関わらず残念に思うことがある。今回の東北大震災において、チェーンメールによる根拠のない風評被害が社会的問題としてクローズアップされた。それは、震災による石油コンビナート火災で、毒性の強い〝黒い雨〟が降ってくるというものである。〝黒い雨〟とは、広島の原爆投下後に降った放射能を含んだ雨のことである。それが人体に悪影響を及ぼすことは、一般の人も大方周知であろう。今回の〝黒い雨〟は、福島の原発事故による放射性物質の飛散と黒煙を上げて燃える石油コンビナート火災とが重複した結果の産物と考えられる。この根拠のない情報が次々とメールされ、不特定多数の人々を不安に陥れた。その後、情報源が石油コンビナートや原発関連会社に勤務している人達からであるということが付帯された。それは、その偽情報をいつの間にか真実化させ、さらに広がっていった。

この現象をある時期の本学に当て嵌めてみることにする。本学がファンドの不正投資によって巨額の損失を出し、経営破綻を来たして倒産する、身売りする、横浜センター等の財産を売却している、子女を入学させても卒業までもたない等の風評被害が一時期蔓延した。この根拠のない情報が口伝えで広まり、多くの関係者の方々から問合せを受けた。その内、その情報源が大学勤務者や同窓会関係者であるという事が付帯されることによって問い合わせも断定的な口調へと変化していった。以上2つの風評被害の出発点は、メールか口伝えかの違いであり、蔓延していったプロセスは同じである。個人的、政治的思惑は別として、同窓生を始め御父兄および大学関係者の方々の良識ある言動を期待するものである。

（2011年）

創造そして新たなる進化への旅立ち

新年明けましておめでとうございます。

昨年は、〝再生そして新たなる創造への旅立ち〟の標題で新年を迎えた。再生と言う名のもと、復旧と復興の同時進行に伴って必ず通過しなければならない混沌からの脱却にはひとまず成功したといえよう。2012年は〝生命は絶えず予知できない新しいものを生み、飛躍し、創造的である〟とするベルクソン哲学から導いた。大学全体が一つの生命体と化し、自ら分裂と破壊を繰り返しながら、将来ビジョンに向かって創造的進化を遂げんことを願うものである。

本学の将来ビジョンは、財政、評価、環境そしてグローバリゼーションをキーワードとする健康長寿社会を支えるプロフェッショナル組織である。この将来ビジョン実現のためのエネルギー源とも言える財政は、文部科学省より指定された経営判断指標に基づいて評価される。学校法人の経営状態は、健全度の高い順にA1、A2、B0、B1、B2、B3、B4の7段階の総合指標で定量的に示される。本学は平成21年度までB2（赤信号と黄色信号の中間）であったが、平成23年度をもってＢ１（黄色信号）をスキップし、Ｂ０（青信号と黄色信号の中間）への格上げが確実になった。わずか1年足らずでのV字回復は、教職員個々の力を結集した総合力の賜物に他ならない。まずは、このＢ０への格上げが、最高位であるA評価獲得のための勢いと時間的猶予をもたらすことになる。A評価を確保し、それを持続することによって初めて法人の永続性が担保される。今年度がその最終章の始まりとなるよう、さらなる改革を実行していかなければならない。

一方、もう一つのキーワードであるグローバリゼーションとは〝国を超えて地球規模で交流や通商が拡大すること〟と定義される。このグローバル化がもたらす社会や制度の変革は教育分野においても例外ではない。本学は、ボーダレスという時代の潮流を宿命として受け止め、昨年度より海外留学生の獲得に積極的に乗り出した。

文部科学省によると、日本の18歳人口は２０１３年を境に、その5年後に18万人、18年後に32万人減少することが推測されている。注目すべきは、18年後に四年制大学への進学者が12万人減少するというシミュレーションの結果である。しかしながら、本学が海外留学生確保に踏み切った主たる理由は、この推測結果への対応策ではない。その構想は、海を越えたグローバル社会における本学の果たすべき役割を考えた時、日本と言う〝閉鎖的しばり〟から脱却し、アジア全域の歯科医療を担う国際医療教育機関としての世界観に端を発している。20年後の本学を戦略的にデザインするこの構想は、100年の歴史を有する学校法人神奈川歯科大学としての新たなるアイデンティティーの創発となり、ひいては日本の国益にも繋がっていく事を確信している。

どのような将来構想であるのか定かではないが、日本の某私立医科大学が、〝日本の医学部に入りませんか〟と題し、韓国において学部学生の募集を開始した。多くの受験生を集め、学生の充足率をも十分に満たしうる現状に甘えることのない、その先見性と勇気ある決断に対し、改めて敬意を表するものである。幸いにも、本学はその一歩先を進み、韓国の名門として知られる高麗大学との間に単位互換提携協定を結ぶことができた。高麗大学で、神奈川歯科大学1年生としての単位と日本語能力を修得し、2年進級時に本学に合流する方式である。日本では初めての試みであることから、文部科学省はもとより、他大学からも注目されている。今年度はさらに海を越え、台湾、シンガポールルートの開拓に着手し、歯科衛生・看護を含めた法人全体の戦略的グローバル化を目指すつもりである。

平成22年度を改革元年としてスタートした本学自力再生への3ヵ年計画は、最終年度を迎えることになる。実情に即した給与制度の改定、教育を主とした教員組織改革、不採算部門の再編など、いよいよ核心を衝く改革へと迫っていくことになるであろう。改革には、従来の仕事のやり方、慣習との決別や雇用調整など痛みを伴う施策も想定される。当然そこには、心理的要因が複雑に絡み合ってくることから、教職員の意識改革なくして成功はありえない。１９９９年度のベストセラーになったスペンサー・ジョンソンの〝チーズはどこへ消えた？〟というビジネス本がある。そこには、時代や環境の変化を受け入れない、あるいは受け入れたくないという人々に対するメッセージが、２匹のネズミと２人の小人を物語のモデルとして巧みに述べられている。結論は〝自分自身が変わらなければ事態は好転しない〟ということである。

学校法人神奈川歯科大学の新たなる進化への旅立ちをご支援いただきたい。

（２０１２年）

共創元年

新年明けましておめでとうございます。

復旧と復興を同時に進めてきた大学再建は、3年を経て新たな局面を迎えることになる。再建は、平成22年の年明けと同時に開催した、教職員全員参加のFDから始まった。大学再建という大義のもと、分裂、破壊、創造を繰り返す厳しい改革となった。その間、各年頭の標題を「改革元年」、「再生から創造」、「創造的進化」と題し、その年ごとの反省と次なる抱負を述べてきた。

4年目の今年は、文部科学省の経営指導対象法人から解放され、補助金減額法人からも脱却する特別な年となる。本学のビジョンは、未来につながる財政基盤、貢献が報われ誇りある労働環境、歯科を核としたグローバルな教育・研究、国内外のニーズに応える高度先進医療、これらを基軸とする「健康長寿社会を支えるプロフェッショナル組織」である。今年は、この右脳的発想から描いた未来構想図を、左脳的プロセスを通して具現化するための新しき旅立ちの年となる。

その具現化は、理事会、教職員のみならず、同窓生、在学生をも含めた全ての英知を結集し共に創りあげる、すなわち「共創」していかねばならない。

休学・留年・退学者を出さない教育イノベーションとそれに伴う組織再編、まじめに働いた人が正しく評価される新しい報酬制度とその基盤となる評価制度、風評被害を払拭し、正しい情報伝達を目的とする同窓会との新たなる関係構築等が当面の課題となる。

本学は4年目にして「共創元年」へと新しい時代の幕明けを迎える。

教育イノベーション

文部科学省は、歯学教育の改善方策として、講座や分野の壁を越えた体系的な歯学教育の実施と、そのための教育専門教員の配置を推進している。各大学も、この方針に基づいたカリキュラム変更を試みるが、多くは講座間の壁を越えられず、最終的に再度元に戻した事を耳にする。本学も、数年ごとにカリキュラム改訂を行ってきたが、その場しのぎの小手先の対応に過ぎなかったといえよう。

講座の名前が、そのまま履修科目となっていた講座主導型の教育では、十数回の講義あるいは実習を受けた後、試験によって合否が講座ごとに判定されてきた。本学は、この講座完結型の教育に終止符を打つことを決断した。そこで、講座制を中心とした教授会主導の教育から脱却するため、教育を専門とする総合教育部（仮称）を設置した。その部で、入学から卒業までの講座にとらわれない体系的な歯学教育プログラムを立案する。立案したプログラムの実行に必要な科目、分野、領域、項目を講座にとらわれず横断的、縦断的に当てはめていく。そして、職階にとらわれない適切な教員が、講座の壁を越えてその実行プロセスに参加するという教育形態に変わる。この教育イノベーションの本質は、多様化する留学生に即応した教育手段の新しき組み合わせと結合であり、決して従来の教育方策を全否定するものではない。他校が成しえなかった教育イノベーションの成功は、まずは教職員の教育に対する熱意と意識改革から始まる。

真の意味の対価とは

本学の将来ビジョンを支える柱として、「未来に繋がる財政基盤」と「貢献が報われ誇りある労働環境」が提唱されている。新しい報酬制度の策定は、この基軸に直接関与し、他の軸である教育・研究そしてグローバリゼーションにも間接的に絡み合ってくる。まさに福沢諭吉の言う、「財の独立なくして学の独立なし」である。

本学の報酬制度は、国家公務員の給与体系に準拠することから、国の示す人事院勧告が基準となる。人事院勧告とは、民間との較差を調節するためのしくみであり、毎年変更される。

したがって国家公務員の給与は、民間の平均的給与基準を表しており、その年の社会的経済状況が反映された報酬制度とみなされる。

しかしながら本学の給与体系は、平成11年に大幅改定された人事院勧告を見送ったため、少しずつ歪み始めた。さらに、平成17年の人事院勧告で評価制度が導入され、勤務成績に基づいた昇給制度が施行された。一方、平成10年度の給与体系をそのまま維持してきた本学は、数々の矛盾を抱えたまま時代の趨勢から取り残されていった。

この失われた時間を取り戻すべく、私達は、「報酬」という名の定義を再度確認し、改定の必要性を認識し、新しい制度の仕組みを理解し、無理のない導入工程を立案し、そして実行に伴って派生してくる諸問題を解決しながら、成功へと導いていかなければならない。さらに、報酬と評価をリンクさせたこの制度が殺伐としたものにならぬよう、教職員が納得いくまで経営者側と共創していく必要がある。この新しい報酬制度策定の大義が、大学の永続性の担保に基づく教職員の雇用確保と、その家族の生活保障にあることは言うまでもない。

新たなる絆の構築

昨年5月、本学同窓会近畿北陸地区の支部連合会を皮切りに、東北地区、北海道地区、関東地区、中国・四国地区そして10月の九州地区において、大学の経営状況を説明させていただいた。とりあえず6分割された全国の同窓会支部を駆け回ったことになる。目的は、本学がファンドの不正投資によって巨額の損失をだし、経営破綻を来して倒産する、身売りする、横浜研修センターを売却した、子女を入学させても卒業までもたない等の風評被害の払拭である。新執行部が発足した平成22年度以降、再建のための戦略や改革の現状、その結果等を大学新聞で詳しく述べてきたにもかかわらず、未だに払拭されていないことに改めて驚きを感じる。活字も情報伝達手段の一つであるが、一方通行であり自己満足の感を否めない。それに対し、生の声による対面方式の説明会は、多くの質問を受けそれに応えることによって、改革現場の臨場感を感じてもらえる。そして、何が真実であるかをその場で個々が直接判断することができる。

同窓会の一部と本学執行部との交流はあるものの、個々の会員との直接的な接点はない。会員にとっては、各支部長による地元での説明が生の情報源となる。会員への正しい情報伝達は、そのメッセンジャー的役割を担う支部長の責務の一つと考える。しかしながら、必ずしも各支部長が同じ情報を共有しているとは限らない。正しい情報伝達を目的に、本学と支部長との新たなる関係構築が必要となる。

50名近くいる支部長への直接的な情報伝達の場は、すでに私の頭の中で完成している。同窓会長と協議の上、今年度中に実行するつもりでいる。

3年間を振り返る

平成22年の改革元年から共創元年を迎えるまでの3年間、教育・研究キャッシュフローと帰属収支差額の黒字化との戦いであった。この2つを制することが、本学生き残りの証となるのであるが、その時間的な猶予には限界があった。目標達成は、教職員が同じベクトルを共有すべく、「錦の御旗」となる本学の未来化構想設計図を描くことから始まった。同時進行で、再建のための現実的な数々の超短期戦略を掲げ、厳しい状況の中でそれらを実行してきた。中でも心に残る改革は、不採算部門である技工士専門学校（技専）の閉校とヒューマンコミュニケーション学科（ヒューマン）の廃科そして個々に対する退職勧奨である。そこには「人」とそれに附随する「家族」が絡むからである。2部門の廃校・廃科はすでに平成20年12月の旧理事会にて決定し、それは公示された。当時の記録によると、技専は単純に定員割れによる不採算部門の整理である。一方、ヒューマンは、長期に渡る不採算部門であると同時に、専門性が曖昧であり、特別な資格取得が卒業要件となっていないことから、医療に特化した法人を目指す本学にとって存在意義が薄いとの理由であった。その時点で、技専の教員は病院技工部への配置転換が決定していた。しかしヒューマンについては、一時期検討されたものの、何ら結論が出ないまま廃科を迎えることになる。これまで、廃科後に残った教員の処遇は、解雇することなく教員として他科への異動を繰り返してきた。しかし、学生がいなくなれば授業料と補助金は0となり、その一方で人件費は膨らみ経営を圧迫してくる。これでは何のために廃科したのか説明がつかない。誰かが、どこかで、この繰り返しに終止符を打たなければ、経営的に負のスパイラルへと陥っていく事になる。平成23年度をもって技専とヒューマンの教員は全員去っていくことになった。改革に犠牲はつきものとはいえ、そのプロセスを振り返った時、退職勧奨も含めて反省すべき点も多い。

今後も、同様な決断を強いられる状況が、個々に出てくることは避けられない。その時、十分な説明は当然のことであるが、何よりもそこに「正義」がなければならない。その事を改めて実感した3年間であった。同様な経験をしてきた友人から「夷険一節」と書かれた色紙が届いた。〝ぶれる〞ことなく貫き通すという意味である。決して〝ぶれない〞ことを自分に誓いながら理事長として4回目の新年を迎えることにする。

（2013年）

組織された混沌から未来の創発

新年明けましておめでとうございます。

昨年は、「共創元年」で新しい時代の幕開けを迎えました。今年の年頭の標題は、ノーベル物理学賞を受賞した江崎玲於奈氏の〝秩序ある混沌〟から導きました。

〝混沌〟とは、物事の区別やその成り行きのはっきりしない様を意味し、無秩序な集団や大混乱の状況を形容します。4年前の本学が、まさにその混沌とした状況であったことは周知の事実でしょう。一方、〝組織された混沌〟とは、自由闊達な気風の中に組織全体としての目標が明確であり、一定の秩序が保たれており、途方もない奇跡の起こる可能性を秘めた状態を比喩します。ここでいう自由闊達な気風とは、大学人として自由な発想と想像力を発揮でき、それを主張できる職場環境のことを指しており、大学人を外れて勝手気儘に振る舞うことではありません。

改革元年から5年目を迎えてようやく、〝混沌〟から〝組織された混沌〟へと、醸成していく手応えを感じ取れるようになりました。この手応えを掴む過程で、私達は多くの有形無形の犠牲を払ってきました。そのことを忘却することなく、組織集団として、ポジティブ心理学でいうフロー状態（目的達成の課程で、集中とリラックスとのバランスがとれている時、最大の能力が発揮できる最良の瞬間のこと）に達した時、本学の未来の骨格が創発してくるに違いありません。その瞬間を目指して、グローバル化、教育イノベーション、新しい形の法人運営、新病院建築とそれに伴う組織改造を加速させ、今年も更なる改革を推し進めていきます。その一方で、１００年の歴史を有するにふさわしい文化力を養い、磨きをかけ、大学としての付加価値をも高めていかなければなりません。

未来から現在を逆算する

20年後の我々を取り巻く環境を推量したとき、18歳人口、歯科医療教育機関の数と教育制度、歯学部への進学率、歯科医師数、ＴＰＰによる混合診療と国民皆保険の行方、人口動態等がKeywordとして挙げられます。しかし、確実に来るであろう我々の未来が、地球規模のグローバル化とそれに伴う国際化であることを疑う余地はありません。そのことを予見し、すでに医師、歯科医師を対象とした国際資格の大綱が、日本を含めた先進国で議論されています。その資格を取得すれば、世界中どこでも医師、歯科医師として働くことはもとより、開業することも可能となるでしょう。

本学は、3年前から積極的に海外留学生の確保に取り組んできました。目的は、そう遠くないスーパーグローバリゼーションを想定し、それに対応可能なグローバル人材の育成と確保にあります。その戦略として、国内の18歳人口減少の実情から、優秀な学生確保の母集団をアジア全域に拡大設定しました。現在、歯学部の1年生から3年生までに、韓国と台湾から50名の留学生が在籍しています。3年後には、本学で教育を受け日本文化を体験した歯科医師が、一塊となって巣立っていくことになります。その中には、大学院に進学して学位（歯学博士）を取得し、教育者、研究者あるいは臨床医として本学に根付く人もいるでしょう。また、一定の研鑽を積んだ後、グローバルスペシャリストとして母国の教育、研究機関や政府の医療関係機関に職を求めて旅立って行く人も出てくるでしょう。

入学から旅立ちまでのサイクルが回り始めたとき、学校法人として真の意味のグローバル化が達成されたことになります。その時、新たなるアイデンティティーを有した医療系教育機関として名を馳せ、大学の付加価値も抜きん出て高まっていることでしょう。20年後を戦略的にデザインしたこの構想は、長いスパンで取り組んでいく本学独自の国際プロジェクトといっても過言ではありません。

個の教育を目指して

本学の教育形態は、昨年4月より講座主導型から教育を専門とする総合教育部主導型へと切り替わりました。従来、このような教育形態の大幅な変更は、まずは新入生が対象となり、他の学年は旧方式のまま卒業を迎えるのが一般的でした。しかしながら、今回は全学年を対象に一気に新しい方式に転換しました。講座に拘束されない体系的教育プログラムの立案から実行までを3年間で成し遂げたことは、総合教育部の教育改革への使命感と熱意に他なりません。そして、何よりも教育改善・改革の必要性を認識した、教授会および教職員の協力と後方支援があっての成功といえるでしょう。

この新教育カリキュラムにより、学生の習熟度は1年を多分割して可視化され、その客観的データは初年次より個別に蓄積されていくことになります。また、より効果的な教育指導の観点から、教員の授業評価・計画・改善の状況等も個別に整理しておかねばなりません。そのためには、膨大なデータを蓄積・管理・運用するためのＩＲ（Institutional Research）構築が不可欠となるでしょう。

ＩＲとは、一般的に「教育機関における経営・教育に関する情報収集や計画立案を通じて経営・教育改善に資する調査・分析を行うこと」と定義されています。個の教育を目指す本学も、教学ＩＲ構想に必要なインフラを整備していかねばなりません。今後、データ収集、管理、運用そしてそれを担う人材の確保と育成に取り組んでいくことになります。

機能的教学ＩＲ構築の完成は、教学マネージメントを支えるツールとして、教員と学生をデータという共通言語で結びつけていくことになるでしょう。さらに、教員と職員によって共有されるデータそのものが触媒として作用し、両者に協働・共創の意識を高めるための橋渡し的役割をも担ってくれることでしょう。その一方で、いかにＩＴを駆使しても所詮は生身の人間であり、直接的な対話や情報交換に勝るものはありません。〝テクノロジー（デジタル）はノスタルジア（アナログ）を越えられない〟ことを前提にＩＲを活用してこそ、真の意味の個の教育が実現可能となります。

このＩＲを活用した教学マネージメント構想は、教育を総理・総督する総合教育部によって推進していくことになります。総合教育部は、教育イノベーションを目的に設置された部署であり、選出された教員は単に優秀であるだけの教育者で終わってはなりません。新たなる教育宣言を発する一流の教育者集団となってこそ、はじめて総合教育部の存在が認知されることになります。その時、過去の講座主導型の教育から確実に脱却したことが内外からも認められることになるでしょう。

三位一体の総合力

昨年の新年号で、法人の経営状況や教育等に関する正しい情報伝達を目的とした、本学と同窓会支部長との新たなる関係構築の必要性について述べました。

そこで昨年7月、学外の同窓会支部長を対象とした情報伝達の場を、法人執行部主催で設定しました。このような試みは、開学以来初めてのことでしょう。学長が現在進めている教育改革について、私が法人の経営状況について報告し、種々の質問を受け、それに応える形で大学の現状と改革の必要性の理解を求めました。

その時、説明内容をより深く理解していただくため、法人理事会、評議員会や教授会等で配布した同じ資料を使用しました。そして、説明内容に対応した箇所をリーフレットにし、そのまま持ち帰ってもらいました。このことは、法人理事会と同窓会とが、共通の情報を媒体として一体化したことを意味します。

さらに、法人と同窓会との絆をより一層強くするための戦略として、九州、中国・四国、東海・信越、関東、東北、北海道の6ブロックの中から1名ずつ、支部長を法人評議員として選出しました。選出された6名の評議員により、大学の経営・教育・将来構想を含め学内で生じている諸々の事象が、修飾されることなく全国の会員に伝達されます。即ち、全国を縦断する法人と同窓会との新たなネットワークが完成したことになります。

また、6名の同窓会評議員と学内評議員がチームを組み、問題提起された課題の解決にも貢献してもらいます。今年の課題は新入学生の確保であり、風評被害を払拭しつつ各地で広報活動に奔走していただいております。

本学は、新病院建築とそれに伴う組織改造を機に、東京サテライトクリニック構想やキャンパス改造と更なる改革へと進んでいくことになります。法人、教職員そして同窓会との三位一体となった総合力で、それらの成功を勝ち取っていかなければなりません。

付加価値としての文化力

本学は、悠久の時間をかけて創り上げてきた文化力の指標として、昨年の5月「人体標本と100年史」と題した歴史資料館を開設しました。この資料館の開設を決断させた動機は、本学と同じ100年以上の歴史を有する名門私立歯科大学の校歌でした。その大学の式典にて、「医はこれ済生ひとえに仁なり」の詩を聞いたとき、鳥肌の立つ想いがしました。その短いフレーズに、凝縮された量り知れない文化力を感じたからでしょう。

以来、「そのフレーズを超えるものは何か」を思案してきましたが、決定打は見つかりませんでした。折りしも、昨年の2月に白菊会会員の御遺族からの御寄付をもとに、人体標本を整備したい旨の要望がありました。そこで改めて標本を見たとき、量り知れないものを〝言葉〟ではなく、〝形〟として表現することを思いつきました。完成した景色をイメージした時、強烈な文化力を感じたフレーズは消え去っていきました。さらに、解剖学者でありアーティストでもある横地名誉教授が描いた、繊細で独創的な絵画を目の当たりにしたとき、一抹の不安は確固たる自信へと変わりました。設立の趣旨をご説明した時の、破顔一笑する横地先生の顔が忘れられません。

この資料館の枢軸が、100年の歴史を有する医療人養成機関である大学としての品格の象徴にあることはいうまでもありません。そして、本学を旅立って行った多くの卒業生同士を繋ぐ絆の象徴ともなるでしょう。また、本学を職場として長年働いてきた教職員の帰属意識や、本学を学び舎として選択した在学生の母校意識をも高めてくれることでしょう。さらに、学外との関係構築のためのDiplomacyとしての役割をも担うことになるでしょう。それは、昨年5月17日の開館以来、延べ2500人以上の見学者数からも明らかです。

見学の対象は医療関係者のみとなっていますが、一般の方々にも事前講義の受講を条件に開設する日がくるでしょう。この資料館が、明日への生きる意欲と活力を起こさせるための深い感動を与える場となることを確信しています。

（２０１４年）

100年後の価値を今（いま）創造する

新年明けましておめでとうございます。

104年前の明治43年、本学の創立者である大久保潜龍先生は、東京女子歯科医学講習所の100年後をどのように想い描いていたのでしょうか。おそらく、学校法人神奈川歯科大学として進化を遂げることになろうとは夢にも思わなかったでしょう。では、今から100年後の本学は、どの様な形で世の中に存在しているのでしょうか。その存在に少なからず影響を及ぼすことになるのが、平成29年フルオープン予定の新病院です。この病院建て替えも、100年のスケールから見れば小さな出来事に過ぎないのかもしれません。しかしこの一歩は、横須賀・横浜から東京そして海外へと発展していくさらなる進化と繁栄の象徴となります。昔の10年が一年の単位に相当する今こそ、本学の100年後を戦略的に想定しておかねばなりません。そこで今年は、「100年後の価値を今（いま）創造する」を標題としました。そして、改めて5年間の改革を総括し、次なる未来への出発点にしたいと思います。

歴史は現代史

「無常という事」の書で著名な歴史評論家であった小林秀雄は、「歴史は現代史であり、範例の宝庫である歴史から今を学ぶ」と述べています。つまり、過去を遡ることによって今が解るというのです。そこで強引ではあるが、第一次世界大戦後の荒廃した世情から台頭してきた、ファシズム政権樹立のプロセスと本学再建を対比させながら5年間を考察してみることにします。

第一次世界大戦後、ドイツは全ての植民地を失い、ベルサイユ条約により多額の賠償金を課せられました。そこに世界大恐慌が追い打ちをかけ、国民の50％以上は職を失い、経済は疲弊していくことになります。国民は夢と希望を失い、ネガティブ思考の中、疑心暗鬼の日々を過ごしていたに違いありません。それは、規模の違いはあるものの、かつて本学の置かれていた状況に酷似しています。国全体が何らかの新しき変化を期待している時、間隙を突いてナチスが表舞台に出てくることになります。今回は、ガバナンス、将来ビジョン、財政、イデオロギーそして象徴のキーワードでナチス政権樹立と本学再建プロセスとを対比させてみることにします。

ナチスのガバナンスは、ゲシュタポによる反対制派の弾圧であり、いわゆる秘密裏に行われた力の支配でした。それに対し本学は、父母会、同窓会、組合への情報公開や教職員を対象とした全体説明会そして教職員と執行部との合同勉強会を通した真実の共有といえます。しかし、再建成功の主因となったのは、「報酬は改革成功という名の達成感」のフレーズで公募した大学再建プロジェクトチームの立ち上げでしょう。疑心暗鬼の中、不平や不満が累積し、爆発寸前のエネルギーの塊を大学再建へと誘導したことが、改革成功の鍵となったことは言うまでもありません。個人や一組織ではなく、大学全体が一つの生命体と化し、そこから創発してきた目に見えない力がガバナンスとして働いたに違いありません。

ナチスの将来ビジョンは、全ヨーロッパ征服であり、エゴイズムをむき出しにした大ドイツ帝国の確立でした。本学の将来ビジョンは、未来につながる財政基盤の確立、貢献が報われ誇りある労働環境、歯科を中核としたグローバルな教育研究そして国内外のニーズに応える高度先進医療の４本柱を基軸とする健康長寿社会を支えるプロフェッショナル組織です。しかもこの将来ビジョンは、若き力を結集した再建プロジェクトチームから発せられたものです。そこにはナチスと異なり、正義と大義に基づいた基本的人権の尊重を瞥見することができます。

当時のドイツ財政は行き詰まり、究極の選択として、賠償金１３２０億マルクを金で支払うベルサイユ条約を一方的に破棄しました。借金が消えたことにより、国民は一時的に安堵したものの、そこに大義名分は立たず単なる錯覚に過ぎませんでした。一方、本学は改革一年目から年間10億円以上の赤字からのV字回復を模索しました。時間的猶予はなく、復旧と復興を同時に推し進めなければならない実状から、その年の冬期賞与の支給停止を決断しました。さらに不採算部門の廃科・閉校に踏み切り、対象となった部門の教員は退職を勧告することにしました。厳しい決断であり、未だ万感胸に迫る改革として心に残っています。さらに、予算執行状況を確認しながら各種職務手当の支給停止、コスト削減、予算執行停止等の対応策を打ち出し、当初の目的を達成することができました。この黒字化は再建の可能性を数字として視覚化させました。大義という名のもとに掴んだ勝利といえます。

当時のドイツ国民のイデオロギーとはいかなるものだったのでしょうか。一般的に、憎しみは団結を生み愛情は分裂を生ずと云います。憎悪の念を共有することによって、その組織は団結するという人間の心理を突いた考えに基づいているのでしょう。ナチスはユダヤ人をその対象に選択しました。「アンネの日記」や映画化された「シンドラーのリスト」等で、世界中の誰もが知っているホロコーストです。第一次世界大戦後のドイツと当時の本学とのイデオロギーの違いを対比させることには少々無理があるかもしれません。敢えて挙げるとすれば、資産回収を目的とした旧理事・監事の善管注意義務違反に基づく損害賠償の民事裁判であるかもしれません。通帳はもとより自宅、マンション等の闇討ち的差し押さえは、未だに例えようのない感佩を覚えます。この件については、係争中であることからこの程度に留めることにしましょう。

ナチスの象徴は忠誠を誓う独特の敬礼様式（両足を揃え片手を伸ばす）と党旗のシンボルマークであるハーケンクロイツ（鉤十字）です。力による統制と服従の象徴であり、それには狂信的でカルト的ともいえる一種の違和感を覚えます。本学は、１００年に渡る悠久の時をかけて創り上げてきた文化力の象徴として「人体標本と１００年史」と題した歴史資料館を開設しました。それは、大学の品格と歴史、卒業生間の絆、在学生の母校愛、教職員の帰属意識そして外交手段としての象徴となり普遍です。

第一次世界大戦後のドイツは復興に失敗し、本学は復旧と復興を少なからずとも同時に成し遂げました。成否の分かれ目は、選択した手法に正義と大義が有るか無いかの違いに他なりません。

この5年間は財政再建が主であり、目的が明確であったことから、垂直的に掘り下げる論理的思考手順に従って改革を進めることができました。その改革に一定の目途がついた今、私達は時代を読み、〝ひらめき〟や〝想像力〟そして〝直観力〟を研ぎ澄ましながら水平的思考によって100年後の未来を先取りしていかなければなりません。再度、覚悟と使命感（全てのものを諦め、ただ一点に集中する）を自分に誓いながら理事長として6回目の新年を迎えます。

（2015年）

イノベーションとグローバリゼーションを核とする成長戦略

新年明けましておめでとうございます。

昨年は、「100年後の価値を今創造する」と題した総論的標題でした。今年は、「イノベーションとグローバリゼーションを核とする成長戦略」とし、具体的に本学の10年構想について述べることにします。10年を1スパンとする理由は、日本の社会環境が10年毎に大きく変動していくことに起因します。1979年、エズラ・ヴォーゲルに「Japan as No.1」と言わしめながらもイノベーションを怠り、金を金に投資する拝金主義的思想に走った先はバブル崩壊でした。1990年、ビル・エモットは「日はまた沈む」で見事にその末路を言い当てています。その後、「日はまた昇る」で始まった21世紀も、ほぼ10年のタイムスケールで時代の盛衰が繰り返されていくでしょう。100年後の本学も、10年を単位とした未来構想の積み重ねから、その価値が決定されることになります。

新病院建て替え10年構想

平成29年秋、高度先進口腔医療機関として新病院が完成します。この構想は平成23年、学内が混沌としていた状況の中、大学の認知度向上と地域密着型の病院を目指す10年構想として立案されました。その先駆けとして平成25年、「人体標本と100年史」と題した資料館を開館しました。その目的の一つは、外交的手段として活用することです。つまり、外部から人を呼べるに値する他に類のない、本学を象徴する何かが必要でした。それは、医療関係者をはじめ、地元の有力者、名士等年間4000人が来館し、その見事さに感銘を受けていることからも役割を充分に果たしています。

その一方で、樹齢100年を超す桜並木、日本最北限といわれるジャカランダの高木を対象に、平成26年より本学の文化事業としてジャカランダ・フェスティバルを開催しています。昨年、ジャカランダの花に8000人、100年桜に2000人、総計1万人の一般市民の方々が本学の校門をくぐりました。今やジャカランダと桜は本学のシンボルであり、生きたオブジェであると同時に横須賀市のパワースポットとなりつつあります。この1万人の方々を新病院へと導くためのもう一工夫が必要でしょう。更に、地域密着型の象徴として、新病院内にカフェテリアを開設し、障害を持つ若者に働く場を提供します。その支援を目的に、児童養護施設退所者を雇用します。それは、彼らに進学への機会を与えることにつながり、真の意味の地域貢献となるでしょう。それらを背景に平成29年5月21日、創立100周年記念式典を横須賀芸術劇場にて執り行います。本学の再生・復興・発展が、この式典を通して全国の口腔医療関係者に認知されることになります。この健かに図られた成長発展のためのシナリオは、新たな価値を生み出す本学独自のイノベーションといっても過言ではありません。

インバウンド・ビジネスをプラットホームとする未来戦略10年構想

この構想は平成23年、アジアからの留学生確保を契機に本学のグローバル人材育成の一環として立案されました。定員割れしている中での留学生確保は、当時様々な誤解や疑念を招きました。現在100名近い留学生が在籍しており、募集定員も充足していることから、その風評も自然消滅しつつあります。この構想は、横浜クリニックを核に、近い将来開設を目指している東京サテライトそして海外サテライトを、歯科医療技術革新とツーリズムで繋ぎ、アジアを対象に新しい基幹事業へと発展させていくプロジェクトです。その最終目的は、日本の超高齢化社会を対象とした新しい口腔医療ビジネスの創発であり、財政基盤のもう一つの基軸となることを目指します。その最初の海外拠点地そして将来の発展の場として、国家間におけるビジネスルールの統一が図られる、東南アジア地域のTPP加盟国を想定しています。この構想の原点は、50年後の日本の人口動態にあります。総人口が3割減少する一方、65歳以上の割合が4割に達し、日本は世界一の超高齢化社会を迎えます。その対策として政府は、外国人労働者の中でも特に医療介護専門職に対する規制緩和が、喫緊の課題であることを提唱しています。本学の将来ビジョンが、「健康長寿社会を支えるプロフェッショナル組織」であることから、摂食・嚥下等、口腔ケアに特化した介護専門施設経営をも視野に入れた構想です。昨年の10月、横須賀共済病院の協力の元、外国人留学生として4人のベトナム人看護師が、本学の看護学科にて一年間の研修を開始しました。このような地道な取り組みも、構想実現のための小さな一歩となるでしょう。

6年前、私達は渓谷に架けられた一本の綱の中央で、風雨に翻弄されながら片足で何とか踏ん張っていました。今は、二本足でしっかりと綱をつかみ、少しずつ陸地へ歩み寄っている状態といえるでしょう。その綱の上から陸地を凝視し、キラリと光るものを誰よりも先に見つけ出し、陸に上がるや否やそれを掴み取り、磨きをかけて私達のものにしていかなければなりません。私達は時代を先読みし、本学の特性を活かし、未来の価値の創造に今から取り組んでいきます。

終わりに

本学は、財政再建を遂行する一方で、多くの目に見えない付加価値の高いものを失ってきました。それは、貧して純するも、まずは生き残らねばならない状況に置かれていたからでした。その結果、いつの間にか自由闊達な気風、大学人としての自由奔放な発想や創造力、そしてそれを発揮主張できる環境を失った感を否めません。私達は、悠久の時をかけて創り上げてきた本学本来の気風や風土を、今一度取り戻していかねばなりません。真の意味の人材とは、その様な環境の中から自然発生的に育成されてくるものであることを確信しながら理事長として7回目の新年を迎えます。

（２０１６年）

共走元年

新年明けましておめでとうございます。

改革４年目にあたる２０１４年の年頭標語は、文部科学省の経営指導および補助金減額対象法人から解放され、新しい時代の幕開けを期待して「共創元年」と題しました。今年は、その「共創元年」から４年目に入る2度目の節目であり、共に創り上げ共に走り抜ける意味を込めて「共走元年」としました。

成長戦略とシンギュラリティー

シンギュラリティーとは、Ａｉ（人工知能）が人間の脳（知性）を超える特異点のことを意味します。それは西暦２０４５年と予測されています。そのＡｉにＩＴ（情報技術）とグローバリゼーション（世界化）が複雑に絡み合い、その間における時勢の動きを推測することは難しいでしょう。１００年先は全く見えないが、50年先は見えるようでやはり見えない。しかし10年先はぼやけながらもしっかり見える、と専門家は言います。おそらく、30年後も五感を鋭く研ぎ澄ませば、朧げながらも時代の輪郭だけは見えてくるかも知れません。

一方、それ以後の時流を先読みし、本学の未来図を具体的に描くことは、事象の地平線から30年も手前にいる私達には不可能です。特異点後の社会環境を想定したとき、医療教育機関の役割のみならず、歯科医学そのものが形態的・機能的にも激変しているに違いありません。したがって、これからの30年間に渡る成長戦略の策定と実行そしてその成功の積み重ねが、シンギュラリティーを超えた時代を制し、１００年後の本学の有り様を決定づけることになります。

１００年に一度来る世界の歴史が動く時、その序章ともいわれる２０１７年、共に走り抜ける突破力が本学に新しい付加価値をもたらします。

おもてなし

「おもてなし」の日本語が、東京オリンピック招致活動を通して、世界的に有名となりました。「おもてなし」を本学の附属病院に適用すれば、それはホスピタリティー、すなわち「熟練の歯科医療技術と安心感の提供」に他なりません。それに、本学独自の革新的医療技術が付加されれば「最高のおもてなし」となります。その地域密着型を目指した新病院が9月に完成します。それは、高いデザイン性の中に強さと優しさが簡素に表現され、本学のシンボル的存在としてまぶしく私達の目に映るでしょう。しかし、それは見た目の印象と形が変化したことであり、変革とは異なります。外見も大切ですが、何よりもそこで働く教職員の脳（認識）が変わらなければなりません。本学の将来ビジョンは「健康長寿社会を支えるプロフェッショナル組織」を目指すことです。プロとは、前向きに自律的に変革し続けていくことであり、個々の戦略とその実行の継続に他なりません。変革が進まない4つの理由として、知らない、リスクが怖い、面倒くさい、あの人が嫌い、と言われます。私達も、一度は自分に問うべきフレーズであろうかと思います。

教育パラダイムシフト、そしてその先へ

本学は、口腔を専門とする医療教育機関であることから、主体は学生であり、何よりも教育を最優先しなければなりません。また、附属病院の主体は患者様であり、学生は患者様を通して現場の生きた医療を学びます。そして、大学院は研究が主体であり、内外ともに高い評価を受ける研究を成就させていかなければなりません。その成果やプロセスは、

講義を通して学生に啓発され、学生はその研究に魅了されて大学院の門を叩く。一方、臨床医は生涯研修を通し、新しい知識と技術の向上を目指して再び母校の門を潜る。この一連の繰り返しがあって初めて本学は発展を遂げていくことができます。

しかしながら、教育・臨床・研究業務は、基本的に同じ教員の兼担によって賄われています。それ故、この３つの因子を有機的に横断する、教職員共有の普遍的教育グランドデザインが必要です。それは、直接・間接的に組織改革や再編、人的配置等の法人経営の核へと繋がっていきます。ここでいうグランドデザインとは、インフラとしてのＦＤ、ＳＤ、ＩＲ、アクティブラーニング、ＧＰＡ等の教育・管理・学習・評価方法ではなく、体系化された学習内容そのものを指します。それは入学から学士、博士そして生涯教育まで、本学の教育・臨床・研究を包括する法人の軸として完成されていなければなりません。一学年５学期制のみが目立ち、後は基本的に改革前と同じでは変革と言えません。

教育パラダイムシフトから３年を経過した今、講座主導型脱却の検証、総合教育部の位置付けと責務、教育インフラと学習内容との整合性そして統合的な教育内容体系化の見直しと変革が問われています。

おわりに

「改革元年」から「共走元年」まで、8年間に渡る年頭標語には、本学の復旧と復興、再生と再建そして成長戦略から未来化構想までの歴史が凝縮されています。改革も未だ道半ばであり、大義名分と原理原則、夢を叶えようとする心意気と攻める勇気、そして覚悟と使命感を今一度自分に言い聞かせつつ理事長として8回目の新年を迎えます。

（2017年）

突破力

新年明けましておめでとうございます。

昨年は、創立１００周年記念式典の成功、新附属病院の完成、そして東京歯科衛生専門学校（ＴＤＨ）の事業継承と、本学の未来化構想の核が具現化された年でした。

今年の標題は、横須賀・横浜・東京を軸に、攻めの成長戦略を強力に推進する集束されたエネルギー、表層を貫き基底を射抜く「突破力」としました。

人材

ショパンの曲は何故美しいのか、それは不協和音がいたる所に散りばめられているからです。レコード板は何故未だに人気が高いのか、それはＣＤにないアナログ特有のノイズにノスタルジアを感じるからです。半導体結晶は何故電気が流れるようになるのか、それは微量な不純物を添加することによって性質が変化するからです。これらの不協和音、ノイズそして不純物は、一般的に調和を乱す邪魔者のイメージしかありません。しかし、それらは使い方とバランス次第で、本体そのものの付加価値を高め別物へと大化けさせます。

同じように、強い組織には必ず異彩なマイノリティーが存在します。時に、彼らはマジョリティーから区分され、組織の片隅に追いやられたり、最悪の場合は排除されかねません。しかし、〝婆娑羅（ばさら）で倜儻不羈（てきとうふき）な傾（かぶ）き者〟と表現するに値する逸材が、組織の推進力となるスクリュー的役割を果たす突破力を秘めているかもしれません。それは、志が高く自由人で洒落者であり、少々粗であるが決して卑ではなく、異才を放つ強烈な個性を有した人材を意味します。そのような個を受け入れる環境と組織のしくみが、本学の未来構想実現には必要です。

本学は、改革の主たる比重を財政再建にシフトしてきました。それは、いつの間にか自由闊達な気風、大学人としての自由奔放な発想や創造力、そしてそれを発揮主張できる環境の希薄化を生じさせました。人材の育成に確実な方程式はなく、異質な個が大化けできる学校法人としての、懐の深さと寛容さを今一度取り戻していかねばなりません。真の意味の人材とは、その様な環境の中から自然発生的に育成されてくるものである事を確信します。

原理原則

新病院完成の定礎式に臨み、法人の施主として〝定礎〟の文字を直筆で書くよう依頼を受け、数十年振りに筆を取りました。附属病院を信頼して来院する患者様、そこで学び働く学生や教職員の方々を〝礎〟とみなし、その〝礎〟を守り抜く決意を込めて、〝定〟の最後の一筆を剣（つるぎ）のように長く引き延ばしました。大学の価値を高め、未来の設計図を戦略的に描き実行することが、私の原理原則であることを再認識した瞬間でした。

その完成した新病院の主役は患者様であり、熟練の歯科医療技術と安心感の提供がそこで働く方々の原理原則となります。その一方、道路を隔てたキャンパス側の主役は学生であり、教職員は本学の教育理念に則った医療人の育成を原理原則とします。そして教育の場を提供する大学は、学生に対して進級試験、卒業試験、国家試験を担保・保障するものではありません。それらは、自力で勝ち取る事が原理原則であることを学生は自覚しなければなりません。大学は、それを最大公約数で支援することをもって原理原則とします。

原理原則を勘違いした例が、車椅子による飛行機への搭乗拒否問題です。下半身不随のお客様が、車椅子に乗ったままでの搭乗を拒否されたため、車椅子を降りて自分の腕の力で一段ずつタラップを這って登りました。その時の乗務員は、自分の会社にとってお客様が主役であるという原理原則を忘れていました。その後、会社は本人に謝罪しました。また、昨年よりマスコミ等で大騒ぎしている、日本の経済を索引してきた大企業の数々の不正隠蔽事件は、会社としての原理原則を無視した結果に他なりません。その重要性については、本学も一組織として10年前に経験済みです。私達は、大学人としての判断や決断を迫られた時、物事の原点となる原理原則に立ち戻ることを常に意識していなければなりません。

御礼

昨年は、創立100周年記念式典を皮切りに、TDH事業継承の締結、ジャカランダフェスティバルそして新病院の完成に加えて数々のイベント等が目白押しの慌ただしい一年間でした。中でも100周年記念式典は、本学の復旧・復興を目に見える形で内外に知らしめる、最初で最後のビッグチャンスでした。汗水流して準備に奔走していただいた方々の場景が、今でも鮮明に甦ってまいります。その政治的意味合いをも含む重要な祭事を、成功へと導いていただいた教職員そして関係者の皆様方に対し、改めて衷心より深く感謝申し上げます。

おわりに

〝デザイン力〟とは、依頼者の要求を満足させることであり、〝アート力〟とは制作者本人の欲望を満たすことです。新病院の吹き抜けに完成したジャカランダの壁画は、その両者を満足させるデザインアートの傑作と言っても過言ではありません。本学の未来を戦略的にデザインアートしながら理事長として9回目の新年を迎えます。

（2018年）

先制的成長戦略

新年明けましておめでとうございます。

司馬遼太郎は「この国のかたち」の中で、150年前の明治維新は、日本を植民地化の危機から守ることを唯一の目的に、封建社会を否定した革命であったと述べています。

本学の不祥事による存亡の危機からの脱却も、他大学との吸収合併から回避する事を目的に、過去の慣習を否定した小さな維新であったと言えるでしょう。その歴史を知る専任教職員もすでに4割を切りました。

新元号元年は、第一次未来化構想の集大成であると同時に、次の10年を見据えた先制的成長戦略策定の年となります。

アバンギャルドTDH

「前衛」と訳されるフランス語のアバンギャルドは、革新的な表現方法の枕詞として、芸術分野において使用されています。しかし本来は、本隊に先駆けて敵地を偵察したり、先制攻撃を行う部隊を意味する軍事用語です。〝アバンギャルドＴＤＨ〟とは、４月に開校する東京歯科衛生専門学校（ＴＤＨ）が、本学の未来化構想を成功させるための戦略上の拠点であることを形容するものです。

私達は２０１０年を節目に、財政再建と同時進行で数々の成長戦略を策定し、それを実行してきました。そして、10年を一単位とする最終年の今年、専門性の高い先端口腔医療機関としての東京サテライトクリニック構想が動き出します。その成功の鍵は、先制的成長戦略の核となるＴＤＨに委ねられます。

〝ワニの口〟と未来構想

〝ワニの口〟とは、国の歳出と税収との乖離（かいり）が、大きく開いた鰐の口に似ていることから、日本の財政状況を比喩した表現です。その開きを補填するために発行された国債は、国の借金として８００兆円をすでに超えます。その張本人が、社会保障制度の中の年金と医療そして介護なのです。

定年後に、払った分に見合うお金を受け取る年金に関する諸問題は、入口と出口がお金であることから、両口の締め具合で比較的シンプルに対応できます。しかしながら、払ったお金でサービスを対価として受け取る医療と介護は、入口と出口が質的に異なります。そこには、多種多様な業界の思惑や政治等が複雑に絡んできます。それ故、決定的な策は無く、国の借金が増え続けているのが現状です。

本学の財政再建（復旧）と未来化構想（復興）との関係は、そのワニの口に類似しています。財政再建は基本的に収支バランスの改善であり、入口と出口の関係は年金と同じです。一方、未来化構想はお金を払って本学の夢、希望を手に入れることになります。入口と出口が異なる関係は、医療と介護の論理と同じです。したがって、復旧よりも復興の方がはるかに難易度の高い課題となります。

本学の未来を託したＴＤＨは、その意味でも必ずや成功へと導かなければなりません。

DeNAとジャカランダ

２０１１年、横浜ベイスターズ（ＤｅＮＡ）の試合は、球場に空席が目立ち、球団の赤字も10億円を超えていました。新経営者は、その状況を打開するために戦略を根本から見直しました。それは地元密着型のチームを目指し、地域発展の象徴へと変身することでした。

そこで、監督を含めた全ての選手が小学校を訪問し、お昼の給食を子供達と一緒に食べることからスタートしたと聞きます。子供達は、そのことを家に帰って両親に話し、さらに家族から他の人達へと拡散していきました。その結果、球場に足を運ぶファンも多くなり、現在は席を確保するのも大変な人気となりました。それに伴いインフラビジネスも波に乗り、２０１７年は5億円の黒字へと転じました。

法人主催の文化事業であるジャカランダフェスティバルも、このＤｅＮＡの戦略と同じです。地元の方々に認知され、信頼され、利用していただく事によって本学は更なる躍進を遂げることができます。有志を募って始まったこのイベントは、今や１００人を超えるスタッフと５０００人近い動員数へと展開し、地域に定着した一大催事となりました。さらに、このイベントを通して教職員間の連帯感も強まり、多くの対話や議論の機会を作りました。それは、生産的な討論のグッドクラッシュであり、ヘイトクラッシュらしきものは一度も耳にしていません。

ＤｅＮＡが負ければ次に勝つ事を期待するように、花が咲かなければ次の年満開になる事を願って、今年も皆さんと共にフェスティバルを成功させなければなりません。

おわりに

バイリンガルスクールに引き続き、今年4月1日、0歳からの幼児保育施設の開園を予定しています。その対象は、米軍基地在住の方々と本学の教職員としました。これで本学は、0歳から6歳までの子供を受け入れる施設が完備したことになります。働き方改革の一助となる事を願いながら、理事長として10回目の新年を迎えます。

（2019年）

革新元年

新年明けましておめでとうございます。

改革元年（２０１０年）で始まり先制的成長戦略（２０１９年）で終わった本学の再生は、復旧と復興の同時進行を余儀なくされた長き旅路の10年間でした。引き続き、既成概念を破り独創的な発想で新しき道を切り開くためのセカンドステージが始まります。

現代は破壊的なイノベーション、すなわち革新で文明が更新されていく時代、本学は再び０年からの新しき旅立ちである革新元年を迎えることになります。

新たなる未来化構想

時代の変換点である２０４５年から２０１０年にバックキャスティングして描いた本学の未来化10年構想が終わりました。私達は絆の象徴としての人体標本と１００年史資料館、附属病院建て替え、法人主催の文化事業（ジャカランダフェスティバル）、グローバル化と多様化への対応（留学生の確保）そして東京歯科衛生専門学校の事業継承等、策定された戦略の元にそれらを形にしてきました。

そして再び変換点から現在に遡り、次の10年を見据えた新たな設計図に従って更なる進化を目指すことになります。その最初の挑戦が東京サイバーサテライトクリニックの具現化です。その成功は、革新的先端歯科医療技術の開発からアジアにおける本学の拠点化、グローバル医療人の育成、バカロレア構想、新職種の創発そしてキャンパス改造等へと派生していきます。教職員一人一人の意識変革と各組織の革新力に期待するところです。

ＡＫＢ48とボヘミアン・ラプソディ

これからの時代は、０・１％以下のインベンションと99・９％以上のイノベーションで創られていくと言われています。その90％以上を占めるイノベーションとは、既に存在している物や事を組み合わせて、今までにない新しい切り口、捉え方、活用方法をクリエイトしていくことです。この概念は個人や組織を問わず普遍的です。

若者に人気のＡＫＢ48もその一例です。従来、アイドルはプロダクション側が一方的に創り上げ、メディアを通して視聴者に提供してきました。そこに総選挙という〝事〟を組み合わせることによって、アイドルの価値やメンバー構成に視聴者が直接関わることができます。それはアイドルと視聴者との一体感を生み出すという、今までになかった発想であり、〝物〟と〝事〟とのイノベーションと言えます。

昨年、ボヘミアン・ラプソディというロックバンドグループであるクイーンの伝記映画が話題になりました。彼等のジャンルであるロックンロールも〝事〟と〝事〟を組み合わせた一つのイノベーションと言えます。それは既存していたアメリカのカントリーミュージックとオールドジャズから派生したブルース、リズムアンドブルース、ゴスペル等の異なる音楽が組み合わさって生まれた新しいサウンドだからです。彼等の人気の秘密は、そのイノベーションの繰り返しによる音の進化と言えるかもしれません。

私達は医療人として、専門知識を広げ深めると同時に、専門外である異分野についても幅広く多くの情報や知識を身につけイノベート力を高めていかねばなりません。

イノベート力とＦＭブルー湘南

ラジオが主流であった私達の世代は、オールナイトニッポンとジェットストリームで学生時代を過ごしてきたと言っても過言ではありません。今回ＦＭブルー湘南から、毎週1回、30分間の電波を1年間買い取ることにしました。条件は、番組の編成から制作までを私達で創り上げ、局側は放送禁止用語のみをチェックするというものです。それを本学の教学部と人事課に採用した30代前半の4人の新入職員に丸投げしました。彼等が番組の企画編成から取材、放送までを全てプロデュースすることになります。

その目的は人材育成にあります。彼等の仕事とラジオとは、広報というキーワードで類似点はありますが、自分達で全て制作となると、現在の仕事とはかなり乖離します。この乖離が隔たれば隔たる程、イノベーションに必要な能力が身に付くはずであり、付けてもらわねばなりません。リベラルアーツ、すなわち専門外の知識の蓄積と経験の積み重ねが、今までにない新しい物や事をクリエイトする発想力の核となります。この企画は、10～20年後を見据えたミレニアル世代への先行投資であり、本学の将来を背負って立つ人材へと成長することを期待するものです。

おわりに

２０１０年からの10年間、法人理事長として何役もの〝私の中の私の私〟を演じてきました。そして息つく間もなく第2幕を迎えることになります。これまで演じてきた過去のステージを振り返るも、これから演じる未来のシナリオを凝視するも未だ破顔一笑するに至りません。各々の役を演じ切って舞台を降りていった多くの同胞に思いを馳せながら、理事長として11回目の新年を迎えます。

（2020年）

メタモルフォーゼ

新年あけましておめでとうございます。

私達はニューノーマル時代を〝したたかに〟そして〝しなやかに〟駆け抜け、本学独自の価値の創造に挑戦し、10年後の新しき大学像の完成を目指していかなければなりません。今年の標題は、蝶の卵が幼虫から蛹を経て完全に形態を変えた成虫へと変態することを本学の進化への旅路に例え、メタモルフォーゼ（変身）としました。

普遍的トレンド

普遍的トレンドとは、時代の変遷、世代交代や社会構造変化にとらわれず、多くの人が認める物、事に対する魅力、勢いを意味します。２０１９年、本学は東京歯科衛生専門学校（ＴＤＨ）の事業を継承しました。１００年の歴史を持つ日本庭園に佇む古さと新しさが融合したＴＤＨの景色は、30年も前から私の記憶に残っていました。景観10年、風景１００年、風土１０００年と言われます。ＴＤＨは風景と風土間の時間軸に位置する日本の伝統文化の象徴であり、紛れもない普遍的トレンド性を有する学び舎と言えるでしょう。

昨年5月、京浜急行羽田空港第3ターミナル駅のデッキに開院していた歯科クリニックを買収し、本学の空港サテライトとして新たに立ち上げました。さらに今年の4月、空港ビルディングの第1ターミナルにも新たにクリニックを開院します。この2ヶ所の羽田空港サテライトクリニックは、東京に開設予定である専門性に特化したサイバーサテライトクリニックの出城的な役割を果たすことになります。

羽田空港には5万人以上の空港関係者が働いており、それは一つの小都市といっても過言ではありません。コロナからの回復には時間を要しますが、普遍的トレンド性を有した日本の空の玄関口としての付加価値は計り知れません。私達は、羽田空港から世界4大都市の一つである東京の玄関口となる或る一点に照準を定め、未来化10年構想の具現化を目指します。

本学は、コロナ禍やそれに伴う社会環境の変化に一喜一憂することなく、未来を見据えた変革のための成長戦略を決して止めることはありません。

プリンシプル

コロナ禍での学部教育は、講義、実習に準じたオンラインや対面そして両者のハイブリッドで対応してきました。臨床では、マスク・手洗いの徹底や毎日の検温報告の下、防護服とフェースシールド着用の治療態勢を強いられました。私達は、かつて経験したことのない事態の変化を受け入れながら医療教育機関としての責務を果たしてきました。どの様な状況下であれ、大学人として決して忘れてはならない原理原則（プリンシプル）があります。

それは、歯学部・短期大学部・専門学校（ＴＤＨ）の役割は、学生の入学定員を充足し全員が国家試験に合格できるように教育すること。大学附属病院は、患者様を満足させる治療の提供を通して学生に病気を治すことの大切さを体現させること。そして横浜クリニックは、そこで働く先生方が臨床経験を積み重ねて技術の向上を図り、多くの患者様に最先端の治療を提供していくことです。

大学の永続性は、この原理原則を基軸とする全教職員の総合力によって担保されます。

パラダイムシフト

昨年の歯学部総受験者数は全国で約１０００人減少しました。その中の９００人が関東の私立歯科大学に局在しています。問題は、その一校である本学の受験生が前年度と比較して２００人程度減少したことです。原因の１つは、格差社会の広がりであり、東京近辺での高い生活支援に加え、高額な授業料等の経済的な理由が推測されます。ポストコロナ時代、格差と共に受験生の地元志向は更に加速していくでしょう。

２つ目の原因として、教育者側の前例に捕らわれた教育手法や内容等への執着と思い込みが考えられます。10代から、スマートフォンを自在に使いこなしてきた学生の教育に対する不平不満は、ＳＮＳを介してあっという間に拡散していきます。

そこで新しく立ち上げた広報企画推進室は、「大学の売り込み」から「信頼性の構築」へと発想の転換（パラダイムシフト）を図りました３６５日オープンキャンパス、動画配信やリアルタイムでのホームページの更新等、地上戦（人海戦）と空中戦（デジタル情報戦）に分けた戦略です。県内に的を絞り、地元である横須賀近隣の高校訪問から始め、少しずつ外へと広げていきます。そして広報の変革と同時に初年次教育をも再考しなければなりません。歯科医になるために必要な教養科目と専門科目との整合性を見直す必要があります。

終わりに

福沢諭吉は、国の行く末を我が事として切実に考える真の政治家のあるべき姿を形容し、「立国は私なり、公にあらざるなり」の言葉を残しました。立国を立学に変えて解釈すれば、「本学の未来を自分の事として真剣に考える大学人」ということになります。全教職員が私事を捨てた私の神奈川歯科大学の気概を持って、always コロナに立ち向かっていただける事を切望しながら理事長として12回目の新年を迎えます。

（2021年）

おわりに

理事長秘書 関口明美さんには、今回の神奈川新聞および12年間にわたる神奈川歯科大学新聞新年号の発刊に際し、悪筆極まりない私の下書き原稿を解読しながらワープロにて活字化していただきました。さらに数回もの推敲にもかかわらず、その都度快く訂正、修正を重ねていただきました。

また神奈川新聞連載に必要な京都の芸妓であった菊千代姐さんの写真が一枚もありませんでした。そこで、当時を想い出しながら櫻井祐子さんと宇都宮舞衣さんそして吉田彩佳さんに似顔絵を描いていただきました。でき上がった絵を見た瞬間に、20歳の時の青春時代がよみがえり、思わず涙がこぼれました。それほど絵は完璧に近く再現されていました。

ご協力いただいた4人の彼女たちに衷心より感謝申し上げます。

2020年12月　鹿島　勇

著者略歴

鹿島　勇（かしま・いさむ）

1947年、宮崎県出身。79年に神奈川歯科大学大学院を卒業し翌80年、米国カリフォルニア大学ロサンゼルス校（ＵＣＬＡ）に留学。専門は放射線学。82年、米国顎顔面放射線専門医を取得。90年、神奈川歯科大学放射線学講座教授。2009年、学校法人神奈川歯科大学理事長。横須賀芸術劇場理事、横須賀ジャズ協会会長も務める。葉山町在住。73歳。

わが人生19　婆娑羅《ばさら》な人生に破顔一笑《はがんいっしょう》する

2021年４月26日　初版発行

著　　者　　鹿島　勇

発　　行　　神奈川新聞社
〒231-8445 横浜市中区太田町2-23
電話 045(227)0850（出版メディア部）

　ISBN978-4-87645-620-8　C0095

神奈川新聞社「わが人生」シリーズ

1 医師ひとすじ 信念を持って 神奈川県医師会会長 田中忠一
2 スカイラインとともに S&Sエンジニアリング社長 櫻井眞一郎
3 いつも滑り込みセーフ 横浜高校監督 渡辺元智
4 湘南の獅子 地域に生きる 湘南信用金庫理事長 服部眞司
5 大正浜っ子奮闘記 崎陽軒会長 野並豊
6 かわさき農歓喜 JAセレサ川崎代表理事組合長 小泉一郎
7 湘南讃歌 俳優 加山雄三
8 水族館へようこそ 新江ノ島水族館館長 堀由紀子
9 横浜中華街 街づくりは たたかいだ 萬珍樓社長 林兼正

神奈川新聞社「わが人生」シリーズ

10　ヨコハマ邂逅《かいこう》　ものづくり企業の挑戦
神谷コーポレーション会長　神谷　光信

11　生かされて生きる　「捨ててこそ」の実践
時宗法主、遊行74代　他阿真円

12　「未知」という選択　世界のレオ　創造の軌跡
物理学者・横浜薬科大学学長　江崎玲於奈

13　郷土を愛する心　社会奉仕に生涯を
神奈川県観光協会会長・川崎港振興協会会長　斎藤　文夫

14　学ぶ力　働く力　生き抜く力
学校法人柏木学園学園長　柏木　照明

15　凛《りん》として　協働の記録　平塚から
前平塚市長　大藏　律子

16　宝積《ほうしゃく》　人に尽くして見返りを求めず
株式会社「つま正」社長　小山　正武

17　ぬくもり伝えて　「脱・進学校」山手の丘の実践
聖光学院中学校高等学校校長　工藤　誠一

18　きもののちから　髙島屋の呉服と歩んだ50年
染織五芸池田企画代表　池田　喜政

※肩書は出版当時のもの

ちくま文庫

ニッポンの思想 増補新版

佐々木敦

筑摩書房

ニッポンの思想　増補新版　目次

プロローグ　「ゼロ年代の思想」の風景

はじめに

本書は、八〇年代から現在までに至る「ニッポンの思想」の変遷を、筆者なりの視点から辿り直してみようというものです。

と、書くと、すぐさま読者の皆さんは、心の内に幾つもの疑問を思い浮かべることでしょう。

「どうして八〇年代からなの？（それ以前は？）」
「なんでアナタが書いてるの？」
「そもそも〝思想〟って何ですか？」

まだまだありそうですが、とりあえずこの三つの疑問に順番に答えてみます。

まず最初の「どうして八〇年代からなの？」ですが、「思想」と呼ばれるものは「八〇年代」よりも以前から勿論存在していたわけですから、これは当然の疑問だと思います。

これには二通りの答え方があります。

第一に、一九六四年生まれの筆者が、リアルタイムで「思想」に触れることが出来て、その「変遷」に立ち会い得たのが、おおよそ一九八〇年以降であるということです。次章からの本論を繙《ひもと》いていただければわかるように、この本の内容には要所要所で筆者の個人的な記憶や折々の実感が援用されています（と同時に「現在」の視座から当時を再照射する試みも行ないます）。私的なメモワールというわけではありませんが、客観的な通史であろうとするよりも、ひとりの「思想読者」としての筆者自身が直に受け取り得た限りでの「ニッポンの思想」の「歴史」を、それなりのリアリティをもって描き出してみようと思ったら、どうしても八〇年代以降になってしまう、ということです。

第二の答えはもっと重要です。この後の節でもう少し詳しく述べますが、筆者は本書において、現在の「ニッポンの思想」が、どうしてこのような姿になっているのか？　という問いについて考えていきたいと思っています。そこで、今から過去に遡っていったときに、さまざまな「変遷」を経つつも、実のところはひとつながりでもある系譜の出発点と考えられるのが、八〇年代初頭なのです。それはつまり、「八〇年代」が、それ以前までの「日本の思想」の流れに、ある紛れもない「切断」を成した時代だったということでもあります。本書では、その「切断」の以前と以後を、「日本」と「ニッポン」の違いで表しています。そして筆者は、いわゆる「ゼロ年代」の終わりとともに、八〇年代以降、約三十年間にわたって連綿と続いてきた「ニッポンの思想」の系譜に、ふたたび「切断」が差し入れられるのではないかとも考えているのです。

二つ目の疑問についてては、すでに半ば答えたと言ってもいいかもしれません。筆者はこれまで音楽や映画や小説などといった芸術／表現の諸分野、いわゆるカルチャー／サブカルチャーを主な対象として批評活動を行なってきました。現在も基本的にはそうです。つまり筆者自身は、「ニッポンの思想」の担い手の一人でないのはもちろんのこと、その専門的な研究者というわけでもなく、いわば単なる一介の「読者」に過ぎません。けれども「読者」としては、それなりに沢山の「思想」を読んできました。沢山読んでみれば、それなりに思うことも色々とあったりします。そこで自分なりに「ニッポンの思想」を、このタイミングで整理してみようと思い立ったのです。

それに、これは本書全体の主張ともかかわりますが、「ニッポンの思想」という「舞台」に自分自身は乗っていないからこそ見えてくるものだってあります。「思想」の「変遷」というドラマに直接は参加せず、しかし熱心な「観客」ではあり続けてきた人間が書く「思想」の「歴史＝ドラマ」があってもいいのではないでしょうか？

三つ目はかなりの難問です。ここではさしあたり、こんな大雑把な定義では如何でしょうか。「思想とは、何らかの〝知〟が、それ自体が元々有していたよりも大きなエフェクトを持つようになったものである」。うーん、これではあんまり説明になってないでしょうか。たとえば「思想」に類する語として「批評」とか「哲学」とかがあると思いますが、ことニッポンにおいては、どこからどこまでが「批評」で、どこからが「思想」かという線引きはとても曖昧ですし、「哲学」と呼ばれているものの全てが「思想」と呼ばれるに値するというわけでもないような気がします。さっきの定義のより繊細な言い換えとして、《「批評」とか「哲学」とか、あるいは「学問」とか呼ばれていたものが、それらが元々収まっていた閉域を超えて、人口に膾炙《かいしゃ》するようになったもの》というのはアリかもしれませんが、これも「人口に膾炙」のヴォリュームがいまいち不明かもしれません……。とりあえず、さしあたり「批評」「哲学」「学問」などなど全部引っ括《くる》めて、一言でやはり「知」がパワーアップしたもの、ということにしておきましょう。とはいうものの、いかなる「知」が「思想」に成り得るのか、ということも、時代とともに変化していくわけですが。本書では、その変化も辿っていきます。

前口上というか、前もっての言い訳＝プレテクストとしては、大体こんなものでしょうか。まだ納得していない方も居るだろうとは思いますが、イントロがあまり長くなるのもアレなので、先に進みます。

では次に、「ニッポンの思想」の「現在」の「風景」を、ごく簡単に素描してみましょう。

「ゼロアカ」の風景

早いもので、二〇〇X年代、いわゆる「ゼロ年代」も、残すところあと僅かになってしまいました。

今、大きめの書店に行って「思想（書）」のコーナーを覗いてみると、そこに並んでいて、それなりに売れていそうな新刊は、ほぼ三種類ぐらいに大別されるように思います。

①広義の「左翼」本。ワーキング・プア等、雇用／労働問題に関するアクチュアルな問題提起を行なうものから、高度に哲学的な理論書まで（雨宮処凛からアントニオ・ネグリまで）、かなりの幅がありますが、現在のニッポンが陥っている、いつ終わるとも知れぬ不況のせいもあって、現在もっとも出版点数が多いのが、このジャンルだと言えます。

②いわゆる「賢者の教え」本。たとえばニッポン（人）ならではの（他の国とは違う）「道徳（倫理）」や「思考法」の特質を、どちらかというと肯定的に説いたものなど。当然、レトロスペクティヴな視点が濃厚で、ちょっと前の白洲次郎や吉田健一のブームなんかも

そうですし、西田幾多郎とか大川周明とか福田恆存とか、ここへきて戦前の思想家の復刊／再評価が相次いでいるのも現在の特徴です。また、筆者の捉え方では、橋本治や内田樹といった現代版「賢者」たちや、高度に哲学的な内容を伴いつつも人生論的に読まれている（と思える）中島義道なんかもここに入ります。

そして③が、現在の「思想＝批評」シーンの一大ジャンルとしての「東浩紀もの」です。あらかじめ述べてしまうと、筆者が「ニッポンの思想」の「完成形」だと考えているのが、この③です。ここには「社会学」や「心理学」に属する書き手も含まれています。

東浩紀と社会学者・東大准教授の北田暁大の責任編集によって二〇〇八年四月に創刊された雑誌（正確にはムック）「思想地図」は、初版一万部（この時点でこの種の本としては破格の数字です）がすぐに売り切れ、発売数週間で更に五千部を増刷するという、雑誌／出版不況が叫ばれる昨今では明らかに異常とも言える売り上げを記録しました。「思想地図」は二〇〇八年十二月に「vol. 2」が、二〇〇九年五月に「vol. 3」が刊行され、今後も続刊が予告されています。また、東浩紀が「思想地図」と時期を同じくして始めた批評家養成プログラム「東浩紀のゼロアカ道場」も大きな注目を集めています。略称「ゼロアカ道場」は、エントリした「批評家予備軍」たちが趣向を凝らした幾つかの関門で次々とふるいに掛けられていき、最終関門を突破した者は初版一万部でいきなり単行本デビュー、というものです。

「ゼロアカ道場」が如何にスゴいのか、ここで筆者が実際に目撃した光景を記しておきたいと思います。「ゼロアカ」の第四回関門は、二〇〇八年十一月九日に秋葉原で開催された「第七回文学フリマ」の会場で、二人一組のチームでこの日のためにわざわざ制作した各五百部の「批評同人誌」を自ら売り子になって販売し、その売り上げ部数に、東浩紀と「ゼロアカ」を主催する「講談社ＢＯＸ」の太田克史部長（当時）による点数を加味した上位三組計六名が通過できる、というものでした。「文学フリマ」略称「文フリ」とは、第五章で登場する大塚英志の提唱から始まった「小説と批評の同人誌／個人誌のフリーマーケット」ですが、この日は通常のブースとは別に「ゼロアカ」のエリアが設けられていました。

「ゼロアカ」のブースでは、正式なエントリが五組と、この回の特別企画である「道場破り」として参戦した三組を加えた計八組、つまり八冊の「批評同人誌」が販売されていました。その売れ方がとにかく凄まじかったのです。「文学フリマ」は一日限り、午前十一時から午後四時までのたった五時間の開催なのですが、なんと八組中五組が時間内に（チームによっては早々に）五百部を完売、最終的には全八組で総数三千八百部以上が売れたというのです（つまり完売しなかった三組も八割以上売ったということです）。

もしかすると読者の中にはあまりピンときていない人もいるかもしれませんが、この数字は「思想地図 vol. 1」の売れ行きと同様、まったくもって驚異的なものです。実は筆者もこの日、自分の事務所でブースを出していたので、「ゼロアカ」の凄さを目の当たりにしました。混乱を避けるために「ゼロアカ」は入り口が別になっていたのですが、朝から長蛇の列が出来ていて、開場時間になるなり大量の客が押し寄せてきました。「ゼロアカ」効果もあってか、通常の「文フリ」の来場者も前回より多かったと思うのですが（おかげで筆者のブースでも結構売れました）、それでも一つのアイテムが三ケタも売れたら大成功という程度です。「ゼロアカ」はその五倍、しかも出品しているのは、いわば「素人以上、批評家未満」の、書き手としての知名度や評価はまだまだこれから、という方々です。しかし現実に次々と「ゼロアカ」のブースからは「五百部完売！」の拍手が巻き起こり、「文フリ」の会場は一種、異様な興奮に包まれていきました。いつのまにか「ゼロアカ」とは直接関係のない我々までが一緒になって拍手して（笑）、栄えある通過者たちを祝福していたほどです。あ、そういえば筆者もしっかり列に並んで八冊全部を購入したのですが……。

このように「思想地図」と「ゼロアカ道場」だけを取ってみても、現在の「批評＝思想」の「風景」における、東浩紀の存在感と影響力は突出しています。また、それ以外にも、『ゼロ年代の想像力』の宇野常寛、『アーキテクチャの生態系』の濱野智史、福嶋亮大、黒瀬陽平など、「ゼロ年代」に入ってから東浩紀のバックアップによって登場してきた新しい書き手も総じて注目を集めています。まさに「東浩紀ひとり勝ち」などと羨望半分、揶揄半分に言われたりする所以ですが、しかし、だとしたら問われるべきなのは、「なぜ東浩紀は〝ひとり勝ち〟しているのか?」であることは言うまでもありません。本書では、この問いも追究していきます。というか、「ニッポンの思想」の「八〇年代」から「ゼロ年代」までを踏破する試みが、そのまま、その解答になっていくだろう、と筆者は考えています。

本書のキーワードその1「パフォーマンス」

本書は、基本的に時系列に沿って、ひとつのディケイド(十年間)、すなわち「八〇年代」「九〇年代」「ゼロ年代」を追ってゆくというあまり芸の無い構成になっています。しかし当然のことながら、それぞれのディケイドを完全に別個に考えられるわけではなく、表面的には断絶しながらも実のところは連続しているという観方を筆者は取っています。むしろそれなりに紆余曲折に富んでいるように見える「変遷」の裏側に潜在している「ニッポンの思想」の奇妙な一貫性(のようなもの)をあぶり出そうというのが、本書の企図だったりします。そこで、本論に入っていく前に、筆者がその「一貫性(のようなもの)」をわかりやすく示すために導入してみる幾つかのキーワードについて述べておきたいと思います。

まず最初に、「ニッポンの思想」を概括すると言いながらも、本書では個々の「思想」

の内実、中身にいちいち深く立ち入って、それぞれの「変遷」を論じるということはしません。そんな作業は筆者の手には余るということもありますし、キチンとやろうと思ったら一冊の本のヴォリュームを遥かに超えてしまうだろうということもありますが、もっと本質的な理由は、筆者が、そもそも「ニッポンの思想」は「思想」の「内容」それ自体よりも、もっぱらその「思想」の「振る舞い」によって成立してきたものだ、と考えているからです。「振る舞い」を英語にすると「パフォーマンス」です。つまり、その「思想」が何を語っているのか、ということ以上に、どのように語っているのか、いや、それをそのように語ることによって何をどうし（ようとし）ているのか、ということの方が、ずっと重要だと思うのです。

言うまでもなく（ここで「言うまでもなく」と敢て書くのも「パフォーマンス」の一種です）、この「パフォーマンス」という用語は、東浩紀がデビュー作『存在論的、郵便的』の中で分析した、もともとはJ・L・オースティンの言語行為論で提出され、ジャック・デリダとジョン・サールの間の論争のネタになった「コンスタティヴ／パフォーマティヴ」の区別に基づいています。この「内容／振る舞い」という二項対置は、「東浩紀」という「思想」家を理解するうえで、また「ニッポンの思想」について考えてみようとするうえで、おそらくもっとも重要なポイントです。より精確に言うと、前者に対して後者に圧倒的な重きが置かれてしまうという有様こそが、必ずしも意識的ではない場合も含めて、「ニッポンの思想」の特色だと筆者は考えています。時には「内容」がほとんど誰にも理解されていないのに（あるいは「内容」と呼べるものがほとんど無い場合でさえ？）、なんらかの有効な「パフォーマンス」によって、その「思想」が効力を発揮してしまう、ということだってあるのです。

本書のキーワードその2「シーソー」

「振る舞い＝パフォーマンス」の応酬として「ニッポンの思想」の「歴史」を描き出そうとしていくと、その「変遷」のありさまも、「内容」を追っていくのとは、かなり違ったものに見えてきます。たとえば、あるひとつの「思想」が新たに登場してくるときに、もっとも効果的なのは、それ以前の「思想」とはまったく違っていること、少なくとも他者の目にはそのように映るということです。もっと突っ込んで言うならば、そのときどきに斬新な「思想」として認識され、またそのことによって一定以上の影響力を及ぼすことになる「思想」としてのひとつの重要な条件とは、その出現によって、すでにそこに在った「思想」が、更新される／乗り越えられる／終わりを宣告される（ことによって終わらせられる）と思わせる、ということです。その時々の「思想読者」に、その時点ではまだメインストリームにあるとされていた誰某の「思想」を、「もう決定的に古い」という気持ちにさせられれば、大成功というわけです。

したがって、「ニッポンの思想」の節目となる「パフォーマンス」は、それ以前の「思想」に対して、出来る限り明確で鋭角的な対立項を提示する、という形を取ることが、どうしても多くなります。これはしかし、意識的な「パフォーマンス」だけではなくて、当の「思想」の担い手には別段そんなつもりはないのに、結果として、それが従来の「思想」への対立項たり得ていたがゆえに支持されてしまう、ということもあったりするのですが。けれども、パフォーマティヴィティを欠いた無自覚な「成功」も、何度か繰り返されていくと、それが効果的な戦略であるという事実性＝データが取り込まれてゆき、新たに登場してくる「思想」の担い手たちが、意図的に「対立項の提示」を「パフォーマンス」として打ち出そうとするケースが増えていったように思います。そのいわば「振り子運動」が極まったのが「ゼロ年代」だと筆者には思えるのですが、ここでは深入りするのは止しておきます。

今、いきなり「振り子」というたとえを出しましたが、それは要するに、逆に振れる、ということです。右から左に、左から右に、振れ幅が大きければ大きいほど、その効果も高くなります。もちろん左右だけではありません。上から下に、下から上に、表から裏へ、裏から表へ……色んな振れ方、振られ方がありえます。要は「思想」の見取り図の布置を、鮮やかに逆転するかのような仕草に映ればいいわけです。

そう考えてみると、実際、過去三十年に及ぶ「ニッポンの思想」の「変遷」は、かなりの部分まで、この「振り子運動」で説明することが可能なのではないかと思えてきます。また、複数の（新旧の）「思想」の担い手たちの間の対立だけでなく、ひとりの「思想」家が、その生涯の内に大きく激しく、ことによったら幾度も「振れ」ていることだってあります。いや、それを言うなら、たとえば「日本の思想」の大きなテーマの一つである「転向」という問題だって、一種の「振り子運動」として考えてみることが出来てしまうのかもしれません。どういうわけか、この国では、イデオロギーや政治的信念などといった、本来、その人間のアイデンティティの深い根っ子にかかわるはずの重大な次元で、ふと気がついてみると、何か勢い余って、まるっきり正反対の側に振れてしまっていた、というフツウに考えると何ともおかしな出来事が、結構な頻度で起きていたりするのです。だからある意味で、「振り子運動」というのは、日本人の特殊な習性（？）を表しているのかもしれません。

では、これは一種の弁証法的展開とでも呼べるものなのでしょうか。いや、そこには措定に反措定が置かれ、両者の対立を踏まえて、より高次に向かう「止揚＝アウフヘーベン」という要素が見当たりません。「振り子」はただひたすら往復し続けるだけです。一見、何かがドラスティックに変わったように思えたとしても、もうちょっと長めの目で見たら、それは単なる「揺れ戻し」でしかなくて、実は前の前の状態に戻っているだけなのに、とりあえず直前の状態に対する「逆転」ではあるものだから、何故だかアリということになってしまう、ということがありえるのです。つまりそれは、両極端に「振れ」ているようでいて、その双方のバランスが取れているということです。

この意味で、唐突にたとえを変えますが、それは「振り子」よりも「シーソー」に似ているのではないかと筆者には思えます。「シーソー」は、ぎったんばっこん昇降し、板の端と端のどちらかが宙に浮いている時には、もう片方は地面に着いているのですが、それがずっと繰り返されていくだけです。極端にいえば、「ニッポンの思想」の「変遷」を辿ることは、「シーソー」で遊んでいる子供たちを、ずっと眺めているようなものだとも言えるかもしれません。何度も「逆転」が起きていて、その時々はいちいちハッとさせられるのですが、よくよく顧みてみると、案外そんなに変わり映えがしていないのです。

などと書くと、すぐに「そんなカンタンなことなわけないだろ⁉」などといったお叱りやツッコミが入りそうですが、筆者はむしろ、それはわれわれが思っていたよりも、ほんとうはずっとカンタンなことなのではないか、と考えて（疑って？　訝《いぶか》って？）いるのです。実際のところ、この「シーソーの原理」は、「ニッポンの思想」の至るところに認められます。それは本論で確かめていきたいと思います。

本書のキーワードその3「プレイヤー」

ご存知のように、英語の「プレイヤー」には、競技者、演技者、演奏者などといった複数の意味があります。本書では、登場する「思想」の担い手たちのことを、プレイヤーと呼んでいきます。これは彼らがまさに「演技」と「競技」の両方の意味での「パフォーマンス」をしているという意味です。彼らにとって「思想」の現場とは、「舞台＝シアター」でもあり、「競技場＝ゲームボード」でもあり、「遊戯場＝プレイグラウンド」でもあり、そして前節で述べたように「シーソー」でもあります。それぞれのディケイドで、メイン・プレイヤーを数人ずつ取り上げて、彼らの「思想」の「パフォーマンス」について考察してゆきます。

それでは、その「演技＝競技＝遊戯」は、どのレヴェルで、どのようにして、審査＝評価されているのでしょうか？　それが次のキーワードになります。

本書のキーワードその4「思想市場」

最後は、「思想市場」という、ちょっと耳慣れない言葉です。耳慣れないのは当たり前で、これは筆者が本書のために用意した造語です。文字通り、これは「思想」の「マーケット」という意味です。

八〇年代以降の「ニッポンの思想」の大きな特徴は、それが「商品」として（も）活発に流通するようになったことです。具体的には、第一章で取り上げる「ニュー・アカデミズム」の登場によって、一気に「思想」は「商品」化しました（より精確にいえば、「商品」であり得るということを証明しました)。その時々の「思想のマーケット」において、魅力的な「商品」でありえているかどうかということが、その「思想」の価値自体へとフィードバックされる、という状況は、「ゼロ年代」末の現在では、ごく当たり前の現象になっているとさえ思えます。「商品価値」と「思想(としての)価値」がそのまま等号で結ばれている、とまでは言わないものの、少なくとも「売れた思想」イコール「価値ある思想」ということにはなっていると言っていいでしょう。かといって「売れない思想」イコール「無価値な思想」ということにはけっしてならないと思うのですが、それでも売れないよりは売れたほうがまし、とは誰しもが思うことです。

もちろん、本来は、「売れる/売れない」ということと、「思想」の存在意義は別々に考えられるべきなのですが、そこがどうにもこうにもついつい繋がってしまいがちなのは、現実に相当に売れてしまった「思想」があるからです。何と言っても「スゴく売れちゃった」という事実性の拘束力は極めて甚大なものであり、よほど強靭な自我と自信を持っていない限り、「思想市場」を一切気にすることなく、自らの「思想」を鍛え上げ、そのまずっと保ち続けることは、とりわけ「ゼロ年代」に入ってからは大層難しいことになっているように思えます。

それはひとつには、「思想」と呼ばれるものを、さまざまな意味で保護してきた「大学」というシステムが、独立行政法人化や少子化などによって、いやおうなしにリアルな経済原理に巻き込まれるようになってきた、ということが大いに影響していると言えるでしょう。また、刻々と深刻さを増している出版不況によって、「思想市場」自体が衰亡の危機に瀕しているがゆえに、かえって一層、とにかく売れなくてはならない、少しでも売れたほうが売れないよりは正しい、という圧力が強まってきていることもあります。そして先に触れた「思想地図」や「ゼロアカ道場」、あるいは広い範囲での「思想＝批評」系の単行本としては近年稀に見るスマッシュ・ヒットを記録した宇野常寛の『ゼロ年代の想像力』のように、現実にかなり売れてしまったものがあるからには、今後ますます「市場」が「思想」に及ぼすバイアスは強まっていくことが予想されます。

本書では「思想市場」というキーワードによって、折々の「思想」が、「売れる／売れない」という予測―期待と、「売れた／売れなかった」という結果―事実性とによって、事前／事後に少なからぬ偏向や歪形を抱え込んでいくさまを切り取ってみたいと思います。

ざっと述べてみましたが、以上のキーワードは、本論の中で実際に使用しつつ、その概念をより詳しく説明していきたいと考えています。

それではいよいよ始めましょう。

第一章　「ニューアカ」とは何だったのか？

すべては『構造と力』から始まった

一九八三年九月、人文科学系の学術書を専門とする勁草書房という出版社から、一冊の単行本が刊行されました。タイトルは『構造と力』。当時、京都大学人文科学研究所の助手だった、浅田彰という名の弱冠二十六歳の青年が著したこの本は、最先端の哲学を扱った高度な内容であったにもかかわらず、なんと十五万部を超える大ベストセラーになり、世の中に一大センセーションを巻き起こすことになります。

浅田彰は、翌年の一九八四年三月に、デビュー作『構造と力』からわずか半年で、二冊目の著書『逃走論』を上梓しました。飛ぶように売れ続けていた前著との相乗効果で、こちらも大ヒットになります。同年四月には、故・筑紫哲也が編集長だった「朝日ジャーナル」のリニューアル企画で、のちに長期人気連載となる「若者たちの神々」の記念すべき第一回に登場。この時点で、彼のブレイクは決定的なものになっていました。その後も幾つもの雑誌・媒体に続々と取り上げられ、また自らも多数の原稿を執筆し、まさに破竹の勢いでメディアを席巻していきます。

もうひとり、東京大学大学院人文科学研究科の博士課程を中退してチベットを旅行し、帰国後は東京外国語大学アジア・アフリカ言語文化研究所で助手を務めていた当時三十三歳の中沢新一が、浅田の『構造と力』に遅れること二カ月の一九八三年十一月に、宗教・

哲学系出版社のせりか書房より『チベットのモーツァルト』という書物でデビューしました。この本も、発売まもなく思想書としては大変な好セールスを記録し、あっという間に中沢は浅田と並び脚光を浴びることになります。

これ以後、彗星の如く現れた「思想界のニュー・スター＝浅田彰＆中沢新一」を強力な牽引力として、それ以前は各々の専門領域で地道に活動していた他の学者たち——栗本慎一郎、丸山圭三郎、岸田秀、今村仁司、宇波彰、粉川哲夫、細川周平、そして蓮實重彥、柄谷行人、山口昌男、前田愛、吉本隆明、等々も衆目を集めていき、いつしかそれは学問の世界や出版界というレベルを超え、メディアとマーケットを巻き込んで、一種の社会現象とも呼べるほどに激しく盛り上がった様相を呈するまでに至りました。これが「八〇年代」の「ニッポン」に忽然《こつぜん》と起こった空前の「現代思想」ブーム、通称「ニュー・アカデミズム」略称「ニューアカ」の始まりです。浅田と中沢は、その圧倒的な知性と個性的なキャラクター、それに学者らしからぬオシャレなルックスも相俟《あいま》って、時にはコンビ、時にはライバルのように扱われたりしつつ、共に「ニューアカ」をリードしていきます。

朝日新聞の誤植

では、なぜ『構造と力』はそんなに売れたのでしょうか？　時代の要請と言ってしまえば、それはまあそうなのですが、それにしたって、ここまでの異常現象（？）となると、何らかのきっかけがあった筈です。

調べてみたところ、当時、書籍取次の鈴木書店（二〇〇一年十二月に倒産）の社員だった井狩春男氏の著書『返品のない月曜日』の中にヒントがありました。


浅田ブームのキッカケは、たった活字一字の間違いで、始まった。浅田彰さんは、本を出す前から、京大ナン十年に一度の秀才であるとか、天才だとかで、学生はじめ関西の版元などには知られていた。昨年（一九八三）の九月末に「構造と力」（勁草書房）が出た時は、そういった学生の間で、カタイ本にしてはよく動いていた。

ちょうどそのころ朝日新聞の書評で小さく紹介された勁草書房の本があったのだが、版元名が間違っていた。「勁」が「頸」になっていたのだ。名前と同様、版元名の間違いは許されない。勁草書房は抗議の電話を入れた。朝日新聞はおわびに何か記事を書くことを約束し、それが十一月三十日（水）の「若者＊わかもの」の欄で、顔写真入りで「浅田彰さんに聞く」という大きな記事となって現われた。ラカン、ドゥルーズ、ガタリ、デリダなどのフランス思想と共に、浅田彰さんが一般の読者に知られるようになったのは、それから二か月後だったと思う。朝日新聞に載らなかったら、我々はいまだに浅田彰の名前を知らなかったかも知れない。

（「浅田彰、ホームランを打つ」『返品のない月曜日』）

このエッセイは、『逃走論』書店搬入日の興奮を綴ったものなのですが（「『逃走論』は、第一球の高目をジャストミートした。ボールが高くホームランコースに乗って飛んでく下を、細い体の浅田彰さんが塁を回るのが見えるようだった」というなかなか印象的な文章で終わっています）、『構造と力』から『逃走論』までのたったの半年間で、浅田彰が知る人ぞ知る存在から一挙に全国区にまでなってしまった背後に、朝日新聞という巨大メディアの力が働いていたというのは、いかにもありえるというか、非常に説得的な証言ではないかと思います。しかしきっかけが誤植（しかも一文字！）だったなんて、ちょっと出来過ぎなストーリーのような気もしますが……。

そこで朝日新聞の縮刷版をチェックしてみると、一九八三年十一月三十日の記事は二分の一ページほどを割いたインタビューで、〝ひさびさに現れた「若き旗手」〟などと紹介された浅田彰は、「問題は、常にお仕着せの仮面をつけさせられ、おのずとそれを再生産していくのか、あるいは、ありとあらゆる仮面をとっかえひっかえする、一種の支離滅裂な自由みたいなものにかけるか、ということにあるはずなんです」とか「モラトリアムなんてのもあるけど、あれ、みんなあきらめがよすぎるんだなあ。進歩って、ガキでいられる期間の延長だと思うんですよ。理想はガキのまま突っ切っちゃえってことですからね。最初から最後までモラトリアムで……」などと意気揚々と語っています。「支離滅裂」な

す。

「ガキ」とは、つまり後で出てくる「スキゾ・キッズ」のことですね。

二〇〇八年に、精神科医の香山リカが出した「八〇年代」の懐古本『ポケットは80年代がいっぱい』に付された対談の中で、中沢新一は当時の思い出を、こんな風に語っていま

中沢　あの本は、出たときはそんなに売れるなんて思ってなかった。浅田彰さんとは前からつきあいがあったので、彼が『構造と力』を出して、ぼくが『チベットのモーツァルト』をほとんど同じ時期に出したときも、どちらも初版三千部程度だったので、おたがい五千部ぐらい売れればいいよね、という話をしてた。そうしたら、発売されて一週間ぐらいたった頃に、朝日新聞が「ニューアカデミズム」という特集を組んだのがきっかけで、急に売れ出した。

香山　「ニューアカデミズム」の命名者は朝日新聞だったんですね。

中沢　そう、あれは朝日新聞の記者の命名です。それで、どうやらぼくらのことが「ニューアカデミズム」って言われてるらしいって知った。次の週からは、まさに一朝にして、増刷一万部、また増刷……という世界に突入しました。あれよあれよという間だったんで、浅田さんもぼくもどう対処したらいいかわからない、という状態がしばらくは続いてましたね。

（「「ニューアカ」と「新人類」の頃」『ポケットは80年代がいっぱい』）

ここで中沢が言っているのは、先の浅田彰インタビューのことではなくて、一九八四年一月二十三日付けの朝日新聞読書欄に掲載された「出版界に異変　ニューアカデミズム」のことです。浅田彰と中沢新一をおそらく最初に一緒に紹介したこの記事には、本が売れないと言われている（この頃から言われてたんですね）のにもかかわらず、「ごく一部の「硬い本」だけがブーム的に売れる現象が、昨年後半から目立って」おり、それは「これまでの学問体系や秩序に挑戦する若い研究者の本」であり、「「新しい知」を求める若い世代の関心を集めて」いるようで、「「ニューアカデミズム」という言葉が今年の出版界の一つの目になりそうだ」などと書かれています。前の記事から二カ月で、またしても取り上げたわけですから、もう誤植のお詫びだけとは言えませんよね（マッチポンプとは言えるのかもしれませんが）。ちなみにこの記事の中には、駸々堂出版による「ニュー・アカデミックス」と銘打ったシリーズの紹介もあって、どうも「ニューアカデミズム」という言葉はそこから採られたみたいです。

「ニューアカ」現象は、なぜ起こったのか？

しかし、きっかけは何であれ、「ニューアカ」というムーヴメントの直接的な動因が、『構造と力』であることは間違いありません。けれども、浅田彰という華麗なるプレイヤーの颯爽たる登場を準備する舞台は、七〇年代の後半ぐらいから徐々に整えられてきていたとも思えます。そこにはたとえば、次に挙げるような幾つかの要因が作用していました。

（1）日本経済が七〇年代以降の安定成長期から空前のバブル景気へと向かう途上にあり、消費社会化／情報社会化と、それに伴う輸入文化や広告文化の発展、マスメディアのサブカルチャー化などが急速に進行していたこと。

（2）「連合赤軍事件」によってデッドエンドに追い込まれた日本の「思想したい若者」が、約十年を経て、政治的ラディカリズムとはまったく別の次元に、そのエネルギーの矛先を求めていたこと。

（3）「現代思想」等によって「現代思想」の紹介が盛んに行なわれており、海外の文献の翻訳も進みつつあったこと。

周知のように、この時代は、たとえば堤清二＝辻井喬率いる西武百貨店を中心とするセゾン・グループが飛躍的に規模を拡大しており、書店や輸入レコード店、美術館、映画館（ミニシアター）等々、旺盛な文化事業を展開していました。本はあまり売れていなかったかもしれませんが、モノはどんどん作られて／持ち込まれており、それらは売れていたのです。経済的な余裕が生じてくると、その「モノ＝商品」がほんとうに必要であるのかどうか、という従来の購買動機とは別の、たとえば「新しさ」や「珍しさ」といった付加価値が前景化してきて、やがては「新しさ」や「珍しさ」自体に高値が付くようになります。この頃には学生のお財布も豊かになってきていて、それは『構造と力』が売れ始めたのが大学生協からだったということにも表れています。前に触れた「朝日ジャーナル」のリニューアルも、そのような「購買者＝消費者としての若者」をターゲットにした、サブカルチャー寄りのオピニオン雑誌へと舵を切るものでしたし、二度に及ぶ朝日新聞での浅田彰の露出も、このラインに沿ったものと考えることが出来るかもしれません。

『逃走論』には「ブルータス」や「広告批評」に掲載された文章が入っています。前者は一九八〇年（『逃走論』の冒頭に置かれる「逃走する文明」を浅田が「ブルータス」に発表した一九八三年に社名を「平凡出版」から「マガジンハウス」に変更しています）、後者は一九七九年の創刊です。浅田彰が如何に「八〇年代の申し子」であるかを示すものですが、こうした新しいタイプの若者向けカルチャー誌の誕生だって（1）あってこそです。マガジンハウスは今日にまで至る企業による広告出稿という慣行を雑誌の収益に組み入れることにいちはやく成功した出版社ですし、残念ながら二〇〇九年四月に休刊になった「広告批評」は、文字通り「広告」にかんする雑誌でした。浅田彰と中沢新一は、糸井重里や仲畑貴志のような当時絶大な人気のあったコピーライターや、川崎徹などのCMディレクターとも、かなり早い時点から親しい関係を結んでいます。何よりも彼ら自身が、非常に優秀な「思想のコピーライター」でもあったのです。「ニューアカ」という「商品」は、まず（1）のインフラがあってこそ初めて成立したと考えられます。そして後で見るように、浅田&中沢の「思想」は、内容的にも、こうしたバブル前夜の好況と切り離して考えることは出来ません。

「政治の時代」のあとで

次に（2）ですが、これは実のところ結構重要な要因なのではないかと思います。先の対談で中沢新一もこう言っています。

ぼくたちは、自分たちの書き方が新しいことを自覚していました。フランス現代思想でも新しい書き方が出現していて、自分たちはそれと呼応することを同時代的にやっているんだ、という自負もありました。ただそのことは、一般には表面的にしか理解されていませんでしたが。ぼくらの前の時代には全共闘運動があり、その余波はまだ知的世界には強く残っていました。その運動の退潮のきっかけになったのは、72年の「あさま山荘事件」でしたが、それ以後の空白期間はとても長かった。その空白を何かが埋めていかなきゃいけない、という時期にさしかかっていて、浅田さんの本は真っ正面からそれに応えたのだと思います。しかし、ぼくの本はあきらかにそれとは違う流れに属する

ものだったのですが、それを「ニューアカデミズム」という言葉が、ひとくくりにしてしまったわけです。（同前）

ご本人の認識はやや違うようですが、中沢新一と浅田彰が提起した「思想」が、おおよそ十年前の連合赤軍事件による「政治の時代」の内破以来、おそらくニッポンに初めて現れた、ラジカルな「知」でもって、「世界＝社会」と／の「個＝私」、を懸命に説明しようとする、本格的な理論だった、ということは極めて大きいと思います。後の章で見るように、「ニューアカ」は、やがて次第に「左傾化（あるいは左翼カミングアウト）」し、「ニューアカ」とは「ニュー赤」でもあったのだ（！）と思わずダジャレを言いたくなるような事態になっていくのですが（これも一種の「シーソー」です）、少なくとも登場した時点では、彼らの言説には従来の政治的イデオロギーの色は稀薄でした。ノンポリ、シラケ世代などと呼ばれたりしていた当時の若者ですが、知的好奇心や向学心と呼べるようなエネルギーを、学生運動や受験戦争に使うのとは全然別に蓄え膨らませていた者も居たのです（たとえば恥ずかしながら筆者もそのひとりでした）。そんな連中の知的リビドーの向かう先として、浅田や中沢の本は格好の受け皿になったわけです。

「現代思想」とは何か

（3）はちょっとややこしいのですが、「現代思想」とは「ユリイカ」も出している青土社から現在も刊行されている月刊誌です。『構造と力』に収録された浅田彰の諸論文は、一種の「大学＝アカデミズム論」である「序に代えて」（これのみ「中央公論」が初出）を除き、すべてが同誌に発表されたものです。現在は評論家として活動する一方、「ダンスマガジン」「大航海」の編集長も務めている三浦雅士は、一九七五年に「現代思想」の編集長に就任するや、主としてフランスの「現代思想」にかかわる特集を積極的に組んで、若い研究者たちに発表の機会を与えていきました。三浦が「ニューアカの仕掛人」と呼ばれたりするのは、浅田彰を筆頭に何人もの書き手が彼が編集長時代の「現代思想」でデビューしているからです。

しかし先ほどの香山リカとの対談の中で、中沢新一は「ぼくらが書き始めた頃は三浦さんが編集長を辞めちゃった後でしたし、まだ若者の間に流行を生み出すような存在ではなかったと思います」とも語っています。実際、三浦は八二年に青土社を退社しているので、『構造と力』の大半は三浦編集長の依頼で書かれたものだと思いますが、中沢の場合は少なくともデビューに際しては、あまり三浦雅士と「現代思想」のお世話にはなっていないとも言えそうです。

「現代思想」以外にも、七〇年代から「現代思想」を扱った雑誌が何冊か出ていました。三浦雅士が「仕掛人」だというなら「ニューアカのゴッドファーザー」とでも呼ぶべき伝説の編集者、故・中野幹隆が手がけた「パイデイア」「エピステーメー」や、松岡正剛の「遊」などです。デザインやレイアウトも含めて極めてトンガっていたこれらの雑誌は、ある意味では「現代思想」以上の影響力で、来るべき「ニューアカ」の読者（と書き手）を育成していました。そしてその中に浅田彰や中沢新一もいたわけです。

浅田彰が二冊の著書で大々的に紹介したドゥルーズ＝ガタリの邦訳書は、当時は『カフカ』一冊のみで、『アンチ・オイディプス』もまだ出ていませんでしたが、ドゥルーズ単体ならば『ニーチェと哲学』等が訳されていましたし、『構造と力』で言及されているジョルジュ・バタイユ、クロード・レヴィ＝ストロース、ジャック・ラカンは主著とされる重要な著作が何冊も訳出されていました。ジャック・デリダの『根源の彼方に――グラマトロジーについて』と『エクリチュールと差異』も、ミシェル・フーコーの『言葉と物』も、ジャン・ボードリヤールの『象徴交換と死』も、そして沢山のロラン・バルトも、日本語で読むことが出来るようになっていました。本場の「現代思想」のキーパーソンの邦訳が、「ニューアカ」の登場以前にある程度まで進んでいたという事実は当然のごとく大きいです。

とともに、しかしその時点では、『構造と力』における『アンチ・オイディプス』や

『ミル・プラトー』、『チベットのモーツァルト』のジュリア・クリステヴァの『セメイオチケ』や『ポリローグ』のように、浅田と中沢それぞれの書物の核心に置かれた海外文献が、まだ日本語になっていなかったということが、他のものが読めるがゆえにこそ、かえって一層、読者の興味と渇望を刺激し、単に「紹介」という機能以上の誘引力を彼らの本に纏《まと》わせたのだとも言えるでしょう。この「もう読める／まだ読めない」の微妙なさじ加減も、「ニューアカ」現象の絶妙なところだったのではないかと思います。

ニュー「アカデミズム」？

以上のような前提条件が整っていたうえに、『構造と力』と『チベットのモーツァルト』が相次いで出版されたことで、まるで火山が噴火するかのように、にわかに「ニューアカ」現象は巻き起こっていったというわけです。

「ニューアカ」と呼ばれた一群の学者たちに共通する特徴は、大きく言うと二つあります。第一に、彼らがおしなべて「海外（多くがフランス）」の硬派で難解な「現代思想」の紹介者・解説者という顔を持っていたこと、第二に、彼らの活動のスタンスが、各々の専門分野を超えて複数の領域にまたがる横断的（学際的）な様相を示しており、時には芸術やポップ・カルチャーといった「学問」外にまで広がるものであった、ということです。

一九九〇年に行なわれた座談会の中で、浅田彰は「ニューアカ」時代について、こんなことを語っています。

八〇年代はどうなったかというと、そのようにして紡がれてきた思考の可能性が一気に表面化し、一般化し、それによってある意味で飽和したということも認めざるをえない。それに関しては、これは自慢でも何でもなく、八三年にぼくが『構造と力』を出したことがきっかけになってニュー・アカデミズムと言われるブームが起こった、それが大きく影響したということは、何と言いますか、否定しえない事実でありまして（笑）、しかも、その時のぼくの主観的な意図で言うと、この種のものは今やすべてチャート化されているわけで、もう終わったんだ、終わった時点から始めるべきだというふうなスタンスだったにもかかわらず、実はそれが何か新しい始まり、文字通り「新しいアカデミズム」としてとられてしまい、それまでソシュールやアルチュセールやポランニーの忠実な読者だった人たちが突然オリジナルな「思想家」をめざし始めるというような悲喜劇的な事態が起こったりなどして（笑）、壊滅的な状況になった。

（「《討議》昭和批評の諸問題　一九六五──一九八九」）

「そのようにして」というのは、この《討議》の中で「七〇年代固有の問題設定」として浅田が柄谷行人と蓮實重彦の仕事に見出した「ポスト構造主義と本格的に通底するような思考」のことを指しているのですが、さしあたりそれは置いておきます。ここで「それまでソシュールやアルチュセールやポランニーの忠実な読者だった人たち」と言われているのは、順番に、丸山圭三郎（『ソシュールの思想』『文化のフェティシズム』等）、今村仁司（『労働のオントロギー』『暴力のオントロギー』『排除の構造──力の一般経済序説』等）、栗本慎一郎（『幻想としての経済』『パンツをはいたサル』等）のことです。ここにドゥルーズやボードリヤールを訳していた宇波彰や、フロイトの理論をやさしく嚙み砕いた『ものぐさ精神分析』の岸田秀を加えてもいいでしょう。彼らはいずれも、それぞれ名前を挙げた海外の「思想家」の専門家／研究者であり、「ニューアカ」以前は大学紀要や学術専門誌を主な執筆活動の場にしていました。

ところが、栗本慎一郎が一九八一年に光文社「カッパ・サイエンス」の一冊として出した『パンツをはいたサル』で、処女作の『経済人類学』（七九年）以後、経済人類学の創始者であるカール・ポランニーを参照点として独自に発展させてきた理論を異様にわかりやすく書き直してベストセラーになったことが、出版界に「学者に一般向け解説書を書かせる」という流行を生みました（たとえば同じカッパ・サイエンスからは八二年に上野千鶴子の実質的な処女作『セクシィ・ギャルの大研究』も出ています。この本は二〇〇九年五月に岩波現代文庫から再刊されました）。七七年に出ていた岸田秀の『ものぐさ精神分析』もベストセラーになっており、その後『二番煎じ　ものぐさ精神分析』『出がらし　ものぐさ精神分析』とシリーズ化していました。「ニューアカ」現象の下地ならしは出来ていたわけです。

ここで重要なことは、彼らが皆「アカデミズム」の人間、すなわち「大学人」であったということです。浅田は京大、中沢は東大、丸山は東大、今村は京大、栗本は慶応、宇波は東大、岸田は早稲田、上野は京大をそれぞれ卒業しており、すでに述べたように浅田と中沢は当時は助手、他の人たちは教授や助教授の地位にありました。それはつまり、彼らが専門領域について「一般向け解説」をしたとしても、それは東大京大を頂点とするニッポンの最高レベルの教育機関によって、その信頼性を保証されている＝権威付けられているということです。

当たり前のことだと思われるかもしれませんが、この点は強調しておく必要があると筆者には思えます。なぜなら、仮に大学とはまったく無関係な市井の一好事家が、独学で学んだ何らかの学問を「解説」してみせたのだったなら、その内容がどれだけ「わかりやすい」かったとしても、これほどのブームを起こしていたかどうかは疑問だからです。あくまでも、そこに名門大学の名前を冠した経歴や肩書きが付されていることで、一般読者は安心してその「わかりやすさ」を（時には、本当はわからなくても）受け入れることが出来たのです。

イメージとしての「アカデミズム」

もちろん、その「学問」を専門的に学んだ者だからこそ、わかりやすい「解説」も可能になるのだという捉え方も当然ありますが、それが事実かどうかは実際に読んでみなければわからないのであって、それ以前に「ニューアカ」印の書籍を読む／買う動機付けとしては、明らかに大学の名前がウリになっていたと考えられると思います。難解で高尚な「思想」を平易かつ明快に語れるということは、逆にいえば平易で明快な言葉の向こうに難解で高尚なるものが鎮座しているということです。しかし、その「思想」の難解さや高尚さは、もう平易さと明快さに置き換えられてしまっているのですから、その本を読むことでわかってしまった（あるいはわかった気になった）読者にとっては、もともとはそうであった筈の「わからなさ」は、実はただなんとなく「難解で高尚」というイメージとして把握出来るだけです。その時、そのぼんやりしたイメージを底支えしているのが、難関とされている大学の名札というわけです。

ここにはもちろん、受験戦争に象徴される戦後ニッポンの高学歴社会化が深く作用しています。この国において「知識人」であることは「高学歴者」であることと、ほぼ同義です。この意味で、ニッポンの「思想市場」は「アカデミズム」と密接な関係を結んでいます。それは「八〇年代」の「ニューアカ」で一挙に顕在化して以来、現在までずっと続いています。

「ニューアカ」は、なぜ「新しいアカデミズム」と呼ばれたのか？　という、いささか自己撞着的な問いに意味があると思えるのは、それが必ずしも「アカデミズム＝大学」にとっての「新しさ」ではなかったからです。確かに「ニューアカ」の学者たちは「新しいタイプの大学人」ではあったかもしれませんが、彼らの登場がニッポンの「アカデミズム」を劇的に刷新することはありませんでした。

浅田彰は一九八九年に京都大学経済研究所の助教授（のちに准教授）となり、この時は新聞報道されるほど話題になりましたが、その後、約二十年にわたって、教授に昇進することのないまま同じポストに留まり、二〇〇八年に京大を離れ、京都造形芸術大学大学院長に就任しました。

中沢新一も長い間、大学での職には恵まれず――八八年には東大駒場で中沢の採用を教授会で否決された西部邁（当時東大教授）が大学を辞職するという、いわゆる「中沢事件」が起きています――九〇年代に入ってようやく中央大学の教授になり、二〇〇六年から多摩美術大学美術学部芸術学科教授の職に就いています。

二人とも出身校に留まることは出来ておらず、「ニューアカ」時代の華やかさからすると、意外なほどに今も「アカデミズム」での地位は必ずしも高くありません。もちろん、そこには彼ら自身の行動にも問題があったり（先の香山リカとの対談で中沢はサントリーの広告に出たせいで大学に始末書を書かされたエピソードを語っています)、当人の意向も作用しているのでしょうが、それ以上に、彼らの「知」のあり方そのものが、日本の「アカデミズム」とは本質的に相容れないものであるということを示していると思えます。

しかし、それでも「ニューアカ」は「新しいアカデミズム」と呼ばれたのでした。それはつまり「ニューアカ」の「アカ」が、あくまでも外部(世間)から覗き見られた「アカデミズム」、現実のそれとはかなりのズレを孕《はら》んだ、いわば虚像=イメージとしての「アカデミズム」であったのだということです。

専門知という信用保証

第二の「横断性」についてですが、栗本慎一郎は『パンツをはいたサル』の「まえがき」で、「少なくとも、生物学、物理学、法学、経済学、宗教学、精神分析学をゴタゴタにしたうえ、勝手にまとめてしまった」などと自己評価しています(栗本氏の場合はその後、学者から政治家へ、より大胆な「横断」も果たしてしまうわけですが)。しかし栗本が標榜するような、いわゆる学際的な傾向は、やはり「ニューアカ」登場以前の七〇年代から、すでにかなり進行していました。たとえば以下に挙げる書物は、いずれも横断的な要素を色濃く持っています。

山口昌男『道化の民俗学』（七五年）、『文化と両義性』（七五年）、『知の遠近法』（七八年）
中村雄二郎『共通感覚論』（七九年）
網野善彦『無縁・公界・楽』（七八年）
市川浩『精神としての身体』（七五年）、『〈身〉の構造』（八四年）
木村敏『分裂病の現象学』（七五年）、『自己・あいだ・時間』（八一年）、『時間と自己』（八二年）

しかし、これらの場合は、「横断」それ自体が目的であるわけではなく、もともと専門にしていた分野そのものが変質し、本来は別々だった分野や新たな分野との接合や包含を果たしていった結果、ごく自然に（もしくは必要に応じて）書くものが「学際」的になっていったのだとも考えられます。とりわけ「構造主義」と「記号論」は六〇年代末から段階的に輸入されてきてからというもの、さまざまな分野に導入されていきました。山口昌男や網野善彦の著作は、日本における「構造主義インパクト」の、早い段階での、もっとも成功したケースです。

それに限らず、そもそも「現代思想」と呼ばれるものは、どれも学際的な要素が強いので、多かれ少なかれ誰もが「横断」している（＝そうせざるを得ない）とも言えます。「ニューアカ」も基本的にその流れにあって、ただその「横断」の赴く先が、狭義の「アカデミズム＝学問」を超えた諸ジャンルにまで拡張された、ということに特色がありました。

しかし「ニューアカ」の面々の、時として大胆不敵とさえ思える「横断」には、「大学」での専門分野（専攻）が確保されているからこそ、（それを適用＝応用するという名目のもとに）別の分野にも気軽に出ていけてしまう、というところもあったのではないかと思います。つまり、信用保証がしっかりと担保されているから、多少の冒険や賭けが可能になる、ということです。

これは最近でも、精神分析医が文学やアートを論じたり、脳科学者が人生を論じたりといった形で、さまざまに反復されていますが、そこにはやはり、「アカデミズム」によって保証された「専門知」の権威性が潜在的に機能していると筆者には思えます。「ニューアカ」以後、学者が積極的に「専門」外に出ていくことは飛躍的に増えましたが、しかしその結果として、なぜだか「専門性」への検証抜きの信奉が逆説的に強化されるというパラドックスが生じている気さえする程です。

脱領土化

そう考えてみると、「ニューアカ」の中でも、やはり浅田彰と中沢新一の二人は、他の人とは明らかに違っていたと思えます。彼らは厳密に言うと、「横断」していたわけではありませんでした。「横断」という振る舞いが可能になるのは、個々の領域がまだそれなりに固定していて、それぞれの間の境界が維持されているからですが、彼らは自分たちが望むと望まざるとにかかわらず、そうした境界そのものがもはや崩壊しつつある、あるいはもうとっくに崩壊してしまっているのだと考えたのです。

香山リカとの対談で中沢は語っています。

ぼくも浅田さんもその頃強く意識してたのは、フェリックス・ガタリの「脱領土化（deterritorialization）」という概念でした。それまでジャンルごとに領域化・領土化していたいろいろなものが解体して、バーチャルな空間に拡散しながら、再編成され始めていました。（「「ニューアカ」と「新人類」の頃」『ポケットは80年代がいっぱい』）

「脱領土化」とは、複数の「領土」を越境＝通過していくことではありません。各「領土」を隔てており、その内部と外部を画定していた表面張力が融解もしくは破裂すること、果ては「領土」という在り方自体が消滅してしまうことです。

当時は世界中で「領土的なもの」が崩壊しはじめていました。固有文化が民族的な領土から離脱しはじめる現象が起こっていて、とくにぼくはアジアを歩いていましたから、国民国家など既存の領域の解体現象がよく見えていましたし、同時にいままで表面に出

ていたのとは違うところで新しい領土的なものの再編成が起こっていることを、強く意識していました。　（同前）

これがほんとうに一九八三年の時点での認識だったとすると、まるでその後のソ連崩壊や東西ドイツ統一、更にはグローバリゼーションまでも予見していたかのようで、まったくもって驚くべき明察としか言いようがありませんが、それはそれとして、中沢新一も浅田彰も、デビューした時から明確に「脱領域」的な思考と書法を携えていました。

中沢は宗教学科、浅田は経済学部の出身ですが、二人とも「アカデミズム」での専門分野の知見を解読格子として（そしてその「専門性」を信用担保として）他領域を特権的かつ専横的に「横断」してみせるのではなく、そんな風にワザとらしく「横断」するまでもなく、あたりを見回してみれば、ここよそを「貫通」する問題群が無数にあるのであり、その「問題」の強度（アンタンシテ！）によって、「ここ」と「よそ」という分割さえもアッサリと無効になりつつあるのだということを、おそらくほとんど体感としてわかっていたのです。

そして二人は、その「問題」の重要度に比したら、自分が属していることになっている「アカデミズム」など、まったくもって大した価値などないのだということも、おそらく最初から知悉《ちしつ》していました。だから彼らにとって、「ニューアカデミズム」とは、すこぶる不本意な、ほとんど悲喜劇的でさえあるような称号であったのかもしれません。

浅田彰と中沢新一が「新しいアカデミシャン」と呼ばれたことと、彼らのラディカリズムとは、実はまったく無関係です。しかし、それでも「ニューアカデミズム」という現象と、「ニューアカ」という呼称がもたらしたものがなかったら、彼らのその後もなければ、現在だってない。このことは極めて重要です。

第二章　浅田彰と中沢新一――「差異化」の果て

浅田彰──「逃走」する「知」のカリスマ

では、浅田彰と中沢新一の「思想」とは、どのようなものだったのでしょうか？「プロローグ」でも触れたように、筆者は一九六四年生まれなので、『構造と力』はちょうど大学一年生の時に出たことになります。刊行後どのくらい経ってから、その存在を知ったのかは覚えていないのですが、おそらく世間の評判をどこかで耳にして（だってそれはそれは大変な騒ぎだったのですから）手に取ってみたのだと思います。

読んでみて非常に驚きました。難しくてわからなかったからではありません。わかってしまったからです。いや、もちろん何もかもが理解出来たわけではなかったのですが、浅田彰の主張は、ある意味ではあまりにも明瞭でした。なぜならばそれは、一九八三年の東京で生きる自分にとっては、完全に実感として了解出来るようなものだったからです。当時、ある種の同時代的な共感にも似た熱情を、一見恐ろしくクールなこの本に対して抱いた青臭い読者は、筆者だけではなかったと思います。

『構造と力』と『逃走論』の二著で浅田彰が矢継ぎ早にバラ撒いたキーワードは、第一回新語・流行語大賞に輝いた「スキゾとパラノ」を始め、「脱コード化」「リゾーム」「逃走」など多々ありますが、その全てを「貫通」する「問題」は、たったの一言で述べることが出来ます。それは「差異化」というタームです。

『構造と力』

ではまず『構造と力』の冒頭論文から引用してみましょう。

象徴秩序がスタティックな差異の体系を成すのに対し、近代社会は、むしろ差異化様式とでも呼ぶべきものを主たる構造としていると言えるだろう。言いかえれば、差異の体系そのものが、差異化の累積的進展というダイナミックな契機を孕んでしまっているのだ。従って、「冷たい社会」が周期的な祝祭を必要としたのに対して、「熱い社会」は祝祭を知らない。過剰なる部分は、一歩でも余計に進もう、余分な何か《エトヴァス・メア》を生産しようとする日常の絶えざる前進そのものによって、形を変えて実現されているのだ。その意味で、バタイユの礼讃したようなポトラッチは、近代社会と無縁である。むしろ、日常の生活そのものが、世俗化された持続的ポトラッチと化していると言うべきだろう。

（「序に代えて《知への漸進的横滑り》を開始するための準備運動の試み
——千の否のあと大学の可能性を問う」『構造と力』、以下同じ）

「冷たい社会」と「熱い社会」という分類は、「構造主義」を代表する文化人類学者クロード・レヴィ＝ストロースによる理念型に基づいています。浅田はそれを「差異」と「差異化」という二項対置に抽象化します。前者はスタティック（静態的）な秩序＝体系に留まっていますが、後者はダイナミックな運動性として捉えられています。安定した「差異」の網の目の整然とした配置（＝構造）に対して、果てしもなく「差異」を生産し続けること、そしてそのような不断の運動によって孕まれることになる「過剰」を、浅田は力強く肯定していきます。

> 過剰なる方向＝意味《サンス》を象徴秩序に取り込み、差異の束としての高次元の象徴的意味《サンス》のうちに結晶させようとする「冷たい社会」に対し、「熱い社会」はそれを一定方向《サンス》に回路付け、どんどん流してやることによって、ダイナミックな解決を図ろうとする。そこで必要になるのが、整流器であり、加速器であり、安全装置である。（同前）

浅田の基本的な発想は、レヴィ＝ストロースに代表される「構造主義」を、（主として今村仁司によって批判的に読み解かれつつあった）アルチュセールや、岩井克人の「不均衡累積過程」等といった、本来の浅田の専門である経済学の最先端の知見を用いて、動的に乗り越えようというものです。そしてそのアプローチは必然的に、いわゆる「ポスト構造主義」へと繋がってゆくことになります。

「処世術」への変換

しかしこの論文の面白いところは、こうした理論的な枠組みを、なかば無理矢理に「大学論」に、より詳しくいえば「大学生（若者）としてのライフ・スタイル論」に当て嵌《は》めてしまっていることです。「差異化」というタームは、一気に「生き方」のモードへ、いわば「処世術」へと変換されます。「差異」の「過剰」を肯定しつつ、この「社会＝世界」を生きること。それはたとえば、こんなスローガンめいた文章で語られることになります。

いたるところに非合法の連結線を張りめぐらせ、整然たる外見の背後に知のジャングルを作り出すこと。地下茎を絡み合わせ、リゾームを作り出すこと。
そのためには、ゆっくりと腰を落ち着けているのではなく、常に動き回っていなければならない。ワイズになるのではなく、常にスマートでなければならない。スマート？普通の意味で言うのではない。英和辞典にいわく「鋭い、刺すような、活発な、ませた、生意気な」。老成を拒むこの運動性こそが、あなたの唯一の武器なのではなかったか？これまでさまざまな形で語ってきたことは、恐らくこの点に収束すると言っていいだろう。速く、そして、あくまでもスマートであること！（同前）

最後の一文に、浅田彰の「大学生＝若者」への「メッセージ」が集約されています。それは取りも直さず、執筆当時はまだ二十四歳の若者だった自分自身に向けた言葉でもあったのでしょう。

実をいえば、このあとにつづく「おわりに」というパートでは、「ぼくは十分に速くあったろうか。たしかにぼくは動いた、けれども、とぎれとぎれに続いているその軌跡が、実は大きな円を描いているのだとしたら？　動いたつもりで、その実、堂々巡りをしていたのだとしたら？」などという不安（？）もふと漏らされています。しかし、すぐさま「このような自問自答こそが、しかし、人を重力の罠にはめ、速度を減殺するのではなかったか。いまさら反省にふけってみてもはじまるまい、ペンをおいたらすぐ外に出よう」と思い直し、もともとの注文であったのだろう「大学論」としての（いささか唐突な？）まとめ的な記述で、この論文は終わっています。

先にも述べておいたように、この文章は『構造と力』のなかで唯一、一般向け雑誌である「中央公論」に発表されたものなので、その分、理論的な記述はかなり簡略化されています。しかし、浅田彰がこの本の中で提示しようとしたものは、基本的にすべてこの最初の論文に現れているといえます。

すなわち、「差異＝構造」に対して「差異化＝運動」を積極的に擁護・肯定し、それを

「生き方」の問題にまで敷衍《ふえん》すること。それは「構造」に「力（運動）」を接続＝導入するという書名にも端的に示されています。そして実際、あらためて読み直してみて、ちょっと驚いてしまったほどに、『構造と力』では、ただひたすら繰り返し繰り返し、ほとんどしつこいほどに同様の主張が変奏されています。

三段階説

第Ⅰ部「構造主義／ポスト構造主義のパースペクティヴ」は、第一章「構造とその外部」で表題通りに「構造（主義）」を揺るがす「外部」について複数の「知」を自在に援用しつつ語り、第二章ではヘーゲルとバタイユに依拠しつつ同じ問題設定をよりマクロな視点から論じ直しています。第Ⅱ部「構造主義のリミットを超える」では、副題に「ラカンとラカン以後」とあるように、ジャック・ラカンの精神分析理論の批判的読解が、ふたたび「構造」と「外部（力）」というロジックで行なわれたのち、この本の核心というべき「ポスト構造主義」としてのドゥルーズ＝ガタリによる「国家論」の紹介に連なっていきます。ここで、先の「冷たい社会／熱い社会」を、もう少し精密にした三分類が登場します。

コード化　原始共同体

超コード化　古代専制国家
脱コード化　近代資本制

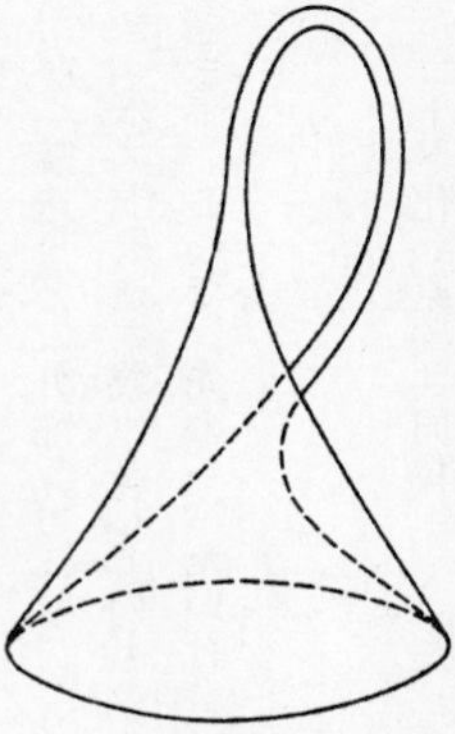

クラインの壺

この三段階説はドゥルーズ＝ガタリに拠っていますが、一つ目が「冷たい社会」に、二つ目と三つ目が「熱い社会」に相当していることがすぐに分かります。つまり、序章では「熱い社会」として一括されていた様態が、ここでは更に二つのプロセスに分けられているということです。そして浅田が、最終的／究極的な「社会＝世界」の理想型として掲げるのが、第三段階である「脱コード化」です。

まず「内部」と「外部」がきちんと区分けされている状態があります（「構造」）。次に「外部」が「内部」へ／「内部」が「外部」へと無限に繰り込まれていく循環的な回路が生じます（「クラインの壺」）。そして遂にはそこで孕まれた「過剰」が、「内部／外部」という概念設定自体を完膚なきまでに打ち壊し、すべてが散逸しつつ絡み合う無数の運動と化します（「リゾーム」）。序章では、いきなり何の説明もなく登場していたドゥルーズ＝ガタリの用語「リゾーム（本来の語義は「根茎」）」が、『構造と力』の後半である第五章から第六章で、やっと説明されます。そして、この三つの段階は、そのまま「プレモダン－モダンーポストモダン」という三つの時代区分へと言い換えられます。浅田はこの本の中で、この三段階説を、さまざまな事象に適用していきます（詳しくは『構造と力』の巻末に付された図表を参照してください）。

脱コード化の困難

ところで、重要なことは、この「リゾーム状態」としての「ポストモダン」が、あくまでも現実とは異なった「理想型」として提出されているということです。それは、この本の中で、「脱コード化」という言葉に、「（相対的な）」とか「（制限された）」といったカッコ付きの留保が何度か付けられていることでも分かります。

なぜ留保が付けられなければならないのかといえば、序章の中でも書かれていた「整流器であり、加速器であり、安全装置」と呼ばれるものの存在によって、「脱コード化」から「脱コード化」への転回／展開を促す「過剰」の奔出が、どこかで塞《せ》き止められてしまうからです。「リゾームを作り出すこと」は、実は大変に困難なのです。そしてこの困難に、浅田彰は当然気がついていたと思います。

たとえば最終章である第六章で描かれる「ふたつの教室」というメタファーにも、そのことが現れています。

何の変哲もないふたつの教室。同じように前をむいて並んだ子どもたちが思い思いに自習している。部屋の大きさや形、席の数や配列、どこをとっても何らかわりはない。ただひとつの違いは、第一の教室では監督が前からにらみをきかせているのに、第二の教室ではうしろにいる、いや、いるらしいとしかわからないという点にある。たったこれだけの違いが生徒たちの行動様式に根本的な差異を生じさせると言えば、大げさにひびくだろうか。

第一の教室が前近代、第二の教室が近代のモデルとして提示されているということは、あらためて確認するまでもないだろう。たとえば、第二の教室の機能はフーコーが近代のモデルケースとしてとりあげたベンサムのパノプティコンの機能と同一であり、第一の教室の機能はそれに先立つ絶対王制の権力装置の機能と共通している。さらに、第一の教室と第二の教室を、ドゥルーズ＝ガタリのいう超コード化（専制）と相対的脱コード化（資本制）の部分的モデルとみなすこともできるだろう。

（「クラインの壺からリゾームへ——不幸な道化としての近代人の肖像・断章」）

「パノプティコン」とはミシェル・フーコーが『監獄の誕生』の中で詳述した、ジェレミー・ベンサムの考案による刑務所での「全展望監視型システム」のことです。しかしこの

「第二の教室」は「第一の教室」と、それほど違うものでしょうか。少なくとも「監督」の存在という点では、ふたつは共通しています。

あくまでも理想的／理念的に考えてみるならば、この二つの教室は、実はどちらも「超コード化」の段階にとどまっているのであって、ほんとうは、「監督」などどこにも居ないのに、各自がてんで勝手に振る舞うことによって、何もかもがうまくいくような「第三の教室」が構想されなくてはならないのです。

しかし、それが明らかに困難であるということを、浅田はよくわかっており、だからこそ「相対的脱コード化の部分的モデル」という、しごく曖昧な書き方をしなくてはならなかったのです。

不幸な遊戯

「クラインの壺」という理念的モデルをめぐっても、同じことが言えます。

こうしてみてくると、《クラインの壺》のダイナミクスが《過剰》の問題に対する見事な解決になっているということが、だんだん明らかになってくる。人間が《過剰》を孕んだ存在だということは、言いかえれば、自己との間にズレを含みうる存在だということである。このようなズレを整序するにはどうすればいいか。ひとつの道は、オブジエクト・レベル／メタ・レベルという階型化によってスタティックな解決を図ることであり、図1の図式はそのような解決の原型とみなすことができる。ところが、図2においては、オブジェクト・レベルがメタ・レベルになりメタ・レベルがオブジェクト・レベルになるというダイナミックな前進運動の中で、ズレの問題がなしくずしに解消されているのだ。

（「クラインの壺　あるいはフロンティアの消滅」）

この「過剰」を「なしくずしに解消」してしまう「クラインの壺」の無限循環回路こそが「整流器であり、加速器であり、安全装置」だと言うべきでしょう。そして、この「壺」の中に在る限り、「リゾーム」へのジャンプは不可能です。第二段階から第三段階へは、実のところ超えることが出来ないほどの断層があります。『構造と力』巻末図の「ポストモダン」の項に「理想的極限としての」という但し書きが付けられているのは、そういう意味です。従って、「脱コード化」を「近代資本制」とするのは精確ではなく、実際は「資本制の極限」とでもすべきなのです。

ドゥルーズ＝ガタリが『アンチ・オイディプス』と『ミル・プラトー』で描出してみせたのは、「ポスト構造主義」ばかりではなく、「ポスト国家」と「ポスト資本主義」のアイデア（理念）でもありました。その象徴的なタームが「リゾーム」です。しかし「リゾーム」を「現実」に導入しようとしても、具体的にどのようにしたらいいのか分からないばかりか、下手をすると「コード化」以前の混沌・混乱へと舞い戻ってしまう危険性さえあります。それでは元も子もありません。

近代人は遊戯者である。ただし、この上なく不幸な遊戯者である。彼は遊ぶというよりも遊ばされているのであり、遊戯という苦役を背負わされているのであると言わねばならない。（「クラインの壺からリゾームへ——不幸な道化としての近代人の肖像・断章」）

「第二の教室＝クラインの壺」の中で、見えざる「監督」の存在を無意識に感じつつ無限循環（悪循環）を続けるさまが、ここでは「不幸な遊戯」という言葉で表されています。

では、どうすればいいというのでしょうか？

「外へ出よ」

『構造と力』のさしあたりの結論は、次のようなものです。

まさしくここで、ニーチェ、この偉大なる遊戯への誘惑者のもつ重大なアクチュアリティに注目しなければならない。今日ドゥルーズ＝ガタリが最大級の重要性をもっているというのも、彼らがこの面におけるニーチェの最良の後継者と目されるからにほかならないのである。彼らは明快に断言する。真に遊戯するためには外へ出なければならない。してみると、遊戯の場を求めて前近代モデルの如きものへと遡り、そうした秩序の中へ這い戻ろうとするのは、完全な転倒だと言わねばならないのである。近代はそのような秩序からぬけ出した。しかし、問題は、まだ十分によく外へ出てはいないという点にある。外へ出よ。さらに外へ出よ。これこそが彼らの誘惑の言葉である。（同前）

最終章の末尾近くになって、この本は急速に「現代思想」らしさを失い、記述も断片的になって、詩的で私的な、ほとんどエッセイのような様相を見せていきます。

むろん、それは最終的な到達点といったものではない。腰を落ち着けたが最後、そこは新たな《内部》となってしまうだろう。常に外へ出続けるというプロセス。それこそが重要なのである。憑《つ》かれたように一方向に邁進《まいしん》し続ける近代の運動過程がパラノイアックな競走であるのに対し、そのようなプロセスはスキゾフレニックな逃走であると言うことができるだろう。このスキゾ・プロセスの中ではじめて、差異は運動エネルギーの源泉として利用《エクスプロイット》されることをやめ、差異として肯定され享受されることになる。そして、言うまでもなく、差異を差異として肯定し享受することこそが、真の意味における遊戯にほかならないのだ。第二の教室にいる子供たちが目指すべきは、決して第一

の教室ではなく、スキゾ・キッズのプレイグラウンドとしての、動く砂の王国なのである。（同前）

このあと『構造と力』は、ジョン・ケージとグレン・グールド、そして白石かずこの詩集『砂族』への言及で幕を閉じます。

『逃走論』

そして、ここでニーチェ〜ドゥルーズ＝ガタリの誘惑の言葉として書き付けられた「外へ出よ。さらに外へ出よ」を、まさに「生き方」に関するメッセージとして強力に打ち出してみせたのが、浅田彰の次なる著書である『逃走論』でした。『逃走論』の最初に置かれた文章の冒頭と末尾は、このようなものです。

男たちが逃げ出した。家庭から、あるいは女から。どっちにしたってステキじゃないか。女たちや子どもたちも、ヘタなひきとめ工作なんかしてる暇があったら、とり残されるより先に逃げたほうがいい。行先なんて知ったことか。とにかく、逃げろや逃げろ、どこまでも、だ。

この変化を軽く見てはいけない。それは一時的、局所的な現象じゃなく、時代を貫通する大きなトレンドの一つの現われなのだ。そこで、この《大脱走》現象をできるだけ広いパースペクティヴの中で眺めてみることにしよう。

（「逃走する文明」『逃走論——スキゾ・キッズの冒険』、以下同じ）

パラノ・カルチャーの黄昏をアイロニカルに語ってみせるなんて百年ふるい。パラノ・カルチャーの崩壊のあとには荒涼たる砂漠しか残らないとひとは言う。だけど、その砂漠こそスキゾ・キッズにとって絶好のプレイグラウンドなのだ。それがいまあなたを待っている。というわけで、真のゲイ・ピープルをめざす諸君、今こそ新たなる逃走に向けて決起されんことを！

（同前）

前著の「結論」と、そのまま連続していることは明白でしょう。しかし『構造と力』に較べると、ぐっとホップな文体なのは、前にも述べたように「ブルータス」に載った文章だからです。前著の終盤近くに突然出て来た「スキゾ・キッズ」なるキーワードが、この本では全面的に使用されていきます。その定義について、『逃走論』のマニフェストともいうべき論文「スキゾ・カルチャーの到来」から、少し長くなりますが引用してみましょう。

誰もが相手より少しでも速く、少しでも先へ進もうと、必死になっている社会。各々が今まで蓄積してきた成果を後生大事に背に負いながら、さらに少しでも多く積み増そう、それによって相手を出しぬこうと、血眼になっている社会。これはいささか病的な社会だと言わなければならない。ドゥルーズ＝ガタリにならって、このような社会で支配的な人間類型をパラノ型と呼び、スキゾ型の対極として位置付けることにしよう。

パラノ型というのは偏執《パラノイア》型の略で、過去のすべてを積分《インテグレート》＝統合化して背負いこみ、それにしがみついているようなのを言う。パラノ人間は《追いつき追いこせ》競走の熱心なランナーであり、一歩でも先へ進もう、少しでも多く蓄積しようと、眼を血走らせて頑張り続ける。他方、スキゾ型というのは分裂《スキゾフレニー》型の略で、そのつど時点ゼロにおいて微分《ディファレンシエート》＝差異化しているようなのを言う。スキゾ人間は《追いつき追いこせ》競走に追いこまれたとしても、すぐにキョロキョロあたりを見回して、とんでもない方向に走り去ってしまうだろう。

言うまでもなく、子どもたちというのは例外なくスキゾ・キッズだ。すぐに気が散る、よそ見をする、より道をする。もっぱら《追いつき追いこせ》のパラノ・ドライヴによって動いている近代社会は、そうしたスキゾ・キッズを強引にパラノ化して競走過程にひきずりこむことを存立条件としており、エディプス的家族をはじめとする装置は、そのための整流器のようなものなのである。

（「スキゾ・カルチャーの到来」）

すぐに分かるように、これは『構造と力』の序章の結論部分と同工異曲です。しかし、ここでは先の第一段階（コード化）から第二段階（超コード化）が「パラノ」、第三段階（脱コード化）が「スキゾ」と言い換えられ、前者から「逃走」して後者へと至ることが、極めてポジティヴに語られています。ここにも「整流器」という語が登場していることに注目してください。しかしこの文章での浅田彰は、「整流器」から逃れようとすることは、第一段階に逆行してしまうことにはならないのだと言います。

子どもたちがパパ—ママ—ボクのエディプス的家族の中にとじこめられたのは、近代に入ってからのことである。いや、近代もかなり進んでからのことだというのは、社会史の研究成果が教える通りである。（同前）

今また子どもたちがパラノ・ファミリーの外へ出て行く時がきた。スキゾ・キッズの本領を発揮してメディア・スペースで遊び戯れる時がきた。（同前）

「スキゾ・キッズ」にとっての「プレイグラウンド」は、『構造と力』末尾では「動く砂の王国」という詩的な隠喩で述べられていましたが、ここではそれが「メディア・スペース」となっています。この「メディア空間」とは、まさしく浅田彰というひとりの「スキゾ・キッド」が「遊技場」として選んだ、現実のさまざまなメディアに他なりません。こうして彼は「外に出ること＝逃走」を自ら実践するかのように、メディアの寵児になってゆくことになるのです。

『構造と力』と『逃走論』の二著は、時間的には半年しか離れていませんが（収録された文章の執筆時期はもっと近接しています）、前者には微妙に窺えた迷いのようなものが、後者ではほとんど払拭されているように見えます。

しかし、それでもやはり、先に述べておいたような「困難」は、本質的には解決されてはいませんでした。真の意味で「脱コード化＝リゾーム」を実現し得たわけではないのにもかかわらず、「メディア」を「スキゾ・キッズ」の跳梁《ちょうりょう》する「遊技場」として名指してしまったことにより、もっとも重要だったはずの問題が、どこかに置き忘れられてしまったようにも思えます。

しかし、この点をもっと掘り下げてみる前に、「ニューアカ」のもうひとりのヒーローである中沢新一の「思想」について述べておきたいと思います。

中沢新一──『チベットのモーツァルト』

中沢新一のデビュー作『チベットのモーツァルト』と、一九八五年に刊行された第二の著作『雪片曲線論』にちりばめられた話題は、浅田彰以上に多種多様なものですが、しかしそこを貫く最重要テーマは、実は浅田と同じく「差異化」です。

それは中沢も浅田同様に「ポスト構造主義」、とりわけドゥルーズ＝ガタリに依拠していたということもありますが、おそらくそれ以上に、前章の冒頭でも触れておいたような、一種の「同時代性」が関与していたのだと思えます。つまり「差異化」とは、「八〇年代」の「ニッポン」を象徴するタームだったのです。この点には、後で立ち戻ることにしましょう。

とはいえ、中沢新一の「差異化」は、浅田彰のそれとは、もちろん多くの点で異なってもいます。たとえば『チベットのモーツァルト』の表題論文は、作家である夫フィリップ・ソレルスと共にフランスの前衛的な文学グループ「テル・ケル」派を主導した言語学者ジュリア・クリステヴァの理論を扱ったものですが、そこで中沢は「現代思想」と「神秘主義」が独特のスタイルでミックスされた、ほとんどアクロバティックと呼んで差し支えない叙述を駆使して「差異化」について語っていきます。「チベットのモーツァルト」の冒頭はこんな風に始まります。

ジュリア・クリステヴァの作品には、つねにある種の「笑い」にたいする感覚がつらぬかれている。それはけっしてユーモラスな笑いではないが、言語と空間表象すべての

「起源」の場からたちおこってくるパラドキシカルな笑いである。この起源の笑いがわきあがってくる場に結びつくさまざまなパラドキシカルな諸テーマを形式的言語学と記号論の場にもちこむことによって、そこを不安定で動的で可塑的なものにつくりかえようとする戦略において、彼女はジャック・デリダをはじめとするポスト構造主義の書き手たちとパラレルな関係をもっている。

（「チベットのモーツァルト――クリステヴァ論」『チベットのモーツァルト』、以下同じ）

中沢はクリステヴァがソレルスの小説『H』から読み取ったパラドキシカルな「笑い」を、「苦労して『H』を読むよりも、次のような「東洋の笑い」の話を想いおこしてみたほうがわかりやすい」として『禅語録』の挿話に繋いだうえで、そんな「別の笑い」が喚起するものとして、クリステヴァが「幼児言語」の研究を踏まえて抽出した「原記号作用《ル・セミオティク》」という概念を持ち出します。クリステヴァの『詩的言語の革命』で詳述されている「原記号作用」とは、「あらゆる空間性と言語の論理―象徴機能」が生起するよりも以前の、いわば「意味」未満の膨大な「記号」の流動状態を指すものです。

クリステヴァの言う「笑い」とは、「原記号作用」が「論理―象徴機能」へと汲み上げられてゆく、その「とば口」としての「点」で生じるものだと中沢は言います。それは「位相的ねじれの位置に生まれる笑い」です。つづいて中沢はクリステヴァに従って、この「笑い」を「数」の概念へと重ね合わせていきます。あらゆる計算と論理の原基である「数」とは、しかしそれによって「無限」という概念が出現してしまうという点で、「原記号作用」の限界点としての「点＝笑い」と同じパラドックスを背負っているものだからです。

クリステヴァへの異議

中沢は、クリステヴァがデカルトの「代数」よりもライプニッツの「解析」を重要視していることに触れ、ライプニッツが考案した算術法である「微分＝差異化」こそが、「無限／原記号作用」を「解析」するための有効なツールなのだと論を進めていきます。

このようにしてみるとき、テクスト活動とそれに対応する理論の言葉「セマナリーズ」の特質を、ライプニッツの微分法思想とパラレルさせながら、「意味の微分＝差異化 la différentielle signifiante」なる新造語をつかってとらえようとしていたクリステヴァが、それを象徴秩序にたいする異和的な力の侵犯だの、秩序とカオスの弁証法的往復運動だのとは、まったく異なる視点からみていたのだということがわかる。（同前）

「意味の微分＝差異化」という言葉でとらえられたテクスト活動とセマナリーズも、それと同じように、システム(オープン・システムであるにせよ何にせよ)の状態ではなく、その状態にたいする意識の働かせ方のほうに関係しているのである。統一するマッスにまとめあげ積分していこうとする力に対抗し、すりぬけながら、深層でも外部でもないまさにその同じ場所で、分子(モナド)が絶え間なく差異のビートをたたき、連続体に絶え間なく数が刻みこまれていく「場」にはいっていくことのできる意識の働かせ方を、クリステヴァは「意味の微分=差異化」と呼んでいるのだ。(同前)

中沢がクリステヴァの理論に見出した「差異化」とは、何よりもまず、このような「意識の働かせ方」のことです。そして、そうであるがゆえに、彼はこの論文の後半で、クリステヴァ=ソレルスが、もっぱら「テクスト活動とセマナリーズ」の次元でしか「差異化」を考えていないことへの不満を表明していきます。

中沢によれば、テクストとその意味作用が成し得ること、というレヴェルで「差異化」を捉えている限り、最終的には「超越論的言語論=形而上学」に呑み込まれることから逃れられません。「原記号作用」が(たとえ非常に難解なものであれ)可読的な「テクスト」へと変換されるためには、どこかで「差異化」を抑止して、「言語」という「容器」に流し込んでいく必要があるからです。というか、それが「テクスト」として現に存在しているということは、すでに「差異化」が一種の「統一化」のベクトルへの転回を経過したということになるのです。

そして中沢は、そのような転回を、「闇と曙光」「死と再生」といった宗教的―文学的なメタファーで言い換えつつ、クリステヴァが、『セメイオチケ』の段階では、古代インドの言語論／哲学を援用するなどして、「テクスト論がはらんでいる非―西欧知的なるものの特質」を摑み取っていたのにもかかわらず、後の著作では次第に「ユダヤ＝キリスト教化」し（クリステヴァはユダヤ系です）、「差異化」と一神教的（＝超越的）な合理性や一義性への傾きを折り合わせていこうとしていることに強い異議を唱えます。

超越者なき神秘主義

もちろん、中沢も、「しかしそうは言うものの、循環論におちいることなしに、ほんとうの意味で超越的形而上学とその言語論から脱け出し、それを乗り越えるなどということが、いかに困難なことであるか」と書いています。そして「チベットのモーツァルト」という文章の肝は、まさにこの「困難」の提示にあるのです。

クリステヴァの「グノーシス的記号論」の前に立ちはだかったのと同じ困難は、超越的形而上学の内部にありながら自分の体験した「神秘」によってその枠からはみださざるを得なくなった多くの神秘思想家や詩人たちの前にたちはだかった壁でもある。つまり彼らは、さまざまな精神技法をつうじて意識の状態を「微分＝差異化」し「分子化」していったところにあらわれる「静かに輝くまばゆい内的な光」の体験と、リゾーム状の多様体に「表面」をつくりだし可視的な世界を生み、またそれによって主体どうしのコミュニケーションを可能にするもうひとつの別の光、つまりは超越性の「曙光」とをどのように調停させるか、という問題にぶつからざるをえなくなったのである。内的な分子状の光の体験を「闇」にすりかえてしまうのは、たんなる欺瞞であろう。しかしその光を超越性の「曙光」と同一化するある種の「一性論」は、それ以上に多くの循環論的パラドックスをかかえこむにちがいない。（同前）

「グノーシス的」という言葉がここでいきなり登場するので面食らいますが、この文脈ではとりあえず「二元論的」と理解しておけば足りるかと思います。ここに至って中沢の思考は、クリステヴァに依拠した「テクスト論」の文脈から一挙に離脱して、「神秘」と遭遇する「意識」という真の主題を露わにします。中沢は、ここに現れた「困難」は、「われわれ自身」の「困難」でもあるのだと言います。それは「こんにちわれわれのすべてをつつみこんでいる形而上学の場に穴をうがち、そこを脱け出ていこうとするときに必ずたちはだかる、巨大な吸飲口のようなものに由来している」からです。

そして「チベットのモーツァルト」は次のような一文で終わっています。

この吸飲口をすりぬけていくために、ここからわれわれは「超越者なき神秘主義」とそれをささえる内在的言語論の検討にむかっていくことになる。（同前）

この論文に附された最後の註で、中沢はふと思い出したかのように、「ジャック・デリダによる脱構築の試みは、このような吸飲口に呑まれることをまぬかれようとする技術の鍛練なのであろう」と書いていますが、ドゥルーズ＝ガタリと並ぶ「ポスト構造主義」の雄であるデリダとはかなり異なったアプローチで、その後の中沢新一は「吸飲口」からの「逃走」を盛んに企てていくことになります。

この「チベットのモーツァルト」には、すでに中沢新一という「思想」家の、現在に至るまでの最大のテーマが現れているといって過言ではないと思います。それはすなわち、いかにして「超越者なき神秘主義」を立ち上げるか、ということです。言うまでもなく、このテーマは、のちの「オウム真理教」と中沢の関わりにおいて、非常に重要な意味を持ってきます。しかし、それは後の章に譲ることにして、この辺で中沢新一の「差異化」と浅田彰の「差異化」を比較してみたいと思います。

「スタート以前」か「ゴールの先」か

「チベットのモーツァルト」一編を読んでみても分かることは、中沢が「微分＝差異化」を、浅田のように「社会＝世界」の段階的なモデルに即した「コード化」の問題としてではなく、われわれの「意識の働かせ方」次第で、いつでもそこここに顔を覗かせる、いうなれば真に「リアル」な状態として考えているということです。

「差異化」という流動状態は、現に在る、この「世界」そのものにも、われわれ人間の「身体」にも、その「意識（と無意識？）」にも、そして「人間」が「世界」を理解する為のツールである「言語＝記号」にも、等しく、まるで渦を巻くようにして存在しています。しかし普段それは、はっきりとは見えないような形でどこかに潜在していたり、色々な理由によって隠蔽されていたりする。

けれどもたとえば、何らかの「神秘」と呼べる体験に出くわしたときに、そのような真実の「世界」の姿が、突然に垣間見えることがある。中沢にとって、その「神秘」は、超越的な、超常的なものではなく、むしろそちらが本当は「リアル」な出来事なのです。それを「神秘」として受け取ってしまうのは、われわれの「意識の働かせ方」が足らないからだというわけです。

繰り返しますが、『構造と力』の「差異化」は、（望むと望まざるとにかかわらず？）われわれが生きる「社会＝世界」が進んでいくだろうベクトルを示すものでしたが、「チベットのモーツァルト」の「差異化」とは、最初から在るものです。浅田の「差異化」を「ゴ

ール の先」だとすると、中沢の「差異化」は「スタート以前」であって、この意味で両者はきわめて対照的です。浅田彰の「差異化」は「過剰」を生産するものでしたが、中沢新一の「差異化」は「無限」をもともと内包しています。しかし、われわれが「知」によって「スタート以前」の状態を捉えようとした途端に、あの「巨大な吸飲口」が立ちはだかり、あっという間に何か違うものになってしまう……。

でもこれを逆さまから言うと、「吸飲口」に呑み込まれ、編制されたうえで形を成したものからしか、われわれはそれ以前の流動状態を推し量ることは出来ない、ということではないでしょうか。これは明らかにパラドックスであり、実のところ、これ自体が、あの「クラインの壺」と同じ「悪循環」を形成しています。「チベットのモーツァルト」は雑誌「現代思想」の一九八三年五月号の掲載で、『構造と力』の「クラインの壺」に関する論文は、それよりも以前に発表されていますから、この「吸飲口」というたとえが、浅田の言説を意識してのことだった可能性は高いと思われます（言うまでもなく、「クラインの壺」は「壺」の「吸飲口」を「内部」へと貫入させることで出来上がっていました）。

ありとあらゆる、いや、ありとあらゆる以上の「差異」を探知し画定し産出し続ける、絶えざる「差異化」の実験場、すなわち「リゾーム」は、浅田彰にとっては一種のユートピアとして、中沢新一にとっては「世界の実相」として捉えられていますが、いずれにしても、そこに至る前に、ありとあらゆる「差異」を、無限回路で循環させることで解消してしまう「クラインの壺」的なるものが、巨大な障害として待ち構えているわけです。ならば、どうすればいいのか。そこで中沢が取り組んでみせたのは、「世界の実相」を見抜くための「意識の働かせ方」とは、どういうものなのかを、より豊かなタームと華麗な文体によって、もっとクリアに描き出していくことでした。

『雪片曲線論』

第二の著作である『雪片曲線論』では、流体力学、ライプニッツの「クリナメン」、チベット密教のマンダラ、フラクタル幾何学、スピノザの『エティカ』、ミシェル・セール、ヴィデオゲーム等々といった、『チベットのモーツァルト』以上の知的意匠を駆使して、「差異化のレッスン」が語られていきます。中沢の「思想」の特徴が鮮明に現れていると思える箇所を引用してみましょう。

流体的思考の背景にあるのは一種の力の哲学である。おまけにそれは、ラジカルな磨きをかけていけば、ものごとを徹底的に放置したままでいられるような生活態度を作っていける力の哲学なのである。ものごとを象徴などによって媒介するのではなく、その場で生起している力が自然成長していくにまかせることのできる態度。のっけから世界をソリッドな結晶体の集合と見誤ることなくゆらぎをはらんだソフトな構造を自己生成する流体的なプロセスとして捉えるものの見方。ものごとの統一的な理解をもたらす超越的な場から出発するのではなく、存在のオートノミー（自律性）の側から世界の多様性を見ていくいき方。ものごとの背後には何か隠された意味があると思い込んで、自然発生的な意識の働きをどこかに根づかせようとするのではなくて、あらゆるものごとがどこまでいっても根にたどりつくことのない表層であることに気づいて、そういうものとして受け入れることのできる素直さ。仏教やタオなどが、宗教的なそれぞれの表現をつうじて言おうとしているのは、こういうラジカルな流体的思考への手引きにほかならないのである。（「陰陽・差異・クリナメン」『雪片曲線論』、以下同じ）

ここで提起されている「意識の働かせ方」は、数多の宗教が「覚醒」や「解脱」といった用語で語ってきたものと、非常によく似ています。しかし、それが同時に「超越者なき神秘主義」であろうとしている点が、少なくとも一神教的な「宗教」とは決定的に違っています。

「ものごとを徹底的に放置したままでいられるような生活態度」こそがラジカルであるというのは、自然状態は常に既に「リゾーム」であるのに、なぜだかわれわれはそこから隔てられているのであって、おそらくは「西欧的知性」の進展と無関係ではないだろう（従ってそれは「一神教」とも無関係ではありません）その障壁群を打ち壊し、多種多様な

「力」が錯綜するゾーンである「リゾームとしての現実」をさらけ出すことを、中沢は求めているのです。

つまり、われわれは「そこ」に向かうのではなくて、「ここ」に気づくのです。高次のステージに昇って何事かを獲得するということではなく、今ある「世界」と「意識」を、ただありのままの姿で認めればよいわけです。

『雪片曲線論』の前半三分の一を占める表題論考「雪片曲線論」の末尾は、次のようなものです。

スピノザが『エティカ』において語っているように、知性を「自然化」し「森林化」して「無限化」することができたときはじめて、「改善」された知性は晴々とした自由のなかで、自然と精神をともに貫いて、それぞれを無限の多様体として作りなしていく純粋な力の場に触れていくことができるのだ。人間はこれまで、神学や神秘の言葉を使い、秘教的な技術に頼りながら、それを行なおうとしてきた。それと同じ「知性改善」への予感を、私たちは現代の数学やコンピュータ・サイエンスや生命科学という知性のかたちをとおして、確実に感知し始めている。いま必要なのは新しい自然哲学だ。

（「華やぐ子午線」）

そして中沢新一は、これ以降、ここで打ち出された「新しい自然哲学」を追究していくことになります。

二人の対立軸

さて、ここでふたたび浅田彰との関係に戻ります。『雪片曲線論』の「あとがき」を、中沢新一は「この本はあらゆる意味で「中間的」な書物だ」と書き起こし、同書が『チベットのモーツァルト』と、第三の書物となる予定の『森のバロック』（南方熊楠論であることの本は実際には以後数冊を挟んだ一九九二年になって上梓されます）の間を繋ぐものであると述べます。重要なのは、それに続くくだりです。

だが、それよりも、もっと重要なのは、この本が「中間性の知性」というものにより積極的な表現を与えようとしたことだ。私はそれをとおしてモダンな批判理論と、その限界点に生じつつある新しいかたちのコンサーヴァティズムとの両方から、はっきりと身をひき離そうとした。モダンな批判理論は、理性的道具の限界をしめすことで、私たちの意識をそのリミットにまで誘い出すことに成功したけれど、その限界性のむこう側に、つぎの一歩を踏み出すことの危険性の前にたじろいだまま、それはいまふたたび、思考のポジティヴィズムという名の保守主義に立ちもどろうとする趨勢を見せ始めている。本書『雪片曲線論』は、それらをともどもに切り裂いていこうとする欲望をいだいているのだ。

（「あとがき」）

筆者は、これは疑いなく一種の「浅田彰批判」だと思います。ここで「新しいかたちのコンサーヴァティズム」「思考のポジティヴィズムという名の保守主義」とされているものは、タイミングからしても『逃走論』の浅田彰が打ち出した姿勢、いや精確にいうと、そう受け取られた姿勢に他なりません。中沢は自分が標榜する「中間性の知性」のスタイルが、モダンな批判理論からは「ムイシュキン的な白痴」に、新しいコンサーヴァティズムからは「いっこうに悔い改めようとしない破壊者」に映るかもしれないと認めたうえで、「だが、残念なことに」と続けます。

> 私のように世界を快楽の相のもとに捉えようとしているエピキュリアン＝タントリストには、知性の目的のありかが、概念のメチエ、ことばのクラフト、欲望のアルスをつうじて、この世界からいっさいのこわばり、すべてのニヒリズムの種子を追放することにあると信じられているために、白痴的な輝きをいつまでも美しいと感じ、破壊力のなかにどこまでも健康な肯定性を見出してしまう性癖は、どのような状況のもとにあって

も、少しも変化することがなかったのである。（同前）

前の節で見たように、『構造と力』が図らずも示してしまった「クラインの壺」から「リゾーム」への跳躍の困難を、浅田彰は続く『逃走論』において、それでもとにかくひたすら「逃げ続けること」、それも「メディア空間」を舞台にプレイフルな「逃走」をパフォームし続けることで、とりあえず受け流そうとしたと言えます。それを中沢は「保守主義」だと断じているのです。それは取りも直さず、中沢にとっては「リゾーム」こそが「自然状態」であるからです。

理想としての「リゾーム」が「クラインの壺」によって阻まれてしまうというのが『構造と力』のパラドックスであったわけですが、中沢の考えだと、そのような「パラドックス」を突き詰めていった果てに「リゾームとしての世界＝現実」が姿を現すのであって、そこから逃げ出すなどもってのほか、というか、逃げる必要もなければ、逃げることなどそもそも不可能なのです。しかし逆に、浅田の側から見れば、中沢は「破壊者」に、それもけっして壊れるはずのないものに対して、壊れるはずがないことを本当はわかっていながら挑み続ける「パフォーマンス」をしてみせている、滑稽で狡猾な「破壊者」に映ったことでしょう。

しかし、とはいえ、このように少し掘り下げてみると、次第にほの見えてくる両者の対立軸は、当時でさえもけっして表立ってのものではありませんでした。それどころか、二人は「ニューアカ」ブームの牽引車の両輪として、少なくとも表面的には仲良く共闘してゆきます。のちに中沢が「オウム事件」で批判を浴びたときにも浅田彰は基本的に擁護しています。そして、このとき、実は顕在しかかっていた「対立軸」を押し隠し封じ込めてしまったものこそ、「八〇年代」という「同時代性」だったのです。この点については、次々節で述べます。

「二元論」を乗り越える

ところで、本書ではこの先、第六章の「オウム」をめぐるところで言及する以外には、中沢新一の話は出てこない予定ですので、その後の中沢の「思想」について、ごく簡単に触れておきます。

『雪片曲線論』で提起された「中間性の知性」は、さまざまな変遷とパラフレーズを経て、「ゼロ年代」に入ってから、一連の「対称性人類学」として結実することになります。全五巻の『対称性人類学 カイエ・ソバージュ』を皮切りに、『芸術人類学』『狩猟と編み籠　対称性人類学Ⅱ』『今日の野生の思考』と、現在も継続中の彼の仕事はきわめて旺盛なものです。しかし豊富な事例と過剰なレトリックを剝ぎ取ってみると、中沢の思考が、「中間性」をどのようにして摑まえるか、という一貫した動機に支えられていることが分かります。

筆者の見たところ、現在の中沢の理論は二系統のラインを持っています。ひとつは「対称性」というキーワードに示されているラインで、「現生人類の「心」は、対称性の論理で動く高次元な知性と、言語的なロゴスによって作動する非対称性知性との複合論理（バイロジック）として、複雑で高度な働きをおこなっている」（『狩猟と編み籠』プロローグ）という前提に立って、膨大な事象に潜む「バイロジック」を解き明かしていくものです。中沢によると、この「バイロジック」はトポロジカルな「ねじれ」を持っています。敢て単純化して言ってしまえば、「対称性」が「構造」、「非対称性」が「リゾーム」です。中沢はこの二項を、段階論とも表裏一体とも違った、いわば双子のごとき「複合論理＝バイロジック」として、自らの「思想」に再回収してみせます。そこでは「ねじれ」自体が「バイロジック」を走らせるエンジンとして捉えられることになります。

これまで述べてきたことからも明らかだと思いますが、いわゆる「ポスト構造主義」の主題とは、煎じ詰めれば「二元論」をどうやって乗り越えるのか、という問いに集約できます。中沢の「対称性人類学」は、「二元論」にアンチテーゼを設定すると、それ自体がまた、もうひとつの「二元論」を形成してしまう、というパラドックスを逆手に取って、そんな矛盾そのものをポジティヴに転換してしまおうというものだと思います。

これに対して、もう一方のラインでは、「二」ではなく「三」という数字に重きを置いていきます。盟友・糸井重里の「ほぼ日刊イトイ新聞」主催による講演会を基にした同名の著書で読むことの出来る「三位一体モデル」がそれです。

中沢はそこで、キリスト教の「三位一体」を、「父＝社会的な法」「子＝幻想力」「聖霊＝増殖力」と抽象化・概念化したうえで、「父」と「子」を媒介する「聖霊」を、たとえば資本主義の「貨幣＝資本」に当て嵌めて、それは抛《ほう》っておくと無限に増殖してゆくものであること、その結果、バランスを著しく欠いた「世界＝社会」が現出してしまうこと、それゆえにこそ、「三位一体」の再確認が重要なのだと論じています。

言うまでもなく、この「聖霊＝増殖力」は、われわれが見てきた「差異化」や「力」や「過剰」と同じものです。とともに、「二」だけだと、どうしても「二元論」になってしまうので、その「中間」としての第三項を組み入れることで、その落とし穴を回避しようとしているという点で、「対称性人類学」とはまた違った形で、「二元論」へのアンサーたり得ていると言ってよいと思います。

「二元論」の累乗と、「二項」に「中間項」を導入する「三元論」。やや穿《うが》った見方をすると、この二つのラインの戦略を並行して行なっていくことも、またひとつの「バイロジック」であるのかもしれません。そして中沢新一にとっては、おそらくはこうしたすべてが、あの「吸飲口」への挑戦なのでしょう。

「消費社会を肯定する論理」という誤解

以上見て来たように、「ニューアカ」を代表する浅田彰と中沢新一の言説には、かなり似ている所と、ほとんど対立しているとさえ言っていいほどに違う所とが両方あります。同じく「ポスト構造主義」に通暁し、同様のアポリア（難問）にぶつかりながらも、基本的な問題設定の仕方と、それへの対処策において、ふたりは明確なコントラストを成しています。

しかし、それ以上に、両者の「思想」、精確にはその「思想」のパフォーマンスには、はっきりとした共通点がありました。それは、ふたりがそれぞれに提出した「差異化」という概念が、結果として「八〇年代」当時のニッポンの爛熟しつつあった消費社会を肯定する論理になってしまった、少なくともそう受け取られていった、ということです。そして彼らも、そのような誤解（？）に対して殊更に異を唱えることはなく、むしろ積極的に乗っていったかにも見えたのです。

『構造と力』は一種の「資本主義論」あるいは「ポスト資本主義論への素描」であり、『チベットのモーツァルト』はいわば一風変わった「ポスト現象学」として読むことが出来ます。前者は社会思想と経済学に、後者は宗教学と身体論にベースが置かれています（言うまでもなくこれはそれぞれの「アカデミズム」における「専門」と関係しています）。どちらの言説からも、実は必ずしも「現在」を肯定するようなロジックは、そのままの形で引き出すことは出来ません。しかし、にもかかわらず、そういうことになっていったのです。それは、彼らの「思想」が「八〇年代ニッポン」に登場したから、ふたりの本来の意図とは無関係に、不可避的に、そうなってしまった、ということです。筆者はこのことを「ニューアカ」の最大の「不幸」だと考えていますが、それはむしろ「ニューアカ」という一大ブームの「勝因」であったと言ったほうが正しいのかもしれません。

浅田と中沢の理論的言説の出発点は、直接的にはドゥルーズ゠ガタリの『リゾーム』が一九七六年、それを第一章として含む『ミル・プラトー』が一九八〇年に、それぞれ原著で出版されていたことが引き金になっていたと考えられます（『リゾーム』の邦訳も七七年に「エピステーメー」に掲載されていました）。しかし、ドゥルーズ゠ガタリによる前著『アンチ・オイディプス』は一九七二年に出ています。哲学者ジル・ドゥルーズと精神分析医フェリックス・ガタリとの共同作業は、少なくとも六〇年代後半まではごく正統的な哲学史家であったドゥルーズが、過激なアクティヴィストとしての顔を持つガタリと出会うことで開始されました。

そこにはフランスの（そして日本の）「アカデミズム」をも巻き込んだ「政治の季節」である「一九六八年五月」が大きな影を落としています。『ミル・プラトー』までのドゥルーズ゠ガタリの一連の「思想」は、いうなれば「六八年」の縦横無尽のパラフレーズです。

しかしニッポンにそれが本格的に輸入されてきたとき、この国はいっときの「政治＝思想」の時代を悲惨な形で終え、バブルへと向かう未曾有の好景気を迎えていました。「資本主義」を乗り越えるための理論が、「資本主義」を肯定する「思想」になってしまったのは、端的に言うとそのせいです。

しかし「ニューアカ」にとって、この「誤解」は決定的でした。たまたま「八〇年代ニッポン」であったからこそ、ドゥルーズ＝ガタリの「現代思想」は、そんな「誤解」を被ることになった。しかし、その「誤解」が生じていなかったら、「ニューアカデミズム」が一種の社会現象にまで肥大化するということも、けっしてなかったのです。

子供の資本主義

この点を考えたときに、かなり興味深いテクストがあります。「現代思想」の一九八七年十二月臨時増刊号「総特集＝日本のポストモダン」に掲載された、浅田彰による「子供の資本主義と日本のポストモダニズム——ひとつのフェアリー・テイル」です。もともとはアメリカで開かれた「ポストモダンの諸問題」という国際シンポジウムにおいて口頭発表されたもので、実際の講演がどうだったのかは分かりませんが、現在読み得るのはごく短い文章です。

浅田はそこで、「資本主義」というものを、古典的な「老人の資本主義」、成熟と安定を志向する「大人の資本主義」、そして理念も目的意識も欠いたままで、むしろそれゆえに加速し膨張し続ける「子供の資本主義」の三段階に分類し（浅田はこの分類を日本を訪れたフェリックス・ガタリとの討論から得たと言っています）、現在の日本こそが「子供の資本主義」の最先端を行くものであるのだと、採録でも分かるほどの、浅田らしからぬ些《いささ》か混乱した言葉遣いで述べています。西田幾多郎による「無の場所」や、西田の門弟たち京都学派の「近代の超克」論などを踏まえて、「八〇年代ニッポン」に現出した「ポストモダン」とは、実のところ一九三〇年代の戦前の「ポストモダン」と相似的なのではないか、などと論じつつ、浅田はそんな「ヴィジョン」は「観念論的倒錯の極致」だと決めつけ、まるで自ら提起しかけた論議を放り出すかのようにして、この講演は終わってしまうのです。

浅田はこの講演の最後で、はっきりと自嘲的に「このヴィジョンが自壊にいたるように、僕はあえてグロテスクなパロディを続けてきた」と言い、「この倒錯を徹底的に解体し、そのなかから現実的な分析を作り出さなければなりません」と述べています。この発言は、この講演での論旨についてのことだと思いますが、しかしもっと敷衍して、浅田彰という「ニューアカ」のスターの「振る舞い」全般に対する、一種の自己反省の弁と受け取ることも可能だと思います。

「ニューアカ」の悲喜劇

実際、八七年の時点では、「ニューアカ」の狂奔現象は、ようやく一息吐《つ》きかかっていました。しかし同時に、ニッポンの経済はバブルに向かって、まだひた走りに暴走していた時期でもあります。

一言でいえば、この頃、浅田彰はうんざりしていたのだと思います。先の「資本主義」の分類が、『構造と力』における「コード化」のモデルと同じ三段階であることに注目してください。では「八〇年代ニッポン」の「子供の資本主義」が「脱コード化＝リゾーム」なのでしょうか。本当はそうではなかったはずなのに、あまりにも「現実」の磁場が強すぎて、そういうことになってしまったのです。

これは単なる「理論」と「現実」とのギャップということではありません。もっと深刻な（と同時にもっと浅薄な?）、まさしく「グロテスクなパロディ」と呼ぶべき事態です。これこそが「ニューアカの不幸」、いや、「ニューアカの悲劇」です。そしておそらくそれは「悲喜劇」でもあります。

「思想」と呼ばれるものには、「世界」を「変革（更改）」しようとするものと、「世界」を「記述（説明）」しようとするものがあるのではないでしょうか。「ニューアカの悲喜劇」とは、初発の動機としては確かに前者であったはずのものが、その意識的／無意識的なパフォーマンスのなかで、いつのまにか後者にすり替ってしまう、という事態のことです。「六八年」に端を発する「ポスト資本主義」の論議が、あっけなく「八〇年代」の「子供の資本主義」の説明原理になってしまうという倒錯。

しかしもちろん、その倒錯的な「パフォーマンス」には、浅田彰や中沢新一も、中心的なプレイヤーとして参加しているのです。現実的な分析を作り出さなければならない、という浅田の言明は、いつまでも遊んでばかりの「子供」ではいられない、という態度表明だったのだと思います。

先にも引いた『逃走論』所収の「スキゾ・カルチャーの到来」の最後は、こんな文章です。

一定方向のコースを息せききって走り続けるパラノ型の資本主義的人間類型は、今や終焉を迎えつつある。そのあとに来るものは何か。電子の密室の中に蹲《うずくま》るナルシスとありとあらゆる方向に逃げ散っていくスキゾ・キッズ、ソフトな管理とスキゾ的逃走、そのいずれが優勢になるかは、まさしく今このときにかかっているのである。

（「スキゾ・カルチャーの到来」『逃走論』）

四半世紀以上が経過した現在からすると、実際にいずれが優勢になったのかは、あまりにも明らかです。「電子の密室の中に蹲るナルシス」とは「動物化したオタク」、「ソフトな管理」とは今日の「アーキテクチャ型管理社会」だと言えるでしょう。当時の浅田彰の冴えには驚くべきものがあります。ただ彼自身の個人的な気分も込めたものだったろう予測だけが、完全に真逆に振れてしまったことを除けば。

「ニューアカの悲喜劇」とは、言っていることと、(結果として)行なってしまったことのズレにおいて生じたものでした。これはプロローグでも触れておいた、デリダ＝東浩紀の「コンスタティヴ／パフォーマティヴ」そのものです。そして現実的な効力を持ち、その人自身にもフィードバックし、後続する者たちに影響を与えていくのは、残念ながら常に後者の方です。

そして「九〇年代」から「ゼロ年代」へと時代が進んでいくにつれて、この「ズレ」はどんどん重層化し、メタ化していきます。むしろそのような「ズレ」を、いかに先読みして自らの「パフォーマンス」に取り込んでいくかということが、「ニッポンの思想」のプレイヤーたちにとっての最重要課題になっていくのです。

「わかりたいあなた」のためのチャート、マップ、カタログ

ところで、「ニューアカ」と呼ばれた学者たちの一般向け著作、とりわけ『構造と力』について、その特色として「チャート化」ということが盛んに言われました。例の三段階

説を表した巻末図にも顕著ですが、なるほど浅田彰の言説は、難解で複雑な「現代思想」を見事に腑分けして、目で見てすぐに分かる明解なチャートに移し替えてしまうという、まるで「知」の魔法使いのような才気に溢れていました。また、それが一方では、所詮は学習参考書に慣れ親しんだ優等生の「お勉強」のテクニックに過ぎず、真の「思想」とは、そのようなカジュアルな「わかりやすさ」とは、全然別ものなのだ、といった批判や反撥を生んだのも事実です（この批判の急先鋒が吉本隆明でした）。

しかし「チャート化」による半ば強引な整理によって、はじめて醸し出される「わかりやすさ」が、「ニューアカ」現象の起爆力になったことは間違いありません。そして、これもまた「八〇年代ニッポン」と密接な関係を持っていました。

浅田彰的なクレヴァーさが、七〇年代以来、ますます熾烈《しれつ》を極めていた「受験戦争」におけるスキルやテクニックの蓄積と通じていることは確かですが、それだけではありません。経済成長とそれに伴う消費文化の急速な進展のなかで、物凄い勢いで次々と新しいモノが造り出され、流通し、買われていきました。アイテムがどんどん増えていくと、それらを整理する仕草が当然必要とされます。「チャート」や「カタログ」は「時代」の要請でもあったのです。

たとえば、小説に附された膨大な註というスタイルで「カタログ文化」の到来を鮮やかに描出した田中康夫のデビュー作『なんとなく、クリスタル』は一九八〇年に発表されていWe。流行現象やライフスタイルを「チャート＝カタログ」的に紹介したホイチョイ・プロダクションの「気まぐれコンセプト」「見栄講座──ミーハーのための戦略と展開」や、マル金・マルビという流行語も生んだ渡辺和博とタラコプロダクションの『金魂巻』も「ニューアカ」と同時期の出版で、いずれもベストセラーになっています（ちなみに『金魂巻』の副題は「現代人気職業三十一の金持ビンボー人の表層と力と構造」です）。特定の事象やジャンルに属する多数の人物の相関図を四象限のグラフ上に配置する「マップ」も、この頃から雑誌の特集などに矢鱈と登場するようになってきます。これらはすべて、取りも直さず、そうでもしないとややこしくて仕方が無いくらいに、語るべきモノ／コト／ヒトが増えてしまったからに他なりません。

浅田彰の「チャート」も、これらと同じ文脈で考えるべきだと思います。彼のクレヴァーさは、持って生まれた知性と才能、そして「優等生」としての研鑽によるものだったかもしれませんが、『構造と力』が非常に多くの若者にアピールしたのは、それが「カタログ文化」と同じカジュアルなクリアネスを有していたからだと思います。そしてそれは、ひとつながりのテクストのなかで数多の「脱領域」的な事象を縦横無尽に駆け巡ってみせる中沢新一にも言えることでした。つまりそれは「知」の「最新流行カタログ」として受け入れられたのです。

「難解―明解」の往復運動

しかし、実際のところ「ニューアカ」の言説は、それほど「わかりやすい」ものだったのでしょうか。「同時代的」な共感ということを脇に置いてみると、それはやはり当然のことながら、理論レベルではそれなりに難解なものだったと思います。そのことは、ドゥルーズ＝ガタリやクリステヴァの原典を実際に読んでみれば立ちどころに分かります。『構造と力』や『チベットのモーツァルト』をベストセラーに押し上げた購買者の全員が、ほんとうに読んで「わかりやすい」と思い、その内容を自分なりに理解できたとは、さすがにちょっと考えにくいのではないでしょうか。ごく常識的にみて、カントもヘーゲルもニーチェもフロイトも一冊も読んだことがないのに、いきなりドゥルーズ＝ガタリやクリステヴァの「思想」を開陳されて、どうして理解できるというのでしょう。

この点はしかし、確かめようがないことではあります。ただ一つ言えることは、「ニューアカ」の言説の魅力が、実は単純な意味で「わかりにくいものをわかりやすくする」ということだけではなかったのではないか、ということです。

「チャート＝カタログ＝マップ」と同じくらいに、読者の心をくすぐったのは、高度で難解な「現代思想」を平易で明解なロジックに変換してみせただけではなく、それを更に多くの固有名詞と新奇な用語群でややこしく彩ってみせたことでした。特に中沢新一の文章の場合は、ほとんど「わかりにくいものをわかりやすくして、それをまた別の形でわかりにくく」しているような感じさえあります。しかしそれがまた却って彼の言説を魅惑的に見せることになったのです。

この「難解―明解」の往復（シーソー）運動のような回路は、「ニュー・アカ」以降の「ニッポンの思想」の特質の一つだと思います（われわれはこの後すぐ、それを蓮實重彦の「文体」によって確認します）。しかし、前にも書いたことですが、そもそも「わかりにくいものをわかりやすくする」とは、どういう意味なのでしょうか。「わかりやすい」と思えた時点で、それはもともと「わかりにくく」はなかったことになってしまうのではないのでしょうか。よくよく考えてみると、よくわからなくなってきます。というか、それ以前に、「わかる」とは一体、どういうことなのでしょうか……？

「ニューアカ」全盛期の一九八四年の末に、「別冊宝島」の一冊として、その名も『わかりたいあなたのための現代思想・入門』というムックが刊行されました。「ニューアカ」が解説した「現代思想」を、まさしく「チャート」や「マップ」を駆使して更に解説してみせたこの本は、かなりの好評を博し、八六年には続編として「日本編」も出ています。この「わかりたいあなた」こそ、「ニューアカ」現象が産み出した（或いは炙《あぶ》り出した？）新たな「読者層」だと言えると思います。

この「わかりたい」は、「わかったつもりになりたい」「わかったことにしたい」と、ほぼ同義です。これは別にそのような読者を差別して言っているのではなくて、「わかる」ということの意味が本当は甚だ曖昧である以上、「わかった気になる」と「わかる」のあいだには本質的には線引きが出来ないと思うのです。「ニューアカ」の「パフォーマンス」は、「わかりたいあなたたち」に向けて為され、そのことによって「わかっている（つもりの）わたしたち」を大量生産する機能を持っていました。

実際、この時期には、日常生活でも「ニューアカ」的なジャーゴンをふんだんに用いて会話し、「スキゾ・キッズ」を地で行くようなライフスタイルを標榜する、まるで浅田や中沢のコピーのような、「新人類」と呼ばれる若者たちが登場したりもしました。「新人類御三家」といわれた中森明夫、田口賢司、野々村文宏の三人による共著『卒業――〝KYON²に向って〟』（八五年）は、小泉今日子や菊池桃子といった当時人気絶頂のアイドルを、「現代思想」のタームで語りまくる「奇書」です。

それは知的ファッション、知的スノビズムとでも呼ぶべきものだったかもしれません。しかしファッションであろうとスノビズムであろうと、「思想」に関心を持つ若者が、ある数の「層」として登場し得たのは、「連合赤軍事件」以後、およそ十年ぶりのことだったのです。中沢新一も「偉そうなことばっかりじゃなくて、はじめからカッコよさについては考えていた」と語っています。ある意味では、戦後はじめて「思想」と「カッコよさ」が結びついたのが、この時代だったのだと言えます。

第三章

蓮實重彦と柄谷行人——「テクスト」と「作品」

こうして浅田彰と中沢新一が牽引した「ニューアカ」のブームによって、何人もの学者たちが脚光を浴びていくことになりました。すでに名前を挙げた人たち以外に、二人とほぼ同世代で「ニューアカ」の最盛期というべき八三年から八六年くらいまでに最初の著作（もしくは最初の話題作）を刊行した者としては、浅田と一緒に典型的な「ニューアカ」雑誌「GS（たのしい知識）」の編集委員も務めていた四方田犬彦（ただし最初の本『リュミエールの閾』は八〇年に出ています）や、伊藤俊治、松浦寿輝、丹生谷貴志、西成彦などがいます。

しかし、この時期に表舞台に現れてきた重要な存在として、浅田&中沢に次いで言及されるべきなのは、何といっても蓮實重彦と柄谷行人です。彼らは浅田や中沢よりもかなり年長でしたが（蓮實は一九三六年、柄谷は一九四一年生まれ）、間違いなく「ニューアカ」の名バイ・プレイヤーでした。

蓮實重彦──「表層」と「怪物」

蓮實重彦は、東大仏文科の出身で、本来の専門はフローベールですが、六〇年代末から映画や日本文学に関しても旺盛な執筆活動を開始しており、「ニューアカ」が始まったときにはすでに何冊もの著書がありました。東大助教授だった七〇年前後の大学紛争の際には、学生運動にシンパサイズする「造反教官」であったとも、その反対に大学側に立って運動を抑圧したとも言われていますが、のちの一九九七年から二〇〇一年まで東大の総長を務めたことは周知の事実です。

蓮實の初の単著である『批評あるいは仮死の祭典』の出版は一九七四年です。この本は、ミシェル・フーコー、ロラン・バルト、ジル・ドゥルーズの、おそらく日本語としてはもっとも早いインタビューと紹介、そして「ヌーヴォー・ロマン」の旗手アラン・ロブ゠グリエと「ヌーヴェル・クリティック」の批評家ジャン゠ピエール・リシャールに関する論考から成っています。第一部「限界体験と批評」に添えられた副題は「現代フランスにおける〈知〉の相貌」です。まずはその冒頭を引用してみます。

たとえば季節の推移とかそれに応じて表情を異にする外界の事象であるとか、とにかく存在が無意識にその変化を符牒として読みとり、そのつど乱された調和を回復してゆくことになる刺激の総体は、われわれの生の条件と死の条件とを同時に開示するものとして、あたりを埋めつくしている。それをいま環境とも、風土とも、世界とも、ことによったら歴史と呼んでしまってもいいと思うが、そうしたものの秩序が急激に崩れるときに精神と肉体が蒙る不快感は、生の条件を構成するものの無数の系列を一瞬顕在化させながら、ウイとノンの選択を許さない苛酷な限界点のありかを、不可視の領域にほのめかすことになる。

ところでおよそ「作品」と呼ばれるものと関わりを持ってしまうことは、環境として馴れ親しんでいた言葉の秩序が不意にあやういものとなり、無秩序という秩序しか支配していない別の系列へとむりやり移行させられることである。言葉はいきなり白痴の表情をまとい、経験的な「知識」では統御しえない遥か彼方へと身をひそめ、その非人称性と越えがたい距離とによってわれわれを無媒介的に犯し、遂にそれと等しい白痴の表情をまとうことまで強要しにかかる。だから、日ごろの読書行為の中で襲われる眩暈に捉われたまま、われわれは新たなる環境に順応しようと躍起になるのだが、勿論その方法はどこにも示されていない。そこで漂流が、存在の崩壊がはじまる。そしてその崩壊感覚は、生の条件の逸脱にたえず脅やかされているが故に、文字通り危機的《クリティック》な批評《クリティック》体験の始まりを告げるものでもあるのだ。

（「限界体験と批評――現代フランスにおける〈知〉の相貌」『批評あるいは仮死の祭典』）

はじめて蓮實の文章に触れた方は、誰もがこのもはや文学的とさえ呼べないような恐ろしく晦渋《かいじゅう》な文体に驚くだろうと思います。まず何よりもこのきわめて個性的な書法のパフォーマンスが、蓮實重彦の特徴です。

「宙吊り」の戦略

一九七八年には、タイトルに掲げられた三人の「フランス現代思想」の担い手を論じた『フーコー・ドゥルーズ・デリダ』が出ますが、そこでのたとえばドゥルーズに関する文章も、軽快さと明解さを売りにした「ニューアカ」とは対極にあるといっていいものです。

洞窟の淀んだ湿りけがなにやら不吉な重みとして肩に落ちかかり、肌にまといつく黒々とした冷気となって迫ってくるあたりで思わず足をとめ、全身をこわばらせにかかる暗さをぬぐい落すように瞳をこらすと、わずかにしなやかさをとどめていたはずの視線までが、周囲の薄明にようやく馴れはじめていたというのに、もうそこからさきはもののかたちを識別する機能を放棄してしまって、距離感も方向の意識をも見失ったまま曖昧に漂いだすばかりで、だからそんなとき、目の前にぽかりと口を拡げた暗黒の深淵に対して、ひたすら無気力な対応ぶりしか示すことができない。とりあえず捏造された夜といった比喩に頼ってやりすごすしかないその深淵には、かすかにしのびこんでいたはずの外光すらもすっかり途絶えて、いかなるものの輪郭も視界に浮上することなく、すべてが一様に黒く、底知れず深い。だが、際限なく落ちこんでゆくかに見えるその湿った闇は、あらゆるものを同じ一つの眠りへと誘って溶解しつくすかと思われながら、同時に、その底なしの深みは、徹底して深さを欠いたのっぺらぼうな環境としていっせいに表層へとせりあがって、ほとんど距離なしに顔一面に迫って瞳にまつわりつき、改めて視線に向かって見ることの無効を宣言してもいるかのようだ。

（「「怪物」の主題による変奏――ジル・ドゥルーズ『差異と反復』を読む」『フーコー・ドゥルーズ・デリダ』）

これが書き出しです。そして更にこの数倍の長さの言葉が費やされてから、やっとジル・ドゥルーズという固有名詞が出てくることになります。

いつまでたっても本論が開始されず（少なくともそのように読め）、隠喩に隠喩を織り重ねてゆくような異様な文章は、しかし正にここに書かれているように、隠された深淵の所在を表そうとするものではなく、「徹底して深さを欠いたのっぺらぼうな環境」である「表層」を露わにし、そこに可能な限り留まろうという意図を持っています。そして蓮實は、このないわば「宙吊り」の戦略だけが、ドゥルーズの書物に迫り得る唯一の方法なのであり、またドゥルーズの思考そのものでもあるのだと論を進めていきます。

初期の代表的な長編評論といえる『表層批評宣言』（七九年）や「ニューアカ」まっただ中の時期に刊行された『物語批判序説』（八五年）、そして大量の映画論や文学論でも、蓮實のこのような「文体と書評がそのまま内容や主題を表している」という独特のスタイルは一貫しています。

『差異と反復』の日本語訳が登場するまでには、このあと十数年も待たなければなりませんでしたが、原典を読んでみてもわかったことは、このドゥルーズ論がドゥルーズ哲学の解説というよりも、むしろそれ以上に蓮實重彦自身の「思想」を披瀝したものであったのだということです。

「凡庸さ」という主題

では、蓮實重彦の「思想」とは、いかなるものなのでしょうか。彼の文章には頻繁に用いられるキーワードが幾つかあります。「表層」「制度」「物語」「凡庸」「紋切型」「装置」「荒唐無稽」「倒錯」「戯れ」「遭遇」等々、といったところでしょうか。これらの用語が意味しているものを解きほぐしてみれば、蓮實の言わんとしていることは、その一見する限りでの難解さに比して、実はさほどむずかしい内容ではありません。

> いま、ここに読まれようとしているのは、ある名付けがたい「不自由」をめぐる書物である。その名付けがたい「不自由」とは、読むこと、そして書くこと、さらには思考することを介して誰もがごく日常的に体験している具体的な「不自由」である。だが、人は、一般に、それを「不自由」とは意識せず、むしろ「自由」に近い経験のように信じこんでいる。従ってこの書物の主題は、「自由」と「不自由」とのとり違えにあるといいうるかもしれない。
>
> （「表層批評宣言に向けて」『表層批評宣言』）

「普遍化された錯覚の物語」と蓮實は続けます。この「錯覚」を可能ならしめているメカニズムこそが「制度」であり、また「装置」とも「物語」とも「風景」とも呼ばれているものです。そしてこの「不自由」を「自由」と無意識かつ無邪気に思い込む「錯覚」が「凡庸」と言い換えられます。

この「凡庸さ」という主題は、雑誌「現代思想」に七年間にわたって連載された長大なマクシム・デュ・カン論『凡庸な芸術家の肖像』（八八年）や、『凡庸さについてお話させていただきます』（八六年）などで詳細に語られていますが、ここでは敢て文芸批評の文脈における次の文章を引用しておきましょう。

特殊でありたいといういささかも特殊ではない一般的な意志、あるいは違ったものでなければならぬという同じ一つの強迫観念が、文学をどれほど凡庸化してきたかは誰もが知っている歴史的な現実である。文学の近代的な自意識なるものによって捏造された個性神話というものが、とどのつまりは文学の非個性化に貢献してしまったという歩みそのものが、そのまま過去百年の文学の不幸な歴史にほかならない。

（「同じであることの誘惑」『小説から遠く離れて』）

『小説から遠く離れて』（八九年）は、「八〇年代」後半に書かれた日本小説の幾つかが、それぞれの作家の才能や資質の違いを超えて、構造的に似通っていることを指摘してみせた長編論考ですが、蓮實はそもそもこのような「変えているつもりが似てしまう」こと、すなわち「特殊であろうとすることがそのまま凡庸さでもある」という逆説を「近代〈人〉」の特徴だと考えています。ひととは違うこと、他者との差異を強調しようとすればするほど、それは他者（たち）と同様の「凡庸」な欲望に突き動かされていることになってしまうわけです。

これはつまり「自分のことを変わっていると思っている者がいちばんフツウ」ということです。そして、どうしようもなく「フツウ＝凡庸」であるにもかかわらず、というか、いいいや、それゆえに「変わっていること＝特殊」をやみくもに求め、それどころか実際に「自分は変わっている」と誰もが勘違い出来てしまうような環境を評して、蓮實は「自由」の皮をかぶった「不自由」だと述べているのです。

是が非でも同時代にふさわしい文学的な形式を発見しなければならないという意志もまた、同じであることを回避しようとする共通の意志と同様、文学の凡庸化に貢献するあの退屈な文学的強迫観念にほかならず、それを欠いていることは、作家にとって必ずしも不名誉なこととはいえないからだ。事実、文学など、古くさくてもいっこうに構わ

ないのである。（同前）

「凡庸」なる者が「特殊」と「錯覚」して振る舞うさまが「紋切型」と呼ばれます。『物語批判序説』は、蓮實の専門であるフローベールの『紋切型辞典』の分析を皮切りに、フローベールが彼の生きた十九世紀に蒐集した「クリシェ」の磁場から、二十世紀のわれわれがまったく脱していないこと、相変わらずひとは同じ「凡庸」なる「制度＝装置」の内にあること、それはとりもなおさず、われわれの多くが、そのことに気づいていないことによって証明されているのだということ、つまりわれわれは今もずっと同じ「物語」を生きている（生きさせられている）のだということを、それ自体が一種の「物語」であろうとする、蓮實重彥ならではの書法で明らかにしています。

「作品」と「怪物」

では、この「凡庸」さを逃れる術はないのでしょうか。なにしろ、そのような「術」を試みようとしたり、それに成功したと思うことが、他ならぬ「凡庸」さに回収されてしまうのですから、ことは大変面倒です。

複数の文章やインタビューなどで、蓮實は「凡庸」の対義語は「愚鈍」だと言っています。「特殊」が「凡庸」へと直結してしまうのなら、逆に「特殊」への意志を一切持たないこと。他者との差異について徹底的に鈍感であることだけが、「凡庸」を回避する姿勢だというわけです。

しかしこの二者択一は、ほとんど「フツウの反対はバカ」と言っているのにも等しく、誰にも可能であるわけではない。そこで出てくるのが、ものごとの「表層」に留まり、そこでの「戯れ」のみに目を向けるという戦略です。その向こう側に「深淵」が在るのかどうかということはもはや問題ではなく（それは蓮實にとっては、在ると思えば在り、無いと思えば無い、という程度のことでしかありません）、そういう問いが発される以前の、まさしく「宙吊り」の状態に踏み留まることだけが、たとえ逃げようとしても、どこまでも追いかけてくる「凡庸」を上手にやり過ごす方法だというのです。そして、そのような「表層」の「戯れ」のなかに、ふと、あの「愚鈍」そのものとしての「怪物」との、「荒唐無稽」で「倒錯」的な「遭遇」の体験が訪れるのです。

ドゥルーズ論として著されたはずの「「怪物」の主題による変奏」に書かれているのは、おおよそこのようなことだと思います。では「怪物」とは何なのか？　その答えは次の引用で答えましょう。

思考をこの意図せざる宇宙誌的冒険へと駆りたてる愚鈍なるものの残酷な暴力を、いま、「作品」と名づけよう。洞窟の湿った暗がりに身をひそめる畸型の怪物としての

「作品」は、ふつうその生誕の起源と思われている「作者」と、その起源を模倣的に再現すると思われている「読者」とを時間的な因果律から解放し、同時に共存しあう多様性として起源なき「反復」に引き込み、両方から名前や顔を剥奪して、人間を越えた宇宙誌的な冒険へと駆りたてて残酷にその帰路を絶つ。だから徹底した畸型性としてある「作品」とは、ほとんど荒唐無稽で無責任な力学的な磁場なのである。

（「「怪物」の主題による変奏」――ジル・ドゥルーズ『差異と反復』を読む）

蓮實重彦の映画論や小説論で「擁護」されるのは、もっぱらこのような意味で「怪物」の名に値するとされる「作品」群です。そして蓮實は、ドゥルーズの『差異と反復』という書物自体が、まぎれもなく一個の「作品＝怪物」だといいます。

さて、蓮實重彦の「思想」についてはは語るべきことがまだありそうですが、とりあえずこの辺で柄谷行人に話を移したいと思います。というのは、柄谷が一貫して問題にしているのも、やはり「作品」だと思われるからです。

柄谷行人――「作品」としての『資本論』

柄谷行人は東大経済学部～同大学院英文科卒、蓮實よりは五歳若いですが、いわゆる「全共闘世代」よりはやや年長で、「六〇年安保」の前後に「共産主義者同盟（ブント）」

～「社会主義学生同盟（社学同）」の活動家であったことが知られています（ブント時代の「同志」に西部邁がいます）。一九六九年に「〈意識〉と〈自然〉」で群像新人文学賞評論部門を受賞して文芸評論家としてデビューし、『畏怖する人間』『意味という病』等の評論集を刊行して、文壇における「ポスト江藤淳」ともいうべき足場を固めていきます。

柄谷が狭義の「文芸批評」から、よりスケールの大きな「批評家＝思想家」に変貌するきっかけとなったのは、一九七四年に「群像」に連載された『マルクスその可能性の中心』（刊行は七八年）によってでした。経済学の分野では従来あまり重要視されてこなかった「価値形態論」を軸に、マルクスの『資本論』の読み直しをはかったもので、小説家ではないマルクスに関する論考を文芸誌で連載できたということ自体が、当時の柄谷の「文芸批評」におけるポジションを物語っていると言えるかもしれません。

その『マルクスその可能性の中心』は、次のように書き出されています。

ひとりの思想家について論じるということは、その作品について論じることである。

（『マルクスその可能性の中心』）

この一文に端的に示されている考え方が、柄谷行人のアプローチを貫いています。つまり彼は、マルクスの『資本論』という書物も、それまで文学について論じてきたのと同じように、ひとつの「作品」として読んだのです。

そして何よりも重要な点は、このとき「読み」の対象となる「作品」が、その生みの親である「作者」からはいったん分離されているということです。

すべて著作家は一つの言語・論理のなかで書く以上、それに固有の体系をもつ。しかし、ある作品の豊かさは、著作家が意識的に支配している体系そのものにおいて、なにか彼が「支配していない」体系をもつことにある。（同前）

作者がある考えや感覚を作品にあらわし、読者がそれを受けとる。ふつうはそう見え、そう考えられているが、この問題の神秘的性格を明らかにしたのはヴァレリーである。彼は、作品は作者から自立しているばかりでなく〝作者〟というものをつくり出すのだと考える。作品の思想は、作者が考えているものとはちがっているというだけでなく、むしろそのような思想をもった〝作者〟をたえずつくり出すのである。たとえば、漱石という作家は幾度も読みかえられてきている。かりに当人あるいはその知人が何といおうが、作品から遡行される〝作家〟が存在するのであり、実はそれしか存在しないのである。（同前）

このような考え方は一見、いわゆる「テクスト論」的なものに思えます。すでに六〇年代から、文学理論の分野ではロラン・バルトが、哲学においてはジャック・デリダやミシエル・フーコーが、ごく大まかにいえば、文学作品＝書かれたもの＝「テクスト」を、本来その造物主であるはずの書き手＝作者から分離し、作者の意図やその背景を成す伝記的事実とは完全に別個に、より自由で多様な読解可能性へ「テクスト＝織物」を押し開いていくことを提唱していました（初期の蓮實重彥が参照したヌーヴェル・クリティックもこうした傾向を強く持っています）。実際、柄谷はこの後、七五年にイェール大学に客員研究員として滞在した折に、アメリカにおけるデリダ受容＝テクスト学派＝脱構築批評の最大の立役者であるポール・ド・マンの知己を得て、追ってはデリダ自身とも親交を結んでいきます。「作者」が「作品」を作り出すのではなくて、その逆（「作品」が無数の「作者」を生成する）なのだという転倒は、「作者の死」（バルト）や「テクストの外には何もない」（デリダ）といった言葉と確かに相通じています。

「テクスト論」の多様性

しかし、ここには微妙な違いがあるようにも思えるのです。

読むことは作者を変形する。ここでは〝真の理解〟というものはありえないので、もしありえたとすれば、いわば歴史そのものが完結してしまう。（中略）それは、作品というテクストが、作者の意識にとっても読者の意識にとってものりこえられず還元もできない不透明さをもって自立するということをみないからである。（同前）

「作者の意識にとっても読者の意識にとっても」と書かれていることに注意してください。筆者の理解だと、もっとも純粋に、つまりはもっとも素朴に理解された「テクスト論」とは、一種の読者至上主義です。それはつまり「書くこと」に対して「読むこと」の自由を上位に置くことです。漱石の「作品」の「読解」の数だけ「夏目漱石」という「作者」が生成される。この「読解」の自立性と恣意性と多様性が「テクスト論」の切り開いた可能性でした。

がしかし、それはすなわち、ひとつひとつの「読解」の正当さ（真の理解）というものも、絶対的に保証されないということです。「読者」の数だけ「作者」がいる。けれども具体的な「作品」は相変わらずひとつです。「作者」から特権性、専制性を剝奪して、多様な「読解」の側に軍配を上げることは、いわば「作者」も「読者」のワンオブゼムに置くことです。

となると結局のところ、あらゆる「読解」は、また別の異なる「読解」の可能性によって押し流されてしまう。一個の「作品＝テクスト」から「書いたつもり」ではない「読み」が幾らでも可能になるということを認めると、それらがすべて「読んだつもり」でしかないということも認めざるを得なくなる。どこまでいっても「作品」の「真実」にはたどり着かない。ここで「不透明さ」と呼ばれているのは、そういうことだと思います。

問題は、それでも一回ごとの「読解」は、常に必ず「誰か」ひとりによって為されるのだということです。「テクスト論」的な、無限の（キリがない）読解可能性を受け入れるためには、この「不透明さ」に気づかないふりをするか、あるいはそれを全面的に認めてしまって、あくまでも数多の「読み」のひとつを提示しているに過ぎないのだと開き直るしかありません。そして、そのような仕草だけが「テクスト」が内包する「無限」を指し示すのだと主張することになるわけです。

実は蓮實重彦の「表層批評」も、こうした側面を強く持っています。蓮實はバルトやリシャールから受け継いだ「テマティズム（主題論）」という方法論を映画や文学の批評に盛んに応用していきますが、それは映画作家や小説家の企図とは無関係に、ある「作品」に散見されるテーマ群――色彩や形象や数など――を拾い出しては繋ぎ合わせ、その「作品」が語っていることになっているのとは別の、もうひとつの「物語」を紡ぎ上げるというものです。

しかし、蓮實重彦の「不幸」は、原理的には無数の「読み」のサンプルであるべき彼の「物語」が、あまりにも魅力的で見事なものであったがゆえに、それが他の「読み」の可能性を排除—抑圧するような結果になっていってしまったということです。つまり、そこでは唯一の「作者」に代わって、特権的なひとりの「読者」が立ち現れてしまう。

しかしこれは、どう考えても避け難いことのように思えますし、もともと「テクスト論」が孕んでいた矛盾というべきかもしれません。それに「八〇年代」以後の映画批評や文芸批評における蓮實重彥の圧倒的な権勢もまた、何よりもこの「矛盾」の結果だというべきだと思います。

「内面」というフィクション

柄谷行人はしかし、このような「テクスト論」的な多様性の方向には向かいません。何よりも、彼には蓮實重彥が戦略的に標榜してみせるような遊戯性がほぼ皆無です。むしろ彼がこだわるのは、それにもかかわらず、一つの「作品」というものが存在しており、「作者」であれ「読者」であれ、そこには「人間」が在る、ということの方です。

柄谷はマルクスの「彼らは意識していないがそう行う」「人間は自分でそう思っているのとは違った在り方をしている」などといった言葉を好んで引用します。ある意味で、この言葉は「テクスト論」と同じことを言っていながら、その向きが正反対です。ワンオブゼムでしかなくても間違っているわけではない、というのが「テクスト論」だとしたら、いうなれば、それは常に間違っている、とマルクス＝柄谷は言っているのです。「テクストの外には何もない」のではなくて、いわば「テクストには外しかない」。と同時に、それは「テクストしか存在しない」とも同義なのです。

柄谷にとって、マルクスならマルクスの「作品」を読み、理解しようとすることは、マルクス＝作品が、「意識していないが行っている」何かを取り出すことです。それこそが柄谷のいう「可能性の中心」です。そして、柄谷の「思想」の最大のポイントは、彼がこのような意識と現実のズレという問題を、書かれて読まれる「作品」というレベルに留まらず、もっと大きな意味で「人間」という存在の根源に横たわる真理として捉えていることです。

この点において、柄谷のスタンスは、『畏怖する人間』や『意味という病』に収録されている夏目漱石や「私小説」や「内向の世代」の作家について論じた文芸評論から完全に一貫しています。一九八〇年に出た『日本近代文学の起源』で、柄谷は日本文学の「風景」や「内面」といった概念、ひいては「文学」という概念それ自体が、歴史的に醸造された一種のフィクションであると論じ、その後の文芸評論に決定的な影響を与えますが、むしろ重要なことは、「小説」に書かれた「内面」がフィクションだということよりも、そもそも「内面」とはそういうものなのだ、ということです。つまり、人間は常に自分の意識とはズレた何かを抱えており、現実にはそのズレの結果しか現れることはない。しかもその現実には、他者からの視線のみならず、自分自身の自覚さえも含まれているので、要するに自分の「意識＝内面」は、常に「現実」から逆行して見出されるのであって、その逆ではない、ということです。

そこで必然的に出て来てしまうのが、ではなぜ、ひとは「意識していないがそう行う」のか、そして、それはどうしても不可避なのか、という問いです。たとえばフロイトに始まる精神分析による「無意識」の発見と探求は、この問いに一定の視座を与えました。また「テクスト論」とは、こう言ってよければ、良くも悪くもこの問いを受け流すものです。しかし柄谷行人はあくまでも、この問いをいわば「実存的」に引き受けようとしました。それは個々の「作品＝人間」に「ズレ」を見出していく作業（柄谷にとって、これこそが「批評」の定義です）であると共に、この「ズレ」を産み出す回路＝構造の考察という形を取っていきます。

しかし明らかに後者は、ものすごく困難な作業だと言えます。なぜならば、それが「実存的」なものである以上、柄谷は「柄谷行人」というひとりの人間の中にも、「ズレ」の構造を見出さざるを得ないからです。

脱構築、不完全性定理

こうして柄谷の「思想」は、表面的には「テクスト論」から「脱構築（デコンストラクション）」という欧米の「現代思想」の流れに歩調を合わせるかに見えつつ、そこにデリダヤド・マンにはない「実存的」な苦悩を抱え込んでいくことになります。「内省と遡行」「隠喩としての建築」「形式化の諸問題」「言語・数・貨幣」等といった八〇年代初頭に書かれた一連の論文には、その苦悩の様子が、まざまざと記録されています。そのいちいちについて述べることは出来ませんが、しかしそこで追い求められているテーマはたった一言で表せます。それは「外部」です。

「ズレ」の問題は、それが「作品」であれ「実存」であれ、抽象的な「内／外」の問題に変換され得ます。つまりそれは「内部」が、それだけではどうしても完結（自閉）し得ず、そこには本来ありえない筈の「外部」を含み込んでしまうことによって、結果として、「内／外」という分割そのものが、なし崩しになってしまうということです。それゆえ、それは「デコンストラクション」の論議と繋がっていきました。

デリダによる「脱構築」とは、簡単にいうと、西欧形而上学＝哲学に支配的だった「構築への意志」を、緻密で巧妙な「テクスト」の「読解」によって逆説的矛盾へと追い込むことにより、その「構築性（＝無矛盾性）」を批判するというものです。これはあくまでも理論的なモデルであったはずですが、どういうわけか具体的な「構築」を行なう「建築」の分野にも応用され、デリダと建築家ピーター・アイゼンマンが共同作業を行なったり、磯崎新と柄谷行人や浅田彰の緊密な交流などといった現象を生みました。

ところで、実際の「建築」ならば、その「内／外」の区別は見れば大体はすぐに分かります（もちろん逆に言えば、そこにこそ「脱構築建築」の難儀というか奇妙さがあったわけですが）。しかし「隠喩としての建築」である「デコンストラクション」の場合は、まず第一に「内部」を画定出来ないと、「内／外」をなし崩すわけにもいきません。しかし「内部」には「外部」が嵌入されているのですから、これでは堂々巡りになってしまう。

このパラドックスは、筆者の考えでは「脱構築」というものが、実のところ本質的には、発見されるものであって導き出すものではない、ということを示しているように思えます。現実にはデリダの手法は、とりわけ文学批評の領域では、ほぼメソッド化していくわけですが、そこではあらかじめ在ることがわかっている「外部」が期待通りに姿を現すという一種の詐術がまかりとおっているといっても過言ではないように思います。

しかしある意味で、このパラドックスは「脱構築」の本質に内在するものだとも言えます。この時期の柄谷は、それを数学者クルト・ゲーデルの「不完全性定理」と繋げて考えています。ゲーデルが厳密な論理操作によって証明してみせたのは、ある公理系には、その内部では無矛盾も矛盾もともに証明できない命題が必ず含まれている、ということです。多くの人びとが、この証明を、絶対的な真理が存在し得ないということ、あの「クレタ島人のパラドックス（すべてのクレタ島人は嘘つきだ、と一人のクレタ島人が言った）」と同様の逆説を証立てるものとして受け取りました。

ゲーデルが行なったのは数学的な証明ですから、それは確かに「脱構築の不可避」の証明でもあります。しかしおそらく問題が生じるのは、このような「不完全性定理」を「人間」とその所産である「作品」にそのまま当て嵌めようとしたときです。

筆者の見るところ、ここには二つの問題があります。一つは、そもそも「人間」も「作品」も「意識していないがそう行う」のがごく自然な状態なのであって、そこに「内／外」という形式性や「建築＝構築」という「隠喩」を（後から自壊することがわかっていながら）与えようとする方に無理があるのではないか、ということ。もうひとつは、たとえその「証明」に成功したとしても、で、それが何？ ということです。「ズレ」が誰の目にも妥当と思えるような形で摘出できてしまったら、それはある意味では「外部」を取り込んだ「内部」として完結してしまうのではないか。だとしたらそれは「ズレ」の提示ということにもなっていないのではないか。「意識していないがそう行っていた」だと、それで話が終わってしまうし、かといって「意識しないことを行い続ける」では、まったくもってキリがない、そういう問題です。

これはおそらく煎じ詰めれば、「人間性」と「形式性」の違いという、ある意味では簡単な話になるのではないかと思うのですが、柄谷行人という「思想」家が極めて興味深いのは、それでもとにかくアプローチとしては可能な限り「形式」的であろうとすることです。実際、先に挙げたこの時代の文章は、どれもおそろしく厳密な書き方が成されていますす。しかし彼の思考の底にあるのは、そもそも「形式」によっては捉えきれない剰余を持った、あくまでも「実存」的な問題、すなわち「人間」なのです。ここには越え難い巨大な壁が見えています。その結果、柄谷はこの頃、精神的な危機を体験したとも言われています。

『探究』『トランスクリティーク』へ

この「危機」を柄谷が乗り越えた（？）のは、一九八五年から「群像」で連載が始められ、まず八六年に『探究Ⅰ』、八九年に『探究Ⅱ』として刊行された、一連の思考＝試行によってでした。そこで柄谷は、それ以前の「外部＝ズレ」の探求が、「形式化の諸問題」として問われる限り、どうしても袋小路に陥ってしまうことを踏まえて、それに代わるものとして、「他者とは何か」という問いを立てます。

『探究Ⅰ』の冒頭で、柄谷はウィトゲンシュタインを参照しつつ、何ごとかを「教える―学ぶ」という非対称的な関係にこそコミュニケーション（＝交通）の本質があり、そこで見出されるものが「他者」である、といったことを述べています。これは明白なブレイクスルーでした。

ここでいわれている「他者」とは、フツウの意味で「赤の他人」ということです。「理解」の入り口になるような前提＝コンテクストを共有していない誰かに何かを「理解」させようとするとき、われわれはいわば「命懸けの飛躍」を強いられます。しかし／そして、それは相手も同様であって、そこにその機会限りの奇跡的な「理解＝コミュニケーション」が実現される。だがしかし、その「奇跡」は、実はごく日常的に何度となく起こっていることでもあります。

こうして柄谷は、「内／外」という終わりなき隘路から、「外部」へと出てゆきます。いや、無理矢理「内部」を確定しようとするから「外部」が出てきてしまうのであって、そのように考えさえしなければ、どこもかしこも「外」なのだ、ということに気づいたのです。

しかしどうしてひとは、こんな簡単なことにさえ、なかなか気付き得ないのでしょうか？　そこで柄谷は『探究』のなかで、このような閉塞の原因を成す「独我論的思考」を問い直し、それは「単独性」の考察へと連なっていきます。「単独性」とは、従来の「特殊性―一般性」という二項定義からは現れてこない「他ならぬこの私」＝「このもの性(this-ness)」のことです。柄谷は、アメリカの論理学者・哲学者クリプキの「固有名論」や「可能世界論」を参照しつつ、独自の思考の筋道によって「超越論的動機」や「世界宗教」について論じ、その「思想」を敷衍―拡大させていきます。そして雑誌連載では「探究Ⅲ」として始まった論考が、幾度もの加筆と改稿を経たうえで、「ゼロ年代」に入ってから、記念碑的な大著『トランスクリティーク――カントとマルクス』(二〇〇一年／第二版二〇〇四年)として登場することになるのです。

第四章　「ポストモダン」という「問題」

ニューアカ・カルテット

さて、では蓮實重彥、柄谷行人と、浅田彰、中沢新一は、どのような関係にあったのでしょうか？

蓮實の『表層批評宣言』文庫版に附された「自筆年譜」には、「昭和五〇年（三九歳）。『フーコーそして／あるいはドゥルーズ』（翻訳）を出版、まだ無名の浅田彰より多くの誤訳を指摘された」とあります。「無名」どころか、このとき浅田はまだ十八歳です。浅田がいかに早熟だったかを露骨に示すエピソードですが、『構造と力』以前は、もっぱら蓮實が日本へのドゥルーズ紹介の役割を担っていたので（蓮實は日本初のドゥルーズの翻訳本である『マゾッホとサド』の訳者でもあります）、蓮實としては、浅田彰という語学力と読解力を持ち合わせた年若い秀才にバトンタッチしたつもりもあったかもしれません（といっても浅田はドゥルーズの翻訳はしていませんが）。

浅田が編集委員をしていた雑誌「GS」の「ゴダール・スペシャル」特集号（八五年三月）の巻頭に、蓮實は「破局的スローモーション」という傑作ゴダール論を寄せています。浅田と蓮實は「ニューアカ」以降も、主に共通の関心事であるゴダールやヴェンダース、ストローブ＝ユイレ等の映画について、何度も対談をしていくことになります。また、蓮實は東大教授であった一九八八年の「中沢事件」の際には、西部邁による中沢新一の招聘《しようへい》案に賛成票を投じたと言われています。

柄谷と中沢の接点はそれほど目立った形ではありませんが、「現代思想」と同じく青土社刊行の雑誌「ユリイカ」の八三年六月号「特集：神秘主義」で、「コンピュータと霊界」というスゴいタイトルの対談をしています（のちに柄谷の対談集『思考のパラドックス』と『ダイアローグⅡ』に再録）。

しかしもっとも強い結びつきを成していくのは柄谷行人と浅田彰です。二人の最初の出会いは定かではありませんが、遅くとも一九八四年までには知り合っていたと思われます（浅田が本を出す前の大学院生の頃から知っていたという話もあります）。柄谷は八八年に思潮社から創刊された雑誌「季刊思潮」の編集委員を、哲学者の市川浩、劇作家・演出家の鈴木忠志と共に務めますが、紀伊國屋書店で催された発刊記念シンポジウムには浅田彰が参加し、八九年刊行の第三号から浅田も編集委員になります。「季刊思潮」には、先にも引用した浅田彰、柄谷行人、蓮實重彥、三浦雅士による連続討議「昭和批評の諸問題」が連載され、のちに柄谷行人編『近代日本の批評』として刊行されます。「季刊思潮」は一九九〇年に終刊しますが、その後継誌として柄谷と浅田は「批評空間」を創刊し、第一期（九一年―九四年、福武書店）、第二期（九四年―〇〇年、太田出版）、第三期（〇一年―〇二年）と、ほぼ九〇年代を通して共闘していくことになります。またそれ以外にも、かなりの数の対談や座談会があります。

いずれにせよ、現象としての「ニューアカ」ブームによって、それ以前から活動していて、すでに重要な著作も刊行されていた、蓮實重彥と柄谷行人という、日本のアカデミズムのなかでは異質なタイプの学者（といっても蓮實はのちに東大総長にまでなってしまうわけですが）にもスポットが当たることになった。というか、元々二人のファンだった浅田彰が彼らを「ニューアカ」に巻き込んでいったという感もなきにしもあらずでした。浅田は「思想」においては柄谷と、「芸術」においては蓮實と、対等に話せる知性と感性を持ち合わせていました。「ニューアカ」最大のスターである浅田彰が私淑する先行者として、蓮實と柄谷はメディアの最前線に躍り出ることになったわけです。

もっとも、すでに見たように、浅田と蓮實の文体やアプローチは、ほとんど正反対とさえいってもいいものですし、柄谷は終始「ニューアカ」現象には批判的なスタンスを取っていました。あくまでも明解さと軽快さを身に纏う浅田に対して、蓮實は戦略的な難解さ、晦渋さを、柄谷は明晰であろうとすればするほど明解さから遠ざかるという逆説的な困難を（本人の意図とは別に？）魅力的に体現していました。

しかしそれでもやはり、この四名が「ニューアカ・カルテット」とでも呼ぶべき最重要プレイヤーだと思います。他の多くの「ニューアカ学者」たちは「八〇年代」と共に消えて（あるいはアカデミズムにおける元々の専門に戻るか別の分野に移って）いきましたが、この四人はつづく「九〇年代」、そして「ゼロ年代」を、それぞれの「パフォーマンス」で、互いにさまざまに交叉しつつ、生き抜いていきます。

文芸批評か、チャートか

ところで、柄谷行人の思考を辿っていったとき、それが浅田彰が『構造と力』でクリアに整理してみせた、「構造主義からポスト構造主義へ」という「フランス現代思想」の流れと、その問題設定のあり方において、非常に似通っていると思った方も多いのではないでしょうか。柄谷が実際にどの程度、同時代の海外の「思想」を参照し得ていたのかはよく分かりませんが、少なくともデリダの「デコンストラクション」との共振は明らかです。蓮實はドゥルーズやデリダを原語で読み込んだうえで、しかし単なる輸入とは違った独自の「表層批評」を立ち上げていました。先に引いた「《討議》昭和批評の諸問題」で、浅田が両者の仕事を「七〇年代固有の問題設定」であり「ポスト構造主義と本格的に通底するような思考」だったと評価する所以です。

したがって「思想」的な意味でも、蓮實と柄谷の存在が「ニューアカ」に与えた影響は当然のごとく大きいです。ある意味では浅田彰のやったことは、二人の思考の過程を、チャート化し、図式化し、わかりやすくしてみせた、という面もあったと思います。

しかしながら、もちろんここには断層もあります。蓮實と柄谷は多くの点で、かなり異なった考え方を持っていると言えますが、しかし二人とも、その「思想」の基盤には、誰某の特定の「作品＝テクスト」というものに対する敬意と愛情と拘泥が、つまり「文学的」と呼んでもいいような感覚があります。二人の仕事は、たとえ直接的に小説を取り上げていない場合でも、本質的な意味で「文芸批評」です。ドゥルーズであれマルクスであれ、彼らはまず書かれたものを、すなわち「作品」を「読む」ことから出発します。もっといえば、彼らは小説家や思想家といった「個人」も、一種の「テクスト」として「読んで」いると言えます。そうして、その「読み」を通して、その向こう側（あるいは背景）にある時代や社会へと、あるいはより根源的で原理的な思考へと向かっていく。二人の書いたものには、その「読み」の痕跡が必ず刻印されています。そしてそれはそのまま、彼ら自身が書いた文章も「作品」として読まれることを含意しています。したがって、そこには「文体」的な意識が働いています。

これに対して、たとえば『構造と力』には、ドゥルーズ＝ガタリの「思想」を「作品＝テクスト」という次元で読むという意識や、それ自体が「読まれ得る作品」であろうとするような意思は、非常に希薄に思えます。むしろそこでは「読み」という行為が、意図的に抹消されているとさえ言えます。そこにあるのは、解説であり、エッセンスであり、要約です。もちろん原典をちゃんと読んでいなければそれも不可能であるわけですが、端的にいって、ここでの浅田には「作品」という意識がほとんどありません。チャートやマップは「作品」を「内容」に強引に還元してはじめて可能になるものだからです。

もちろん、『構造と力』にはジョン・ケージや白石かずこに関する言及もありますし、第三の書物である『ヘルメスの音楽』という音楽・美術論集では凝ったスタイルや文章が試されていますが、しかし実際の浅田彰がどれほど「文学的」「芸術的」なセンスを持っており、時に極めて詩的な「文体」を弄してみせるとしても、時代が彼を持ち上げたのは、どんなに高尚で難解な「作品」を与えても、たちどころに「つまりこれはですね〜」と見事に解説出来てしまう、いうなれば生身の「要約機械」としてだったのです。

このことは中沢新一にも、やや違った形ですが言えると思います。「チベットのモーツァルト」は、ジュリア・クリステヴァの「思想」の「読解」でもなければ、かといって「解説（要約）」でもありません。副題には「クリステヴァ論」とありますが、そこで企図されているのは、最終的には中沢自身の「思想」の表明であって、クリステヴァは論議の入り口、もしくは口実でしかありません。クリステヴァを読んだからこそ生まれてきた考えなのか、元からあった考えの補助輪としてクリステヴァを持ってきただけなのかはさて置くとしても、いずれにせよ「作品」の「読み」という要素はほぼ欠落しています。ただ中沢の場合は、彼の「思想」自体が、ひとつの巨大な「文学」として在るような気もします。それはつまり、いささか度し難く観念的であるということと同義ですが。

蓮實と柄谷の「思想」では、その端緒を成していると思える「作品」というファクターが、浅田と中沢にはきわめて希薄です。そのかわりに、そこでは「現在＝時代」が、強力な作動因として置かれています。「日本の思想」は、小林秀雄にせよ吉本隆明にせよ江藤淳にせよ、狭義の「文芸批評」と深い関係を持ってきました。蓮實重彦と柄谷行人は、その系譜の最終進化形態です。しかし「ニューアカ」は、「作品」と「読み」からの離脱という点で、そこからは切れているように思えます。そして、だからこそ、浅田や中沢は従来の「文芸批評＝思想」が持ち得なかったようなポピュラリティを得ることが出来たのです。

ここには「ニッポンの思想」の、その後の流れを考えるうえで極めて示唆的な、ある重要な動機付けが立ち現れています。それは「読まなくてもわかる（＝読まなくてもいい）」ということです。「わかりたいあなた」たちにとっては、わかったかわからないかを真剣に問うことよりも、なるべくスピーディーかつコンビニエントに、わかった、つもりになれて（わかったことに出来て）、それについて「語（れ）ること」の方がずっと重要なのです。「作品＝テクスト」を「読む」行為（これも一種の「労働」です）の軽視という「ニューアカ」の特徴は、浅田彰や中沢新一の本当の気持ちは別としても、彼らのブレイクにとっては重要な要素だったのだと思います。

とはいうものの、蓮實重彦と柄谷行人も、それでも否応無しに（自ら進んで？）「ニューアカ」の波に呑まれていきました。そこには彼らなりに、浅田彰的な「要約」が、浅田自身の個人的な資質や才能によるものであるばかりでなく、「八〇年代」の「現在＝時代」

の欲望でもあるのだという洞察と理解があったのだと思われます。当時のメディアの狂騒を思い出してみても、あれに完全に乗らずに超然としていられるというのは、いずれにせよ不可能だっただろうと思います。

かくして「ニューアカ・カルテット」の「思想」は、それぞれの違いを携えたまま、「八〇年代ニッポン」の「解説」として機能していくことになりました。そこでにわかに出てきたキーワードが「ポストモダン」です。

リオタールと「ニッポンのポストモダン」のはじまり

「ポストモダン」（ポスト・モダンという表記もありますが、本書では地の文ではポストモダンに統一します）という言葉は、もともとは六〇年代後半にアメリカの社会学や芸術批評の文脈から出てきたもので、七〇年代末から八〇年代にかけては建築や文学などの分野でも盛んに標榜されました。日本語にすれば「近代以後」です。つまり「近代＝モダン」の「後＝ポスト」ということなわけですが、その意味するものは、はっきり言って論者によってまちまちです。

しかし「八〇年代ニッポン」の「ニューアカ」の時代に導入されてひとしきり喧伝され、その後、東浩紀の『動物化するポストモダン』まで、さまざまな変奏を経てゆくことになる「ポストモダン」論のきっかけははっきりしています。それは間違いなく、ドゥルーズやデリダと並ぶ「ポスト構造主義」の哲学者であるジャン゠フランソワ・リオタールによる『ポスト・モダンの条件』という本が翻訳されたことです。この本は七九年に原著が出版され、八六年に邦訳が刊行されました。

実のところ『ポスト・モダンの条件』という本自体は、大掛かりで緻密な論考ではなくて、リオタールによる現状認識を基に種々の分野を横断する、少々錯綜した断続的なレポートのような内容です。リオタール自身はそこで素描した「ポストモダン」にかかわるアイデアを、その後も『こどもたちに語るポストモダン』や『リオタール寓話集』などで彼なりに展開してゆくことになるのですが、「ポスト近代」論としてのインパクトは、一言でいうなら「大きな物語の終焉」ということに尽きます。

リオタールは、この本のなかで、「モダン」の時代を支えていた、「人間」の理念と実践の一致を「正当化」する「普遍的」な「価値」を担う「大きな物語」群、たとえば「自由」「革命」「正義」などといった概念が、今日の現実においては失墜し、もはや成立しがたくなってしまっていると述べ、それが「ポスト近代」の特徴だと言っています。「大きな物語」とは「理想」や「大義」と言い換えてもいいものだと思います。他にも色んなものが代入出来るでしょう。「マルクス主義」とか「美」とか「文学」とか、そもそも「人間」や「正当」や「普遍」や「価値」だって「大きな物語」です。

そして、ここからはリオタール自身の記述というよりも、『ポスト・モダンの条件』出自の「ポストモダン」論の「ニッポンの思想」におけるパラフレーズということになるのですが、「大きな物語」が終わった後には、無数の「小さな物語」が散乱したまま残されることになります。この「小さな物語」を、リオタールはウィトゲンシュタインに倣って「言語ゲーム」と言っていますが、もっと大まかな意味で、それは「小さな価値観」というか「それぞれの価値観」というか、たとえば「趣味嗜好」に代表されるような「個別的相対性」とでも呼べるだろうと思います。こうして「ポストモダン」は、いわゆる「価値相対主義」（すべての価値判断は相対的であり、絶対は絶対にない）を導き出すことになります。これをどう評価するのかが、これ以後の「思想」の歴史では重要なポイントになっていきます。

「大きな物語」が終わって「小さな物語」の時代が始まるという「ポストモダン」の「物語」は、すぐに二つの壁にさらされます。第一に、それが当たっているのかどうかということ。ここには「大きな物語」は本当に終焉したのかという問いと、そもそも「大きな物語／小さな物語」という二項対立の問題設定がおかしいのではないか、という問いとが含まれます。第二に、もしも当たっているとしたら、それは肯定すべきことなのか、それとも批判するべきなのか、ということです。

リオタールの母国であるフランスや、あるいはアメリカではどうだったのかはともあれ、「八〇年代」なかばのニッポンにおいては、何度か触れた「七〇年代」以来の政治性やイデオロギーへのアレルギーと、折から急速に進行していた大衆化と消費社会化との掛け合いによって、第一の壁は難なく乗り越えられました。プレ・バブルという浮き足立った状況のなかで、「ニューアカ」の「思想」自体がそうだったように、「ポストモダン」もまた「現在」を肯定する便利な用語として受け入れられていったのです。そうして第二の壁も、あっけないほど簡単に越えられてしまいました。とにかく「八〇年代」は、かつてないほどにモノとコトが溢れかえる時代だったのですから。「大きな物語」なんか別に要らなくて（というかもう沢山で）、よりどりみどりの「小さな物語」さえあればよかったのです。

こうして「ポストモダン」は、あっという間に流行語みたいになってしまいました。何よりも、自分たちが「昔（＝近代）」とは決定的に異なる「新しい時代＝ポスト近代」を生きているのだという感覚は、素朴な意味でも何となく心地よいものだったのだと思います。

ニッポン賛美のツールとしてのポストモダン

もうひとつ触れておかなくてはならないことは、このような「ポストモダン」の社会のもっともポジティヴな実例として「八〇年代ニッポン」を肯定する向きにとっては、格好の書物がタイミング良く邦訳されたことでした。高名なヘーゲル学者アレクサンドル・コジェーヴによる『ヘーゲル読解入門』です。

この本はもともとヘーゲルの『精神現象学』にかんする講義を元に一九四七年に原著が刊行されましたが、コジェーヴは五〇年代末に日本を訪れた際に、ヘーゲル哲学の「歴史の終焉」以後の「人間」が実現されたモデルを日本人に見出し、六八年になってから注記としてそのことを付け加えました。その本が八七年に日本で紹介されたのです。

そこでコジェーヴが言っている限りなく好意的な「日本人」観は、その後も「九〇年代」にフランシス・フクヤマが『歴史の終わり』で、「ゼロ時代」に東浩紀が『動物化するポストモダン』で、時代とともに評価軸を変えつつ受け継がれてゆきますが、とりあえずの取っ掛かりとしては、「ポスト歴史」の時代＝世界を軽やかに闊歩するニッポン人、ということで、ていよく「ニッポンのポストモダン」論の補完材料とされたのでした。「ポスト近代」であれ「ポスト歴史」であれ、その言葉と用法の当否が問題なのではありません。ある意味では、そこには精確な定義も必要なければ、ホントに「ポスト」かどうかも実はどうでもいいのです。問題は、今がいつの時代であれ、その時々に「ポストモダン」なら「ポストモダン」という呼称で表象されている「現在」が肯定されているかどうかです。その意味でいうと、明らかに「八〇年代ニッポン」は、「ポストモダン」を自己賛美のツールとして流通させていったのだと思います。

しかしそれは、当の「ニューアカ」勢にとっては、同時代における振る舞いはどうであれ、また別問題でした。浅田彰はのちの「《討議》昭和批評の諸問題」のなかで、こう語っています。

七〇年代には、パターン化された形ではあっても、まだ深層や周縁から何かをもってこられるというロマンティシズムがあったのに対し、八〇年代になると、そういうものがみな消費社会の中にとりこまれる結果、深層も周縁も抹消され、表層的な記号の渦巻がすべてを覆い尽くしていく。（中略）そして、ポストモダン消費社会は、記号消費の速度を速めながら、ポストモダンの飽和と呼びうるような状況に向かってどんどん進んでいくことになります。

（「《討議》昭和批評の諸問題　一九六五―一九八九」）

ここで「深層」や「周縁」と言われているのは、岸田秀に代表される精神分析や山口昌男の文化人類学などを指していると思われます。しかし「八〇年代」の他ならぬ「ニューアカ」（と「広告文化」）によって、それまで良くも悪くも「知」の階層や秩序を支えていたハイアラーキーが崩壊し、深層と表層、中心と周縁などといったマトリックスも無効化され、先端性と大衆性とが消費という次元で一致してしまい、何もかもが情報と記号のフローのなかで画一化されつつ猛烈な勢いでただひたすら消費されてゆく。その結果、あっけなく「ポストモダンの飽和」が訪れてしまった、というわけです。

この座談会は「九〇年代」に入ってすぐに行なわれたものですが、彼は「八三年にぼくが本を出した頃の主観的な感覚を言うと、これはある意味で逆説的に先端なんだから、とことん行くところまで行って、もう消費しつくせるものは消費しつくしてしまえばいいと思ったんですね。徹底的に加速して、いわば最終消費のカタストロフに向かわなければいけない、そこでゲームは終わりです、と言いたかったわけですよ」とも言っています。浅田彰が誰よりも明敏であり、でありながら（であるがゆえに？）気の毒だとも思ってしまうのは、後にほんとうに「ポストモダンの飽和」に至った、にもかかわらず、しかし「ゲーム」の方は必ずしも終わらなかった、ということです。

蓮實のポストモダン批判

「（ニッポンの）ポストモダン」に対しては、蓮實重彥と柄谷行人も、それぞれの立場からの批判を行なっています。蓮實の場合、その多くの著作、とりわけ『物語批判序説』（八五年）は、非常に巧緻な（狡智な）「ポストモダン批判」として読むことが出来ます。しかしここでは、蓮實と柄谷の対談本『闘争のエチカ』（八八年）のなかで、リオタールについて言及しているところを引いてみます。

さっきリオタールに関して「大いなる物語」が終わったといったのは間違いだといいました。「大いなる物語」がどのように流通したかといえば、凡庸化されたイメージとしてであり、つまり「小さな物語」の毛状組織がその流通機構をかたちづくるわけです。そしてその成立こそ、同時代的な今、つまり現代と地続きの十九世紀のヨーロッパなのだというのが僕の考え方です。(中略)

だから重要なのは、こうしたイメージの流通組織の形成された十九世紀を、「大きな物語」の時代ととらえることの抽象性に抗うことだと思う。つまり、「大きな物語」であれ「小さな物語」であれ、それが物語である限りにおいて共同体を保証しつつ共同体に保証されてもいるわけで、流通というのは決定的に共同体の問題である。それに対して、書物というのは流通しない。(中略)書物は反復されるしかなく、その反復は絶対的差異として回帰するわけです。それを無根拠に肯定することで人は物語の外に出る。つまり、相対的な差異のイメージの支配とは別の空間で事件を生きるわけですが、その別の空間というやつは、柄谷さんのいう交通空間に近いものかもしれない。

(『闘争のエチカ』)

蓮實重彥の「思想」のエッセンスともいうべき発言だと思います。蓮實の独特さは、彼が先ほどの「第一の壁」の二重の意味で、「ポストモダン」という定義自体を認めていないことにあります。彼は「現代」を「十九世紀」と「地続き」だと考えている。それを「モダン」と呼ぼうと「ポストモダン」と呼ぼうと、われわれは前(々)世紀から基本的に全然変わってないのだというわけです。また、彼は「大きな物語」と「小さな物語」の交代劇も否定しています。それは「共同体」に属しているという点では同じ現象の表裏に過ぎないのだと。

ここで言われている「書物」とは、先ほどの「作品」と同じものです。蓮實にとって、「書物＝作品」は「物語」と、「絶対的差異＝交通」は「相対的差異＝流通」と、鋭く対立させられています。

彼は同じ対談の別の箇所で、アメリカのマルクス主義批評家フレデリック・ジェームソンの「ポスト・モダンと消費社会」という論文についても、「彼（註：ジェームソン）が陥っている最大の間違いは、時間と空間を限定してしまったことにある。もし、かりにポスト・モダンという状況を評価するならば、それは一定の時代じゃないわけです。場所でもないわけです」と述べています。つまり、蓮實の「ポストモダン」とは、あの「事件」や「荒唐無稽」や「怪物」や「倒錯」と同じものなのです。筆者はこのような蓮實の考え方を、すこぶるユニークだと思いますが、現在に至るも「ポストモダン」論としては、明らかに例外的なものだと言えるでしょう。

柄谷による日本の言説空間批判

柄谷行人のほうは、一九八四年の終わりに、その名も「批評とポスト・モダン」という論文を発表しています（のちに同名の評論集も編まれます）。この時期の柄谷の長めの文章としては珍しく、論争的と言ってもいいようなアクチュアルな筆致を含む、なかなか興味深いテクストですが、その書き出しは次のようなものです。

ここ数年に日本の批評タームが変わってしまった。そのことに私自身も加担しているので傍観者のように語ることはできないが、それにしてもこの変化は何を意味しているのだろうか。新しい事態には新しい概念が必要であるということは確かである。しかし、それは本当に新しい事態なのだろうかと、ときどき考えてしまう。むしろ新しい言葉（翻訳語）で、今までいわれてきたことをいいかえただけではないのか、と。

（「批評とポスト・モダン」『批評とポスト・モダン』）

この始まり方だけでも、この論考が、当時最高潮に盛り上がっていた「ニューアカ＝ポストモダン」に対する批判的な主旨を持つものであることは明らかです。「新しい事態」が「ポストモダン」という「現在」に、「新しい概念」が「ニューアカ」ということになっているようだが、はたしてそれは正しい認識なのだろうか、ということです。柄谷がこの論文で行なっているのは、「八〇年代ニッポンのポストモダン」論の自己肯定性を、幾つかの批評的視座の導入によって、徹底的に相対化してしまうことです。

柄谷はまず「昨年の夏アメリカで、私が最も興味深く読んだ」というリチャード・ローティの『プラグマティズムの帰結（邦題『哲学の脱構築――プラグマティズムの帰結』）』を手がかりとして、「ポスト・モダニズム」を、「ポスト哲学」「ポスト批評」と言い換えたうえで、アメリカの知的風土においては、フランスの「ポスト構造主義」のような形而上学批判が、形式的／構造的／二項対立的な思考を「プラグマ＝実践」によって解体する「プラグマティズム」の伝統によって、ある意味では先取られていたのだということ、だからこそ「ポスト構造主義」が輸入されても、日本のように安易な「ポスト哲学」＝「ポスト・モダニズム」として無批判に根付いてしまうことはなかったのだといいます。「ローティが新奇なタームに酔うのでもなく、たんにそれをノンセンスとしてしりぞけるのでもなく、それを受けいれながら、同時にアメリカの思想の連続性とアイデンティティを確保しようとしていることは明らかである」。

だからローティが「アメリカ」についてそうしたように、「ポスト構造主義＝脱構築」を、単なる新奇な舶来品としてではなく、他でもない「日本」の「思想の連続性とアイデンティティ」のなかで考えてみなくてはならない。しかし、それがまったく出来ていないのだと柄谷はいいます。

日本の知識人は、彼方を規範とし、こちらを不完全で彼方に到達しようとしてできない状態としてみる「不幸な意識」(これこそプラトニックな構図である)にあった。もし日本における脱構築が不徹底なものだというなら、それと同じことになる。本当は、われわれは日本における「構築」が何であるかを問わねばならないし、さもなければ〝世界的〟ではありえない。今日のポスト・モダニズムは、けっしてそのような「構築」——一見すれば構築がないかのようにみえる——にとどいてはいないし、とどこうともしていない。むしろそのような日本的「構築」のなかで、ポスト・モダン(モダンの脱構築)が快適に泳ぎまわっているという感じなのである。それを批評とよぶことができるだろうか。(同前)

「アメリカ」ならではの哲学である「プラグマティズム」の伝統に相当するような「思想」は日本にもある、それはたとえば西田幾多郎であり、本居宣長であり、道元や空海である、と柄谷は続けます。

けれども彼の意図は、「西欧形而上学」が、たとえば西田の「絶対矛盾的自己同一」や「無」によって、あらかじめ乗り越えられていた、などといった主張にはありません。それではコジェーヴの日本人論を有り難がるのと同様の自己肯定的なナショナリズムに過ぎません。柄谷は、何でもかんでも「輸入」してくるが、けっして(ローティのように)「連続性とアイデンティティ」の「差異」を見ようとはせず、むしろそのことによって何もかもを曖昧なまま「日本」化してしまうこの国の文化的受容のあり方と、歴史を遡ることで「輸入品」の「日本」独自のルーツを幾らだって発見できてしまうということは、表裏一体なのだといいます。

日本のポスト・モダニズムは、西洋かぶれの外見をもちながら、この種のナショナリズムを含意している。それはありとあらゆるものを外から導入しながら、「外部」をもたない閉じられた言説体系である。そこでは、自分の考えていることだけがすべてであって、自分がどう在るかは忘れられている。むろん、どんな人間も他人が自分のことをどう思っているか位は知っているが、それは結局自意識でしかない。他者に対して過敏な者がしばしば〝他者〟をもたないように、現在の日本の言説空間は「外部」をもたない。いいかえれば、《批評》が不在である。（同前）

自分が「考えていること」と「在る」ことの間のくい違い＝ズレ。ひとは「意識していないがそう行う」という柄谷＝マルクス独特の問題意識が、ここでも語られています。ちなみに、この「批評とポスト・モダン」が書かれた直後に「探究」の連載は始まっています。つまりこの論考は、この時期に柄谷が理論的に追い詰めていきつつあった問題系を、同時代の「ニッポン」の状況に突き合わせたものだったと言っていいと思います。

日本というブラックホール

さて、では、日本的「構築」とは如何なるものであり、それは「彼方＝西欧」の「構築」とは、どう違うというのでしょうか。柄谷は「ポスト構造主義」の「脱構築」を、そもそも「西欧」における「構築」という概念＝思考法自体に、ゲーデルの「不完全性定理」が晒け出してしまうような「内／外」のパラドックスが、はじめから装塡されているがゆえの、論理的／必然的な帰結であると考えています。彼はこれを「ポストモダン」にもそのまま当て嵌め、「西欧」におけるそれを「モダンであり且つモダンであってはならない」こと、すなわち「ポスト・モダンは、モダン自体のパラドックスとしてしか存在しえない」のだと述べています。

これに対して「日本」の「ポスト・モダン」とは、いわば「モダンとポストモダン」という順列と対立そのものが、なし崩しにされてしまう事態のことを指しています。「西欧」の「脱構築＝ポストモダン」が自己言及性のパラドックスを示しているとしたら、「日本」にはそのようなパラドックスがどうしても成立し得ないというパラドックスがあると言えばいいでしょうか。「自己言及」があったとしても、それは再帰的にはならなくて、ただ無際限に拡張されてゆくだけなのです。

それはまさに「外部をもたない」こと、どこまでも「内部」しかない、ということです。

このような「脱構築」を準備する「構造＝構築」を根本的に欠いた「日本」の特質に、柄谷は「自然＝生成」という言葉を与えます。

しかしそれは、単純な意味での「構築」の否定ではありません。柄谷が本居宣長に依拠しつつ述べているのは、それだけだとやはり二項対立の図式に回帰してしまうということです。「構築」の反義語として「自然」を、「意識して行う」の対概念として「意識していないがそう行う」を置くのではなくて、そうした対立の基盤を丸ごと呑み込んで、どちらでもよければどちらでもあり、だからどちらでもない、というか、何でもありが何にもなしと同じことになってしまうような、どうしようもないグダグダさにすべてが落とし込まれてゆく、いわば一種のブラックホールみたいな空間が「日本」なのだと、柄谷はいます。「彼（引用者註・宣長）にとっては、作為に対して立てられる自然（無為）そのものが作為的だった。このとき、宣長のいう「自然」は、自ずから成る事実にほかならない」。この「自ずから成る事実」こそ、「モダン」であると同時に「ポストモダン」でもあり、「構築」と「脱構築」が一緒くたになってしまう、奇々怪々な「日本」の「自然＝生成」の正体です。

宣長のいうような自然＝生成は、制度あるいは構築を拒絶するかにみえて、それ自体独得の制度であり構築なのだ。もしわれわれが、神・超越者あるいはそのヴァリエーシヨンに対して、西欧人のように闘いを挑むならば、的はずれである。「制作」という観念に対して反抗するならば、的はずれである。なぜなら、われわれの標的は、自然＝生成としてあらわれる制度性以外にはならないからだ。（同前）

柄谷行人にとって、「八〇年代ニッポンのポストモダン」とは、このような「自然＝制度」の全面化に他なりません。「日本の閉じられた言説体系のなかでは、どんな多様な散乱や無方向的な生成があろうと、根底でそれらは安定的な均衡に到達する。この「自然」がおびやかされないかぎりにおいて、日本の言説体系（空間）は、外部に対して無制限に開かれている」。この文章は「ポストモダン」批判であると同時に、この頃、巷で流行しつつあった「ポストモダン論」にいち早く向けられた批判でもあり、またもっと深い射程での「ニッポン」論＝批判でもあります。そして、それは「ニューアカ」批判でもありました。

ポスト・モダンの思想家や文学者は、実はありもしない標的を撃とうとしているのであり、彼らの脱構築は、その意図がどうであろうと、日本の反構築的な構築に吸収され奇妙に癒着してしまうほかない。これを消費社会のせいにすべきではない。日本の消費社会こそこのせいなのだ。日本の自然＝生成に揺さぶりをかけない思想は、制度的である。

（同前）

「ニューアカ」の暴走

柄谷行人の「批評とポスト・モダン」は、「ニューアカ」の真っ直中に、しかも柄谷自身が冒頭で認めているように、その当事者のひとりと呼ぶべき者によって書かれた、もっともシャープかつディープな「ニューアカ批判」の文章だと言えます。これほど精確な「八〇年代ニッポンのポストモダン」への異議申し立てが、その「内部」から、かなり早いタイミングで出ていたのにもかかわらず、「八〇年代」も「ニューアカ」も、これ以降もまだまだ暫くは、めくるめく逃走ならぬ暴走を続けていくことになります。その「暴走」からは、柄谷行人その人も逃れ出てはいなかったと思います。

しかし／しかも、このような事態自体が、柄谷のいう「自然＝制度」の、不断の機能ぶりを示すものだったと言えるかもしれません。「ニューアカ」は「批評とポスト・モダン」という自己批判＝自己言及のテクストさえも呑み込んでしまったのです。「子供の資本主義と日本のポストモダニズム」における浅田彰の「グロテスクなパロディ」という自己嘲弄や、「《討議》昭和批評の諸問題」における自己反省的な述懐にも言えますが、「ニューアカ」の中核を担った彼ら自身の認識＝「思想」と、彼ら自身の振る舞いも含んだ実際の「ニューアカ」現象の間に横たわる、このような乖離こそが、まさに「考えている」と「在る」とのズレということではないでしょうか。「ニューアカ」と「ポストモダン」の旋風のなかで、彼らにはけっしてそのつもりはなかったのかもしれませんが、しかし彼らはそう行なった、のです。

何度か引用した香山リカとの対談において、中沢新一はこうも語っています。

香山　「ニューアカ」と呼ばれる自分たちのもてはやされぶりみたいなものを、ちょっと冷めた目で見てたところもあったんですか。

中沢　これはそう長続きはしない、と思ってたかもしれません。ぼくも浅田さんも、やっぱり相当難しいことを考えようとしていたんです。流行る理由がないって。それがこんな形でもてはやされるのは、どう考えてもおかしいじゃないかって。

香山　やっと人々の民度が上がって、自分たちが理解されるようになった、みたいなことは……。

中沢　ありえない（笑）。そんな期待を抱かないくらいには日本人がわかっていましたから。（「「ニューアカ」と「新人類」の頃」『ポケットは80年代がいっぱい』）

「どう考えてもおかしい」と、心中では思っていたとしても、それでも彼らは「ニューアカ」というダンスを踊っていきました。そのダンスは、明るく軽やかでカッコ良くて、何よりとても楽しそうで、傍目からはそんな疑念やアイロニーが隠されているとは、露ほども思えないほどでした。そしてこの「ダンス」が、はっきりとした終わりを告げられるためには、「昭和」が終わって、「八〇年代」が終わるのを待たなくてはならなかったのです。

第五章

「九〇年代」の三人——福田和也、大塚英志、宮台真司

「土人の国」と「昭和」の終わり

一九八九年一月七日に前の天皇裕仁が崩御し、年号が昭和から平成に改められます。その前年九月に昭和天皇が下血し病床に伏して以降、世の中ではさまざまな「自粛」が行なわれました。いつ来るかわからない「Xデー」に備えて、祝賀祭事やスポーツ観戦、芸能公演などの催事は次々と中止され、テレビの歌番組やバラエティ番組などは内容を大幅に変更して、天皇の病状の一進一退を見守りつつ「昭和」を回顧する特別報道番組を放送し続けました。崩御以前から、皇居には毎日、多くの人びとがつめかけて、天皇に祈りを捧げていました。

文芸誌「文學界」の八九年二月号に掲載された柄谷行人と浅田彰の対談「昭和精神史を検証する」は、そのただ中に収録されたものです。その冒頭で浅田はこう言い放ちます。

実をいうと、ぼくは昭和について語りたいとはまったく思わない。昨年の九月このかた、連日ニュースで皇居前で土下座する連中を見せられて、自分はなんという「土人」の国にいるんだろうと思ってゾッとするばかりです。（「昭和精神史を検証する」）

当然のごとく、この「土人発言」は一部で物議を醸しました（敢て「土人」とカギカッコで括って強調してみせているのですから、これは「物議」を多少とも企図した浅田の「パフォーマンス」だと言えます）。そのせいで、後になってもここばかりを取り上げられることになってしまった感もあるのですが、このかなり長い対談のなかで語られている内容は、二人の、そして「ニッポン」の「思想」の「変遷」について考えるうえで非常に重要です。

ここで二人は、「昭和天皇」という問題と、柄谷の「批評とポスト・モダン」でも浅田の「子供の資本主義と日本のポストモダニズム」でも俎上に上がっていた、西田幾多郎と京都学派を結びつけて論じています。浅田は、ヘーゲルから連なる「歴史の弁証法」と、京都学派のいわゆる「世界史の哲学」とを比較して、後者の考え方は「日本では「無の場所」としての皇室が、いわば空っぽの筒みたいに時間を貫いてすべてを包み込んでおり、その中で各々が所を得て空間的に平和共存できる」というものであり、それゆえ「トランス＝ヒストリカル」＝「歴史を超えてしまう」のだと言います。そして、それは何よりもまず天皇という個体の「生物学的持続」によって支えられており、あらゆる「反＝天皇(制)」的な「思想」と「実践」の試みは、昭和天皇が長生きしてしまったという事実によって、すべてグズグズな形で失効してきたのだと続けます。

つまり「日本」では、けっして「歴史」は展開せず、ただずーっと「持続」している、たとえ何か新しいことが次々と起こっているように見えたとしても、その実、われわれは同じ「無＝場所」の内にあるのだ、というのです。これは完全に「批評とポスト・モダン」での柄谷の主張と同じです。「ひたすら持続する無としての場所」とは、柄谷がいう「自然＝生成」としての「反構築的な構築」と、あるいは蓮實重彥のいう「制度＝物語」とも、ほぼ同一のものを指していると考えられます。そしてここでは、そうした日本特有の「非＝歴史性」のひとつの原因として、「天皇（制）」が挙げられているわけです。

だが、ということはつまり、天皇裕仁が亡くなる＝昭和が終わる、という状況は、今度こそ（？）「歴史」を生起させる、紛れもないひとつのチャンスということになります。この対談は、基本的にそんな予感と気運のなかで行なわれています。

「文学」の問題

柄谷は、浅田の発言に同意しつつ、それを「文学」の問題に繋げて、次のように述懐しています。

天皇の戦後にした発言の中で、覚えていることが一つある。記者会見で、戦争責任についてどう思うかと問われて「そういう文学的のことには通じていない」という意味のことを言ったというんですね。こちらも文学をやっていますので、非常に皮肉を言われたような気がした。責任とかそういった問題は主体の問題ですからね、「文化」の問題でしょう。そういうものが幻想だということになると、生物学になりますね。事実日本の言説は、ほとんど生物学的、つまりシステム論的ではないかと思う。今日それが特に目立ちはじめた。文学もいわば生物学的ですよ。文学者の戦争責任というのを戦後にやったけれども、しかし実は責任そのものが文学であったということになるんだから（笑）。（同前）

この天皇のエピソードは、戦後の「日本の思想」を主導してきたのが、もっぱら広い意味での「文学の批評」＝「文芸批評」であったことを思うと、それ自体としてもかなり興味深いものです。そこで二人は時間を遡り、では、なぜこうなったのかと問うていきます。柄谷は、日本の「批評」を顧みると、吉本隆明、江藤淳、中村光夫、福田恆存といった人々の言説は、五〇年代まではよくても、六〇年代に入ると鈍くなる。それは「外部の意識」が消えてしまったからだと言います。以下、発言を幾つか拾い出してみます。

浅田　マルクス主義という〈外部〉もなくなっちゃった。そういうものとの対抗関係ではじめて意味を持つような言説が、抵抗のないところでは完全に空回りして単なる現状肯定になっちゃうわけですね。

柄谷　文学の外に絶対的な外部として政治があるとか、政治の外に絶対的な外部として文学があるとか、そういう種類の緊張が消えてしまうんですね。文学の場合も括弧をつければすぐ政治になってしまう。

浅田　戦後、主体と世界との鏡像的《イマジナリー》な照応関係を築こうとし、それが一応できてしまって惰性化したのが六〇年代だと思うんです。七〇年代になるとその鏡は割れちゃうわけですけれども、その後は一種の閉ざされた無風状態の中で割れた断片とそこはかとなく戯れていればいいということになって、それが現在なんだと思います。主体の不在と散乱が、即、内部化であるような状況。（同前）

このような事態を浅田は「リアルなものの喪失と、閉じたイマジナリーな空間の成立」と呼んでいます。そんな「イマジナリーな空間＝無の場所」を脱却し、失われていた「リアルなもの」を再獲得するための、いわば千載一遇のチャンスが、今まさに起こったばかりの「昭和」から「平成」への変化なのだ、ということです。「持続」が切断され、新たな「歴史」が始まる、またとない好機であると。

何かが始まる予感

こうしたドラスティックな「変化」への、一種の期待感は、この一年後に「昭和」に続いて「八〇年代」が終わり、次のディケイド＝「九〇年代」が開始されることで、より強化されることになりました。折しも、八〇年代半ばから始まったペレストロイカを経て、一九九一年にソビエト連邦が解体します。この流れのなかで八九年に「ベルリンの壁」が崩壊し、戦後長らく分断されていた東西ドイツが統一されていました。「世界」では「冷戦時代」が終わり、「ニッポン」では「昭和」が終わって、あらゆる意味で「戦後」からの「持続」が切断されて、新しい「九〇年代」がやってきた、というわけです。

すぐに気づくことですが、ここには「何も変わることはないし、変わったと思っていても実は変わってなどいない」という認識と、「今こそ変わ（れ）る時だし、変わるべきであり、だから変わ（れ）るだろう」という希望的観測とが、いささか奇妙な形で共存しています。しかし「ニッポン」の「持続」と「イマジナリーな空間」は、もっとはるかに面倒な、鵺《ぬえ》のようなしたたかさと、ぬめぬめとした強固さと、底なしの貪欲さとを併せ持ったものであり、そうそう簡単には——たとえ「昭和天皇」が死んで「冷戦」が終結しても!?——切断できないものであるということを、何よりも柄谷や浅田の分析が語っていたのではないでしょうか。

このことはもちろん、浅田彰もよくわかっていて、一九八九年に発表された論文「歴史の終わり?」で、ヘーゲル＝コジェーヴの歴史哲学を下敷きに、共産主義の終焉をタイムリーに宣言したとされて一大センセーションを巻き起こしたアメリカの学者フランシス・フクヤマとの、九二年の暮れに収録された対談では、こう発言しています。

ミネルヴァのフクロウは黄昏時に飛ぶ、とヘーゲルは言っています。何かを理解すること、それも、それまでの過程の必然的結果として目的論的に理解することは、それを終わったあとから見ることなのです。しかし、それは観念論的な倒錯ではないか。本当は終わりのない過程をそのつど終わったことにして考えているだけではないか。実際、「歴史の終わり」を、ヘーゲルはナポレオンによるイエナの戦いに見たし、コジェーヴは第二次世界大戦の終わりに見たし、あなたは冷戦の終わりに見たわけですが、これは同じ観念論的結論の絶えざる繰り延べのようにも見えます。

（「フランシス・フクヤマとの対話」『「歴史の終わり」を超えて』）

浅田彰はここでも、まったく正しいことを言っています。また、柄谷行人も、九〇年三月に発表された文章「歴史の終焉について」（『終焉をめぐって』所収）で、この「終わり」という「観念論」を、より精緻に批判しています。

しかしそれでも、「九〇年代」の始まりとともに、それ以前の「八〇年代」が葬送され、それまでとは決定的に異なった何ごとかが始まる、というような雰囲気は、世の中に蔓延していました。「終焉」が完全なデッドエンドでないのなら、その次にはかならず何らかの「始まり」があります。「終わりの観念論」には「始まりの観念論」が常にワンセットになっているのです。

それはまた、当時のひとびとが、「八〇年代」に巷に溢れていった数多の「小さな物語」群がもたらす「変化＝差異」を、延々と「消費＝流通」し続けることにもそろそろ飽きてきて（限界を感じて？）、もっと大がかりな、単数形の「変化＝差異」という「物語」を求めるようになっていた、ということでもあります。そして、コジェーヴが言う「歴史の終わり」以後を生きる、われわれ日本人にとっては、もしかしたら歴史上初めて、「歴史」が始まるのかもしれない、いや、始めなくてはならないのだ、という（無）意識を、この時期の「ニッポンの思想」は抱え持つことになったのです。

そんなタイミングで、「戦争」が起こりました。

ポストモダンの左旋回？

一九九〇年八月にイラクがクウェートに侵攻したのをきっかけに、国連安全保障理事会は多国籍軍の派遣を決定、翌年の一月十七日にはイラクが爆撃され、湾岸戦争が開始されました。これに伴い、日本は多国籍軍への巨額の資金援助を行いましたが、憲法九条によって戦闘への直接参加はせず、お金だけ出してよしとしているなどと非難されました。そこで日本政府は急遽、PKO協力法を成立させ、自衛隊をペルシア湾に派遣します。

こうした流れにあって、柄谷行人は、中上健次、田中康夫、高橋源一郎、いとうせいこう等の小説家とともに、日本の湾岸戦争参加に反対する文学者の集会を開き、「「文学者」の討論集会アッピール」を発表します。このアッピール（声明）は、「八〇年代」以来、政治的な発言をしてこなかった「文学」の側からの、久方ぶりに表立った反応として、かなり注目されました。

声明1　私は日本国家が戦争に加担することに反対します。

声明2　戦後日本の憲法には、『戦争の放棄』という項目がある。それは、他国からの強制ではなく、日本人の自発的な選択として保持されてきた。それは、第二次世界大戦を『最終戦争』として闘った日本人の反省、とりわけアジア諸国に対する加害への反省に基づいている。のみならず、この項目には、二つの世界大戦を経た西洋人自身の祈念が書き込まれているとわれわれは信じる。世界史の大きな転換期を迎えた今、われわれは現行憲法の理念こそが最も普遍的、かつラディカルであると信じる。われわれは、直接的であれ間接的であれ、日本が戦争に加担することを望まない。われわれは、『戦争の放棄』の上で日本があらゆる国際的貢献をなすべきであると考える。

われわれは、日本が湾岸戦争および今後ありうべき一切の戦争に加担することに反対する。

このような「文学者」の「政治」への働きかけ、ということについては、当時の文学界＝文壇でも意見が分かれていましたし（このアッピールに署名しなかった人も大勢いましたし、それを「湾岸戦争」と日本政府の対応の是非とは別の次元で――たとえば「文壇政治」的に――判断した「文学者」も居たと思います）、ここで示された「憲法」と「戦争放棄」の関係をめぐっては、文芸評論家の加藤典洋が「敗戦後論」（九五年）に始まる一連の論考で批判し、論議を巻き起こします。また、あとで出てくる大塚英志は、二〇〇三年の第二次湾岸戦争時には同様のアッピールが行われなかったことにかんして批判しています。

しかし、ここでのポイントは、これが柄谷行人にとって、「ブント」の活動家だった六〇年代前半以来、おおよそ三十年ぶりの「現実＝現在」の「政治」にかかわるアクションだったのだということです。先の浅田彰との対談で柄谷は、「常識的なことが今や非常に新鮮」で、しかも「そのことを言うほうが勇気がいるし、知的な活発性もいる」のであり、「新しいつもりでものを言ってる人たちのほうが実に凡庸」だと語っています。「護憲」による「戦争反対」の「声明」という、アクチュアルな、しかし理論的にはナイーヴとも思われかねないような行動を敢て取ったのは、むしろ「常識」に基づいて愚直に振る舞うことこそが、今は必要だと考えたからなのかもしれません。

そしてこの、いわば「政治活動」の解禁は、「九〇年代」初頭という時代の空気の要請ということだけでなく、柄谷行人という「思想」家のその後の歩みにも、大きく関係していくことになります。しかし、ここで垣間見えたアクティヴィストとしての柄谷行人が、ふたたび前景化してくるのは、「ゼロ年代」に入ってからのことになります。

一九九一年の十二月に行われた高橋源一郎との対談で、柄谷は、『湾岸戦争は起こらなかった』というタイトルの本を書いたボードリヤールと、端的に反戦表明をしたドゥルーズとを比較して、前者をイロニー（アイロニー）、後者をヒューモア（ユーモア）と評し、自分は後者である、と語っています。アイロニーとは、「危なくなった「主体」をいわば高次化するというか、超越論化すること」であり、「世界は、自分の思い込みにしかない」と思い込むことで自己の無力の確認をやり過ごすことです。これに対して、ユーモアとは、「いわゆるユーモアではなくて、ある根本的な精神態度」であり、「最終的に到達すべき理念や目的を持たないけれども、しかし、ニヒリズムにもならない」、「自分を一種の高みには置くので、非常にイロニーと似て」いるが、「他人にも快感を与える、あるいは他人をも解放する」ことが決定的な違いだといいます。つまりアイロニーとは「主体＝自己」の無際限な複層化と肥大化であり、ユーモアとは「外部＝他者」との「交通」を開く態度です。これは柄谷の「思想」の展開とも完全にパラレルです。

そのうえで、柄谷は「湾岸戦争」への「アッピール」について、「あの現場は、批評の場所だと思っていました」と言っています。ここでの「批評」は「文学」と同義です。ずいぶん経ってから、「ゼロ年代」半ばに、柄谷は『近代文学の終り』（〇五年）という本を出して、文壇の一部にショックを与えますが、この頃はまだ、この国においては、「文学」と「文芸評論」こそが「哲学」であり「思想」でありえるのだという自説を度々主張していました。

浅田の存在感

浅田彰は、この「声明」には署名していません（ちなみに蓮實重彦も中沢新一も署名していません）。しかし、彼もまた、八七年の「子供の資本主義と日本のポストモダニズム」の末尾で「現実的な分析を作り出さなければなりません」と述べていたのを裏付けるように、アクチュアルな「現実＝現在」に対する積極的な発言を行なっていくようになります。先に紹介したフランシス・フクヤマとの対談は、スラヴォイ・ジジェクやエドワード・サイード、ジャン・ボードリヤール、柄谷行人などとのシリーズ対談の一環として、一般向けの総合雑誌「ＳＡＰＩＯ」に連載されたものですが、そこでは理論的な分析よりも、諸々の現実的な課題についての検討が優先されています。

また、浅田彰と同じ「カタログ文化」と「八〇年代」の申し子でありながら、先の「アッピール」に参加したばかりか実務的な役割を一手に担い、周知のように、のちに文字通りの「政治」家へと転身してゆく田中康夫との時事対談「憂国呆談」は、一九八九年末からスタートし、「九〇年代」を通して幾つもの雑誌で連載され、「ゼロ年代」以降は紙媒体からウェブに場所を移しながら、現在も継続中です。そこで浅田と田中はゴシップ的な話題も含めて、縦横無尽に「現実=現在」の諸事象について語っています。
しかし、浅田彰は柄谷行人と「批評空間」を共同で編集しながらも、柄谷が次第に向かっていったような、よりダイレクトな「行動」や「参加」からは一貫して距離を置いています。このスタンスは「ニューアカ」時代から現在まで変わっていません。自分自身は絶対に「現実=現在」に/と闘うことのない安全なポジションにありながら、要所要所で的確かつ絶妙なツッコミを入れてくる浅田彰の存在感は、柄谷よりも蓮實重彥に似ていると言うべきかもしれません。そして、こうした超然とした振る舞いが、すぐ後で見るように、次世代の「九〇年代」の「思想」家たちからは批判されることになります。

「ホンネ」と「リアル」の時代

九三年半ばに「SAPIO」に掲載された浅田と柄谷の対談のなかには、次のようなくだりがあります。

浅田　日本社会はホンネとタテマエの二重構造だと言うけれども、実際のところは二重ではない。タテマエはすぐ捨てられるんだから、ほとんどホンネ一重構造なんです。逆に、世界的には実は二重構造で偽善的にやっている。それが歴史のなかで言葉をもって行動するということでしょう。
柄谷　偽善には、少なくとも向上心がある。しかし、人間はどうせこんなものだからと認めてしまったら、そこから否定的契機は出てこない。自由主義や共産主義という理念があれば、これではいかんという否定的契機がいつか出てくる。しかし、こんなものは理念にすぎない、すべての理念は虚偽であると言っていたのでは、否定的契機が出てこないから、いまあることの全面的な肯定しかないわけです。
浅田　理念に基づく闘争としての歴史が終わったのだとすればそれでもいいかもしれないけれど、幸か不幸か、歴史は終わるどころか再開されたと言ったほうがよく、現実に理念や言葉をめぐる世界史のゲームがどんどん展開されている。にもかかわらず、日本だけが、すべての理念がつい え去ったあとの、閉じたホンネの自己肯定に終始しているとすれば、歴史から取り残されるし、実際そうなりつつあると思います。

（「柄谷行人との対話」『「歴史の終わり」を超えて』）

ここで柄谷の言う「否定的契機」は「昭和精神史を検証する」での「外部」のことです。けれども八九年と九三年では、二人の話しぶりには微妙な変化があるように思えます。四年半前には「リアルなもの」と「イマジナリーな閉域」が対置され、前者の喪失が嘆かれていたわけですが、ここではニッポンに足りないのは「理念や言葉をめぐる世界史のゲーム」だとされています。「すべての理念がついえ去ったあとの、閉じたホンネの自己肯定」は「イマジナリーな閉域」と同じですが、四年半の時間が経っても、そのあいだに「戦争」が起こっても、一九九三年の「ニッポン」の「現実＝現在」は、相変わらず同じ「閉域」にある。しかし、それを打ち破るために必要とされているのは、「リアル」ではなくて「理念（＝イデアル）」だというのです。そして、前の対談では「イマジナリー（＝想像的）」と呼ばれていた状態に、今度は「ホンネ」という言葉が与えられている。

何だか語義矛盾に陥っているような気もしてしまいますが、必ずしも矛盾ではありません。「九〇年代」に入って三年以上が過ぎて、「世界」では「八〇年代」までの「冷戦」構造下では押し隠されていた政治的な諸問題が、「戦争」や「民族紛争」という姿で一挙に露出していました。「ニッポン」では浮き足立った「ポストモダン」の表層的戯れを脱して、これからは「ホンネ」だ、という空気が定着していました。「リアルなもの」は、ある意味では復活していたのです。

しかし浅田と柄谷にとっては、それは望ましいものではまったくなかった。「九〇年代」が招き寄せた「リアル」は、彼らにはむしろ後退に映ったのです。ようやくやってきたかに見えた「ホンネ」と「リアル」は、「イマジナリーな閉域」の「持続」を強化するだけだったというわけです。

この認識は正しかったのかもしれませんが、現実にはこの時期ぐらいから、むしろ彼らの方が、「八〇年代＝ニューアカ」以来の「思想」的な存在感を、急速に失ってゆくことになります。「九〇年代」という時代は、「理想」や「言葉」よりも「ホンネ」と「リアル」の方を選んだのでした。

筆者が思うことは、空間的な比喩でいう「外部」も、時間的な比喩でいう「歴史」も、それ自体が「理念」的な言葉であって、そうした思考法自体も、あの「閉域」によくわからない内に吸い込まれていってしまうのが、「ニッポン」なのではないか、ということです。そして「いまあることの全面的な肯定」＝「現状肯定」であるかどうかはともかくとしても、「いまあること＝現状」は、アタマで考えた「理念」よりも常に意味があり重要である、という感じは、この頃から次第に強まっていきました。「ニッポンの思想」は、ここで大きな「変化」を経験していたのです。まあ、それも今から思えば、一種の「シーソー」だったわけですが。

福田和也——多作の理由

いよいよ「九〇年代」の「ニッポンの思想」について述べていきましょう。それはまず何よりも、「八〇年代批判」＝「ニューアカ批判」＝「ポストモダン批判」という形で現れました。何かが新たに始まったことを証立てるためには、何かを終わったことにしなくてはならないからです。つまり、ポスト「ニューアカ」であり、ポスト「ポストモダン」であるとは如何なることなのか、というのが、少なくとも「九〇年代」前半までの「思想」の課題であったのだと思います。先に見たように、「ニューアカ」の旗手たちも、時代の変化に即して変貌しつつあったわけですが、多少露骨な「パフォーマンス」を駆使してでも、「八〇年代」と「ニューアカ」を乗り越えてみせることが、後からやって来た者にとっては急務だったのです。

この意味で最初に名前を挙げたいのが福田和也です。福田は一九六〇年生まれ。慶応義塾大学の仏文科出身で、第二次世界大戦中にナチス・ドイツに協力したフランスの文学者たち、いわゆる「コラボ」の作家について論じた大著『奇妙な廃墟――フランスにおける反近代主義の系譜とコラボラトゥール』を八九年に出版してデビューします。この本は福田の「思想」を語るためには重要なものですが、専門的な内容であることもあって、あまり注目されませんでした。しかし同じ慶応出身の江藤淳の目に止まり、この直後から福田は猛烈な勢いで執筆活動を展開していきます。

まず九〇年に「諸君!」に四回にわたり「遥かなる日本ルネサンス」を連載し、九一年に単行本として刊行、ひさびさに現れた保守系の若き論客として論壇で大きな注目を集めます。続いて文芸誌「新潮」に断続的に発表した批評をまとめて、『日本の家郷』として九三年に上梓、三島由紀夫賞を受賞します。福田はあっという間に、論壇と文壇という二つの「壇」で、確固とした位置を獲得してしまいました。以後、論壇誌や文芸誌は言うに及ばず、週刊誌やサブカル雑誌、新聞など、さまざまな活字媒体を舞台に、超人的とも思える旺盛な生産力で、膨大な文章を書いていきます（なにしろ『ひと月百冊読み、三百枚書く私の方法』なんて題の本を出しているくらいです。しかもパート2まで出てるし）。その文章の射程範囲は、驚くほど多岐にわたっており、文体も変幻自在で、とてもひとりの書き手によるものだとは信じられないほどです。二〇〇九年現在、共著も含めた著作は三ケタに迫る勢いです。また、慶応義塾大学環境情報学部教授でもあり、筆者は一時期、この学部が置かれている慶応の湘南藤沢キャンパス（ＳＦＣ）で非常勤講師をしていたことがあるので、生徒からも聞いたことがあるのですが、学生の面倒見がよく、とても人気のある先生のようです。ちなみにこのＳＦＣは、江藤淳が教授を務めた大学でもあります。九九年七月の江藤の自死にあたって、福田は多くの追悼文を執筆し、それらは『江藤淳という人』（二〇〇〇年）としてまとめられています。

と、ざっとプロフィールを書くだけでも結構な文字量になってしまうわけですが、福田和也のみならず、おしなべて「九〇年代」の「ニッポンの思想」の特徴は、その担い手たちの仕事が非常に多く、かつ多ジャンルにわたっていることです。この後で出てくる大塚英志も、宮台真司も、とにかくやたらと沢山書き、異様なまでに多くの本を出しています。

しかしそれは裏返せば、浅田彰の『構造と力』のように、たった一冊のデビュー作でいきなりスターになってしまう、ということがなかったということを意味してもいます。しかしこれは、彼らの資質や才能の問題というよりも、まさに「九〇年代」と「八〇年代」の違いということだと思います。敢て言うならば、はっきりと「主著」と呼べるような書物が存在し(得)ないことこそが、「九〇年代」の「ニッポンの思想」の要件のひとつです。

もうひとつ、あらかじめ述べておくと、「九〇年代」には、「八〇年代」の「思想」家の主な発表の場だった「思想誌(批評誌)」から、「文藝春秋」「中央公論」「論座」「現代」「諸君!」「Voice」などといった、いわゆる「論壇誌」「総合雑誌」「オピニオン雑誌」へと、ウェイトがはっきりと移動します。「現代思想」はもちろん毎月出ていましたし、柄谷と浅田の「批評空間」もありましたが、「思想市場」の主戦場は最早そこにはありませんでした。もっともこれは、「ニューアカ」の時期が特異だったのだとも言えるかもしれません。「ニューアカ」を支えた「わかりたいあなたたち」という読者層はいずこかに消えて、かわりにもっと漠然とした「大衆」や「世間」、あるいは「世代」などといったものが「思想」の前面に押し出てきます。「八〇年代」の知的スノビズム、知的ファッションは、良くも悪くも一種のエリーティズムを含意していましたが、「九〇年代」の「思想」は、まず第一に、そうした特権的な知性の「上から目線」による物事の判断に対するアレルギー反応として登場してきたわけです。

ニューアカ批判

さて、では福田和也による「ニューアカ批判」とは、どのようなものだったのか。彼は浅田彰も柄谷行人も蓮實重彦も「批判」しています。たとえば福田は浅田の「土人発言」について、こう述べています。

いつか昭和天皇が病気になった時、皇居前につめかけた大勢の人たちを浅田氏が「土人」みたいだ、といったことがあったけれど、こういう裁断も気持ちがいいだろう。知的な優越感を踏み台にして、人がとてもいえないような辛辣なことをいう。これはやっぱり「正しい」快楽ですな。この快楽はけして世間の気分をあえて逆なでするというスリルではない。愚かな世間を向うに回して、自分だけが「正しい」というナルシズムと、頭を下げたり、あばれたりする人間のわけのわからなさを、知的に処理できる、裁断できるという自信。(「日本共産党は「正しい」」『グロテスクな日本語』)

この文章は「共産党」が体現している「正しさ」を批判したコラムですが、福田が撃っているのは、イデオロギーそれ自体というよりも、自分だけが「正しい」として、それ以外を絶対に認めようとしない態度、より精確には、そういう態度を自らにのみ許すようなです。彼は浅田彰の言説にも、そうした「正しさ」の自己欺瞞を見て取っているわけです。

では、そのような「自己欺瞞」は、何によって許されているのか。前に引用した浅田の対談集『「歴史の終わり」を超えて』が、一九九九年に文庫化されたとき、浅田本人の希望で、解説文を福田が執筆しています。そのなかで福田は、通常の「文庫解説」ではちょっと考えられないような、あからさまな揶揄《やゆ》を書いています。「戦後日本」では「思想とか、哲学といった営みが、人間の生き死にとまったく関係のない、ただのオモチャ、アクセサリーになってしまったわけだ。で、浅田サンというのは、そうした思想の玩具化を徹底したんだと思うな。どうせ、遊びなんだから、深刻な、意味ありげな様子を作るのはやめよう」と。福田は浅田を、そんな「近代日本の生み出した成果」とまで呼んでいます。

書いた福田も福田なら、これをそのまま載せた浅田彰もすごいですが、煎じ詰めると福田和也の浅田彰批判の核心は、それが結局のところ「思想のエンタテインメント化」の産物であり、「人間の生き死に」と無関係なものでしかない、ということです。そして福田にとって「生き死に」とは無縁で、ただ「正しい」だけの「思想」など、「思想」の名に値しないのです。

蓮實との対立

浅田彰に対する、このような辛辣な見方は、そのまま蓮實重彦にも、もっと激烈な形で適用されます。『グロテスクな日本語』には、九〇年代半ばに蓮實が「朝日新聞」でやっていた文芸時評で、福田の保田與重郎論について触れたことをきっかけとするトラブルにかんする文章も収録されています。

そこで福田は、蓮實が時評のなかで保田與重郎について「ユーモアへの感性の徹底した不在が彼の作品の決定的な不在だとしか思えない」と書いていることに引っ掛けて、自分は「批評の本質をユーモアよりも哄笑、悪意ではなく憎悪だと考えている」と述べ、蓮實が同じ時評で柄谷行人や大江健三郎を「「転向」や「変節」をいささかも恐れていない」と書いているのに、「氏のいう恐れのなさは、批評の暴力や政治的憤怒に身をさらしつつ、なお保持されているものなのか」と反撥しています。

ここでの「ユーモア」が、柄谷行人の「ヒューモア」のことであるのは言うまでもありません。福田は「ユーモア」は日本語に訳すと「弛緩」になる、とまで言い、自分との論戦をあくまで回避する蓮實に、「それは、あたかも議論の応酬などなかった如くに、相手の批判を「超越論的」に迂回し、乗り越えたふりをする「ユーモア」の実践なのか」と問いかけています。しかし結局、両者の直接的な対決が成立することはありませんでした。

この、かなり早い段階での対立以後、福田和也は事あるごとに蓮實重彦もしくは「蓮實的なるもの」へ悪罵や嘲笑を向けていくことになります。福田の「文壇」における地位向上もあって、次第に露骨なものではなくなりましたが、たとえば蓮實直系の小説家ともいうべき金井美恵子のことは終始一貫してまったく認めていません。しかし、にもかかわらず、筆者は、福田和也と蓮實重彦には、似通ったところがあると思えます。これについては後で触れます。

柄谷と蓮實の相似

福田和也は一九九三年に「柄谷行人氏と日本の批評」を「新潮」に発表します。この評論でまず福田は、柄谷の批評文「交通について」が論旨を組み上げる際に前提としている事実の悉《ことごと》くが誤ったものであると指摘し、しかし、それは「柄谷氏の揚げ足を取ろうとしている訳ではない。ただこうした事実に平然と背いて構成される文章の性質が、柄谷氏の批評の特質を示しているがために、敢えて指摘した」と述べ、こう続けます。

この文章には、否定しがたい生彩と加速感があり、また読者を批評の現場に引きずり込むダイナミックな表現力がある。だがその整合性は、本当に人間が生きている地平とは別の次元で調和している。(中略)

批評文も文芸である以上、叙述が事実に従っている必要はないし、これだけ魅力的な文章と論旨が展開出来ているのだから、少なくとも瑕疵とは言えない。

この文章に限らず、柄谷氏の批評文は圧倒的であり、歴史的経緯に関する私の指摘等は、〝批判〟になりはしない。だが矢張り間違っている。論旨として、内容としては正しい。だが根本の所で誤っている。単なる事実の軽視や誤認とは別の誤りが、この文の見事さそれ自体の中にある。（「柄谷行人氏と日本の批評」『甘美な人生』）

浅田彰や蓮實重彥への「批判」と同型であることは明白でしょう。それは「正しい」、だが「本当に人間が生きている地平とは別の次元」だというのですから。更に福田は「柄谷行人氏の批評の力は、抽象化による徹底性にある」と続け、それはもっぱら「文章＝文体」に依るものだと述べていきます。

この効果を生み出すために柄谷氏は、文章から余計な装飾やエピソードを剝ぎ取って、あたかも裸形の思考がそこにあるように装った。柄谷氏の文章が難解であるというのは、著しい誤りだ。読者が注意深く読めば、完全に氏の「思考」をまのあたりにし、あたかも自分が考えているかのようにその思索が体験出来るよう、細心に工夫されている。その工夫の中核をなすのが、文章の抽象性である事は言うまでもない。

氏の文の抽象性は、読者に思考そのものを体験させるという、一種の戯曲性、というよりも思考が今まさに上演されているという臨場感への要求が齎《もたら》した性格であり、その

点で極めて意識的かつフィクティヴである。（同前）

「柄谷氏の批評文は、読者に思考を上演して見せる一方で、読者に思考停止を促してもいる。批評家たちを含む読者は、柄谷氏の作品を読み、自分が思考したかのような錯覚を抱く。しかしそれは自らの頭脳を柄谷氏に譲り渡したに過ぎない」と福田は喝破しています。この指摘は新鮮かつ見事なもので、柄谷行人自身でさえ、思わず首肯してしまったのではないかとも思われます。それまでは、戦略的に晦渋な文体を駆使する蓮實重彥と、ぶっきらぼうなまでに明晰な文体を持つ柄谷行人は、対照的だと見なされてきましたが、福田はいわばどっちもどっちだと言ってのけたわけです。

偶然的な力

しかしもっと重要な「柄谷批判」が、この文章の後半にあります。前にも触れたように、柄谷は『探究』において、「固有名」＝「単独者」＝「他ならぬこれ（this-ness）」という概念を提示します。福田はそれを、小林秀雄の「様々なる意匠」の次の一節と対置します。

人は様々な可能性を抱いてこの世に生れて来る。彼は科学者にもなれたろう、軍人にもなれたろう、小説家にもなれたろう、然《しか》し彼は彼以外のものにはなれなかった。これは驚く可《べ》き事実である。（「様々なる意匠」）

福田は、「可能性」という問題を論じている点では小林と柄谷は同じだが、しかし「柄谷氏は眼前にある現実の外部としての「可能性」を含んだ「この私」を見るのに対して、小林は、無残に「可能性」を削ぎ落とし」ながら、「「弁証法的に統一された事実」の宿命に注目している」と述べます。

柄谷氏は宿命が作り出した結果を超えて、なお「あったかもしれない」可能性を求め、小林は結果を「驚く可き事実」として冷厳に見つめる。柄谷氏は、小林と同様に「この私」の可能性・偶然性を見ながら、「事実」と「事実」を生み出した力を直視せず、なお失われた可能性に思いを致し、懐かしんでいる。

（中略）

確かに柄谷氏が指摘するように「彼以外のものにはなれなかった」のは「必然的・永遠的」なものではなく、「偶然」に違いない。だがまた柄谷氏は、その「偶然」を齎した、脈絡も方向性もない、にもかかわらず不可逆である力に目を閉ざしている。柄谷氏はけして小林のように「偶然」の力に「驚く」ことはない。なぜならば、この「力」はまさしく抽象化出来ないものであり、考える事が出来ないものであるからだ。

福田は「偶然的な力に驚くのではなく、抽象的な概念を見る」のが柄谷行人の特質であり、また限界でもあるのだと言うのです。そして筆者には、これが柄谷への「批判」として果たして妥当なものであるかどうかということよりも、この「偶然的な力」が、ぐるっと回って蓮實重彥の「事件」と、どこかで通底しているように思えてくることが、何とも興味深いのです。

「日本」とは「空無」である

実のところ、われわれはすでに福田和也自身の「思想」に足を踏み入れています。福田が扱っているテーマは、文学から近・現代史、現実政治にまで及んでいますが、煎じ詰めれば、そこで問われているのは「日本とは何か？」です。彼が一貫して主張してゆく「日本」という「くに」の「像（イメージ）」は、最初期の「遥かなる日本ルネサンス」や、その姉妹編的な「「内なる近代」の超克」（現在は『近代の拘束、日本の宿命』として併せて文庫化されています）、そして何よりも『日本の家郷』に、はっきりと描かれています。

簡単にいうと、福田の「思想」とは、「日本」とは「空無」である、というものです。そして、この「空無」は、どれだけ「歴史」が移り変わろうとも、基本的にはまったく変わることがない、というものです。たとえば『日本の家郷』のなかで、彼は日本の詩歌（文学）の源流―本流を成す「やまと歌」の「魂というか本質」として「みやび」という言葉＝概念を抽出し、「みや」が「宮＝神霊の宿る屋→葬所→宮殿」を意味すること、すなわち「雅」とは宮廷の歌舞の儀がにぎにぎしくたおやかに行なわれているさまを示すものだと述べます。

古事記を彩る神々や大王の激しく賑やかな振るまいにおいては、政治や神事、あるいは暴力や性の放埒は混然一体としており、麗しい仁政も、浮かれすぎた逸脱も、その総てが「みやび」である。倫理や人知を超えた神話や伝説の生まれる時に、この「みやび」な空間で人獣草木らのあらゆる存在が奏でる調べが、「やまと歌」である。

（『日本の家郷』）

そして福田は、「今日の「文学」は、このような「みやび」の空間と、無縁な場で書かれている」と断言します。その代わりに、そこにあるのは「作品を読み、作品を書くという「テクスト」空間」です。それでは駄目なのです。

というのも「みやび」が発する場は、「テクスト」的な空間とは相容れないからであ

る。文学者はテクストや作品から逃れられないために、「うた」の生成の場から隔絶されている。（同前）

この評論は、古典文学への引用や言及を多数含み、意図的なアナクロニズムを身に纏いながらも、その実、執筆された「九〇年代前半」という時代のアクチュアリティが、ありありと刻印されています。これもまた一種の「ニューアカ批判」であるということは、このくだりからも明らかです。そして福田は、失われた「みやび」をふたたび見出すことによって、「文学」が侵された「テクスト」から「うた」への転回をはかるべきであると主張するのです。

「文学」は「個性的」で「独自」の夥《おびただ》しいテクストを産出し続けることを目的とする。「みやび」は究極には同一の流れに結びつく膨大な生成過程、すなわち生成する日本に連なる。日本を「離宮」として切り取る文学の巧緻な囲いにも拘わらず、日本は無限に生成し、溢れだし、移動し、損なわれつつ侵し、咲き紊《みだ》れる。（同前）

こうして、福田は「やまと歌」の「持続」としての「文芸」を待望してみせます。それは「テクスト」はおろか、従来の「文学」からも一線を画しています。

「虚妄としての日本」

今まで引いてきたのは『日本の家郷』の第二章「生成する日本――文学という離宮　古典論」からだったのですが、つづく第三章は「虚妄としての日本――モダニズムの地平と虚無の批評原理　批評論」と題されています。そこで福田は「みやび」の「家郷」である、美しく豊かなる「やまと＝日本」は、しかし同時に「虚無＝空無」なのだ、と言ってのけます。福田和也の「日本」観、つまり彼の「思想」の最大のユニーク・ポイントは、ここにあります。


第二次世界大戦後続けてきた欺瞞の終りに、批評的意識は重大な岐路にさしかかっている。その選択はおそらく二つしかない。自己規制を継続して、「現実」的で正しい発言を、「文学」とみなし続けること。

あるいは、ふたたび「日本」の空無と、対面すること。

ふたたび、「凝集」への欲望が湧き上がるあの空無、おぞましさと艶やかさが生起する空無に差し向かい、「日本」という盃を満たす言葉を醸《かも》すこと。

なぜならば、「現実」との決別は、そのまま恐るべき暗い情熱を、嫌悪し、退け、検閲する「さかしら」をも、断念することに外ならないからである。モダニズムは、すべ

> ての現実を拒む一方、あらゆる「日本」の顕れの形を、受け入れなければならない。地上と無縁な虚無としての批評原理は、甘美を慈しむのと同じ様に、酸鼻もまた受け入れる。（同前）

「「日本」はただ、この空無と文芸がむかい合う時にのみ、「日本」なのである」。福田は「日本とは、あらゆる意味で実体ではなく、正当な名前ですらない」とまで述べています。

ここまで来ればわかるように、福田和也の「思想」は、単純な「日本賛美」とは、まったく違っています。初期の彼は「パンク右翼」や「保守反動」などと自称していましたが、その立場は厳密な意味では「右翼」でも「保守」でもありません。『日本の家郷』における福田の記述―論述が、これまで触れてきた「八〇年代」の「思想」と、ただ単純に対立するものでもないということもおわかりでしょう。ただ彼は、浅田や柄谷や蓮實が、それぞれのタームで「批判」してきた、「無の場所」としての、「自然＝生成」としての、「物語＝制度」としての「ニッポン」を、およそ考えうる最深部において、根源的に肯定してみせたのです。福田和也というプレイヤーによる、この価値転倒（シーソー）は、あからさまにパフォーマティヴなものだったと思います。

保田評価のポストモダン性

『日本の家郷』は、柄谷の「批評とポスト・モダン」の、蓮實の『物語批判序説』の、価値判断の水準における明確な逆転でした。しかし、見えているものは、ほとんど同じだったのです。一見、誰よりも鋭く対立しているかに見える蓮實重彥と福田和也の「歴史」認識は、明らかに通底しています。どちらも「歴史」には「終焉」もなければ「切断」もありえず、ただひたすら「持続」しているのであり、だからそれゆえに「物事はそう簡単には変わらないし、事実変わっていない」という意味のことを言っているのですから。

ただし福田は、蓮實がそれでも可能性を保持し、期待せざるを得なかった「事件」さえ認めません（福田が小林秀雄から汲み取った「偶然的な力」とは、前触れなしに突然現出する「事件」のことではなく、ただ単に、そうでない可能性を排してそうなってしまう、ということです）。それはしかし、現実として「事件」が起こり得ないというだけではなくて、たとえ「事件」だと思っても、実はそれもまた「持続」のなかにあるのだ、というのですから、蓮實の考え方の延長というか、その徹底とも言えるのではないでしょうか。

蓮實重彥とのトラブルの元にもなった保田與重郎にかんしては、『日本の家郷』を皮切りに、福田は度々論じており、『保田與重郎と昭和の御代』（九六年）という独立した保田論もあります。ここで保田の「思想」に深入りすることは出来ませんが（というより筆者には無理ですが）、福田が保田に見出している最大の魅力が、いうなれば「絶対と相対の彼岸」とでも呼ぶべき境位であるということは、指摘しておきたいと思います。

周知のように保田與重郎は、近代批判と伝統回帰を謳った「日本浪曼派」の中心人物として一世を風靡し、戦後は大東亜戦争を肯定した右翼イデオローグとして批判されましたが、基本的に最期まで自己の主張を曲げることはありませんでした。その「非＝転向」を貫いた姿勢は、柄谷・蓮實・浅田の参加した連続討議「昭和批評の諸問題」でも話題に上り、特に柄谷は、橋川文三が『日本浪曼派批判序説』（六〇年）で摘出してみせた「ロマン主義的イロニー」に絡めつつ保田を評価しています（反対に蓮實は冷淡な態度を崩していません）。

福田が保田を評価するのは、しかし単純に「非転向右翼」であるからではないと思います。むしろ、まさしくイローニッシュ＝アイロニカルな意味で、右か左かということ自体が実はどうでもよく、極端にいえば、偶々《たまたま》のこと（「偶然的な力」を思い出してください）でしかないのであって、しかし現実＝事実としては、そのいずれかでしかないのだから、そのレベルでは「転向」しない、ということなのです。けれども、ほんとうは、そのような「転向／非転向」という対立軸そのものを、丸ごと呑み込んでしまうような「空無＝虚無」への、美学的なものであると同時に倫理的でもあるような傾倒に、福田は保田與重郎の「可能性の中心」を見出しているのです。

つまり福田にとって、政治的なイデオロギーのポジショニングは、あくまでも相対的なものです。しかしその相対性は、あまりにも徹底して相対的であるがゆえに、ある絶対性をまとうことになる。そして、そのような「絶対的な相対性」あるいは「相対的な絶対性」が、「日本」という「空無」の、「持続」と「生成」によって包み込まれているのです。これは完全に「ポストモダン」です。福田和也は、ある意味では「八〇年代」へのアンチというよりも、その極限的な完成形とさえ呼べるのかもしれません。

大塚英志――「八〇年代」の「護持」

大塚英志は一九五八年生まれ、浅田彰とは一つしか違いません。筑波大学で民俗学を学び、「八〇年代」には岡崎京子や藤原カムイをデビューさせたことでも知られる『漫画ブリッコ』の編集者を務めました。この『漫画ブリッコ』における新人類＝中森明夫の連載が、「おたく」という言葉の発祥であることは有名です。中森は当時のアニメファンを「おたく」と名付けて嗤《わら》ったのですが、大塚はそれに怒って中森の連載を中止にしてしまいました。しかし一九八九年に宮崎勤による「東京・埼玉連続幼女誘拐殺人事件」が起こると、大塚は彼自身を含む「おたく」世代によるこの事件に強い衝撃を受け、中森と対談集『Mの世代――ぼくらとミヤザキ君』を緊急出版します。その後も宮崎勤の裁判の推移には定期的に発言を続け、二〇〇八年六月十七日の死刑執行に際しても複数のメディアでコメントを発表しました。

「八〇年代」後半くらいから、専門だった民俗学の知見をマンガやサブカルチャーに応用した評論を発表し出します。本職（？）としてはまんが雑誌の編集者から原作者への道を歩み、『多重人格探偵サイコ』『木島日記』『黒鷺死体宅配便』などのヒット作を連発、版元の角川書店への強大な発言力を梃子に同社から批評誌「新現実」を出したりもしますが（のちに太田出版に移籍）、それらは「ゼロ年代」の話。福田和也同様、その仕事は膨大を極めており、評論「不良債権としての『文学』」に端を発する作家・笙野頼子との論争や、それだけでもかなりの数があり、後進にも大きな影響を与えている一連のまんが論、「ゼロ年代」に入ってから立て続けに分厚い本が刊行された柳田國男を中心とする日本民俗学の再考などなど、語るべきトピックは数多いのですが、ここでは彼の「思想」の芯にあると思われる点についてのみ触れておきたいと思います。

福田和也の「思想」が「八〇年代」の「極限化」だったとしたら、大塚英志の「思想」は、「八〇年代」の「護持」とでも言えるかもしれません。というのは、「八〇年代」にいちおうの完成を見た「消費社会」と、その太平楽のインフラのひとつを成す「戦後民主主義」とを、共に力強く擁護することこそが、大塚が語ってきたことだからです。

ブレない思想

いきなり話が「ゼロ年代」に飛んでしまうのですが、大塚が主に「論壇誌」に書いた文章を集成した分厚い『戦後民主主義のリハビリテーション――論壇でぼくは何を語ったか』（〇一年）の文庫版（〇五年）に新たに附されたあとがきで、大塚は書名の含意について、こう書いています。

少年犯罪から拉致問題まで、すべてが「戦後民主主義」の弊害、「戦後憲法」に基づく悪しき「自由」や「人権」がもたらしたものだと語られ、多くの人々がそれ故に「憲法改正」に同意しかけている現在、しかし、ぼくたちがたった今、抱える多くの困難さは、むしろ「戦後民主主義」や「日本国憲法」の孕んでいた「可能性」を生き損なった結果としてあるのではないかというのがぼくの基本的な立場だ。

（「「空気」とファシズム」『戦後民主主義のリハビリテーション――論壇でぼくは何を語ったか』）

大塚は、「少なくともぼくは「戦後民主主義」も「日本国憲法」も、まだ充分に使いこなせていないだけで耐用年数がつきたとは全く思っていない」とも書いています。二〇〇四年というこの文章の執筆時は、あの「イラク戦争（第二次湾岸戦争）」が終結し（たことにされ）、小泉政権によって決定された自衛隊のイラク派遣が始まった年です。大塚はこの頃の「ニッポン」で一際強まっていた「言論」の同調圧力に対抗するべく多数の文章を発表しており、『戦後民主主義のリハビリテーション』文庫版のオビにも「空気に抗え！」とあります（「ＫＹ」という言葉が流行るのは三年後のことです）。

彼は「「戦後民主主義の欺瞞」を暴くことはとても簡単だし、日本国憲法をもう時代にあわなくなったといい捨てることも簡単」だが、それはただ「空気」を読んでそう言っている＝振る舞っているだけで、その前にまだやることがあるのではないか、と言っています。実際、大塚はこの頃から意識的に「戦後民主主義者」として発言し、「憲法前文」を書き直すという趣向の『私たちが書く憲法前文』（〇二年）に始まるシリーズなどで、彼なりの方法論で護憲の立場を表明していきます。

しかし大塚は「九〇年代」には、もっぱら「保守」に属するとされる「論壇誌」で文章を発表し、大きく言うと「保守系論者」にカテゴライズされる存在でした。それゆえに大塚は、先の文章のつづきでこう述べます。

それにしてもおそらく本書におけるぼくの言動は、現在の「空気」の中では「サヨク」という、もはや軽蔑や嘲笑の語をもって呼ばれるものでしかないのだろう。（中略）しかし、かつて「サヨク」がいた場所に誰もいないのであれば、そこに立って引き受けても一向に構わないと考える。みんなが「右」にいったので同じ場所にいたぼくは「サヨク」になっただけの話だし（後略）（同前）

このくだりにも端的に現れているように、大塚英志という「思想」家は、福田和也とはまったく違った意味において、「右／左」という対立軸を無効にしています。彼は政治的スタンスとは別の次元で、完全に終始一貫しており、変わっているのは周囲の「空気」の方だというわけです。

実際、大塚は「ニッポンの思想」において、もっとも揺るぎのない、一度としてブレたことのない、類《たぐ》い稀《まれ》な人物だと思います。その誠実さと真摯さは、真に尊敬に値します。そして、その揺るぎなさを支えているものが、「戦後」の「民主主義」と「消費社会」の申し子である、「おたく」としての矜持《きょうじ》だと思われます。

「おたく」の「公共性」

大塚英志の「おたく」観は、彼自身の長大な『「おたく」の精神史――一九八〇年代論』（〇四年）などに詳しいですが、ここでは筆者なりに簡略化して言い換えてみます。「六〇年代」くらいから急速に始まった「日本」の「消費社会」化とは、要するに「商品」と「情報」が、もう少し精確に言うと「情報でもある商品」と「商品としての情報」が、世の中に大量に生産―流通されるようになったということです。「おたく」とは、その過程のなかで必然的に登場してきた「消費者」層だと言えます。彼らは自分の好きなアニメやまんがにかかわる「商品＝モノ」と「情報＝コト」を、ひたすら摂取し、ストックし、それらについて語りたがります。つまり「おたく」とは、自らの趣味判断に適《かな》った「モノ」と「コト」を大量に私蔵（あるいは秘匿？）しており、そうすることに欲望とアイデンティティを見出していて、それが他者とのコミュニケーションのありようにも強く作用しているような人種のことです。中森明夫が「おたく」という言葉を発明した「八〇年代」には、いわゆる「おたく」以外にも、音楽や映画といったジャンルで、同様の傾向を示す若者たちが出現しました（筆者も間違いなくそのひとりでした）。

このような「おたく」像は、「九〇年代」から「ゼロ年代」へと時代が移っていくにつれて、かなり大きな「変容」をこうむり、いつしか元々の定義とはまるで異なる、カタカナ表記の「オタク」に、その座を譲り渡す（？）ことになるのですが、それは第八章で触れることにします。ここでのポイントは、大塚英志という「思想」家が、右のような意味での「おたく」であることを自認しながら、なおかつ、一種の「社会的存在」でもあるという、あきらかな二重性を生きることを選択したということです。

元来、各々の「趣味の共同体」に安住しがちな「おたく」は、いわゆる「社会」とは相容れない存在と見なされ、また彼ら自身もそう思われても仕方のないような行動様式を持っていました。このことは、他ならぬ宮崎勤と、そのパロディアスなネガ的鏡像ともいうべき、あの宅八郎のことを思い出してみればわかるでしょう。

つまり「おたく」には「公共性」との接続が欠けている。それはある意味で「おたく」

の定義そのものでもあるような気もしますが、それでも大塚は、いやむしろ「おたく」こそが「社会」に対して、ある種の「責任」を負わなくてはならないのだと言うのです。それは何よりも、彼が「おたく」という存在を、今日の「社会」がこのように在ることによって、はじめて「おたく」でありえている、「おたく」として生きていけているのだと考えているからだと思います。だからこそ、「おたく」が「おたく」で在り続けるためには、「社会」との、「公共性」との、ポジティヴな関係の切り結びを模索してゆかなければならないのです。

大塚が「論壇」に向かっていったのは、こういう理由だと思います。このような、ある意味では非常に特殊な、しかしある意味では極めて真っ当な、「おたく」としての主張は、「おたく以後のサブカルチャー」と「アクチュアルな思想」の一致点をユニークなスタイルで模索する雑誌「新現実」にまで受け継がれていきます。

『物語消費論』の今日性

「おたく」が、大塚英志という「思想」家の基盤だとするなら、その思考法の根幹を成している、もうひとつの重要な概念が「物語」です。「物語消費」は、初期の大塚のキータームでした。彼は『物語消費論――「ビックリマン」の神話学』（八九年）で、当時こどもたちの間で大流行していた「ビックリマンチョコレート」が、①チョコ本体ではなくオマケのシールが購買動機になっていること（チョコは食べずに捨てられてしまうことさえあった）、②そのシールに描かれたキャラクターが特定のアニメやまんがを基にしていないオリジナルであること、③それゆえにこどもたちは、シールを買い集めることで、その背後にある「ビックリマン」の「物語」を初めて知ることが出来ること、という理由によって爆発的に売れたのだと分析し、そこに新しい消費行動の姿を探り当てて、「物語消費」という呼称を与えます。

> 消費されているのは、一つ一つの〈ドラマ〉や〈モノ〉ではなく、その背後に隠されていたはずのシステムそのものなのである。しかしシステム（＝大きな物語）そのものを売るわけにはいかないので、その一つの断面である一話分のドラマや一つの断片としての〈モノ〉を見せかけに消費してもらう。このような事態をぼくは「物語消費」と名付けたい。
>
> 商品というものが〈物語〉との関係の中で消費されていく、という事態は、恐らく誰でも漠然と感じていることであった。しかし、（略）今日の消費の局面においては、〈物語〉は二種類存在し、その両者の相互関係の中で消費が行なわれる。二種類の〈物語〉とは、具体的な商品あるいは一回分のドラマである〈小さな物語〉と、〈世界観〉〈プログラム〉〈システム〉と本書の中でそのつどなりゆきで表現している〈大きな物語〉の

ことである。これまでわれわれが消費してきた商品は、前者〈小さな物語〉のみであった。ところが「ビックリマン」で明らかになったように、新しい消費者は〈大きな物語〉をも消費の対象として組み込みつつある。だからといって、〈大きな物語〉それ自体を具体的な商品にすることは不可能に近いので、これが微分化された断片である〈小さな物語〉を商品として消費することになる。

（「世界と趣向——物語の複製と消費」『定本 物語消費論』）

ここで言われている「大きな物語／小さな物語」という二項分類は、時期的に見てもリオタールの『ポスト・モダンの条件』に端を発する「ポストモダン論」のそれを明らかに踏まえていると思えますが、しかし定義付けはかなり変更されています。

大塚の言う「大きな物語」は、「理念」というよりも「システム＝プログラム」です。しかし、これは概念的な縮減ではありません。むしろ「システム＝プログラム」とは、必要に応じて「理念（＝世界観）」をも含み、生産し得るものとして捉えられています。そして大塚は、「しかしこのような〈物語消費〉を前提とする商品は極めて危うい側面を持っている。つまり、消費者が〈小さな物語〉の消費を積み重ねた果てに〈大きな物語〉＝プログラム全体を手に入れてしまえば、彼らは自らの力で〈小さな物語〉を自由に作り出せることになる」と続けます。彼が描き出す「物語消費」の行く末は、この文章が書かれてから二十年後の「現在」の状況を、驚くほど精確に予告しています。

〈物語消費〉は、「ビックリマンシール」に子供たちが血まなこになったように消費者に過剰な消費行動を起こさせる動機づけとなると同時に、〈商品〉そのものを消費者自身が作り出し、自分たちで勝手に消費していってしまうという局面を迎えかねない可能性を秘めている。そうなった時、〈商品〉の送り手は、消費のシステムから排除され、自分たちの作り出した商品を管理できなくなってしまう。それゆえ〈物語消費〉の最終段階とは、〈商品〉を作ることと消費することが一体化してしまうという事態を指す。もはや生産者はいない。自らの手で商品を作り出し、自らの手で消費する無数の消費者だけがいる。それが記号としての〈モノ〉と戯れ続けた消費社会の終末の光景なのだということだけは、しっかりとここで確認しておこう。（同前）

この「消費社会の終末の光景」は、そのもの「ニコニコ動画」です。大塚英志の「物語消費論」は、東浩紀の「動物化するポストモダン」二部作の、そして濱野智史の「アーキテクチャ論」の出発点です。大塚はこれ以後、ではなぜひとは「物語」を必要とするのか、という問いを発することによって「共同体」と「物語」との関係をさまざまに論じ、また「物語生産システム」としての「システム＝プログラム」という発想から、独自の「小説論（フィクション論）」を展開していきます。前者の系列には『仮想現実批評――消費社会は終わらない』（九二年）や『物語消滅論――キャラクター化する「私」、イデオロギー化する「物語」』（〇四年）が、後者の系列には『物語の体操――みるみる小説が書ける6つのレッスン』（二〇〇〇年）、『キャラクター小説の作り方』（〇三年）、『ストーリーメーカー――創作のための物語論』（〇八年）といった著作があります。

大塚英志は、浅田彰と同世代ではあっても「八〇年代ニューアカ」とは全然違います。大塚のアプローチは、哲学的＝理論的な解読格子を「現実＝現在」に当て嵌めてゆく「現代思想」的なものとは正反対に、あくまでも「現実＝現在」に向けた視線とフィールドワークから出発しています。「ビックリマンシール」が「物語消費」を導出したように、その思考は完全なボトムアップ型です。つまり大塚は、「生き方（＝実在）」の問題としては「八〇年代」を引き受け引き継ぎつつも、「思想」の「パフォーマンス」においては、明確に「八〇年代」とは逆立していきました。それは蓮實重彥の「物語」と大塚の「物語」が、どれほど異なったものであるのかを思えば、たちどころに理解できることだと思います。

宮台真司――「システム」と「超越」

宮台真司は一九五九年生まれ、東京大学大学院博士課程修了（社会学博士）、現在は東京都立大学教授です。彼もまた、福田和也や大塚英志と同じく、あるいは観ようによっては更に、その活動は過剰なまでに膨大です。単著もかなりありますが、それだけでなく、インタビュー本や、対談や鼎談による共著が数多く出版されており、そこに記録された彼の「思想」の「変遷」を追ってみようと思ったら、それだけで一冊の本が書けてしまうことでしょう。よって本書では、宮台の多種多様な事象に対する夥しい「発言」を総覧することは最初から諦めて、彼の「思想」の根幹を成す、その基本パターンと呼べるようなものだけを取り出して、ごく簡単に素描してみたいと思います。

公刊された書物に宮台真司の名前がはじめて載ったのは、東大の助手時代に手がけたG・スペンサー゠ブラウンの『形式の法則』（八七年）の訳者としてでした。この本の共訳者は、当時は同じく東大助手を務めていた大澤真幸です。大澤は数学者スペンサー゠ブラウンの「指し示しの算法」を応用して、バタイユ、レヴィ゠ストロース、ラカン、ウィトゲンシュタイン、折口信夫までを論じた博士論文の書籍化『行為の代数学——スペンサー゠ブラウンから社会システム論へ』（八八年）で出版デビューしますが、宮台の最初の単行本も博士論文『権力の予期理論——了解を媒介にした作動形式』（八九年）でした。ちなみにスペンサー゠ブラウンの『形式の法則』は、宮台がこの本で全面的に依拠している社会学者ニクラス・ルーマンにも影響を与えたとされていますが、宮台自身は参考文献には挙げておらず、大澤ほど高い評価を与えていたわけではなかったのかもしれません。『権力の予期理論』は博士論文だけあって、そっけないほどに論理的な文体と夥しい学術的な専門用語とで著されており、けっして長いものではないのですが、内容は高度にアカデミックで、その十分な読解はとうてい筆者の手には負えません。「了解を媒介にした作動形式」という副題だけで、いささか恐れ多い気がするほどです。ともあれ、まえがきから引用してみましょう。

この本は、権力についての理論的な思考の土台形成を目的とし、権力について思考を深めたい方々を、分野を問わず対象にしている。

構成を紹介すると、比較的単純な相互行為から出発して、論理的な契機を次第に追加しながら、社会システムへと上昇していく。その途中で、権力についての思考伝統の中にある、権力の正当性・正統性・公式性・合法性といった概念の差異と関係、法権力と政治権力の差異と関係、権力と制度の差異と関係、などの問題が、一つの統一された視座から扱われる。扱われた主題は、かなり広範になった。

(『権力の予期理論——了解を媒介にした作動形式』)

テーマになっているのは「権力」ですが、宮台にとって、それはある意味では、たまたま選んだものでしかなく(「あとがき」にも自分は権力理論の「専門家」ではないと書かれています)、むしろここで企図されていたのは、ともかくも、ある「統一された視座」から、ひとつの「社会システム」論の「土台」を築き上げる、ということの方だったのだと思います。そのための主調旋律（テーマ）として「権力」が選ばれた、ということです。もちろん、だからといって、まえがきの続く部分でも述べられているように、「権力」という「テーマ」をないがしろにしているわけではありません。

この本では、身勝手な定義を行なって事足れり、といった、権力理論に「ありがち」な本とは一線を画そうと思う。また伝統整理に終わりたくもない。本当に権力についての思考を先に進めるための理論的な土台を形成したい。さらに、最初から何か「断罪」の目標があってそこに向かって思考を進める、というやり方も採らない。理論社会学者には既に浸透した思考であるが、権力はそれ自体としては、廃絶することも、そこから身を隠しておくこともできない。（同前）

ここで述べられていることは、つまり「権力」とは、常に既に、そこここに顕在／潜在しているものなのであって、たとえば、その打倒に向けて戦ったり出来るような相手ではない、ということです。というか、それは「相手」として措定することさえ、そもそも出来ないというべきかもしれません。それは、われわれが生きる「社会」が孕《はら》み持つ、ある複雑な機能に、とりあえず「権力」という名前を付けたものでしかないからです。

先読みの困難

いきなりですが、この本のラストの結論部分は、次のようなものです。

我々はもはや、国家＝悪、権力＝悪、という短絡的な議論には（「必要悪」論も含めて）付き合うことはできない。こうした十把一からげの議論では、権力の許容できる型／許容できない型、の差異についての議論に入れないからである。既にみたように、権力は、原基的な形では、日常的な相互行為においてきわめて頻繁に——権力という「名前」では意識されないにしても——生じている。そしてその普遍的な体験構造を基礎に、権力は、反射化され／連鎖形成され／奪人称化され／社会化され／公式化され／〈政治化〉され…、そしてそれらが翻って日常的な相互行為の基礎になる様々な信頼を形成し、それをもとに行為が生み出され、それを源泉にして権力が設定される。

そうした形で社会システムの全体が編成される。その事実自体には例外はいままでもこれからも有り得ない。このような機能連関の総体を視野におさめない限り、権力に関するどんな思考も短絡的であると言わざるを得ないのである。まだまだ述べるべきことはあるが、このあたりで区切りをつけよう。（同前）

本論を丸ごと飛ばしてしまいましたが、ここにはすでに「社会システム論」的な思考とでも呼ぶべきものと、宮台真司の「思想」の「土台」が、はっきりと示されています。アメリカの社会学者タルコット・パーソンズによって創始され、ドイツ人ルーマンが「自己言及性」や「オートポイエーシス」などの概念を段階的に導入してゆくことで発展した「社会システム論」の歴史を、ここで繙《ひもと》くわけにはいきませんが、端的に言ってしまえば、それはまさしく「社会」を「システム」として捉える理論、ということです。

「社会学」は統計などの具体的なデータを利用しつつ、その推移や分布の分析から、何らかのシステミックな像を引き出して、ある「形式＝構造」を造形します。しかし、その「形式＝構造」は、スタティック（静態的）なものではありえません。「社会」はダイナミックに動いているものだからです。そこで必然的に、そこには「自己言及性（再帰性）」であるとか、その動的な発展系である「自己創出（オートポイエーシス）」などといった概念が要請されることになります（これは「脱構築」から「リゾーム」へという「構造主義」→「ポスト構造主義」の流れと同型です）。

ちなみに「オートポイエーシス」については、『権力の予期理論』では一カ所で触れられているだけですが、その提唱者であるマトゥラーナ＝バレーラの『知恵の樹――生きている世界はどのようにして生まれるのか』は八七年に翻訳出版されています。この本は「オートポイエーシス理論」を一般向けに「わかりやすく」書いたもので、原著も八七年に出ており、欧米でも話題になっていました。八九年初頭に行なわれた柄谷行人と浅田彰の対談「昭和精神史を検証する」のなかで、柄谷が「日本の言説は、ほとんど生物学的、つまりシステム論的ではないかと思う」と言っていたのは、このことに関係しているのではないかと思われます。

話を戻します。このような「社会＝システム論」の見地に立って「権力」を分析するにあたって、宮台はいかにも理論社会学の徒にふさわしく、たとえば「日本国家」「日本社会」などといった現実的条件は完全に度外視して、あくまでも抽象的な「システム」として数理的に論じています。そこでキーとなっているのが「予期」です。「予期」とは文字通り「予め期する」ということで、予測、予想、予知、予断、期待、などといった、さまざまな自己内、および自己―他者間の「了解」を媒介にした「作動形式」、つまり「先読み」のことです。

ひとは誰でも、どんな行動を取る場合にも、いかなる判断をくだすときにも、必ずなにがしかの「先読み」を、意識的／無意識的に行なっています。その結果、それらの「先読み」は、自分自身の更なる「先読み」にとめどもなくフィードバックされたり、誰か（たち）との間で相互反射や乱反射を起こしたりする。宮台は、どれだけ抽象化されていたとしても、結局は人間と人間の営みであるしかない「社会」を把握するためには、この「先読み」をも「システム」に組み入れた「予期理論」が必要なのだと考えたのです。しかし、誰もが思うように、これはなかなか大変なことです。単純に考えても、キリがないのではないかと。「あとがき」で、宮台自身も、こう言っています。

> 予期理論は、社会的な全体を、現存すると想定（この想定も予期の一種！）される予期の配列によって――予期の集合の上に定義される部分集合族によって――記述する。予期の配列理由はオープンである。心理的な傾向が共有されているからかもしれない。ルールがあるからかもしれない。ルールがあったとしても、予期理論の内部ではそれはやはり予期の配列として現れるしかない。また理論的な想定も（さっき触れたように）予期の一種だから、それを可能にする文脈を問うことで、予期理論は当然のことながら回帰的自己適用の形式をもたざるを得ない。（同前）

「回帰的自己適用の形式」というのは、要するにループというか、あの「クラインの壺」のことです。しかし「ポスト構造主義」と「社会システム論」の決定的な違いは、前者が夢見ていた「リゾーム」が、後者では理論的かつ現実主義的に、少なくともこの時点では完璧に排除されてしまっている、ということです。

「社会」は「クラインの壺」でしかありえないのだし、それでいい。そして／しかし、自らが「クラインの壺」であることに「社会」自身が気づいてしまったとき、それはますます激しくややこしい「回帰的自己適用」＝「無限ループ」を孕んでいくことになるのです。

男子校での原体験

ところで、このあとがきには、宮台が大学で「社会学」を学ぶことになった遠因について、きわめて興味深い事実が語られています。

私が中学に入った当時、六年一貫教育だったその男子校では、極悪非道な学校管理者を糾弾する高校紛争が続き、入学したとたん数カ月のロックアウト、まる2年のゴタゴタが続いた。生徒側の目的が達成され、嵐が過ぎ去ったあと、学校は荒廃した。口にできないようなことが沢山あったが、何か本当に抗いがたい流れだった。たぶんこれが自分が「社会」という概念を「体験」した最初だった。それを抽象的に表現することは困難だが、それは非合理性とシステムの体験だったと思う。管理するシステムのことだけではない。それに対抗する運動そのものが、運動の中にいたどの人間からみても了解不可能・予測不可能な――どの個人から見ても個人的にみる限り非合理な――システムの遷移系列として展開していく、という体験だったと思う。（同前）

繰り返しますが、「社会システム論」は「社会」を「システム」として抽象化して分析するものです。だが宮台にとって、元々それは「体験」されたものだったというのです。そしてそれは「非合理性とシステムの体験」でした。あらゆる「予期」をすり抜けて唐突に暴発してしまう、いわば「負」の「事件」とでも呼ぶべき例外的な出来事、その紛れもない「非合理」を、しかしそれでもなお「システム」のなかに再回収しようとすること、何度でもそうしようと試みること、この「非合理」と「システム」の果てしなき追いかけっこ、これこそが、宮台真司の「思想」のエンジンです。

この「システム」と「非合理」は、その後、さまざまな言い換えが延々と行なわれていきます。「内在系」と「超越系」、「意味」と「強度」、「客観的現実」と「体験」……そして、映画コラムの形式を取った「実存批評」だという『〈世界〉はそもそもデタラメである』(〇八年)では、遂に「社会」と「世界」が対置されるに至っています。この書名の「デタラメ」とは「非合理」と同じものです。

数々の「変節」を経てきたと言われたりもする宮台ですが、筆者はむしろ、この意味で彼は、時代とともに対象や次元をどんどん変えながらも、実はそもそもの最初から現在に至るまで、ずっと同じことをやっているのだと思います。すなわち、卓越した知性による明察および理論的囲い込みと、しかしそれを突然に(内側から? 外側から?)喰い破って露出する「何か」への希求、そのひたぶるの繰り返し。

「社会学」とは「社会」を記述/分析する学問です。「社会」は「現実」や「日常」と呼ばれるものを含んでいます。しかし、その「記述」と「分析」には、どうしても収まりきらない「何か」が顔を出す瞬間がある。これは「反現実」や「非日常」とも言い換えられるでしょう。従って宮台の視線は、「日常」と「非日常」を、「現実」と「幻想（妄想）」を往復してゆくことになります。

宮台を一躍有名にした『制服少女たちの選択』（九四年）や『まぼろしの郊外——成熟社会を生きる若者たちの行方』（九七年）などの一連の「ブルセラ—援交—テレクラ」論も、次章で取り上げる「オウム事件」直後に出された『終わりなき日常を生きろ——オウム完全克服マニュアル』（九五年）も、「酒鬼薔薇事件」を扱った『透明な存在の不透明な悪意』（九七年）も、その時々の「現実＝現在」からのインパクトに突き動かされながら、基本的にはこの枠組みによって動機付けられています。その都度、与えられた題材によって「日常」と「非日常」のいずれに加担するかは異なりますが、彼のなかでは、それは実は常にワンセットなのだと思います。

対談やトークなどにおける宮台は、「八〇年代」の浅田彰、「ゼロ年代」の東浩紀と並ぶ、瞬間解答マシンのようなクレヴァーぶりを露骨なまでに誇示します。「それは簡単に説明できます」「それはすべてわかっています」「それは最初から織り込み済みです」などといった意味の台詞が、彼の発言には頻出します。そして実際、彼は本当に何もかもが瞬時に「わかって」しまうのでしょう。しかし、だからこそ彼は、これからも数限りなく「正解」を答え続けていくと同時に、「正解」の出せない「問い」を、いや、「問い」でさえない「何か」を、永遠に探し求めていくのだと思います。この意味で、筆者には宮台が、浅田の頭脳と中沢の感性を併せ持った存在にも、ストリートに降り立った柄谷行人のようにも思えることがあります。

福田・大塚・宮台の「天皇論」

最後に、この章の冒頭にならって、福田・大塚・宮台の三名が、「天皇（制）」のことを、どう捉えているかについて述べておきましょう。

まず福田和也ですが、彼は「天皇抜きのナショナリズム」を主張しています。この非常に印象深い言葉は、島田雅彦との対談で口にされたものですが（『世紀末新マンザイ パンク右翼VS.サヨク青二才』（九八年）で読むことができます）、ここでは大塚英志編集の「新現実vol. 2」（〇三年）に福田が寄せた文章から引いてみます。

私が「天皇抜きのナショナリズム」という概念で提議しているのは、皇室とナショナリズムを一度分離してみるべきではないか、すくなくとも、別のものとして考えてみるべきではないか、ということです。私は、何度か、天皇の京都遷幸論を主張してきましたが、それも同じことです。近代国民国家などというものの中央に天皇陛下を置いておくべきではないのではないか、むしろ京都にお帰りいただき、天子としての本質を回復していただくべきではないのか、ということですね。

それはナショナリズムにも益する。ナショナリズムというのは、結局民主主義のことです。つまり、国民が国民として連帯し、国家社会にたいするその責任と義務を全うする、近代国家における国民主権を、国民自体のものとして完全に担うということです。

もちろん、日本国憲法においては、法理的には国民主権が貫徹されているようです。けれども、その国民主権は完全に貫徹されているのか、といえばそうも云えないのではないか。私たちは、国民の連帯を、やはりどこかで天皇に委託し、任せることで、自分たちの絆を、きちんと考え、直視することを怠ってきたのではないか、ということです。日本の民主主義が、未成熟だ、などという聞いた風な言い方をするつもりはありません。しかし、やはり、日本のデモクラシーは、天皇の庇護の下で、その尊厳を自ら追及することを怠ってきたのではないか。

（「天皇抜きのナショナリズム」について」）

これはもう、きわめて福田和也的な、なんとも逆説的な言説というべきです。彼のいう「天皇」は、完全に「現人神」のことであって、「日本」という「持続」と「生成」の、いうなれば「魂」です。にもかかわらず、われわれニッポン人は、かつては「天皇」に「現実政治」をお任せしていたばかりか、戦後に「象徴」となってからでさえ、結局のところはその存在によって、真の意味で「ナショナリズム＝デモクラシー」を自ら担い、その「責任と義務」を負うことを不当に免れている、だからこそ「天皇」と「国家国民主義」は切断されなくてはならない、というのですから。

福田は、「国民国家における天皇の存在は、あらゆる問題を、天皇へと収斂させてしまう。日本を問うこと、国家を問うことといった、ラディカルな問いが——肯定的に語るにしろ、否定的に語るにしろ——すべて天皇に回収されることによって、完遂されることがないのです」と続けています。つまり彼は、ほとんどファナティックと言ってもいいくらいの「純粋天皇主義者」ですが、そのことをもって、「天皇制」は、ほとんど否定してしまっているのです（これは「象徴」と付くか付かないかにかかわらず、だと思います）。これは福田が保田與重郎と「日本浪曼派」から受け継いだ、ありありと「反＝近代」的な考えだと言えるでしょうが、ある意味ではもっと極端です。彼は「天皇」は「日本人」だとは思っていないのです。もっと言うなら「人間」だとも思ってはいない。これが福田和也にとっての「天皇」です。

「かわいい」天皇

では、大塚英志はどうでしょうか。彼には「昭和天皇」が伏して没する過程のなかで書かれた、有名な文章があります。

少女たちの目に一瞬、映ったのはかくも孤独な忘れられた聖老人の姿だった。それは究極の資本主義社会の中にあって自らの周りを〈かわいいもの〉で遮断しなければ崩れてしまう少女たち自身の孤独な姿ともひどく似ていた。聖老人は少女たちのかくも切ない〈無垢〉と〈孤独〉を象徴している。

「天皇ってさ、なんか、かわいいんだよね」。記帳の列に並ぶ制服姿の少女たちの声が耳に入る。〈かわいいもの〉としての天皇を〈かわいいもの〉としての少女たちが見つめている。それは日本の近代社会がこれまで生み出したいかなる天皇観からも全く理解できないであろう不思議なまなざしであることだけは確かなようだ。

（「少女たちの「かわいい」天皇」『少女たちの「かわいい」天皇——サブカルチャー天皇論』）

筆者としては、この文章の説得力は、どんなものでも「かわいい」という形容詞だけで処理できてしまう「少女たち」が「九〇年代」以降、大量に出現してきたという事実によって、ほぼ失われてしまったのではないかとも思えます。これは「〈無垢〉と〈孤独〉」などといった「感性」の問題というより、単にボキャブラリーの貧困を先んじて表していただけなのではないかと。

それはともかくとして、大塚英志のスタンスはここでも極めて明確です。彼は「現行憲法下の象徴天皇制をぼくは政治制度として肯定する」と述べています。それは彼が「原理主義的な護憲派」をもって任じている以上、論理的かつ倫理的な選択ということになるわけです。これは福田和也とはまるきり違う、ほとんど正反対の立場だと言えます(というか福田はあまりにも独特ですが)。福田は「天皇」を「政治制度」として扱うこと自体を否定するでしょう。大塚は、まさに福田が抗ってみせたような意味で、ファシズムに転化し得るナショナリズムやパトリオティズムが、「天皇」という回路に吸収されることで無害化され、「現行憲法下」の「民主主義」が円滑に機能するのなら、それでかまわない、と思っているのだと思います。

あえて天皇主義者

もっとも面倒くさいのが宮台真司です。彼はまず、彼自身の祖父が昭和天皇に生物学を「御進講申し上げて」いたことや、学生時代に師事した小室直樹が天皇主義者であることなどによって、心情的には自分も天皇主義者だと述べています。これはつまり、具体的で現実的な「人物」としての「天皇」への思慕と敬意ということです。直接会ったことがあったり、好きな人が好きな人だから好き、ということです。

しかし、これが「天皇制」ということになると、話は一気にややこしくなります。先に挙げた「新現実 vol. 2」には、大塚英志による宮台のインタビューも載っています。これは全編、大塚が宮台の「天皇（制）」観を根掘り葉掘り訊く、という前提で行なわれたものです。

近代化の不徹底を、何か別のものを持ち出して補完するというタイプの思考は、たとえ動員の戦略として持ち出されるのだとしても、近代主義の立場からも、天皇主義の立場からも、最終的には無効だというのが、僕の考えです。むしろ、ありうべき戦略は、「近代主義を徹底することを通じて、天皇陛下に対する思いを証せ」ということになるんじゃないか。（「歴史を忘却する装置としての象徴天皇制」）

こういう逆説があります。動員の装置から、天皇に関わる部分を全部抜くと、近代化が不完全になるから、天皇主義に陥ってしまうという第一の逆説。加えて、近代化が不徹底でも、天皇主義というエスケープルートと言うか安堵の装置が存在するがゆえに、近代化の不徹底が温存され、近代社会では本来ありえない状態が放置されるという第二の逆説。で、これを変えることが、僕のいう近代主義ですよ。（同前）

「第一の逆説」は大塚の立場に、「第二の逆説」は福田和也が批判する状況に当たっています。この二重の「逆説」に陥ることなく「近代化」を徹底させるには、一体どうすればしいのか、という設問への答え方として、宮台は「入れ替え可能性」という概念を持ち出します。

あくまでも合理主義的＝近代主義的＝機能主義的に、そしてロジカルに考えるならば、何らかの目的のために選択される「手段」は「目的」さえ達成出来るなら幾らでも「入れ替え可能」です。しかし、この考えを「社会的な存在」としての個人に適用すると、彼または彼女が「社会」に適応していればいるほど、その「存在」は「入れ替え可能」ということになってしまう。それを宮台は「透明な存在」というたとえで呼びます。

そこで、「社会＝システム」の内にあり、そこに完全に適応している者が、その「存在」自体を肯定できるためには、すなわち「入れ替え可能性」を丸ごと否定するためには、「システム」の「外」が必要になります。こうして、われわれが「透明な存在」にならないために、つまり「僕たちの入れ替え不可能性を担保する」ための、論理的な必然として、「システム」に「外」を導入する「機能的な装置」としての「天皇」が導き出される、というのです。

これはいわば「天皇＝システム」論です。従って、宮台にとっては「入れ替え不可能性を担保する機能の入れ替え可能性」という意味で、そういう機能さえあるなら別に「天皇」でなくてもかまわない、ということになります（実際、彼はそう言っています）。そのうえで、このように、実存的な「入れ替え不可能性」＝「超越論的な必然性」のために、あくまでもロジカルに思考した結果、こともあろうに「天皇」という「具体」が導出されてしまうというパラドックス、その「暴力的な飛躍」は、三島由紀夫が辿ったロジックでもあるのだと言い、三島の、そして自分の態度を、「アイロニー」と呼んでみせます。本書で名前を出すのは二度目ですが、ここで更に宮台は、アメリカの哲学者リチャード・ローティが「リベラル・アイロニスト」として、敢て「アメリカ合衆国」の伝統と理想を持ち上げてみせたことに、自らの振る舞いを等置します。この「敢て」が「アイロニー」です。つまり宮台真司は「敢て天皇主義者」なのです。そして宮台は、この時期以後、この「敢ての戦略」なるものを、さまざまな次元で語っていくことになります。

宮台は、頭が良ければ結論はこうなるはずだ、と語っているのですが、筆者には頭ではなんとか理解できても、この論理がほんとうに「正しい」のかどうか、というか、実際に意味と効力があるものなのか、正直よくわかりません。宮台は一方で「象徴天皇制」は「忘却と融和の装置」だから「よくないもの」だとも語っています。じゃあ、どうしたらいいのでしょうか。少なくとも、ここで語られている限りでの宮台の主張を総合するならば、彼はまるで、加藤典洋が「敗戦後論」で、「日本憲法」は米国に「押しつけ」られたものだから一旦破棄して新たに採択するのがいい、といったのと同じ形で、とりあえず「天皇制」をいったん廃止して、それからもう一度、ちゃんと「天皇」を召還するのがいい、と言っているようにも思えます。

なんとも面白いのは、福田和也は「反＝近代主義」と「魂」を、宮台真司は「近代主義」と「論理」を貫こうとしているのに、両者の結論が、現実的な対処法としては、かなり似たものになってしまっているように見えることです（どちらも「天皇制」を否定して「天皇」を肯定している）。こうしてみると、やはり大塚英志はマトモ（「天皇制」を擁護して、「天皇」は「かわいい」）ですね。

しかし三人はいずれも、浅田彰や柄谷行人とは違って、それぞれの立場で「天皇」を基本的には受け入れています。これは「八〇年代」と「九〇年代」の「ニッポンの思想」のあいだに横たわる、重要な差異のひとつだと思います。しかし、それは「サヨク」か「ウヨク」かの違いではなくて、「イデアル（理念）」と「リアル（現実＝現在）」の違いなのではないかと筆者は思います。現実としてどうしたって「天皇」は居る、という動かしがたい事実性から、「九〇年代」の三人は出発していると思えるからです。

第六章　ニッポンという「悪い場所」

オウムをめぐる「ニッポンの思想」たち

一九九五年三月二十日に「地下鉄サリン事件」が起こりました。「九〇年代」初頭には、「真理党」としての一風変わった選挙宣伝活動や、「朝まで生テレビ！」への出演などで、どちらかといえばメディアからは、かなりユニークではあっても危険な新興宗教団体とは目されていなかったオウムですが（実は八九年にすでに「坂本堤弁護士一家殺害事件」を起こしていたのですが）、その後急速に世間との摩擦を高めていき、九四年の「松本サリン事件」などを経て、このとき遂に「暴発」したわけです。

九五年五月十六日に教祖の麻原彰晃こと松本智津夫が山梨県上九一色村の教団施設で逮捕され、反社会的なカルト団体としてのオウムの異常な実態が急速に明らかになっていきます。多くの論者が指摘しており、またおそらく多くのひとの実感にも即していると思いますが、九五年の一月十七日には阪神淡路大震災も起こっており、ちょうど「九〇年代」の曲がり角であるこの年を境に、それまでは景気が次第に悪くなっているとはいえ、まだどこか「バブル」の余韻の雰囲気も残っていたニッポンの空気は、次第に暗くなってきます。

この「オウム・インパクト」は、当然のことながら「ニッポンの思想」にも大きな衝撃を与えました。沢山の論者たちが、オウムについてさまざまなことを書き、語り、論じ合いました。この頃には「論壇誌」でコンスタントに文章を発表していた大塚英志も、かなり早い段階で反応したひとりです。雑誌「諸君！」の九五年六月号に掲載された「われらの時代のオウム真理教」で、大塚は麻原彰晃によって語られ（騙られ？）、信者たちが妄信した「言説」と、オウムをめぐるメディアの「言説」との両方が、「戦後社会を通じてわれわれが、目の前を通り過ぎていく様々な出来事をただやり過ごすだけで、それらを歴史に収斂させていく手続きを一切欠いていた」ことの証左だと述べます。彼はオウムの歴史認識の特徴として、「陰謀史観」と「終末思想」の二点を挙げ、それらがともに彼ら自身のオリジナルではなくて、「八〇年代」以来の「おたく系サブカルチャー」からの直接的な「引用」もしくは無意識の「反響」であることを指摘し、それが彼らの「歴史意識」の「空白」を埋めるものとして機能してしまっているといいます。

オウムの人々の奇妙さは、「陰謀史観」によって擁護すべき彼らの大文字の歴史が収まらなくてはならない領域に、'80年代後半のおたく系サブカルチャーが混然としたままに収まっている点だ。
いや、そもそも「陰謀史観」からして既に、サブカルチャー化した果てにその断片が〈引用〉されているのであり、彼らがユダヤ人陰謀説を語らなければならない動機は、ドイツの歴史修正主義の人々ほどにもないのである（その何の歴史的動機もないままに「ユダヤ人陰謀説」を語ってしまうところに、オウムの人々にとどまらない、日本のことば空間における歴史意識の稀薄さは当然、あらわれていることは付け加えておくべきだろう）。

わかり易い別の言い方をするなら、全共闘の時代であれば「マルクス主義」が収まっていた場所に、オウムの人々の場合は〈おたく〉系サブカルチャーが収まってしまっている、ということになる。その意味に於て、善くも悪くも彼らは〈おたく〉の連合赤軍のようなものなのかもしれない。

（「ぼくらの時代のオウム真理教」『戦後民主主義のリハビリテーション
——論壇でぼくは何を語ったか』）

これが大塚の、いわゆる「オウム＝おたくの連合赤軍」説です。だとすれば、「おたく」を自認する大塚英志自身にとっては、これは「宮崎勤事件」以来の、無視するわけにはいかない重大な問題だということになります。彼が宮崎勤にシンパサイズせざるを得なかったのは、よくあるような「自分もこうなっていたかもしれない」という自己意識のせいではなく、むしろ同じ条件下でも自分を含めてほとんどの「おたく」が「宮崎勤」にはならなかったのに、なぜ「彼」だけがああなってしまったのか、という問いに向き合おうとしたからだと思います。このときはじめて問いは「他者」の問題に、そして「社会」の問題になる。

オウムの場合は、それがもっとマクロな視点に広がっています。かつて「連合赤軍」が抱いたのかもしれない「理念」の位置に、ここでは「おたく系サブカルチャー」が収まっている。すでに「理念」は失墜してしまっているので、何か別のもので埋めなくてはならないのですが、そんなものはもはやどこを探してもない。ある意味、このこと自体が「おたく系サブカルチャー」の登場と発展の理由なのですから、この点に限ってみるなら、オウムの問題は大塚英志自身の実存的な問題でもあり、と同時に「八〇年代」以降の「ニッポン」の社会的な問題でもあるわけです。

偽史や終末思想に逃げないために

もう一点の「終末思想」にも、同様のことが言えます。大塚は同じ論文のなかで、鶴見済によるベストセラー『完全自殺マニュアル』（九三年）の冒頭に、「八〇年代」の終わりに「世界の終わりブーム」が起こってワクワクしてたのに、「だけど世界は終わらなかった」と書かれてあるのを引用し、「サブカルチャー的終末思想が、終わらない日常に敗北していった八〇年代末の誰もことばにしなかった光景を正確に描写している」と述べます。

鶴見より下の世代は、その「終わらない日常」とこそ格闘している様子であり、恐らくその「日常」は、阪神淡路大震災やサリン事件をもってしてもゆらがない質のものではないか。彼らにとっては、ちょうどぼくたちの年代が一世代上の全共闘世代の人々の敗北を半ば冷笑しつつ見つめたように、「終わらない日常」にハルマゲドンを呼び込まずにはおれないオウムの人々の感受性は、愚かなものにしか映らないだろう。そして事実、愚かなものである。（同前）

筆者が思うのは、「終末思想」とは、「現実＝現在」に対する「肯定／否定」のどちらかがピークに達しているときに、期待と不安のねじれた両義性として出現してくるものだということです。つまり、経済的な状況だけをみるなら、それは最高潮に景気の良い時期と最悪に不況な時期に現れます。感情でいえば、多幸感の頂点と絶望の極みに、それは顔を覗かせるものです。

しかし、どうしたって「終末」などない、「社会」も「世界」も、少なくとも自分が生きている間には、けっしてやってこないとわかってしまったら、ほとんど論理的に、ならば自らの手で「終末」をもたらすか（これがオウムがしようとしたことかもしれません）、自分の「生」のほうを終わらせるか（これが「自殺」です）しかなくなる。「ゼロ年代」に入ってから断続的に起こっている無差別殺人の犯人の多くがみずから「死刑」を希望しているのは、要するにそういうことだと思います。

大塚英志の論議に話を戻すと、彼はこの点においても、オウムを、自身も含む「八〇年代世代」の、ひいては「戦後世代」の問題として引き受けています。つまりこれもまた「歴史意識」の「空白」によるものだということです。「終末思想」というフィクションに逃げ込むことなく、鶴見済よりも世代が上である彼ら自身が「終わらない日常」を生きていくためには、「八〇年代の消費社会とサブカルチャーを歴史として記述し、清算する作業が不可欠になってくる」と大塚は述べます。そして、その前提として「オウムの人々とわれわれの共通の危うさとしてある、歴史認識の脆弱《ぜいじやく》さ」を何とかしなければならないのだと。

（前略）これまで見てきたように、その（註：オウム）歴史認識は、歴史に対し何らかの具体的行動を起こすには、余りに杜撰《ずさん》であった。しかし既に述べたように、その彼らの杜撰な歴史に拮抗し得る正史を、左翼も右翼もおたくも描き得ないまま、われわれは戦後をやりすごしてしまった。オウム真理教をめぐるこの騒動をもし克服しようとするなら、そこには否応なく「正史」を再構築する作業が不可避となる。（同前）

彼自身の「思想」を素描した際に触れたように、大塚英志は「物語」の専門家です。フランス語で「物語」は「歴史」と同じ「イストワール」ですが、しかし彼は「物語」の効用を知り尽くし、それがマニュアル的に幾らでも操作可能だと知っているからこそ、それを「歴史」にも当て嵌めることに、強い異議をとなえていきます。「陰謀史観」による「偽史」や、「終末思想」のような倒錯した「歴史の終焉」観が出て来てしまうのは、われわれが「正史」を正視しないために、その空隙を無数の「物語」で代替してきたからなのだ、というのです。

『終わりなき日常を生きろ』

きわめて大塚英志らしい、真摯で誠実な責任意識を感じさせる論議だと思います。これに対して一連の反論を試みたのが、『終わりなき日常を生きろ』（九五年）の宮台真司でした。宮台はこの本で、大塚の主張のことごとくに異論を提出しています。彼はまず、「オウム問題」と「おたく文化」との安易な接続はまちがっている、と断言します。

「オタク文化の影響だ」「SFアニメ世代だ」などというのは、少女文化とシャーマニズムの同一性を語ることで分かった気になる「八〇年代的少女論」と同列の「類似の思考」に過ぎない。私たちは、何か新奇なものが出てきたとき、ちょうど未開人と同じように、かつて存在したものとの「類似」を指摘してもらうと安心しがちである。「類似の思考」とは、そんな「ありがちな心性」に寄生する、社会科学的にはデタラメな納得の図式のことだ。オウム問題に特定していうならば、なぜ八〇年代後半という時期に、一部の若者たちが「ハルマゲドン後の共同性」というファンタジーを「生きざるをえなかった」のか。その意味を、とっくりと考えることこそが必要なのだ。

（『終わりなき日常を生きろ』）

前半が大塚英志へのあからさまな痛罵であることは言うまでもないでしょう。続いて宮台は「連合赤軍事件と同じ」ではない、ともいいます。彼はオウムと「連赤」の決定的な差異は、「救済」と「革命」の違いだと述べます。「連赤」が「革命」という目標（理念）を掲げながらも、彼ら自身の「弱さ」とその自覚によって、当の「理念」を信じ切ることが出来ずに自滅していったのと、オウムの行動原理はまったく違っている、と。

これ（註：連赤事件）に比べると、今回の騒動は対照的である。サリンばらまき実行犯からサリン製造者たちまで含め、数々の非合法的ふるまいにたずさわった者たちの多くが、「救済の大義」を信じたり、それに寄り掛かるかたちで、「もはや戻れない自分」を正当化していたと思われるからである。いいかえれば、「ハルマゲドンが救済につながる」と信じる人間たちが確実にいたことこそが問題なのだ。その意味でいえば、こちらのほうが連赤よりも、観念と行動の結びつきははるかに単純だと思われる。

（同前）

「連赤」と較べてオウムは頭が悪かった、と言っているみたいですが、実際には周知のように、数々の事件の実行犯も含めたオウムの中核を成す信徒たちは、いずれもかなり高学歴でした。また、「団塊の世代や私たち新人類世代の一部」(これが大塚のことであることも明白です)が、まさに「オウム」を「世代」の問題に回収するべく「連赤」の「反復」として扱おうとしたことも、宮台にとっては誤謬以外の何ものでもありません。宮台の考えでは、これは「世代」ではなく「時代」の問題なのです。

大塚英志が色んな意味で「八〇年代」の悪しき帰結として論じた「オウム」を、宮台真司は「九〇年代」に特有の、その否定性の突出として論じています。あるいは、こうも言えるかもしれません。大塚がオウムからの教訓として希求することになった「正史」のような「理念」を必要とする心性こそが、むしろオウムという存在を産み出したのだと、宮台は考えているのです。

だからわれわれは、ただ「終わらない日常」を生きなくてはならないのだ、というのが宮台の主張です。

神なき社会で共同体が崩壊するとき、私たちは「輝かしき共同体」の幻想に踊らされ、空白になった良心の場所に「偽物の父親」によって「良きこと」を植え付けられる。

「終わらない日常」に耐えかねて「輝かしきハルマゲドン」を夢想し、キッさに耐えかねて「夢想を現実化」しようとする。ところが歴史の教訓は、残念ながら、それでも結局は「終わらない日常」が勝利するというところにある。実際、今回の騒動も時間がてば結局「終わらない日常」に吸収されていくしかない。かつてのハルマゲドン幻想も梯子《はしご》を外された以上、その出口のないキッさは以前よりも増すに決まっている。

結論を言おう。私たちに必要なのは、「終わらない日常を生きる知恵」だ。「終わらない日常のなかで、何が良きことなのか分からないまま、漠然とした良心を抱えて生きる知恵」だ。（同前）

この「知恵」を探るためにこそ、自分は「ブルセラ世代」を調査してきたのだと宮台は述べています。つまり彼の「思想」において、「オウム」と「ブルセラ」は明確な対立項になっているわけです。「終わらない日常」の「キッさ」に負けて暴発したオウムに対して、その中で「まったり」と生きる術《すべ》を持った女子高生たちを肯定してみせたわけです。「九〇年代」半ばの「ニッポン」において、宮台のこのような言説は一定のリアリティを持っていましたし、かなりの物議を醸しもしました。この「まったり革命」観については、今度は大塚英志からの（再）批判があり、後には宮台自身が、彼が持ち上げた「ブルセラ少女」たちが軒並み「メンヘラー（＝ココロを病んだ人）」になってしまったことを受けて、この観方自体を変更しています。つまり「終わりなき日常」は「ブルセラ」にとっても実はキッかったということですが、本書の筋道から外れるので、この辺にしておきます。

オウムと中沢

では「八〇年代ニューアカ」はオウムに対して、どのように反応したのでしょうか。すでに触れておいたように、中沢新一は、オウム真理教の教義に彼の「思想」が一部取り入れられており、実際に麻原や信徒との接点もあり、なおかつオウムのシンパサイザーとも受け取れる発言を過去にしていたということで、同様の立場に置かれた宗教学者の島田裕巳とともに、マスコミからの批判を浴びていました。この点については、先の『終わりなき日常を生きろ』のなかで宮台真司も取り上げています。

中沢の文章は、いってみれば、その八割がフランス思想の知識に代表されるロゴス（らしきもの）で覆われ、残りの二割の部分に「バロック」「滑らかな空間」「悪党」「東方的」といった曖昧模糊としたキーワードが配置される形になっている。そしてそのキーワードを理解した人は、世界の新たな輝きを手にして、退屈な日常をちょっと違ったすがすがしさで生きられるんだよ、というふうに呼びかけられる。実際彼は、世の中には、目に見える世界を動かしている目に見えないもう一つの世界があるのだ、と説く。

（中略）世界は、目に見えない何かが動かしているんだ、ほら、君もちょっと心の持ち方（境地！）を変えれば、今まで見えなかったものが見え、聞こえなかったものが聞こえるはずだよ——。

（同前）

この中沢新一批判は痛烈ですが、中沢の「思想」を「パフォーマンス」の次元で見るかぎり、基本的に当たっていると思います。そして宮台は、このような高踏的な現実逃避の論理を真に受けると、たとえばオウムのようなことになってしまうのだ、というのです。大塚が「ぼくらの時代のオウム真理教」を発表したのと同じ雑誌「諸君！」の二カ月後の号に、浅田彰と中沢新一の「オウム」をめぐる対談が掲載されています。ここで浅田は、当時オウムのシンパサイザーだったとしてマスコミに叩かれていた文化人のなかで、中沢新一だけが「ひとり筋を通しておられる」と擁護しつつ、中沢がこの一件によって自ら「宗教学者・中沢新一はもう終わり」だと語っていることに異をとなえます。オウムは大塚英志の言うように「おたくの連合赤軍」かもしれないが、しかしそれは「連赤」同様、「たんにくだらない」のであって、「落ちこぼれの馬鹿が誇大妄想にかられて暴走したら、ろくなことにならないというだけのこと」、こんなことは中沢新一ともあろうものが「宗教学者」をやめなければならないような問題ではないのだ、と。

これに対する中沢の返答は、当初は従来の「宗教学」ではオウムは論じられないと思って「宗教学者中沢は終わり」と宣言したのが、事実が明らかになるにつれてオウムはそもそも「宗教の問題なんかじゃないということが、はっきりして」きている（ので「宣言」の必要はなかったのかもしれない）。だが自分としても、「八〇年代から曖昧な形で進んできたニューエイジ・ブームや精神世界の問題は、オウムの事件ではっきり破綻したことを確認しなくてはいけない」と思っているので、もう「宗教学者」という肩書きは捨てる、というものです。

筆者自身は、オウムの「暴発」に中沢新一の「思想」が本質的に関与していたとは、まったく思いません。それは中沢の本を一冊でも読んでみれば明らかです。だから中沢は自己批判する必要もなければ、その責任もないと思いますが、しかし「責任がない」ことをきちんと説明する「責任」を果たしたかというと、それは微妙な気もします。この点をめぐっては、その意味での「責任」に厳しく向かい合って、かなりの時間を経てから「宗教学者」としての名誉回復を果たした島田裕巳や、東大の宗教学科で中沢の後輩、島田と同級だった四方田犬彦による批判があります。

論じるに値しない「現実」

しかし、本書の文脈において重要だと思えるのは、中沢新一の「責任」がどうしたこうしたではなく、また、オウムがいかに馬鹿か、ということでもなく、以下のくだりです。

浅田　ニューアカデミズムというのは、別に我々がつけた名前でもなく、僕はいまだに不快に思っているんですが、あのとき問題にしていたのは、外部を持たないこの現実の中に逃走の線を引くということです。構造とその外部とか、秩序とカオスとか、そういう想像的な二元論を捨て去った上で、この現実の中にいかに逃走の線を引くか。言い換えれば、この現実をどれだけ多層的で豊かなものとして再発見し再構成するか。

中沢　一所懸命、そう言ってました。

浅田　ほとんどそのことしか言っていない。（中略）そこのところを、その後で出てきたSFやアニメやコンピュータ・ゲームの類は全部間違えている。それらは、この現実は退屈だから別の可能性をシナリオとして作ろう、という方向に走っていった。しかもコンピュータ・ゲームなんかだと、一回プレーに失敗したらスイッチをオフにして何度でもやりなおせる。それを宗教的に言えば、空間的に別世界があったり、時間的に過去世があったり未来世があったり、ということになるでしょう。今ここにある世界を一元的に固定した上で、それとは別に神秘的な可能世界をいろんな形で勝手に想定してしまうわけです。そして、その視点からすれば、今ここでどんな無茶苦茶をしても別の世界で救われるんだ、ということになる。それはたんにくだらない妄想です。本当はこの現実しかない、言い換えればメタロジックなんてものはないんだから。

その点に関連して、こういう傾向はいわゆるポストモダン多元主義の責任だという議論がありますが、冗談じゃないと思いますね。僕はそういう別世界なんてないということしか言っていない。中沢さんでさえ、この現実と違う世界をエキゾチックに描き出して若者たちを誘惑したとは思わない。一見そのように読める部分でも、それは本当はユーモアをもって書かれていて、「よくこんなこと言うぜ」と言って笑いながら読めるようになっている（笑）。そんなこともわからないやつは、たんなる馬鹿でしょう。

（「オウムとは何だったのか」）

浅田彰がほとんど激昂しつつこう喋りまくっているのを聞きながら、そのとき中沢新一がどんな表情を浮かべていたのか、思わず知りたくなりますが、それはともあれ、ここには「ニッポンの思想」の「変質」をあらわす重要なポイントが顕現しています。

浅田彰はここでも完膚なきまでに「正しい」。しかし、彼には次の二つの問いかけが致命的なまでに欠けていると筆者には思えます。第一に、どうしてひとは、そのような「馬鹿」で「くだらない」考えに、時として陥ってしまうのか？　第二に、どうしても、その「馬鹿」さから逃れられないのだとしたら、じゃあ一体どうすればいいのか？

浅田彰の考え方だと、とにかく「馬鹿」でさえなくなれば、オウムも含め、すべての「くだらない」問題は即座に解決することになります。そして実際それはそうでしょう。

ですが、敢て言うならば「知性」のレベルとは別に、それでも人間は「愚かさ」に囚われることがあるのではないでしょうか。「オウム」がはからずも教えたのは、むしろこのことではないのかと筆者は思います。

それを単に頭が悪いからだと片付けるのは簡単です。浅田自身が「落ちこぼれ」という言葉を使っているので明白だと思いますが、ここには残念ながら、実はそれ自体が「現実」を回避するものである知的エリーティズムが顔を覗かせています。実は宮台真司も、ほとんど同じことを言っているのですが、浅田と同様に「知的エリート」である宮台には「愚かさ」への理解がありました。しかし浅田にはどうしても、「馬鹿であること」＝「利口になれない」ことの必然性と不可避性が（まさに頭ではわかったとしても）理解出来ないし、そのような「（自分自身も含めた）馬鹿だらけの世界」で、それでもどうしたらより善く生きていけるのかということも、ただのナンセンスにしか思えないのだろうと思います。

ここで浅田が言っている「この現実」が、すでに「イデアル（理念的）」なものなのです。ほんとうの「現実」とは、浅田視点での「落ちこぼれの馬鹿」たちが集う「くだらない」世界、「オウム」を産み落としてしまうような世界の方です。浅田の「思想」では、この「現実」は変えられないし、記述することさえ出来ません。そして本人にも、そのつもりはないように見えます。

「馬鹿でくだらない現実＝世界」は論じるに値しないとする「八〇年代の思想」と、いや、それをこそ論じるべきなのだという「九〇年代の思想」、この違いが歴然としたのが、「オウム事件」だったのだと思います。

「悪い場所」論

美術評論家の椹木野衣《さわらぎのい》が、一九九六年から九七年にかけて「美術手帖」に連載し、九八年に単行本として刊行された長編論考『日本・現代・美術』は、アートの文脈に収まりきらない大きな話題を呼び起こしました。椹木はデビュー作の『シミュレーショニズム――ハウス・ミュージックと盗用芸術』(九一年)以来、海外のアート・シーンの最新流行を、先端的な音楽の知識を駆使して読み解き、「現代思想」的ジャーゴンで色付けした、いうなれば遅れてきた「ニューアカ」的なスタイルで人気を博してきましたが、「九〇年代」後半以後、急激にその論議の軸足を「ニッポンの美術」へと変更します。『日本・現代・美術』は、その最初の成果でした。

この大著で椹木は数多くのことを語っていますが、なぜこの本がアート以外の分野でも取り沙汰されることになったのかの理由ははっきりしています。それは「日本」という国に「悪い場所」という呼称を与えたからです。

椹木は同書の第一章で、彦坂尚嘉のエッセイから抜き出した「閉じられた円環の彼方」というフレーズを元に、この国の美術においては、「閉じられた円環」の「彼方」をめざそうとする（つまり何らかの意味で「前衛」を志向するような）運動は、なぜか必ず、その「起源」としての「閉じられた円環」へといつのまにか回帰してしまうのだと指摘します。つまりそれは「美術史」の「展開＝転回」が成立し得ないということ、いわば大文字の「歴史」が生起し得ないということです。椹木はこの「非＝歴史性」を、「日本」という国に本質的なものだと論じ、それを「悪い場所」と名付けます。

われわれが「歴史」の名のもとに語ってきた当のものこそが、なべての「歴史」を去勢してしまうような「悪い場所」ゆえの「閉じられた円環」なのであり、われわれが最初から歴史を語りうるという権利を既得権のように主張するのとは別の隘路《あいろ》を通じなければ、この円環の「彼方」に至ることはできない（後略）（『日本・現代・美術』）

この「悪い場所」という表現は、言い方は悪いですが、とてもキャッチーでした。椹木が言っていることは、「八〇年代」に柄谷行人や浅田彰が批判していた「持続」や「自然＝生成」（あるいはもっとマクロな形で蓮實重彦が看て取っていた「制度」）、遡れば彼らが依拠していた西田幾多郎の「無＝場所」、そして「九〇年代」に入って、福田和也が柄谷や浅田の認識をそのまま肯定的にひっくり返してみせた「日本という空無」と、まったく同じです。更に、椹木は「第二次世界大戦」「戦後」「アメリカ」という項も導入していますから、大塚英志や宮台真司のアクチュアルな「歴史」観とも相通じています。「日本」という「国＝場所」の「本質」において、また具体的現実的な出来事の連鎖によって、ともかくも「けっして変わることがなく、変わりたくても変われず、変わったと思っても実は変わっておらず、だから今も変わっていなくて、これから変わ（れ）ることもない」という、それ自体えんえんと続いてきた「日本＝歴史」観を、椹木は「悪い場所」というわかりやすい言葉で言い換えてみせたわけです。筆者には、文体や書法も含めた「批評＝思想」的な「パフォーマンス」という意味で、椹木は「九〇年代」半ばに「八〇年代」から「九〇年代」への変節を遂げたのだと思います。

重要なことは、この「悪い場所」という呼称が、この時期の「ニッポン」の、あらゆる意味で刻々と暗くなっていく雰囲気にも、ピタリとハマッたということです。『日本・現代・美術』が雑誌連載中だった九七年には、あの酒鬼薔薇聖斗の「神戸連続児童殺傷事件」が起こっています。世紀の変わり目あたりになると、いわゆる「ITバブル」が始まりますが、この頃はまだ、のちに「失われた十年」などと呼ばれることになる「平成不況」の真っただ中でした。つまり、昔からずっと「悪い場所」だった（椹木が言っているのもこのことです）この国は、しかし「今」こそ、いよいよますます「悪い場所」化している、という感じに、この言葉は受け取られることになった、それゆえに、さまざまなジャンルの論議に頻繁に使われていくことになったのです。

椹木野衣は、『日本・現代・美術』第一章の註で、次のように書いています。

一九九五年に起こったオウム真理教をめぐる一連の騒動に、わたしは大きな衝撃を受けた。不可解というのではない。わかりすぎてしまうのである。わかりすぎるといってもそれは、社会から疎外された彼らの心境のことではない。その行動の正統化のために使われた表層的な想像力のありようが、である。この事件は、歴史が機能不全に陥っている場所でポストモダンの方法を無際限に押し進めるならば、歴史に一撃を加えることはおろか、「閉ざされた円環」にいっそう強固に縛り付けられてしまうことを物語っていた。わたしは早急に「戦後日本」と「シミュレーショニズム（註：「サンプリング」や「リミックス」を手段とする「盗用芸術」のこと）」という、一見すると異質な二つの問題系を参照しながら、方法論を根本的に見直す必要に駆られた。その際、当時、文壇に「日本」という決定的な緊張感をもたらした福田和也氏の執筆活動は、たいへん大きな示唆を与えてくれた。（同前）

椹木が「オウム」をきっかけとして意識的に変貌しようとし、その結果「日本という悪い場所」を「発見」したという経緯自体が、実のところ、これが「歴史」的な（あるいは「非＝歴史的」な）問題というよりも、むしろ「九〇年代」後半のリアリティに即したパフォーマンスであったということを示していると思います。

それはいわば、遂に「ニッポン」が、自らを「悪い」「場所」として自己規定し、しかもそこから逃れ出られもしないのだということを、はっきりと認めてみせた、ということです。これを冷徹な認識と取るか、諦めと取るか、開き直りと取るかで、色んなことが違ってくるわけですが。

日本に生まれた「宿命」

一九九九年から二〇〇〇年にかけて、椹木野衣は水戸芸術館で「日本ゼロ年」という大規模な展覧会をキュレーションします。その展覧会図録に収録された椹木自身によるインタビューのなかで、福田和也は、こう語っています。

批評ということを考えていったときに、それを成立させる価値の基準それ自体はいろいろなことがあるけれども、やっぱり一種の単独性に立たなきゃしょうがないと思ったんですよね。それは、椹木さんの言葉で言えば「悪い場所」というのがあるけれども、やっぱりその宿命性みたいなものを前提にしないと批評は成り立たないと思います。実際にはそのあたりのことを柄谷行人はわかっているんですね。（中略）柄谷さんがつくっている批評の空間は、彼自身認めているように、小林秀雄から江藤淳に至る流れの中からしか出てこないものなんですよね。

ところが、そうした流れを考えずに済ませていると、それがそういうどうしようもない宿命みたいなものとは無縁の、なにかすごく透明な哲学的問題のように見えてしまって、それがそのまま普遍的ななにかだと勘違いしてしまう。でもそうするとそれはもう、批評でもなんでもないんです。だから、自分が日本という場所に生まれてしまって、それはもう永遠に書き換え不可能であるというような、一種の宿命性みたいなものをもう一回きちんと取り上げないとしかたがないし、その宿命性が見えた時に、ほかのもの全部のインチキ性、キッチュ性みたいなものが出てくる。

（『爆心地』の芸術』）


この発言は、福田の柄谷行人論と、完全に繋がっています。また、福田を含む「九〇年代」の「思想」の担い手たち、大塚英志や宮台真司の基本的な認識と、そして彼らの「八〇年代ニューアカ」に対する不満とも合致しています。しかし裏を返せば、この「宿命」を「永遠に書き換え不可能」なものだと考えてしまうこと、どうしてもそこから思考が出発してしまうという点に、「九〇年代」の「ニッポンの思想」の最大の特徴があるというべきではないかと思います。

この「宿命」とは「日本という場所に生まれた」ということです。筆者などは、日本であれ何処であれ、生まれたのがどこであろうと、嫌なら別の場所に移動して生きていくことは可能だし、また否応なしにそうせざるを得ない現実を生きている人々だって世界には沢山居ると思うのですが、しかし「九〇年代の思想」は、けっしてそうは考えない。彼らは「日本という場所に生まれた」からには「日本で生きること」そして「日本人として在ること」は、まぎれもないデフォルト＝「宿命」だと考えています。

これは実質的に、もはや（はじめから？）「日本」に「外部」はない、と言っているのと同じです。たとえば宮台真司の「超越」理論だと、オウムならオウムは「社会＝システム」の裂け目のように一瞬は思えるけれども、それはやがて「システム」それ自体の「自己言及（＝悪循環）」の副産物として回収されるか（→「クラインの壺」）、より有機的で動態的な「システム」の網目に絡め取られていく（→「リゾーム」？）ことになります。宮台にとっては、「天皇（制）」でさえ、「ニッポン」という「システム」が自己撞着の果ての内部崩壊に陥らないための「整流器」（この語が本書のどこで初登場したのかを思い出してください）のようなものでした。

いずれにせよ「システム」は、どこまでもシステマティックに機能し続ける、これが福田の言う「宿命」ということの意味です。ほんとうに「宿命」からは逃れられないのかどうかと問うことは、すでに問題ではなくなっていました。というか、そのような「問い」が、ほぼ完全に抹消されたのが「九〇年代」末だったのです。

ニッポン回帰

「日本」という「悪い場所」に「外部」を認め（られ）ないという「九〇年代の思想」は、たとえ「外部」を持ちたくても「現実」としてどうにも無理なのだという諦念から出発していたのだとしても、それはしかし、あるねじれた形で、やがて「日本」と、その「現在＝現実」を、実質的に肯定してゆく振る舞いを導き出すことになりました。

筆者が思うに、これはナショナリズムというよりも、一種の素朴な心情的パトリオティズム（愛国主義）というべきです。それはたとえば、どうしようもなくヒドい父親のことを嫌悪しながらも、しかしそれでも「父親だから」愛さなくてはならない、と思ってしまう子の気持ちに近いものだと思います。「あんたなんか親じゃない！」と叫ぶのは簡単だが、でもだって考えるまでもなくホントに「実の父親」じゃないか、ということです。しかし、そこで見逃されているのは、「だったらもっと父親らしくしてくれよ」という子の悲願ではないでしょうか。変われず変わらず変わる気もない「父親＝ニッポン」が、まさにそのどうしようもない「変わらなさ（変われなさ）」の極みにおいて、なぜだか丸ごと肯定されていってしまったのは、筆者にはとても奇妙なことに思えます。

ともあれしかし、「九〇年代」の終わり頃から、「ニッポン」の多くの領域において、明確に「日本回帰＝日本化」と呼べる現象が顕在化してきました。たとえば音楽では、この時期を境に洋楽CDが急速に売れなくなり、輸入盤の売り上げも極端に下降していきます。書籍においても海外文学の翻訳がどんどん売れなくなっていきました。もちろん邦楽も含めたCD全体の市場も出版市場も右肩下がりに苦しくなっていったのですが、そのなかでも特に「海外」のものが駄目になっていったのです。

ニッポンのポピュラー音楽、いわゆるJ-POPは、まだしも「九〇年代」前半までは、「渋谷系」のブームに象徴されるように、「洋楽」からの様々な影響関係の下にありましたが、「九〇年代」末になると、ほぼ完全に「ニッポンの音楽」でしかなくなります。いわゆる「J文学」が喧伝されたのも、この頃です。いうなれば「海外」という「外部」が切り捨てられることにより、「ニッポン＝J」という「内部」の強度がいや増してゆくことになったわけです。

浅田彰は、二〇〇〇年に入って執筆されたコラムで、「九〇年代」を通して起こった、この「J回帰」について取り上げています。浅田はそこで「J-POP」の「J」に始まる日本文化の「ニッポン回帰」を手早く紹介してみせたあとで、次のように続けます。

大きく言うと、このような「J回帰」はかなりの程度まで経済的に決定されていると見ていいだろう。フレドリック・ジェイムソンの指摘を待つまでもなく、ポストモダン消費社会のコスモポリタニズムは、名実ともにボーダーレスとなった世界資本主義の文化的表現である。現在でもそのような多文化主義（マルチカルチュラリズム）が世界の大勢であるには違いない。だが、とくに日本の場合、80年代の好況から90年代の不況への転換の中で、そうした世界資本主義への反発のほうが前面に出て、「J回帰」につながっていったのである。

おそらくここに「J回帰」のどうしようもない浅薄さがある。かつて内村鑑三はJAPANのJとJESUS（キリスト教）のJの緊張の中で思考しようとした。次の世代では、外から与えられた絶対的なドグマという意味で、共産主義がキリスト教に取って代わった。いずれにせよ、そこではJは苛烈なイデオロギー闘争の只中にあったのだ。だが、いまの「J回帰」を条件付けているのは、グローバルな経済というなまの現実でしかない。90年代に不況の中でグローバル化の波に晒された日本が、文化のレヴェルで自閉しようとする。「J回帰」とはおそらくその徴候にほかならないのだ。それは不況が終わるまで続くのだろうか。それは一体いつのことなのだろうか。

（「「J回帰」の行方」）

村上隆の「J戦略」

ここで浅田が最後に発している設問には、「ゼロ年代」が終わりを迎えようとしている現在もなお、われわれはまだ「J回帰」の中にある、と答えざるを得ないと思います。というより、むしろ「ゼロ年代」に入ると、他ならぬ「J」によって、「ニッポン」は「グローバルな経済」に応援していったのです。次章の論議を先取りする形になってしまいますが、たとえばこうした「J戦略」によって「海外」での成功を勝ち取った存在として、アーティストの村上隆がいます。東京芸大の日本画科で史上初の博士号を取得した村上は、しかし正統的な日本画家の道をあえて歩まず、「九〇年代」後半の「エヴァ・ブーム」によって一挙に衆目を集めることになった、いわゆる「オタク・カルチャー」からの引用や参照をふんだんに用いたポップかつキッチュな作風と、きわめてパフォーマティヴな理論武装と戦略的言動によって、美術界における存在感を確立していきます。彼は椹木野衣の『日本・現代・美術』以降の言説には欠かすことの出来ない「盟友」でもあり、もちろん「日本ゼロ年」にも出品しています。

村上は日本画の「平面性」と「オタク表現」の「超平面性」を通底させ、そこに「ニッポン」の「平成」をも引っ掛けた「スーパーフラット」なる概念を創案し、二〇〇一年に「スーパーフラット」展を自らキュレーションします。翌年にはアメリカ・ロサンジェルスでも「Superflat」展を開催し、この頃から意識的に活動の拠点をアメリカに移してギャラリストやアート・ディーラーへの働きかけを精力的に行ない、それは二〇〇三年にニューヨークのオークション会社クリスティーズで彼の等身大フィギュア作品『Miss Ko^2』

が五六万ドル（当時の日本の現代アートでは最高額）で落札されるという圧倒的な「成功」をもたらしました。その後も村上は、ルイ・ヴィトンとのコラボレーションなどを経て、「スーパーフラット」に続く自身のキュレートによる企画展「リトルボーイ展」（〇五年）、ロサンゼルス現代美術館での大規模な個展「村上隆回顧展©MURAKAMI」（〇七年）など、ユニークなコンセプトに裏打ちされた活動を次々と展開し、いまや疑いなく「ニッポン」でもっとも国際的に成功したアーティストとなっています。

村上隆の「パフォーマンス」は恐ろしく考え抜かれたもので、その複雑な思考回路をこの場で論じるのは無理がありますが、しかし彼が「外」に向かうにあたって、海外の動向を睨むのではなく、完全に意図的に「J的なるもの」にフォーカスを絞り込んでみせたことが、その「成功」のカギであったことは間違いありません。これは「ゼロ年代」以降、日本政府によって積極的に推進されていった「オタク文化」の輸出――「世界商品」化と完全にパラレルな出来事です。

小林よしのりと「J回帰」

さて、唐突ですが、ここでもうひとり、まったく異なる文脈で「J回帰」を体現したサブ・カルチャーの表現者の名前を挙げておきたいと思います。それはマンガ家の小林よしのりです。

小林は「七〇年代」に『東大一直線』、「八〇年代」に『おぼっちゃまくん』という大ヒット作を放った人気マンガ家でしたが、一九九二年から週刊誌「SPA!」で「ゴーマニズム宣言」の連載を開始し、当初は身辺雑記的な内容でしたが、次第に独自の視点に立った時事評論的な要素を強めていき、その極めてハードコアな姿勢がウケて大人気連載となります。小林は「オウム」による暗殺計画のターゲットになっていたこともあり、「教団」との対決がテーマになっていた時期もありました。九五年九月からは連載の舞台を「SAPIO」に移して「新・ゴーマニズム宣言」として再出発、その「別冊」という形で九八年に刊行した『新・ゴーマニズム宣言SPECIAL 戦争論』が大ベストセラーになります。

『戦争論』は二〇〇一年と二〇〇三年に続編も刊行され、いずれもベストセラーになり、同じシリーズでは『新ゴーマニズム宣言SPECIAL 台湾論』や『同・沖縄論』『同・靖國論』『ゴーマニズム宣言SPECIAL 天皇論』などなど、そのときどきに小林が直面し、渦中にあったテーマに沿った別巻も出ています。また、二〇〇二年には自ら責任編集を務める雑誌「わしズム」を創刊、二〇〇九年二月に終刊するまで、同誌でマンガのみならず、数々の対談やインタビュー等を掲載、いまやマンガ家という枠をとっくに超えて、「九〇年代」後半以降、そして「ゼロ年代」を通して、もっともアクティヴな言論活動を繰り広げた論客のひとりと言っていいと思います。

小林よしのりの「思想」的なスタンスは、一言でいえば「保守愛国」、もっと言うならば「純粋右翼」です。日本の「右翼」は全員が「天皇主義者」だと思いますが（これも考えてみると不思議なことではありますが）、「米国」というファクターを噛ましたとき、「親米／反米」に分かれます。戦争に負けた日本の「戦後」を規定し、表に裏に操作してきたのは「アメリカ」ですが、日本の「保守論壇」は、それまでは「左翼」との対抗関係のなかで、あからさまに直面しないで済んできた（なぜなら「安保闘争」でもわかるように「反米」は「左翼」のスタンスであり、とりあえず「右翼」は「左翼」に逆立していればよかったからです）この事実に対して、あの「9・11」以降の展開のなかで、イエスかノーかの「思想」的な態度表明を迫られました。

あれこれ言っても結局は米国の庇護があればこそ日本の安定と繁栄もあるのだというリアリスティックな（自民党的な）「保守」に対して、小林と西部邁は「反米愛国」を明確に打ち出してみせました。小林は「日本」という「国土」を自分を含む「日本人」の「故郷」として愛しており（これはパトリオティズムの本質です）、「天皇」はその「日本」のアイデンティティを背負う唯一的な存在として畏敬と思慕の対象となります。

福田和也のような「日本という空無」というアイロニーは小林には皆無で、むしろ大塚英志の「思想」の「戦後民主主義」の位置に「日本」を代入したかのようなブレのなさを持っています。福田がややこしい観念を弄して肯定してみせた「日本」も、宮台が迂遠な理屈を捏《こ》ねて導出してみせた「天皇」も、小林にはただ単に「故郷」と「父親」として肯定されるだけです。そして先ほどの「父親＝ニッポン」のたとえで言えば、彼にとっての「理想の父親」像がはっきりしているがゆえに、小林は「現実の父親」には文句を付けられるのです。

小林よしのりの「思想」は、つまり「極右」です。筆者は彼の「思想」に共鳴はしませんが、その揺るぎのなさには頭が下がります。単純素朴であることと、単純素朴な考えを公的に表明し、それを貫けるということは、また別問題だからです。しかし同時に、小林のような「極右」が「言論」の表舞台に登場し、若年層からも少なからぬ支持を集めもしたということが、浅田彰のいう「J回帰」の証左であることも確かだと思います（ちなみに、ある意味で浅田と小林は、その「思想」の強固な一貫性＝頑固さと、それに従った物事の裁断の頭ごなしのクリアカットぶりにおいて似たところがあると思います）。

小林と同じような「信念」を抱いている者は昔から居たと思いますが、それはまさに「極右」として（「極左」と同様に）一般的にはマージナルな存在だったはずです。しかし「オウム」以後の「ニッポン」では、「J回帰」は前面化し、ひたすら全面化していきます。小林よしのりも一時期コミットしていた「新しい歴史教科書をつくる会」が結成されたのは一九九七年のことでした。「ニッポン」の「J回帰」は、この国が経済的にも政治的にも弱体化していきつつあるという事実が歴然としていくのと、完全に並行した現象でした。

お父さんは貧乏だし誰からも相手にされてないけど、でも絶対にエラいんだ、僕のお父さんなんだから、というわけです。

「市場」を意識する思想

村上隆と小林よしのりの振る舞いは、まったく異なる、ほとんど正反対といってもいいベクトルを持っていますが、しかし共に「J回帰」＝「日本肯定」という「九〇年代ニッポン」の「無意識」を鋭角的に表象していると言えます。そしてもうひとつ、ふたりにはある共通点があります。それは「経済的成功」です。

村上隆の「成功」は、もっぱらオークションでの落札額によって語られます。それは誰か高名な美術批評家が褒めたとか、そういう類いの非物質的な名声とは違います。また、小林よしのりの場合も、「ベストセラー」という明確な数字で表される「成功」が、彼の「思想」の扱われ方とワンセットになっています。つまりどちらも、その「成功」は「数字」で計れるものなのです。

筆者には、このことはきわめて重要だと思えます。「九〇年代」末から「ゼロ年代」にかけて、ニッポンの経済は、外的にも内的にも、多少の浮き沈みはあったとはいえ、ほぼ総じて不調でした。そのなかで、むしろだからこそ、とにかく売れたほうが勝ちであるという認識が共有されていくことになった。それは相対的にもそうで、たとえ僅かでも、売れないよりは売れたほうがより正しい、というか、「正しさ」をはかる基準が「売れるか売れないか」にしか求められなくなってしまった、ということなのだと思います。かつて「名誉」を授与していた「権威」は既にほとんど機能していないし（たとえば「芥川賞」に代表される文学賞が、もっぱら経済効果と、穿《うが》った「票読み」でばかり語られるようになったのも、この十年のことです）、そもそも客観的な視座がどこにあるのかもわからない。「大きな物語」が終わって、「歴史」が終わって、「マルクス主義」が終わって、「右翼と左翼」という二項対立が終わって、相対主義や多元主義が極められてしまったとき、確固とした尺度になり得るものとして残されていたのは、もはや「値段」だけだったのです。

これは「思想」においても、まったく同じです。「九〇年代」に登場した福田和也も、大塚英志も、宮台真司も、「八〇年代ニューアカ」とはまったく違ったかたちで、あきらかに「市場」を意識していました。『構造と力』や『チベットのモーツァルト』が売れたのは浅田彰や中沢新一の意思とは無関係な出来事でしたが、福田は膨大な雑誌連載によって、大塚はマンガ原作者としてヒットを連発することで、宮台はメディアへのトリックスター的な露出によって、それぞれ別々の方法で、自らの「思想」の「思想市場」でのプレゼンスを担保し、あわよくば「値段」を高めようと努めていました。しかし、にもかかわらず、彼らの本の一冊として（というか全部合わせても？）『構造と力』の売れ部数を超えることはなかったのではないかと思います。それは彼らの才能や努力の問題ではなく、からです。

「九〇年代」の「市場」自体が、そして「思想市場」も、「八〇年代」よりも縮小していたけれどもしかし、だからといって、もう「思想」は売れなくてもいい、ということにはならなかった。反対に、ますます「売れなければならない」という抑圧を、「ニッポンの思想」は背負い込んでいくことになったのでした。「ニッポン」の「思想市場」は、さながらオークション会場のごとき様相を呈していくことになります。これは良い悪いではなく、そうならざるを得なかったのだと思います。

「ニッポンの思想」の「ゼロ年代」は、こうして幕を開けました。

第七章　東浩紀の登場

NAMの「失敗」

最後の、そして「最強」のプレイヤーを迎える前に、まずは他の「ゼロ年代のニッポンの思想」の動向を、簡潔にまとめておきましょう。

二〇〇一年、柄谷行人は、大著『トランスクリティーク――カントとマルクス』を上梓しました。副題にもあるように、カントとマルクスの読み直しを通して、「資本制＝ネーション＝ステート」を「超越論的（transcendental）」かつ「横断的（transversal）」に「批判（批評）＝transcritique」することを企てたものです。この本は、いわゆる「会社」ではない「生産協同組合」の批評空間社から発行されました。柄谷は雑誌「批評空間」の版元として、この「組合」を設立しました。柄谷は『トランスクリティーク』で「国家と資本への対抗運動」を理論的に問いつつ、同時にそれを実践してゆこうとしたわけです。彼は二〇〇〇年にそのための「アソシエーション」として「NAM（New Associationist Movement）」を立ち上げており、マニフェストというべき『NAM原理』や、浅田彰や坂本龍一、村上龍、文芸評論家の山城むつみなどとの鼎談《ていだん》を収めた『NAM生成』が『トランスクリティーク』に先立って刊行されていました。柄谷は、九九年の末に書き下ろした著書『倫理21』で、すでに「現実＝現在」へのコミットメントの姿勢を俄《にわか》に見せていましたが、世紀の変わり目から、それが前面に押し出されてきたのです。

柄谷は更に、二〇〇一年末に地域通貨Qを、その前身となる「LETS」を考案した経済学者の西部忠らとともにスタートさせます。NAMの「選挙」の方法論を理論的に解説した『日本精神分析』(〇二年)も刊行され、NAMとQは、生産―流通―売買までを視野に入れ、芸術活動をも含んだ「運動」として注目されましたが、まず批評空間社が二〇〇二年の春、社長であり「批評空間」の長年の編集者だった内藤裕治の突然の死去によって解散、そのまま「批評空間」も終刊になりました。またNAMも、メンバー間のトラブルを始めとする複数の問題によって、二〇〇三年一月に、設立されてたったの二年半で解散してしまいます。このNAMの「崩壊」をめぐっては、柄谷が自分勝手に「潰した」という見方もあり、いまもってよくわかっていないところが多く、批評空間社の共同出資者の一員でNAMのメンバーでもあった文芸評論家の鎌田哲哉などからの一連の柄谷批判があります。

その後の柄谷は、「近代文学」はその役割を終えたとして文壇の一部にショックを与えた『近代文学の終り』(〇五年)を経て、二〇〇六年に初の「新書」である『世界共和国へ――資本=ネーション=国家を超えて』を岩波書店から刊行、その後は雑誌「at(あっと)」で「『世界共和国へ』に関するノート」を連載しています。「at」はフェアトレード事業を行なっているオルター・トレード・ジャパンの機関誌であり、柄谷は『トランスクリティーク』で提起した「国家と資本への対抗」というヴィジョンを、現在も追求していると言ってよいかと思います。

しかしながら、柄谷行人という「思想」家による「現実＝現在」に対する具体的なコミットメントが、そのプロセスの最中にはからずも潰《つい》え去った、という事実は、その理由がどうであれ、「ニッポンの思想」には一種の「教訓」として受け止められたのではないかと思えます。柄谷のアクティヴィストとしての振る舞いは、彼や周囲が望んだような形では効力を発揮することがなかったのです。前に筆者は、「思想」には「世界」を「変革（更改）」しようとするものと、「世界」を「記述（説明）」しようとするものがある、と述べておきましたが、柄谷の「思想」は明らかに前者を目指すものです。しかし、それはそうそう容易ではない、というよりも、どうしたって不可能なことなのではないか、という感じが、このNAMの「失敗」によって、なんとなく共有されていってしまったのではないかと思うのです。

それはまた、結局のところ大袈裟な「理念＝理論」でもって「現実＝現在」をどうにかしようと思うのがナンセンスなのであって、目下の「社会」や「世界」をより善くしたいのなら、もっとある意味では瑣末《さまつ》で姑息な手法でマイナー・チェンジをはかっていくしかないのだ、という現実主義をも喚起します。つまり「国家と資本」へ「対抗」するなんて土台無理なことで、ともかくもそれに寄り添ってやっていくしかないのだ、というわけです。こうして一種の紛れもないニヒリズムとリアリズムが、「ゼロ年代」前半の「ニッポンの思想」を覆っていくことになりました。

小泉政権下の「J回帰」

このニヒリズムとリアリズムは、一方では明らかに「J回帰」と「対米追従」の更なる強化へと繋がります。「ゼロ年代」前半は、ほぼ完全に小泉純一郎政権と重なっています。毎年、八月十五日の終戦記念日に時の総理大臣が靖国神社に参拝するか否かは、国の内外から注目され、また違憲か合憲かという議論もあるわけですが、小泉は在任中に靖国参拝を「強行」したことから、いわゆる「靖国問題」を惹き起こします。この「問題」は、前章で触れた「新しい歴史教科書をつくる会」による「歴史教科書問題」や、その前段を成す「従軍慰安婦問題」とも絡まって、激しい論議になりました。

これは煎じ詰めると、何度か出したたとえで言えば、悪い「お父さん」を、それでも「お父さんなのだから」愛する（べき）かどうかと問うのではなくて、実は「お父さん」は「悪く」などなかったのではないか？　というものです。「靖国問題」については、参拝反対の立場から、もともとジャック・デリダの研究者でしたが、『戦後責任論』（一九九年）以降、デリダから抽出した「応答責任（レスポンシビリティ）」という概念を軸に、『敗戦後論』の加藤典洋との論争などを行なってきた高橋哲哉が積極的に発言しているほか（『国家と犠牲』『靖国問題』など）、肯定派のあいだでも、いわゆる「A級戦犯合祀」の扱いをめぐって、さまざまな議論があります。

「9・11」以後のアメリカの「暴走」は、オバマが大統領となった「ゼロ年代」末の現在からすると、あからさまに異常なものだったと思えますが、当時のニッポンでは、北朝鮮による「拉致問題」の（再）噴出などもあって、いわゆる「テロとの戦い」のためなら「対米追従」は致し方なし、という論調が支配的でした。それでも「反米愛国」を貫いた「保守」「右翼」は非常に少なかったと思います（すでに述べたように小林よしのりはそのひとりです）。歴代の首相のなかでも疑いなく群を抜いた「親米」である小泉純一郎の過剰な大衆的人気＝ポピュリズムとも相俟って、いわばニッポンは「お父さんがお世話になってるコワい伯父さんの言うことは聞かなきゃ」という空気になっていたのです。

そんな「空気」に抗《あらが》って、はっきりと「反戦」の声を上げていたのが大塚英志でした。大塚は、「第一次湾岸戦争」の際には戦争反対の「アッピール」を出した柄谷行人が、このときには「「戦後」に備えておけばいい」と発言したことに対して、「「戦時下」の今こそ文学者は発言するべきだ」と強く批判しています。しかし「ニッポン」全体としては、今の時点で「反戦」を掲げることは現実味を欠いた理想論に過ぎない、という意見が大勢を占めており、大塚英志のようなスタンスは明らかにマイナーなものだったと思います。

「J回帰」とは、「日本人」であることの「誇り」をあらためてしつこく確認しないではいられないくらい、「ニッポン人」の（敢てこの言葉を使うなら）「誇り」が脆弱となり、揺らいでいたことを如実に表す現象だと思います。そしてその「脆弱さ」は、より強大なもの=アメリカの保護と威光を求めます。ニヒリズムとしてのナショナリズムと、リアリズムとしての現状肯定は、小泉政権下=「ゼロ年代」の「ニッポン」において、圧倒的に強まっていったのです。

カルスタ、ポスコロ

ふたたび「思想」に目を向けると、ちょうど前世紀の終わりあたりから、カルチュラル・スタディーズ、ポスト・コロニアリズムなどと呼ばれる学問思潮が、ニッポンのアカデミズムでも話題になってきました。柄谷行人によって「カルスタ、ポスコロ」と揶揄的に呼ばれもした、この潮流は、『オリエンタリズム』のエドワード・サイードや『サバルタンは語ることができるか』のガヤトリ・C・スピヴァクなどを参照点として、「旧(ポスト)植民地」などの実証的な地域研究と「脱構築」以後の文学理論を組み合わせたり、サブカルチャーを含む文化的な事象に、同様のフィールドワークと理論構築の両輪的なアプローチで臨んだりするものです。カルチュラル・スタディーズの代表的な学者であるスチュアート・ホールやポール・ギルロイなどの業績が紹介されることによって、「カルスタ、ポスコロ」は、「ゼロ年代」前半の「思想」のちょっとしたブームとなります。

柄谷が批判したのは、その学問的手法があまりにもマニュアル化されており、適当なテーマを見つければ幾らでも簡単に「論文」が量産出来てしまうこと、それゆえそれは狭いアカデミズムの中での上昇志向にしか寄与しない、ということに対してだと思います。そういう傾向が「カルスタ、ポスコロ」にあるのは確かですが、しかしたとえばホールもギルロイも、かなり明確な意味で（すなわち「社会」や「政治」にアクティヴに関与しようとする）「左翼」でした。しかし彼らが「変革」の手立てとして開発した手法は、時代の流れとともに政治性を脱色されてゆき、やがて学問的にマニュアル化されてしまい、ニッポンに本格的に導入されてきた際には、何らかの「問題」を抱えた「社会＝世界」を、ただ上手に「説明」するだけのものになっていたのです。

筆者もこれらの分野に属する本を読んでいて、時々「で？」と言いたくなることがありますが、しかし「ゼロ年代」前半の「ニッポンの思想」においては、それでも本が売れたり、「アカデミズム」で出世できたりするなら、それはそれでいいんじゃないの、他に何かありましたっけ？　という実感が漂い出していたことも、また事実だと思います。だって別にどうせ「思想」で何かが本当に変わるわけじゃないんだから、というわけです。これもまたニヒリズムとリアリズムです。

「ソーカル事件」の教訓

ところで、ちょうどニッポンにカルチュラル・スタディーズが「輸入」されてくるのと時期をほぼ同じくして、一種の「カルチュラル・スタディーズ批判」であり、「ポストモダン哲学批判」でもあり、ニッポンにおいては、ある意味では「ニューアカ批判」でもあるような「騒動」も「輸入」されてきました。いわゆる「ソーカル事件」です。一九九四年、物理学者でニューヨーク大学教授だったアラン・ソーカルが、国際的に権威がある学術雑誌「ソーシャル・テキスト」に、「ポストモダン批評」のスタイルを模して、哲学的タームと自然科学（数学や物理学）の用語をデタラメにちりばめた疑似論文を投稿したところ、それがそのまま受諾されてしまいました。「ソーシャル・テキスト」のような学術誌には「査読」という制度があり、掲載可能か否かには識者による厳密な審査があることになっています。ソーカルは故意に内容を欠いた論文を適当にデッチ上げてみせたわけですが、そこに混入された意図的な事実誤認や言葉の誤用を、雑誌側の査読者は誰も見抜けなかったのです。ソーカルの狙いは、「ポストモダン哲学」や、それに影響された「カルチュラル・スタディーズ」系の学者がやっていることは、これと同じなのだと告発することでした。しかも連中の場合は、自分でも理解できていない自然科学をまさにデタラメに援用しているだけであり、それは単なる衒学でしかない、というわけです。

ソーカルは九七年に、やはり物理学者のジャン・ブリクモンと『「知」の欺瞞』（原題は「知的詐欺」）という本を出します。このなかで二人は、ジャック・ラカン、ジュリア・クリステヴァ、ジャン・ボードリヤール、ドゥルーズ＝ガタリ、ポール・ヴィリリオ等といった、主に「フランス現代思想」の有名人たちのテクストを取り上げて、そこで用いられている科学知識が如何に恣意的で浅はかなものであるのかを、ほとんど逐語的に実証してみせました。ソーカルとブリクモンは物理学＝自然科学の側から、「哲学」による「科学」の誤用と乱用に、明白にノーを突きつけたのでした。

当然のことながら『「知」の欺瞞』は大きな反響を惹き起こし、「ポストモダン」側からのさまざまな反論も含めて、人文学と自然科学の両分野を巻き込んだ一大「騒動」となります。これが「ソーカル事件」です。ソーカルの目論みは、もう一方で、自然科学という学問分野のなかでの「科学者」と「科学論者」の摩擦という、いわゆる「サイエンス・ウォーズ」とも繋がっていますが、ここでは本書の内容とかかわる要素だけに絞って紹介しておきます。

『「知」の欺瞞』がニッポンで翻訳出版されたのは二〇〇〇年ですが、原著が出版された頃から、一部では話題になっていました。ニッポンで最初にこの本について触れたのは、誰あろう浅田彰です。彼は九七年十一月刊行の「批評空間」第Ⅱ期第16号の編集後記の中で、ソーカルとブリクモンの著書を取り上げ、そこでの「フランス現代思想」への批判は必ずしも本質的なものとは言えないが、しかし難解そうなジャーゴンで読者を幻惑することは慎んで、「明晰にできることはできるだけ明晰に書くべきである」と、すこぶる常識的な感想を述べています。それはまったくその通りであり、それに「ソーカル事件」によっても、実際には「ポストモダン哲学」が致命的な打撃を受けたことにはならなかったとも思います。「ニューアカ」の中でソーカル的な批判をもっとも浴びる可能性があったのはおそらく中沢新一だと思いますが、中沢はすでに「オウム」でバッシングを受けていました。また、これに絡んで、『構造と力』の「クラインの壺」モデルは間違っているという翻訳家・評論家の山形浩生による指摘と、それに対する浅田彰の返答という応酬もあったりしましたが、数度のやりとりで終わっています。「ソーカル事件」が「ニッポンの思想」にもたらしたものは、ダイレクトなものではありませんでしたが、しかしそれでも、じゃあ二十年前の「ニューアカ」のあの騒ぎは何だったんだよ的な、ダマされたとまでは言わないまでも、むしろ実はよくわからずに盛り上がっていた過去の自分を二十年越しに突きつけられているような気恥ずかしい思いを、かつての「ニューアカ」世代に多少とも抱かせた、ということはあったのではないかと思います（もっとも「ニューアカ」に踊らされた「八〇年代」世代で『「知」の欺瞞』を読んだひとはごく僅かだったと思いますが）。「わかりたいあなた」が、本当のところ全然わかってなどいなかった（だってわかるわけないものだったんだから）、という信じ難い事実が、忘れた頃になって開示されたわけです。

また、「九〇年代」そして「ゼロ年代」から「思想」を知っていった、より下の世代にとっては、それは「ニューアカ的なるもの」のナンセンスとして刷り込まれることになります。「九〇年代」に、それはリアルな実効力を伴わない「正しい」だけの「理念」として批判されました。がしかし、なんと「正しく」さえなかったのだ、というわけです。「八〇年代」には「思想」は「ファッション」でした。しかし「現実＝現在」との対峙を余儀なくされた「九〇年代」を経て、「ゼロ年代」になると、それは「知的意匠＝遊戯」であることも、「リアルへの方策」であることも、ともに許されなくなってきます。考えてみるまでもなく、これはかなりキツい状況です。そう、それはもはや「ニッポンの思想」それ自体のサヴァイヴァル（生き残り）、いや、「延命」の問題になってきたのです。

東浩紀の登場

話はやや前後します。一九九四年（奇しくもアラン・ソーカルが「ソーシャル・テキスト」に論文を投稿した年です）、柄谷行人と浅田彰が編集委員を務める「批評空間」の第Ⅱ期第3号に、ひとつの論文が掲載されました。「幽霊に憑かれる哲学——デリダ試論」と題された、そのきわめてブリリアント（これは浅田が何かを褒めるときによく使う形容詞です）な論文の書き手の名は東浩紀、当時はまだ東大教養学部の大学院生でした。

東は一九七一年生まれ、蓮實重彥が設立にかかわった東大の「表象文化論」、精確に書くと東京大学教養学部超域文化科学科表象文化論コースから、東大大学院総合文化研究科博士課程に進み、のちに博士号を取得しています。東浩紀はその後も「批評空間」に一連のデリダ論を発表してゆき、大幅な加筆と改稿を経て、九八年に『存在論的、郵便的――ジャック・デリダについて』として上梓します。この本の帯には、浅田彰による「東浩紀との出会いは新鮮な驚きだった。(…)その驚きとともに私は『構造と力』がとうとう完全に過去のものとなったことを認めたのである(「批評空間Ⅱ-18」編集後記より)」というキャッチコピーが付されています。こうして東浩紀という「思想」家は、およそ考え得るかぎり最高の形で、デビューを果たしました。

『存在論的、郵便的』は、『構造と力』のような一大センセーションや驚異的な売り上げに結びつくことこそありませんでしたが、それでも硬派の「哲学書」としては非常に良好なセールスを記録し、新聞・雑誌などの書評も数多く出ました。それはなによりもまず第一に、東浩紀という若き「思想」家が、「批評空間」の正統的な嫡子、すなわち「浅田彰(と柄谷行人)」の直系の愛弟子であり、しかも「師」である浅田自身が、彼の登場によって自らの仕事が「完全に過去のもの」になったと書き付けるほどの高い評価を与えたということが大きかったと思います。つまり東は「ニューアカ」以来の「ニッポンの思想」の「正史」を継ぐ純血種、サラブレッドとして送り出され、迎えられていったのでした。

デリダの変化

では、『存在論的、郵便的』には、どのようなことが書かれてあったのでしょうか。この本は「ジャック・デリダについて」論じたものですが、東の記述はきわめて論理的でありながらも（論理的であろうとしつつも）、実際にはかなり錯綜しており、時には大がかりな迂回も厭《いと》わないその理路や、豊穣で複雑な参照系に連結された細部にこだわり始めるとキリがないばかりでなく、かなり面倒です。ここでは出来るだけ「わかりやすく」、少々強引にまとめてみたいと思います。

デリダは一般的に「脱構築」の哲学者であると看做《みな》されています。「脱構築」とは簡単にいえば、まず「内部／外部」という仕切りを設定し（それは任意に「導入」されることもあれば予め存在しているものとして「発見」されることもあります）、そして次に「内部」に何らかの自律的な「システム」を「導入」もしくは「発見」したうえで、その「システム」自体が、なんらかの形で「内部」だけでは完結し得ないことや、ちゃんと仕切ってあるはずの「外部」と通底してしまうことを示す、ということです。従って「脱構築」は、もっとも抽象的にはゲーデルが示したような形式論理や数学の問題になるし、拡張すれば「テクスト＝作品」にも「社会＝システム」にも、その他のいろいろな事象にも適用可能です。

デリダは少なくとも初期の「六〇年代」の著作において、このような意味での「脱構築」の所在と、その不可避性を指摘し、またその例証として、数々の見事な分析を行なってみせました。『グラマトロジーについて』や、『エクリチュールと差異』所収の論文は、その代表的な成果です。

ところがデリダは、「七〇年代」になると、論文全体が左右二つの欄に区切られ、左欄ではヘーゲル、右欄ではジャン・ジュネにかんする論述が、一見したところ無関係に並走してゆく「弔鐘」や、デリダ自身(?)が「君」に書き送る膨大な数の「恋文」という趣向を持った「送る言葉」など、凝りに凝った形式や書法と、言語遊戯的な要素に満ちた文体による、そして量的にも長大な、それゆえに論旨を俄には摑み難い、ほとんど論旨の抽出と把握を拒んでさえいるかのような、非常に特異なスタイルへと移行します(ちなみに「弔鐘」は「批評空間」に翻訳が分載されていましたが雑誌の消滅により中絶、「送る言葉」は『絵葉書I――ソクラテスからフロイトへ、そしてその彼方』として二〇〇七年に邦訳が刊行されています)。そしてその結果、デリダの「思想」は、「テクストの脱構築性」を証立てるものから、それ自体が「脱構築性を孕んだテクスト」へと「変化」してしまいます。いったいデリダは何故このような「移行=変化」を果たさなくてはならなかったのか? というのが、東浩紀が『存在論的、郵便的』で掲げる設問です。

デリダ=東の「幽霊」

さて、ここからが肝心です。このデリダの「移行=変化」は、「理論化のコンスタティヴな形態からエクリチュールのパフォーマティヴな様態へ」(サイモン・クリチュリー)と、とりあえずはまとめられます。つまり「六〇年代」に提起した「理論」を「七〇年代」には自ら「実践」してみせた、ということです。これは一見正しい、けれども、ではなぜデリダは「六〇年代」には「実践」せず（それも出来たかもしれないのに）、「七〇年代」には「理論」化から遠ざかったのか（それもやれた筈なのに）。これを東は、単なる「理論編と応用編」といった段階的な区別とは違う、もっと本質的にロジカルな展開＝転回だと考えます。つまりデリダは「脱構築」を徹底して理論的に問い詰めていこうとしたからこそ、必然的かつ不可避的に「実践」へと向かわざるを得なかったのだ、というのです。

そこで登場してくるのが、「幽霊」であり、そして「郵便」です。これは筆者の整理ですが、「脱構築」への「批判」には、それが成功していない（「脱構築」じゃない）とか、そんなものに意味はない、などといった身も蓋もないものを除くと、二つの方向がありえます。一つは「脱構築」が抽象的な形式性にかかわるものであるために、そこには具体的な時間軸、すなわち「歴史（性）」が導入し得ないのではないか、ということ。もう一つは、同様に「形式」であるしかない「脱構築」には、特定個々の「状況─機会」における「個（人）」×「文脈（＝コンテクスト）」という要素が抜け落ちてしまっているのではないか、ということです。

デリダは「八〇年代」以後の活動において、この二種類のありうべき「批判」に対して、いや、そうではない、「脱構築」こそが「歴史」と「個」と「コンテクスト」を思考するための強力な武器なのであり、ひとが倫理的判断を行なうための理論的な前提にもなりえるのだということを、さまざまなレベルで主張していきますが、東は、むしろ「脱構築」という思考法自体に、もともと一種の「時間性（歴史性）」と「一回性（単独性と文脈性）」が潜んでいるのだと考えます。というのは、「脱構築」とは要するに、あらゆるものに「かもしれない」ということを、すなわち「こうではなかったかもしれない」という「可能性」の束を導入するものだからです。そして、この「こうではなかったかもしれない可能性」が、まさに「そうだったかもしれない」に反転したあげく、ある意味で現実に還ってくるのが、デリダ＝東の「幽霊」です。

「脱構築」（そして「テクスト論」）は、その原理からいって「ああも言えるしこうも言えるし……以下永遠に続く」を導き出します。しかし実際に永遠に「脱構築」し続けることなど誰にも出来ないし、それは常にある具体的現実的な「テクスト」の姿に固定されざるを得ない。しかしそこには、とりあえず具現化―可視化してはいない「（こうも言える）かもしれなかった」という「幽霊」たちが、無数にひしめいているのです。デリダはこの「幽霊たち」の「声」に耳を傾けようとしていった結果、「七〇年代」の、あの異様とも思える「変化」を成し遂げたのだというのが、東浩紀の理解です。

しかしこれは、単純な意味での「多義性」の顕揚とは違います。東はデリダの「散種」と「多義性」を峻別しています。たとえて言うなら、「多義性」とは「同じ花でも見方によって異なる」ということですが、「散種」はそれに加えて「同じ種でも蒔《ま》くたびに違う花が咲く」ということです。前者は「差異（化）」の、後者は「同一性」の論理に基づいています。ここで問題になっているのは、ヴァリエーションの種類や量ではありません。たとえひとつしかないものであっても、そこには常に「それではなかった」という可能性と、その「ひとつ」が反復され（得）ることによって、同じものが違うことになってしまうという可能態を含んでいるのです。だから「幽霊」とは、反復可能性がもたらす変異のことであり、と同時に、事実として「そうではなかった」という意味で、選択不可能性＝唯一性でもあります。

テクスト論との違い

こうしてみると、ここで取り沙汰されているのが、素朴な意味での「テクスト論」が標榜しているような、自由な「読み」の多様性とは、かなり違ったものであることが明らかになってきます。あるいはこうも言えるかもしれません。確かにひとつの「テクスト」は無限の「読み」を誘発する。だがしかし、一度ごとの「読み」は、それが為されてしまったら、その都度決定的で絶対的なものになる。それはたとえば蓮實重彦のような特権的な「読み巧者」によるものではなくとも、常に既にそうなのであり、そうであるしかない。この「読み」の「固定」は、しかしけっして「確定」では（ありえ）ない。しかしわれわれは、どうしたって「確定」が不可能だということ＝「幽霊」の存在を知りながら、だがそれでも「固定」することしか出来はしないのだ、と。

ここで福田和也が、その柄谷行人論で触れていた、小林秀雄と柄谷の比較を思い出してください。そこで福田は、「様々なる意匠」の小林が、他の何者かにもなれたかもしれないが、しかしけっして「彼以外のものにはなれなかった」という「偶然」を、変えようとしても変えられない「宿命」として真っ向から引き受けていたのに対して、柄谷は「あったかもしれない」という可能性を「外部」として担保してしまっている、と述べていました。東浩紀の考えは、このどちらでもあり、どちらでもありません。

この比較に即して言うなら、「彼は彼以外のものにもなれただろうし、今だってなれるし、これからだって幾らだってなれるのだが、それでも「今の彼」は「今の彼以外の彼」でだけは絶対にありえない」と、東は言っているのです。SFに出てくる「並行世界＝パラレル・ワールド」みたいに、「今の彼」と同時に「今の彼以外の彼たち」が、ありえるかもしれない「可能性」として、どこかに共存しているということではないのです。「今の彼」にとっての「今の彼」は必ず決定されてしまっており、「かもしれない」という「可能性」は、遡行的な「過去」から仰ぎ見られた不確定の「未来」としての「今」か、そうでなければ「今」を視点とする、未決定の「未来」にしか存在し得ない、これが「脱構築」が、いたってロジカルにもたらす「悲劇」です。「幽霊たち」は何度でも何度でも、反復的に回帰する、しかし「彼ら」は「彼」でだけはありえず、「彼」もまた「幽霊たち」の誰かになることだけは出来ないのです。

「郵便」と誤配可能性

では「郵便」とは何か？ 先に挙げた「送る言葉」はかなり極端な例ですが、デリダは「郵便」や「手紙」といった言葉＝隠喩をしばしば使います。「送る言葉」と同じ『絵葉書』という書物に入っている「真理の配達人」は、ジャック・ラカンの有名な「「盗まれた手紙」についてのセミネール」の批判的読解ですが、東はデリダが「手紙」というものについて述べていることのエッセンスを、次のように簡潔にまとめてみせます。

手紙は必ずしもつねに宛先に届くわけではない。そしてそれが手紙の構造に属している以上、それが真に宛先に届くことは決してなく、また届くときも、〈届かないことがありうるということ〉が手紙をある内的な漂流で悩ませている、とそう言うことができる。（『存在論的、郵便的』）

ラカンの「「盗まれた手紙」についてのセミネール」の末尾は、「手紙は常に宛先に届く」です。しかしデリダは「手紙」は「届かない」「かもしれない」と述べます。「配達」は「失敗」する「かもしれない」し、間違った「宛先」に届いてしまう「かもしれない」。

この「配達」の不確定性と「誤配」の可能性を、あらゆるレヴェルの「伝達＝コミュニケーション」に見出すということが、『存在論的、郵便的』の理論的な「核心」です。
もうおわかりのように、ここで言われている「郵便」は、先ほどの「幽霊」と、「かもしれない」によって繋がっています。より精確にいうなら、「こうではないかもしれなかった」のに「こうである」という変更不可能性と、「こうである」けれど「こうではなかったかもしれない」という変更可能性との挟み撃ちによって。つまり「幽霊」も「郵便」も、この「今」の背後に有る確率や偶然を踏まえながらも、しかし実存的な選択でも理論的な納得でも客観的な認識でもなく、ただ単にフツウにリアルな実感として、われわれは生きている限り「決定論」であるしかない、という、こう言ってよければごく平凡な難儀を表しているのだと思います。

　このことは「コンスタティヴ＝事実確認的」と「パフォーマティヴ＝行為遂行的」という二項対立にも大きな影響を及ぼします。J・L・オースティンの言語行為論（スピーチ・アクト・セオリー）では、両者はまったく異なる機能を持たされています。しかしデリダは、オースティンの弟子であるジョン・サールとの論争のもとになった「署名 出来事コンテクスト」およびサールへの返答として書かれた「有限責任会社ａｂｃ…」において、「あらゆる言説は同時に二つのコンテクストに、例えばコンスタティヴとパフォーマティヴという二つの読解レヴェルに所属しうる」ことを、文字通り「パフォーマティヴ」

に証明してみせました。これも一種の「脱構築」といえますが、ある意味ではそれ以前に、まず第一にデリダが言っているのは、両者はそもそも分けられない、ということです。

ひとは何らかの内容があることを述べようとして、それを述べながらも、それを述べることによってそれとは別の何かをも行なっていることが、普通によくあります。だからこれだけのことであれば、別段、デリダに言われるまでもないことですが、ここに「かもしれない」を嵌入《かんにゆう》すると、いささか話は違ってきます。すべての「スピーチ・アクト」は、いや、言語行為のみならず、すべての意識的無意識的な「振るまい＝パフォーマンス」は、「幽霊たち」と「誤配可能性」とによって、その基盤を根こそぎ揺るがされることになるからです。

『探究』を乗り越える試み

東浩紀はデリダの「テクスト」を縦横に参照しつつ、クリプキの「固有名」論やスラヴォイ・ジジェクの「イデオロギー」論の検討を経て、ドゥルーズの『意味の論理学』、論理実証主義とウィトゲンシュタイン、後期ハイデガー、後期フロイト等々、広大な「知」の領野を、「存在論的（幽霊的）」かつ「郵便的」に、まさに全力疾走していきます。しかし、この『存在論的、郵便的』という書物は、最後に至って、そのドライヴにとつぜん急ブレーキが掛けられ、そのまま停止してしまうのです。この本は「予告された問いの答えに到達しない」。しかもそれは「おそらくは本書のプログラムが最初から抱えていた構造的問題に起因している」と東は言います。

その理由はこうです。自分が目指したのは「ジャック・デリダ」の批判的読解であった。だが、当のデリダは「九〇年代」以降、ますます猛烈な勢いで活動を継続し、その著書は主著だけでも相当な数になるばかりか、どんどん増え続けている。これはまさにデリダ自身が「幽霊たち」の「声」をフィードバックさせつつ、自らの「誤配可能性」をいやましに高めていっているということでもある。これがデリダの「パフォーマンス」である。それに対して、主にアメリカにおけるデリダ受容、いわゆる「デリダ派」は、しかしそんなデリダの振る舞いを、後から解釈したり分析したりすること、つまりコンスタティヴに把握しようとすることしか出来ない。東はそれに先立つ部分でフロイトの「転移」を「郵便」と繋げて論じていますが、自分はデリダに強力に「転移」しながらも、結局のところ「デリダ派」と同様の振るまいしかやれていないし、このやり方である限り、そのようにしか出来ない。「私はデリダの「郵便」については語れるが、その隠喩が引き起こす連想のネットワークに対してはつねに否定的に振る舞うほかない」。この本の末尾の一文は、「それゆえ突然ながら、この仕事はもう打ち切られねばならない」というものです。

なんという潔さでしょうか。しかしここには、単なる潔さとはまた別の何かも宿っているように思えます。それは追って語ることにして、よく処女作にその作家のすべてがある、などといったクリシェがありますが、『存在論的、郵便的』には、東浩紀という「思想」家の考え方の基本形が、すでにはっきりと現れていると思えます。浅田彰は、この本の登場によって『構造と力』が「過去のもの」になったとまで言ったわけですが、確かに「クラインの壺」再考といった部分もあるものの、トータルに読むと、これはむしろ、かなり明確に、柄谷行人の論議を引き継いでいると思えます。というか、デリダ論であるはずの『存在論的、郵便的』のほんとうの標的は、柄谷行人の『探究』、詳しくいえば、柄谷がそこで探究していた「単独者」論であり、「他者」論であり、「(「他者」との)交通＝コミュニケーション」論です。

初期デリダ的な「脱構築」が孕む「アポリア(難関)」を、独自の「命懸けの飛躍」で乗り越えようとした柄谷行人を、後期デリダを使って「批判＝批評」し、更に乗り越えることこそ、東浩紀がこの本で狙ったことだと思います。そして筆者には、その目論みは、かなりの部分まで成功していると思えます。

レヴェナント＝回帰する霊

それと同時に、一言で述べるなら、「他ならぬこの私」ならぬ、「他ならぬこの私たち」の「悲劇」という、この本の主題は、東浩紀というひとりの「思想」家、いや、東浩紀というひとりの「人間」の深いところに、もともと内在していたものだとも思えます。彼の商業誌デビューは「幽霊に憑かれる哲学――デリダ試論」ではなく、一九九一年に執筆され、改稿を経て九三年に「批評空間」に載った「ソルジェニーツィン試論――確率の手触り」ですが、『収容所群島』の作家を論じたこの文芸評論にも――副題にも示されているように――すでに同様の問題意識が現れています。また、後から思えば、このような考え方を、東は彼が決定的な影響を受けたとたびたび語っている『うる星やつら2ビューティフル・ドリーマー』（八四年）を始めとする幾つかのアニメや、のちに巨大な批評対象としてせり上がってくることになるPCゲーム（いわゆる「美少女ゲーム」「エロゲー」）から学んだのかもしれません。

「他ならぬこの私たち」の「悲劇」。『存在論的、郵便的』に刻印された、この「主題」は、その後の東浩紀の歩みのなかで、あるまぎれもない執拗さによって、繰り返し追い求められていきます。次節で述べるように、『存在論的、郵便的』の東浩紀と、それ以後の彼をとりあえず分けるのが一般的な理解であり、本人もそう考えている節がありますが、しかし、筆者の「読み」では、『存在論的、郵便的』の続編は『ゲーム的リアリズムの誕生――動物化するポストモダン2』（〇七年）であり、更にその続編が、長編小説『クォンタム・ファミリーズ』（〇九年）です（もちろん「ファントム」とは「霊」を意味する単語のひとつです。『存在論的、郵便的』にも出てきますが、他にも「ゴースト」「スピリット」「スペクトル」等、いろいろな言葉があり、デリダも必ずしも厳密にその用法を使い分けてはいません。がしかし、還ってくるもの、という意味では、デリダも頻繁に使用している「レヴェナント」という語が、もっともここでの「幽霊」には相応《ふさわ》しいと思われます。ちなみに私見では、この「レヴェナント＝回帰する霊」は、ちょうど『存在論的、郵便的』が執筆されていた時期と同じ「九〇年代」の後半くらいから、たとえば黒沢清の映画や、あるいは中原昌也の小説にもぞろぞろと現れ出てきます。しかしそれはまた別の話です）。この三冊は、いうなれば「他ならぬこの私たち三部作」を構成しています（桜坂洋と書いた小説『キャラクターズ』は番外編でしょうか）。しかし、これ以上の深みに入り込むことは、とりあえず慎んでおきましょう。

ニューアカから決別

『存在論的、郵便的』で鮮やかなデビューを飾った東浩紀ですが、しかしそのままの流れで順風満帆に、「ニューアカの再来」「第二の浅田彰」としての身分を謳歌してゆくことには、周知のように、まったくなりませんでした。むしろ東は、この直後から急速に「変貌」し、浅田や柄谷、すなわち「ニューアカ―批評空間」的なるものからは、意識的に距離を取っていくことになります。ほとんど「離反」「決別」とさえ呼んでもいいような、この「変貌」ぶりは、当然のごとく各方面にかなりの驚きをもって受け止められましたが、しかし思えば、すでに『存在論的、郵便的』の「あとがき」には、この「変貌」を予告する文章が書き付けられていたのです。

この本は「何故デリダは奇妙なテクストを書いたのか」という問いに貫かれているが、実はそれは、「何故僕はその奇妙なテクストに惹かれるのか」という問い、つまりデリダをかくも執拗に読んでいるこの私についての自己言及的な問いでもあった。そしてそれはまた言い換えれば、僕をかくも抽象的な思弁へと、いわゆる「哲学」へと駆り立てているものは何なのかという問いでもある。ひとは何故哲学をするのか。僕は途中から半ば本気で、その大きな問題について考え始めていた。そこから基礎的に始めなければ、このデリダ論の存在価値そのものが怪しくなると思われたからだ。しかしこの一連の試論を終えたいま、僕はまさにそれが罠だったと感じている。（『存在論的、郵便的』）

「僕はこのような本をもう二度と書けないだろうが、また書くべきでもない。僕のつぎの哲学的な仕事は、もっと形式的でもっと機械的な、あるいは幽霊的な、つまり「この私」とは徹底して無関係なものになるべきだと思う」。ここでいわれている「自己言及的な罠」とは、何かについて語る（考える）ことが、なぜか「この私」について考える（語る）ことへと反転してしまう、ということです。そもそも『存在論的、郵便的』が中絶したのも、この「罠」に気づいてしまったことが理由でした。

ここで東が述べているのは、明らかに一種の「文学批判」だと思います。なぜならば

「文学」こそ、他の何にも増して、「この私」を問うものだからです。しかもそれは「この私」を問う私」を問う私」を……という形で、無限にループしていきます（またしても「クラインの壺」！）。この意味で、柄谷行人はやはり、どこまでいっても「文学者」だと言えます。しかし東浩紀は、「哲学的」でありながらも「文学的」ではない、という思考のありようを、何とかして模索しようとしていくのです。それは必然的に、「この私」が孕み持つ「悪循環」をどう裏返すか、「自己言及」という「罠」に如何にして「他者」を導入するか（繰り返しますが、これは柄谷が『探究』で問おうとしていたことです）、いわば「他者言及性」なるものをどう立ち上げるか、という試行になっていきます。

それは言い換えれば、「この私＝自己」を問うことを本質とする「文学」とは、まったく別の、真の「他者（性）」に根ざした、もうひとつの「文学」を「探究」する試行でもありました。東は一九九七年の一月号から四月号まで、文芸誌「新潮」で文芸時評を担当していたりもしましたが、ほぼ「九〇年代」の終わりとともに、急速に「文壇」からは遠ざかっていきます（ちなみに、この「文芸時評」は評論集『郵便的不安たち』に収録されましたが、文庫化にあたって削除されてしまいます）。

「新しい文体」への挑戦

しかしそれにしても、『存在論的、郵便的』以後の東浩紀の「変貌」はあまりにも過激でした。とりわけ自らの保護者的存在ともいえる「批評空間的なるもの」との「決別」ぶりは、傍で見ていてもドキドキするほどでした。東は「Ｖｏｉｃｅ」の一九九九年四月号に「棲み分ける批評」という文章を発表します（『存在論的、郵便的』刊行の約半年後です）。そこで東は、「九〇年代」の「批評」が、ジャーナリズムとアカデミズムに大きく二極化し、しかも両者が曖昧な形で通じ合う（補完・相補し合う）ことで、結果として「批評」の貧困を招いていると指摘します。それは、異なる立場の「批評」の「複数化（多様化）」という意味では、本来望ましいことであるはずです。しかし現実としては、たとえば「ジャーナリズム的批評＝福田和也」と「アカデミズム的批評＝浅田彰」が、ひとつの構図のなかで釣り合っていること（これがまさに「シーソー」です）、すなわち「棲み分け」られていることによって、結果としては、どちらもその効力を失っている、というのです。

東は「棲み分け」が成立してしまったのは、それぞれの「批評＝思想」の「メッセージ」と「メディア」のあいだに分断があること、つまり「内容＝主張」と、その「流通と影響」とが切り離されてしまっているからだと述べ（言うまでもなく、これは「コンスタティヴ」と「パフォーマティヴ」の齟齬とまったく同じことを言っています）、そのような状況を、「徹底化されたポストモダン」と呼んでみせます。

文芸批評の言語がかつてもっていた（少なくともそう見なされていた）普遍性は、ポストモダンが徹底化した九〇年代には完全に失われている。とすればアカデミズムとジャーナリズムの分割を攪乱し、細分化した小さな「批評」たちの文脈を横断するためには、また別の言葉、思考のための新しい文体が必要とされるだろう。

（「棲み分ける批評」『郵便的不安たち』）

この「新しい文体」への挑戦は、その後、具体的な形で取り組まれていくことになるのですが、しかし、この路線変更は、ほんとうのところ、なぜこれほどあからさまな形で為されることになったのでしょうか。それはもちろん、先に述べたように、東浩紀の「思考＝思想」のベクトル自体が、論理的必然としてもたらしたものであることは確かです。しかしそれでも、ここまで急激であるからには、何かのきっかけがあったはずです。

「批評空間シンポ」という事件

この点を考えるうえで、筆者には決定的な重要さを持っていると思える座談会が、九九年の初頭に行なわれていました。他ならぬ「批評空間」のシンポジウムで、東浩紀、浅田彰、柄谷行人、福田和也、鎌田哲哉の五名が登壇したものです。「いま批評の場所はどこにあるのか」と題されたこのシンポの内容は、いろんな意味できわめて興味深いものであり、出来れば全編を読んでいただきたいくらいです（単行本化はされていないので「批評空間」第Ⅱ期第21号のバックナンバーを探してください）。東浩紀が松浦寿輝による『存在論的、郵便的』書評への応接を試みると、いきなり柄谷行人が松浦のことを「たんにおフランスの人」で「デリダの真似をする蓮實の真似」で「問題外」だと切り捨てたり、東と鎌田が口汚く罵《ののし》り合ったり、そんな紛糾の中で福田が妙に超然としていたりと、見せ場には事欠かないのですが、しかしもっとも重要なやりとりは、浅田と東のあいだで為されたものだと思います。

浅田彰は、東がデリダの「パフォーマンス」を論じた『存在論的、郵便的』を、それ自体としてはコンスタティヴに書いたことを評価しつつ、だがその後の東が、（松浦寿輝の書評への対応にも顕著なように）『存在論的、郵便的』という書物のパフォーマティヴな効果を気にするあまり、事後的であるしかない「効果」を何とかして先取り繰り込んで、自分の「批評」をパフォーマティヴに展開していこうとしていることに疑義をとなえます。これに対する東の返答は、いや、『存在論的、郵便的』にも書いてあるように、パフォーマティヴとコンスタティヴは分けられない、すべてのコンスタティヴなテクストはパフォーマティヴな効果を持ってしまう。それゆえにこそ、敢てテクストはコンスタティヴに書かれなくてはならない（この意味で東は「コンスタティヴに書かず、パフォーマティヴなテクストばかり書いている」福田和也とは一線を引いています）。だがそれと同時に、やはり書き手はパフォーマティヴな効果にも、何らかの形で備えていかなくてはならない、というものです。

東　浅田さんと僕とで意見がただ一つ異なるのは、浅田さんは、良いテクストはどこかにポンとあったら誰か読むだろうっていう話なんですよね。

浅田　いや、読まないかもしれない。それは仕方がないでしょう。

東　読まなかったら、事後的に見ると単に消えたものですよ。

浅田　消えても仕方がないでしょう。

東　それはある種のニヒリズムなのであって、書きたい僕としてはそういう立場を取るわけにはいかないですよ。

浅田　僕はニヒリストであると自認するけど、誠実にやろうと思ったら、まじめに書いて、後は海に流すしかないと思いますね。

東　だから、僕はまじめに書いてますよ。

浅田　だから、それでいいじゃない？

東　僕はそうしているわけです。それで、プラス・アルファのこともやっている。それで誤配可能性が高まるんだったらいいじゃないですか。

（「いま批評の場所はどこにあるのか」）

ここで浅田彰が言っている、「まじめに書いて、後は海に流すしかない」という「投瓶通信」理論に、おそらく東浩紀は根本的に納得がいっていません。「投瓶通信」は「パフォーマンス」の放棄です。しかしそれでも事後的に何らかのパフォーマティヴな効果は必ず生じる、それだけのことではないか、と浅田は断ずるわけですが、それでは「消えて」しまうじゃないかと東は言うのです。

筆者は、この齟齬は、きわめて重要なものだと思います。「投瓶通信」への違和感と、「消えてしまう」ことへの危機感が、その後の東浩紀の「パフォーマンス」を駆動してゆく、最大の行動原理だと思われるからです。

第八章　「動物化」する「ゼロ年代」

『動物化するポストモダン』

二〇〇一年の秋に、東浩紀は初の新書『動物化するポストモダン――オタクから見た日本社会』を上梓しました。

実は東は「デリダ試論」を「批評空間」に発表していた頃から、並行して『新世紀エヴァンゲリオン』などのアニメにかんしても評論を発表しており、自らも「オタク」であることを隠していませんでした。ちょうど「オタク」が世間から注目され始めた時期でもあり、この本は『存在論的、郵便的』とは比べものにならないベストセラーになりました。「棲み分ける批評」の区別に従うならば、この本によって東浩紀は、自ら「アカデミズム的批評」から「ジャーナリズム的批評」に橋を架けてみせたのです。東がここで提示した「動物化」というキーワードは、その後、きわめて幅広い分野で盛んに使用されていくことになります。

『動物化するポストモダン』は薄い本の割には多くの事柄が語られていますが、その中軸を成す論旨は明快です。東はここで「オタク」という独特な存在を、二十一世紀初頭(「ゼロ年代」初頭)の「ニッポン」の「現実=現在」を読み解くための解読格子として用いています。「オタク」の態様を「動物化」と名付けたことが、この本の「核心」です。

まず、「九〇年代」～「ゼロ年代」の「オタク」と、「八〇年代」の「おたく」の違いを記しておきましょう。大塚英志のところでも述べておきましたが、「八〇年代」の消費社会の爛熟化によって登場してきた、アニメやまんが等の「商品」を大量に摂取しつつ、それらに関する「趣向」や「情報」も膨大に受容する「物語消費」をおこなうひとびとが「おたく」です。しかし「八〇年代」には、まだインターネットがなかったので、彼らの消費行動は基本的に自分の手や足や目や耳によって、それなりの時間的コストを掛けながら成されるしかありませんでした。

ところが「九〇年代」にネットが一般化してくると、パソコンを操作するだけで、どこにも行かなくても「消費」が可能になってきます。またそれと並行して、かつての「物語消費」の対象物自体が、コンピュータやネットをインフラとする形に進化してゆきます。それは一方で、「八〇年代」の「おたく」にもあった、「物語」に登場する特定の「キャラクター」に対する愛好＝執着＝転移＝フェティシズムを、より細分化、ピンポイント化してゆき（これが「キャラ萌え」と呼ばれます）、またもう一方では、そうした「萌え要素」の発動記録が、「情報＝データ」として送り手側に回収されて、自在に使用─応用可能となるようにストックされていきます。このような「データベース消費」をおこなっているのが、「九〇年代」以降の「オタク」です。

「虚構の時代」のあとで

「オタク」にとっては、もはや「物語」というフレーム自体が、ほとんど必要とされていません。彼らが「萌え」るのは、もっぱら「キャラ」のヴィジュアルな相、もっと言えば、その「部分」なので（つまり「オタク」は、まず「絵柄」に「萌え」、その「細部」に「萌え」、更に、その「特徴」に「萌え」ているのです）、ただ「データベース」化された「萌え要素＝部分」のインプット／アウトプットさえあればよいわけです。東は「デ・ジ・キャラット」という「キャラ」の分析を通じて、『エヴァンゲリオン』以降に生じてきた、こうした「おたく」から「オタク」への「変化」を、実にクリアに整理しています。

このような「データベース」を、東は「大きな非物語」と呼びます。大塚英志の『物語消費論』では、個々の「商品」＝「小さな物語」の背後にある「物語（性）生産システム＝プログラム」が「大きな物語」と呼ばれていましたが、「オタク」にとっては「物語性」自体がすでに必須のものではなくなっているので、「非＝物語」と名付けられているわけです。そして、この「大きな非物語」＝「データベース」群は、より上位の、より巨大な「データベース」へと接続されています。

『デ・ジ・キャラット』を消費するとは、単純に作品（小さな物語）を消費することでも、その背後にある世界観（大きな物語）を消費することでも、さらには設定やキャラクター（大きな非物語）を消費することでもなく、そのさらに奥にある、より広大なオタク系文化全体のデータベースを消費することへと繋がっている。

（『動物化するポストモダン——オタクから見た日本社会』）

東浩紀の論議は、基本的には大塚英志が『物語消費論』で敷いたラインの延長線上にあります。しかし『動物化するポストモダン』の創意は、この「データベース消費＝オタク論」を、リオタール以来の「ポストモダン論」に繋いでみせたことにあります。大塚は「大きな物語／小さな物語」というタームを用いながらも、おそらくは意図的に『ポスト・モダンの条件』以後の「ポストモダン」云々には触れていませんでした。しかし東は、「おたく」の「物語消費」のデジタルなインフラを介した進化ヴァージョンであるところの「オタク」の「データベース消費」を、はっきりと「ポストモダン」的なものだと言い切ります。

九〇年代のオタク系文化を特徴づける「キャラ萌え」とは、じつはオタクたち自身が信じたがっているような単純な感情移入なのではなく、キャラクター（シミュラークル）と萌え要素（データベース）の二層構造のあいだを往復することで支えられる、すぐれてポストモダン的な消費行動である。特定のキャラクターに「萌える」という消費行動には、盲目的な没入とともに、その対象を萌え要素に分解し、データベースのなかで相対化してしまうような奇妙に冷静な側面が隠されている。　（同前）

そして東は、このような「オタク」の「ポストモダン」的な行動様式と心性を「動物化」と呼ぶのですが、それを説明するためには、まず大澤真幸による時代区分を紹介せねばなりません。大澤は「オウム事件」がきっかけとなって著された『虚構の時代の果て』（九六年）において、師でもある社会学者・見田宗介の分析を敷衍して、「戦後日本のイデオロギー状況」を、一九四五年から七〇年までの「理想の時代」と、七〇年から九五年までの「虚構の時代」に分けています。前者はリオタール的な定義での「大きな物語」がまだ機能しており、それらを追い求めることが可能だった時代、後者は「大きな物語」が失墜し、もはや「フィクション」としてしか通用しなくなった時代のことです。

つまり終戦後、掲げられた「理想＝理念」が「連合赤軍」によって崩壊し、その空白を埋めるべく要請された「虚構＝フィクション」でさえ、「オウム」によって崩壊してしまった、ということです。すぐわかるように、大澤のこの論議は、大塚英志が「オウム」後に述べていたことと同型です。大塚は、もう「偽史」は通用しないのだから、今度こそ「正史」を書くしかないのだと言ったわけですが、それはつまり「理想＝大きな物語」にもう一度立ち返ろうとすることであり、正直言って、かなり難しいことでした。「オウム」から五年以上が経過した二〇〇一年には、このことはほぼ明白となっていました。

データベース消費

そこで、東浩紀が打ち出したのが「動物化」です。それは端的にいうならば、こういうことです。

冷静な判断力に基づく知的な鑑賞者（意識的な人間）とも、フェティシュに耽溺する性的な主体（無意識的な人間）とも異なり、もっと単純かつ即物的に、薬物依存者の行動原理に近いようにも思われる。あるキャラクター・デザインやある声優の声に出会って以来、脳の結線が変わってしまったかのように同じ絵や声が頭のなかで回り続け、あたかも取り憑かれたようだ、というのは、少なからぬオタクたちが実感を込めて語る話である。それは趣味よりも薬物依存に似ている。（同前）

「薬物依存者」の「ドラッグ」が「萌え要素」に変わったのが「オタク」であり、彼らの「単純かつ即物的」な「依存」のありようが「動物化」と呼ばれます。それはペットがエサに「取り憑かれる」のと同じだからです。そういえば筆者は、ここでいわれているのとほぼ同様の「依存」を、かつて「テクノ・ミュージック」によって体験したことがあります。それはまさしく「脳の結線が変わってしまったかのように同じ音が頭のなかで回り続け」る体験でした。

> 大きな物語の捏造から単なる廃棄へ、『ガンダム』から『デ・ジ・キャラット』へ、物語消費からデータベース消費へ、つまりは部分的なポストモダンから全面的なポストモダンへの大きな流れは、このように、そこに生きる人々の動物化を意味する。（同前）

これが「動物化するポストモダン」です。このあとに続く部分で、東は「データベース（消費）」の加速によって、以前は文化や社会全般において機能していた「見える／見えない」という対立構造が崩れ去り、すべてが「見え過ぎる（＝過視的）」ようになっていくさまを「超平面的」と名付け、また「過視的」であることが、かえっていっそう「不過視なもの」を求める欲望を駆動してゆく、という論議を展開しています（『動物化するポストモダン』の元になった雑誌連載のタイトルは「過視的なものたち」でした）。この「超平面的」は、もちろん村上隆の「スーパーフラット」と同じことです。東浩紀と村上隆の関係も非常に複雑で、かなり興味深いのですが、本書ではそこまで踏み込む余裕がありません。

話を戻せば、「理想の時代」「虚構の時代」に続く一九九五年以降の時代を、東浩紀は

「動物の時代」と命名しました。これに対して、大澤真幸は「不可能性の時代」という別の呼称＝定義を新たに提案しています（『不可能性の時代』〇八年）。東と大澤には『自由を考える――9・11以降の現代思想』（〇三年）という対談本もあります。しかし、筆者としては、ここでもう少しだけ「動物化」という言葉にこだわっておきたいと思います。

ドメスティック化する「オタク」

「動物化」というタームは、もともとは「日本」に「歴史の終焉」を見たヘーゲル学者アレクサンドル・コジェーヴによる用語です。コジェーヴは「歴史の終焉」後を生きる人間の生存様式は二種類しかないと述べました。ひとつが「日本的スノビズム」、もうひとつが「動物への回帰」です。コジェーヴが「動物」と呼んだのはアメリカの消費者のことだったのですが、東はそれを「ニッポン」の「オタク」に適用したわけです。ここでの「スノビズム」という概念は、あらゆる「価値」や「意味」を空洞化し、その空っぽさに没入してゆくさまを指します。これは蓮實重彥の「表層」や、福田和也の「空無」とも繋がっているし、もちろん「オタク」の「大きな非物語＝データベース消費」とも通じています。

東浩紀のいう「動物化」は、英語にすれば、おそらくそのまま「Animalization」だと思います（英語版『動物化するポストモダン』のタイトルは『Otaku: Japan's Database Animals』です）。しかし筆者はここで「Domestication＝ドメスティケーション」という訳語を提案しておきたいと思います。これは文字通り「ドメスティック化」ということですが、この語には「飼い馴らす＝家畜化する」という意味もあります（「家畜」は「Domestic Animals」です）。「データベース消費」が「依存」でもある以上、「オタク」は「データベース」によって（あるいは他の何かによって？）「飼い馴らされ」ているとも言えます。また、前に触れた「九〇年代」半ば以後の「J回帰」という内向きのベクトルも「ドメスティック化」です。

『動物化するポストモダン』に対しては、「オタク」という特殊な人種を、あたかも「時代」の代表であるかのようにフレームアップしている、針小棒大な論議だという批判もありましたし、当の「オタク」側からの反撥や反論もあったりしたのですが、「ゼロ年代」終わりの現時点からすると、この時点での東浩紀の「予見」は、かなりの部分まで当たってしまったというべきかもしれません。「オタク」が体現していた「動物化＝ドメスティケーション」は、あっという間に伝染し、拡散し、共有されて、いつのまにか「ゼロ年代」という「時代」の「条件」にさえなってしまった感があるからです。

『動物化するポストモダン』の文体は、新書であるからばかりではなく、よくも悪くも「ニューアカ＝批評空間」的な言葉で書かれていた『存在論的、郵便的』に較べると、あきらかにぐっと読みやすくなっています。実は東浩紀は、一九九七年から二〇〇〇年まで、やはり浅田彰が創刊に深く関わった雑誌「InterCommunication」で、「サイバースペースは何故そう呼ばれるか」と題された長期連載を行なっていました。そこで東は『存在論的、郵便的』と同様の硬質の文体で「情報社会論」「メディア論」に取り組んでいたのですが、その作業は実質的に中絶され、『動物化するポストモダン』が書かれることになったのです（同連載は現在は『情報環境論集　東浩紀コレクションS』に収録されています）。また先にも触れたように、この新書の原型である雑誌「ユリイカ」での連載「過視的なものたち」も存在しています。こうした経緯からもわかるように、サクサクと読めてしまう『動物化するポストモダン』ですが、じつは相当な紆余曲折と試行錯誤のあげくに、ようやく産み落とされたのだと思います。

『ゲーム的リアリズムの誕生』

第二のデビュー作ともいうべき『動物化するポストモダン』以後も、東浩紀は紆余曲折と試行錯誤を続けます。彼は幾つもの連載を始めては中断、途絶し（それらの殆どは『文学環境論集　東浩紀コレクションL』で読むことが出来ます）、「八〇年代ニューアカ」への痛烈な批判者のひとりでもあった小説家・評論家の笠井潔との往復書簡集『動物化する世界の中で——全共闘以降の日本、ポストモダン以降の批評』（〇三年）を刊行し、大塚英志責任編集の雑誌「新現実」（〇二年〜）と、ライトノベルと文学とコミックと批評の文芸誌「ファウスト」（〇三年〜）の創刊にコミットし、有料メールマガジンという形で『波状言論』を編集配信し（〇三年〜〇五年）、その別冊として『美少女ゲームの臨界点』（〇四年）をコミケに出品し、二〇〇三年から勤務した国際大学グローバル・コミュニケーション・センター（GLOCOM）の東浩紀研究室で「ised（情報社会の倫理と設計についての学際的研究 Interdisciplinary Studies on Ethics and Design of Information Society）」を立ち上げ、鈴木謙介、石橋啓一郎、白田秀彰、八田真行、北田暁大、楠正憲、加野瀬未友、井庭崇、高木浩光、近藤淳也、辻大介、村上敬亮、小倉秀夫、鈴木健による討議をコーディネートし（〇四年〜〇六年）、isedにも参加したGLOCOM研究員の鈴木健（彼は「PICSY」という「伝播投資貨幣」の開発者で、柄谷行人の『NAM生成』にも参加しています）、のちに『キャラクターズ』も共作する小説家の桜坂洋と、オンライン小説の共同プロジェクト「ギートステイト」を行ない（〇六年〜中断）、二〇〇六年七月にGLOCOMを電撃退職し、同年十月に東京工業大学世界文明センター人文学院特任教授に就任し、そして二〇〇七年三月に、前著からおよそ五年半の歳月を経て、『動物化するポストモダン』の続編『ゲーム的リアリズムの誕生――動物化するポストモダン2』を刊行しました。『ゲーム的リアリズムの誕生』は、「ファウスト」で連載された論考「メタリアル・フィクションの誕生」を基にして、新たに書き下ろされたものです（これは前作が「ユリイカ」の連載を母体にしていたのと似ています）。『動ポモ』以後の五年半ほどのあいだに（それはほぼ「ゼロ年代」前半に相当します）、「オタク系カルチャー」のメインストリームが、「アニメ」から「ライトノベル」と「美少女ゲーム」に移行したことを踏まえて、この本で論じられているのも、RPG（ロール・プレイング・ゲーム）以降の「マルチ・ストーリー／マルチ・エンディング」型のPCゲーム（『ONE』『Ever 17』『ひぐらしのなく頃に』『AIR』）や、それらと同様の複合分岐的なプロットを装塡された「メタリアル」な小説（桜坂洋『All You Need Is Kill』と舞城王太郎『九十九十九』）になっています。『動ポモ』と同じく、ここでも大塚英志による「物語＝フィクション」論、とりわけ『キャラクター小説の作り方』（〇三年）における「まんが・アニメ的リアリズム」をめぐる議論が踏まえられており、東はそれを更新するものとして「ゲーム的リアリズム」を提唱してみせたわけです。

「ゲーム的リアリズム」とは、要するに、あの「他ならぬこの私たち」が生きている「リアリズム」のことです。この意味で、『ゲーム的リアリズムの誕生』は、あきらかに『存在論的、郵便的』を引き継ぐものであり、また、『存在論的、郵便的』の「あとがき」で夢見られていた時点では、まだ定かな形を採ってはいなかった「もうひとつの文学」と、それを語る（思考する）ための「新しい文体」への更なるチャレンジでもあります。

しかし残念ながら、本書ではこれ以上、このラインでの東浩紀の「思考＝思想」に立ち入ることは出来ません。あまりにも煩雑になり過ぎるからです。「メタリアル」の「メタ」という言葉についてだけは、後の節でもう少しだけ、まったく別の形で触れますが、東浩紀がこの本のなかで緻密に分析し、小説『クォンタム・ファミリーズ』で自ら実践してみせている「ゲーム的リアリズム」にかんしては、また別の機会に集中的に論じてみたいと思っています（一言だけ述べておけば、筆者は「ゲーム的リアリズム」の理論的な根拠にも機能分析にも自分なりの異論を持っています）。

「情報自由論」

『動ポモ』から『動ポモ2』のあいだに書かれていた膨大な文章のなかでも、もっとも重要な意味を持っているのが、二〇〇二年から〇三年にかけて「中央公論」に連載された「情報自由論」です。この長編論考は、『動物化するポストモダン』で、「オタク」という、世間一般からしたらまだまだマイノリティと呼ぶべき存在にフォーカスしたことに対する批判への返答であるとともに、『動ポモ』とはまた別の次元で、「サイバースペースは何故そう呼ばれるか」での問題意識を引き継いだものと言っていいと思います（それゆえ現在は「サイバー〜」とともに『情報環境論集』に収録されています）。

「情報自由論」で、東は「近代」の権力形態である「規律訓練型権力」に対して、現在の「ポストモダン」では「環境管理型権力」が機能していると述べます。「規律訓練型社会」においては、ひとびとは「権力」の存在を意識しており、その意志と操作を認識し、それゆえ抑圧を感じることもありますが、「環境管理型社会」においては「権力」は不可視化され、生活と日常のなかに溶け込み、つまり「環境化」されているので、ひとは「権力」によって何かをされたり、自分が何かをさせられていることにさえ気づきません。

東の立論は、アメリカの憲法学者ローレンス・レッシグの著書『ＣＯＤＥ』（原著九九年／邦訳〇一年）に多くを負っています。そこでレッシグは、人間の行動を制限するには「法」「社会的規範」「市場」「アーキテクチャ」の四つの方法があると述べています。この四つ目の「アーキテクチャ」が「環境」です。『ＣＯＤＥ』の主眼は立ち遅れていたインターネット上の法整備の基礎を築くことだったのですが、東はレッシグの議論を現実社会にも敷衍していったわけです。「環境管理」が、ニッポンにおいて、さまざまなレベルで行なわれようとしていることを、東は当時議論になっていた「個人情報保護法」「住民基本台帳ネットワーク（住基ネット）」「通信傍受法」など、現実政治のヴィヴィドな案件に即しつつ、豊富な資料を駆使して実証的に示していきます。

『構造と力』に出てきた「ふたつの教室」を思い出してみてください。一つ目の教室では「監督」がずっと見張っており、二つ目の教室では「監督」の姿は見えないが、確かに居る。「環境管理型社会」とは、いわば「第三の教室」です。しかしそれは、もはや「監督」がどこにも居ないのに、ただそれだけで全てがうまくいく、ということではなくて、確かに「監督」はいない、だがいわば「教室」それ自体が、けっしてそうとは見えない「監督」になってしまったようなものなのです。

このような「環境管理型社会」は、当然、両義的な意味を持っています。

規律訓練型社会はイデオロギーの統一を必要とする。環境管理型社会はイデオロギーの統一を必要としない。これは言い換えれば、後者の社会では、特定のイデオロギーと秩序維持の目的が切り離されているということである。

したがって、ポストモダンの社会は厄介な二面性を帯びることになる。それは一方では、近代的な「大きな物語」の強制を放棄し、多様な価値観を歓迎する寛容な社会である（多文化主義）。ところが他方では、そのような多様性を安全に楽しむために、たえず個人認証と相互監視を必要とする強力な管理社会でもある（セキュリティ化＝排除社会）。このどちらに注目するかによって、ポストモダンの捉え方はまったく変わってしまう。

たとえば日本では、いまから二〇年ほど前、ポストモダンの社会構造を特徴づけるものとして「リゾーム」という言葉が流行したことがあった。リゾームとはフランス語で「根茎」を意味し、現在なら「ネットワーク」とでも呼ばれるような、無数の結節点が多方向に連絡している複雑な構造を指している。このイメージは誤りではないが、本論の枠組みからすれば、ポストモダン社会の多様性の水準にのみ注目した一面的な見方だったということになる。問題は、その消費の多様性を支えているシステム、レッシグの言う「アーキテクチャ」なのだ。（「情報自由論」『情報環境論集 東浩紀コレクションS』）

ドゥルーズ＝ガタリが言っていた「脱コード化」された「社会（国家）」、すなわち「リゾーム」は、ある意味では実現されました。しかしそこには、カオスと紙一重である「リゾーム＝ネットワーク＝多様性」を円滑に問題なく維持するための機構＝アーキテクチャが必要なのだ、ということです。でないと、それはあっという間に無秩序と混沌に陥ってしまう。

前にも述べたように、浅田彰は「スキゾ・カルチャーの到来」（『逃走論』）の末尾で、「電子の密室の中に蹲るナルシス」と「スキゾ・キッズ」、「ソフトな管理」と「スキゾ的逃走」とを対置し、後者に期待を寄せましたが、「ゼロ年代ニッポン」は、あきらかに「ナルシス＝オタク」と「ソフトな管理＝アーキテクチャ」の方に軍配を上げました。そしてそれは、「スキゾ」と「逃走」にもともと潜んでいた、まぎれもない非現実性を露わにすることでもあったのです。

監視社会への視線

東の言う「アーキテクチャ」とは、『動物化するポストモダン』で「データベース消費」と呼ばれていた様態を、趣味判断や消費傾向に属する問題系から、「社会」全体の成り立ちと仕組みに一挙に拡大したものだと言えます。しかし、その結果、『動ポモ』では直截的に向き合わずに済んでいた、「動物化」＝「ドメスティケーション＝家畜化」のシステマティックな側面、つまり「環境管理」の「管理」という部分に対峙せざるを得なくなります。「情報自由論」の論述は明晰なものですが、では東浩紀自身が、そのような「ポストモダン＝環境管理社会＝（相互）監視社会」に対して、どのような評価を持っているのかという点になると、その態度表明は、いささか曖昧なままになっています。そして実際、彼は迷っていたのでした。この論考が収録された『情報環境論集』の「あとがき」で、彼は次のように述懐しています。

筆者は連載開始の時点では、ポストモダン系リベラルの多くの論者と同じく、監視社会批判の立場に立っていた。少なくとも、自分では立っていたつもりだった。しかし、連載を進めるにつれて、その足場そのものが危うくなっていった。連載終了の時点では、筆者は自由の観念を信じられなくなり、監視技術を単純に批判できなくなっていた。

（「あとがき」『情報環境論集　東浩紀コレクションS』）

その結果、「情報自由論」は連載終了後、長きにわたって単行本化されなかったのです（というか現在も単独の著作としては刊行されておらず、蔵出しともいうべき『東浩紀コレクション』の一部として収録されているだけです）。ここで東がぶつかった「問題」は、その後も大澤真幸との対談本『自由を考える――9・11以降の現代思想』(〇三年)、社会学者の北田暁大との対談本『東京から考える――格差・郊外・ナショナリズム』(〇七年)、そして大塚英志との徹底したすれ違いが恐ろしく刺激的な対談本『リアルのゆくえ――おたく/オタクはどう生きるか』(〇八年)などで、くりかえし問われてゆくことになります。

そしてそれらを読む限り、「情報自由論」以後の東浩紀の「思想」は、「アーキテクチャ」の遍在による「監視社会」化は、われわれが「安全」と「幸福」を望むのならば、現実的(功利主義的)にやむを得ない、という方向に向かっていると思えます(これは二〇〇五年に娘が生まれたことも、あるいは関係しているのかもしれません)。たとえば『東京から考える』の最終章では、いわゆる「下北沢再開発問題」をどう考えるかが北田との相違点になっていますが、東の「再開発が結果として住民の利益になるのならOK」という端的に功利主義的な姿勢に対して、「ただなんかイヤ」と言っているとしか思えない北田は明らかに分が悪いように思えます。しかし同時に、東は「監視」と「コントロール」が、過剰に強大化・肥大化しないような「アーキテクチャ」の制度設計を行なうことにも留意しています。

ともあれ、この「情報自由論」は、本にこそならなかったものの、連載中から各所で評判を呼び、東浩紀のGLOCOMへの就職ももたらしました。「ニューアカ」的に「現代思想」を語るだけでも、「オタク」として「萌え」を語るだけでもなく、ちゃんと「社会」や「公共性」についても刺激的で有効な言葉＝「思想」を持ち合わせているということを、彼はこの論考で証明したわけです。この点は非常に重要です。

文芸誌、論壇への再登場

『ゲーム的リアリズムの誕生——動物化するポストモダン2』以後の東浩紀の活動を足早に振り返っておきましょう。『動ポモ2』と同じ二〇〇七年に、桜坂洋との共作小説『キャラクターズ』を文芸誌「新潮」に発表、これはその後、同誌での東単独による長編連載小説「ファントム、クォンタム」（〇八年〜）に連なっていきます。また同年には「ファウスト」も出している講談社BOXより、過去の単行本未収録テクストや対談を一挙集成した『文芸環境論集　東浩紀コレクションL』『情報環境論集　東浩紀コレクションS』『批評の精神分析　東浩紀コレクションD』の三冊を連続刊行します。そして二〇〇八年から同じく講談社BOXで批評家養成プログラム「東浩紀のゼロアカ道場」をスタート、同年に北田暁大との共同編集でNHK出版で「思想地図」を創刊します。

アクチュアルな「事件」については、それまでほとんど発言をしてきませんでしたが、二〇〇八年六月八日に起こった「秋葉原通り魔事件」にかんしては例外的に新聞やテレビでのコメントを積極的に行ないました。東は加藤智大をもちろん擁護はしていませんが、しかし事件が他ならぬ「オタクの聖地」である「アキバ＝秋葉原」で起きたことには拘《こだわ》らざるを得ず、また加藤がいわゆる「非正規雇用者＝ワーキング・プア」であったことから、社会的経済的な不遇感による「社会」への呪詛が非道な犯行に繋がったという意味では、これは一種の「自爆テロ」なのではないか、などと述べていました。ちょうど「論壇」では、フリーライターの赤木智弘が、朝日新聞社の雑誌「論座」の二〇〇七年一月号に発表した論文「「丸山眞男」をひっぱたきたい──31歳、フリーター。希望は、戦争。」をきっかけとして巻き起こった論争や、非正規雇用の問題に精力的に携わってきた雨宮処凛の人気などもあって、「いわゆる「ネオリベ批判」＝ワーキング・プア＝プレカリアート問題」が盛り上がっていました。このあたりから東の「論壇（論座？）」への露出が急速に増えていきます。

この頃から本人いわく「和解モード」に突入し、長らく遠ざかっていた文芸誌にも登場するようになります。「新潮」では小説「ファントム、クォンタム」を、「文學界」ではエッセイ「なんとなく、考える」を連載、「早稲田文学」では新人賞のただ一人の選考委員を引き受け、その流れで二〇〇八年十月の「早稲田文学10時間連続公開シンポジウム」では最初から最後までの出ずっぱりのホスト役を務めました。そして二〇〇九年一月二十八日、東京工業大学における「思想地図」の第三回シンポジウムで、ついに浅田彰と再会します。東と浅田は、このシンポにも登壇した宇野常寛との三人で、同年四月に十七年ぶりに復刊された「朝日ジャーナル」でも鼎談をしています。

なぜ東浩紀は「ひとり勝ち」しているのか？

さて、ようやく現在にたどり着きました。本書で取り上げてきた「ニッポンの思想」のメイン・プレイヤーは、「八〇年代」は浅田彰・中沢新一、蓮實重彦、柄谷行人の四名、「九〇年代」は福田和也、大塚英志、宮台真司の三名ですが、「ゼロ年代」は東浩紀ただ一人しかいません。これはどういうことでしょうか？

もちろん、そんなのは筆者の恣意的な選択に過ぎないと言われれば、それはそうなのですが、しかし仮に「八〇年代」や「九〇年代」には他にもこんなひとがいたではないか、という意見があったとしても（それは筆者も重々承知しています）、「ゼロ年代」には「東浩紀しかいない」ということだけは、多くの方が同意してくれるのではないかと思うのです。

まさに「東浩紀ひとり勝ち」という状況こそが、「ゼロ年代の思想」の、そして「ニッポンの思想」の、こう言ってよければ「結論」なのです。では、プロローグで発した問いを、あらためて問うてみましょう。なぜ東浩紀は「ひとり勝ち」しているのか？

鍵はやはり一九九九年一月の「批評空間シンポ」にあると思います。そこでは「パフォーマンス」と「投瓶通信」という、東浩紀と浅田彰の「批評＝思想」に向き合う姿勢の違いが明白になりました。その後、東は「批評空間的なるもの」から急速に「離反」してゆくわけですが、そこで彼が新たに関係を持っていったのが、大塚英志であり、宮台真司でした。このとき東は、「八〇年代」から「九〇年代」へ、意識的に跳び移ったのだと思います。

『存在論的、郵便的』の時点での彼は、まぎれもなく「ニューアカ」の嫡子でした。しかし彼は、このままでは「消えてしまう」と思った。実際、浅田も柄谷もかつての存在感をとっくに失っているではないか。自分は翌年から早くも始まる「ゼロ年代」をも生き抜いていかなければならないのだ……。そこでまず、東は「八〇年代」にはティーンでしかなかった自分の「思想」が連続性を持っている（と思われている）「ニューアカ＝批評空間」から自らを切断し、すでにそれ自体もまもなく終わろうとしている「九〇年代」へと再接続したのです。しかし、実はこれは「時間＝歴史」の流れを順序通りに直したということでもあります。七一年生まれの自分が、「九〇年代」よりも「八〇年代」の方に近しかったということが変だったのです。

これにしたがって、彼は「理念＝理論」から「現実」へ、アカデミズムからジャーナリズムへと転回します。しかしそれはもちろん、完全なる移行ではありません。前者の要素も適度に保ちながら、後者へと架橋し、重心を移動したのです。東浩紀はけっして、いわゆるジャーナリスト的には振る舞っていません。ほぼ一貫して、露骨に時事的な問題からは一線を引いています（だから「秋葉原事件」の際にはかなり驚かれました）。この点では、彼は「九〇年代」のメイン・プレイヤー三人とはやはり違っています。東はむしろ、いわば大きな「大きな物語」から小さな「大きな物語」へと、その思考の足場を変えたのだと思います。それは、「哲学」や「文学」と呼ばれるアブストラクトでイデアリスティックな「思想」から、もっと実践的でリアリスティックな「思想」への移動です。具体的にいえば、それは「社会学」や「心理学」への強い関心という形で現れました。宮台真司、大澤真幸、北田暁大、GLOCOMやisedで一緒だった鈴木謙介は、いずれも社会学者ですし、本書ではまったく触れられていませんが、「ゼロ年代」に入ってからの東は、精神分析医の斎藤環と深い親交を結んでいきます。「社会学」も「心理学」も、どちらもいわば「そこにあるもの」から出発する学問です。そこで行なわれているのは、基本的にはデータ収集とその解析です。これはある意味で「ここにないもの」を希求する「哲学」や「文学」とは、まったく異なっています。

「ゼロ年代」後半になると、「情報自由論」でもすでに現れていた「工学」や「法学」への関心も前面化してきます。「アーキテクチャ」とは第一にエンジニアリングの問題であり、第二に制度設計（法的整備）の問題であるからです（もうひとつ「経済学」という選択肢もありえると思うのですが、東はこの分野とはあまり関係がないように思います）。「ゼロ年代」終わりになって、彼は「文学」へと回帰しますが、しかしそこで語られ／書かれている「文学」は、もはやかつてのそれではなくて、あの「もうひとつの文学」なのだと思います。

「八〇年代の思想」は「現状」に対して「批判的（否定的）」でした。「九〇年代の思想」は「現状」に対して「関与的（留保付きで肯定的）」だったと思います。そして「ゼロ年代の思想」は「現状」に対して「受容的（肯定的）」です。「ゼロ年代の思想」は、「世界」を「変革（更改）」しようとするのでも、「世界」を「記述（説明）」しようとするのでもなく、この「世界」を「甘受」する、こう言ってよければ「受け入れる」だけです。それは「世界」も「社会」も変えもしなければ分かろうともせず、ただ「こうだからこうなのだ」とトートロジカル（同語反復的）に頷くことから始めます。しかし、ではいったい何を始めるというのでしょうか？

その前に言っておかなくてはならないことは、けれどもしかし、こうした事態は、「ポストモダン」が胚胎した、あの「八〇年代」にこそ源があるのだということです。「ポストモダン」は、「大きな物語」の失効により「小さな物語」が散乱し、氾濫するさまを、希望に満ちたポジティヴな像として描き出しました。しかしそれ以降、多様化と多元化と複数化と相対化が、ひたすらどこまでも進み、どうしようもなくなっていった。「九〇年代」は、かつての「理念＝理論＝理想」の位置に「リアル」を代入することで、その悪しき「リゾーム化」（！）を押し止めようとしたけれど、「ポストモダン」は、その「リアル」さえも相対化してしまう。じゃあもういっそ、このどこまでも続く相対化（ポストモダン）を丸ごと認めるしかないではないか、ということです。

もちろん、このような考え方は、浅田や柄谷が警鐘を鳴らしていた「最悪の現状肯定」に陥りかねないものですし、何よりも、ひとの生死にかかわるような倫理的な判断の根拠を阻喪させる危険性があります。実際、最近の東浩紀に対しては、そのような批判もあります。しかし筆者は、この点では東浩紀も揺れているのだと思います。それはまず、「ポストモダン」の徹底化は不可避的に底が抜けてしまう。しかしちゃんと考えれば考えるほど、明らかにそうならざるを得ないことがわかるし、いずれにせよそれは自分個人の力で変えられることではない、ということです。しかし、たとえば「情報自由論」の最終回には、こう書かれていました。

正義とは計算不可能なものである。生活のあらゆる場面がデータ化され、解析され、リスク管理の資源としてシステムへとフィードバックされる環境管理型社会において、この言葉ほど、わかりやすく、そして実行が難しいものがほかにあるだろうか。

（「情報自由論」『情報環境論集　東浩紀コレクションS』）

この「計算不可能なもの」こそが「ポストモダン」への最後の対抗物です。しかしそれは「実行が難しい」と東浩紀は言う。このことにかんして、筆者はいま、東浩紀と話してみたい気がしています。

「ゲームボード」の再設定

話を戻します。いうなれば東浩紀は、「世界」と「社会」の「現状」を、その絶えざる「相対化＝ポストモダン化」も込みに、とりあえず「受け入れる」ことによって、「ニッポンの思想」が、三十年にも及んで、ぎったんばっこんと上がり下がりを繰り返してきた「シーソー」から、ひとり降りてみせたのだと思います。そして彼は何を始めたのか。それは一言でいうならば、「ゲームボード」の設定、より精確には「再設定」だったのだと思います。

考えてみれば、これは簡単にわかることです。「相対化」とはすなわち、優劣や善悪や当否などといった価値判断も正当化されないということです。つまり、そこでは絶対に「勝ち負け」が決まらない。だったら、何らかのルールや審査基準があり、そのなかで競い合えるような「ゲーム」を新たにこしらえて、そのなかで戦えばいいわけです。何度かの厳しい関門を突破して、最後に（生き）残った者が初版一万部の単行本でいきなりデビューという「ゼロアカ道場」がもっとも顕著ですが、「思想地図」にも同様の姿勢はうかがえます。創刊号の巻頭に付された文章を、全文引用します。

日本では一九九五年以降、社会の構造が大きく変わり、現代思想も根底から再編を迫られた。その再編は、冷戦期のイデオロギー対立からの決別だけではなく、「理論」「思想」のイメージそのものの改変、すなわち、語彙や文体、読者層そのものの大きな移動を意味していた。ひらたく言えば、「なにが思想的だと思われるか」の了解の地平そのものが、一九九〇年代の前半と後半では変わってしまったのである。ポストモダニズムの凋落《ちょうらく》はその一例にすぎない。

その再編には良い面と悪い面がある。二〇〇八年のいま、少なからぬ書き手が、かつてのような論壇的あるいはイデオロギー的な位置取りに捕らわれず、率直に現代日本の課題に向き合い新しい読者を獲得しつつある。しかし他方で、彼らの言説が、その繊細で同時代的な問題意識ゆえに、グローバルなイデオロギーや理論から切り離され、国外との連携を失い始めていることも事実である。

もしかしたら、私たちはいま、たいへん思想的に豊かなのだが、しかし、ただ日本語で日本について書かれているという条件のためだけにその豊かさが忘れられる運命にあるような、一種の袋小路の時代に入り始めているのかもしれない。

本誌は、そのようなゼロ年代の現代思想を俯瞰し、その限界を突破し、来たるべき二〇一〇年代の知的な羅針盤を設立するために創刊される。私たちは、もういちど、思想の力を信じられる時代を作りたいと願っている。

（「創刊に寄せて」「思想地図」vol. 1）

これは北田暁大との連名で書かれたものですが、東浩紀の「思想」に向ける意識が率直に現れている文章だと思います。第一段落で述べられている「現代思想」の「再編」は、客観的な分析というよりも、むしろ彼自身が自ら主導―先導してきたものです。『動物化するポストモダン』は、まさに「思想」の「語彙や文体、読者層」を根こそぎ「改変」すること、すなわち「なにが思想的だと思われるか」という問いに、それまでとはまったく別の答えを確保する試みでした。

思想が競技になった

そして、その試みは成功します。「論壇的＝九〇年代（前半）的」でも「イデオロギー的＝八〇年代的」でもない「ゼロ年代の思想」のベクトルは、間違いなく『動ポモ』によって方向付けられたのでした。

しかし、だからといって「ゼロ年代の思想」が、かつての「ニューアカ」のようなポテンシャルを持ち得たわけではない。買い求めやすい新書として出され、ベストセラーになった『動ポモ』でさえ、浅田彰の『構造と力』の部数には遠く及んでいないでしょう。そうこうしているあいだにも、「社会」のなかでの「思想」の地位は、ほとんど目に見える形で凋落してゆきます（たとえば「出版不況」という形で）。このネガティヴ・スパイラルを何とかしなくてはならない。もちろん、そのためにはただコンスタティヴに優れた「テクスト=作品=思想」を書けばいいというわけではない。そんな時代はとうに終わった。パフォーマティヴな「効果」を織り込み繰り込みながら、しかしコンスタティヴでもある「テクスト」を生産しつつ、同時にさまざまな「パフォーマンス」も行なってゆかなければならない……。

　このような「サヴァイヴァル感覚」は、東浩紀のみならず、おそらく「ゼロ年代」に「思想」を志向した者の誰もが抱いているものだと思います。「ゼロ年代の思想」は、『動ポモ』系の「オタク系カルチャー／サブカルチャー」の分析と、「情報自由論」系の、広義の「公共性」にかかわる「社会」の諸問題を論じたもの、そして両者をリンクさせたものが大勢を占めていると思うのですが、筆者にはときどき、後者で前提とされている「公共性」の概念が、いわば「思想」をするためのプレテクストのように思えてしまうことがあります。そこでは、真にリアルな、必死になるべき「問題」としてではなく、いってみれば「誰がいちばん頭が良いのか競争」の「ゲームボード」として、とりあえず「公共性」という「ルール」が掲げられているような気がしてしまうのです。

　もちろん「ゲームボード」は「八〇年代」から存在していたし、もっと以前にも存在していたと思います。しかし「ニューアカ」の登場が、それまでの「ゲーム」をいったん終わらせました。そして新たに「ゲームボード」が設定された。「八〇年代」も、その「アンチ」としての「九〇年代」も、基本的には同じ「ボード」上で競われ／遊ばれていました。しかし「ゼロ年代」になると、以前と同じ「ボード」では、もうもたないことが明白になります。そこにはもはや、戦う意欲も、戦った甲斐も、ほとんど残されていないように見える。そこでふたたび、新しく「ゲームボード」を設定し直さなくてはならなくなったのです。そして筆者が思うに、ただひとり東浩紀だけが、その「再設定」に成功したのです。

「再設定」された「ゲームボード」の条件は、二つあります。第一に、とにかく「勝敗」がはっきりすること。第二にそれが、何らかの具体的な「成功」と結びついていることです。第一の条件をクリアしないと、すぐさま「相対化」に巻き込まれてしまう。かといって「ゼロ年代の思想」は、たとえば「八〇年代」の「おたく」がそうであったように、趣味判断の特殊性（センス）や、蓄積した「知識」や「情報」の多寡を競いはしません。「センスが良い」とか「他人が知らないことを知っている」とか「知っていること」の「早さ」や「速さ」は、そこではむしろ侮蔑の対象になります。なぜならば、それだと「ルール」が共有できないからです。したがって「ゼロ年代の思想」は、プレイヤーたちによってあまねく「共有」されたフィールド（主に「オタク系カルチャー／サブカルチャー」）と、どんな人にとってもほぼ共通する問題系（「社会」や「ネット」や「公共性」など）を相手どることになります。

また、その「勝敗」の結果は、出来れば「ゼロアカ」のように明確に経済的な、それが無理でも何らかのレベルで「社会的」な「成功」を賭け金にしている必要があります。確かにそこには、小泉政権下で醸成された「勝ち組／負け組」なる悪しき二項対立が作用していることも事実です。しかし「現状」がそうなのだから、「思想」はそれに対抗するのでも無視するのでもなく、同じ図式に敢て乗っていかなくてはならない。そうでなければ、それはほんとうに単なる時間潰しの遊びになってしまう。「ゼロ年代の思想」という「ゲーム」は、もう「遊戯」ではありえず、それがどういう意味であれ、真剣な「競技」であらねばならないのです。でなくて、どうしてひとは、今更わざわざ「思想」をしようなんて思うというのでしょうか？

以上が、筆者が考える「なぜ東浩紀は「ひとり勝ち」しているのか？」への解答です。そしてそれは、これまで長々と語ってきた「ニッポンの思想」の「変遷」の「歴史」の、さしあたりのラスト・シーンでもあります。

「メタ」「ネタ」「ベタ」

ひとつだけ断っておきますが、東浩紀が、彼個人の「生き残り」を何よりも優先させたがゆえに、「ゲームボード」の「再設定」をしたのではないと筆者は思っています。彼はむしろ、誰よりも真摯に「日本の思想」の生き残りと延命を考え抜いたからこそ、そうせざるを得なかったのです。「ゼロ年代」に入ってから、「2ちゃんねる」や「はてな」、mixiなどの「ネット論壇」「ブログ論壇」などと呼ばれるニュータイプの「論壇」が浮上してきました。もしかしたら「ゼロ年代の思想」とは、ほんとうはそこで流通している言説のことを指すのかもしれません。そこにはもちろん、東浩紀にかんする言葉も大量に乱れ飛んでいます。東浩紀は一時期、自分自身がそう思っている「東浩紀」よりも、ネット上の書き込みのなかにある「東浩紀」のほうが、ほんとうの自分なのではないか、といった意味のことを語っていたことがあります（これこそまさに「他者言及性」ではないでしょうか？）。

　しかし、それはやはり違うと思います。これもまた「ネット」から生まれてきたものですが、東浩紀や宮台真司もよく使う、「メタ」と「ネタ」と「ベタ」という言葉があります。「メタ」とは「外側」から語ること、「ネタ」とは自分自身も信じていないことを語って（振って）みせること、「ベタ」とは「メタ」も「ネタ」も欠いた単なる「素」で語ること、です。「批評＝思想」とは本来「メタ」なものです。しかしそこに「パフォーマンス」が入り込んでくると「ネタ」という要素が出てくる。「メタ」のインフレーションが「ネタ」を誘発したのが、「敢て」の「アイロニー」です。

　だが、おそらく東浩紀という「思想」家の行動原理は、「メタ」のふりをした「ネタ」

のふりをした「ベタ」です。そう、彼は実のところ、そもそもの最初から現在に至るまで、ずっと「真摯《ベタ》＝本気《マジ》」なのだと思います。

「ニッポンの思想」のゆくえ

語るべきことは、まだまだあるのかもしれませんが、語る時間は、もうあまり残されていません。プロローグでも述べておいたように、「ゼロ年代」後半から登場してきた「思想」は、おおむね「東浩紀のゲームボード」の上にあります。東を痛烈に「批判」する「パフォーマンス」で世に出た『ゼロ年代の想像力』の宇野常寛しかり、「情報社会論」の論議を推し進めた『アーキテクチャの生態系』の濱野智史しかり、「波状言論」からデビューした「神話社会学」の福嶋亮大しかり。宇野と濱野は前に触れた「思想地図」の第三回シンポジウムに登壇していますし、福嶋も「思想地図」の常連です。そのシンポジウムで、東浩紀との「歴史的再会」を果たした浅田彰は、「ニューアカ」時代とまったく変わらぬ異様なまでのクリアカットぶりを披露し、その後の「朝日ジャーナル」での東、宇野との鼎談でも、あの「投瓶通信」を十年の歳月を経てふたたび蒸し返すなど、健在ぶりを示しています。宮台真司の「弟子」だった鈴木謙介（『カーニヴァル化する社会』『〈反転〉するグローバリゼーション』『ウェブ社会の思想――〈遍在する私〉をどう生きるか』『サブカル・ニッポンの新自由主義――既得権批判が若者を追い込む』）や、鈴木との共著もある荻上チキ

（『ウェブ炎上——ネット群集の暴走と可能性』『ネットいじめ——ウェブ社会と終わりなき「キャラ戦争」』）などは、東浩紀とはやや異なる「思想」のベクトルを垣間見せているようにも思えますが、もちろんまだ「ゲームボード」を覆すまでには至っていません。

しかし、いずれにせよ、もうほんの僅かで「ゼロ年代」は終わります。二〇一〇年代（筆者はそれを「テン年代」と呼びたいと思っています）の「ニッポンの思想」は、果たしてどうなるのでしょうか。正直言って、筆者にはまだ見当が付きません。もちろん、三十年来の「思想読者」「思想観客」としての期待はあります。しかし、その「期待」を語ってみようとしたら、おそらく本書と同じか、ことによるとそれ以上の長さが必要になってしまうだろうと思います。それはもはや無理なことだし、それにどうしたって、すぐに「テン年代」はやってくるのです。

第九章　ストーリーを続けよう？（On with the Story?）

＊本章は二〇一六年に『ゲンロン4　現代日本の批評Ⅲ』掲載の座談会「平成批評の諸問題2001~2016」の基調報告として執筆した論文（のちに『現代日本の批評2001~2016』〔二〇一八年〕に再録）が元になっている。収録に当たって一部を省略し改稿を施した。尚、ここでの「批評」は本書の「思想」とほぼ同じ意味で用いられている。

1　「東浩紀ひとり勝ち」とは何だったのか？

浅田彰に始まり、東浩紀で終わる。『構造と力』（一九八三年）で開始されて『動物化するポストモダン』（二〇〇一年）で終了する、というのが、「ニッポンの思想」の「歴史＝物語」の概略である。私は「ニューアカ（デミズム）」が、ある紛れもない切断を行ない、そこで孕まれたベクトルが収斂していった先に東浩紀というラスト・プレーヤーが登場し、彼の存在と活動が新たな切断として機能して、ひとつの「ヒストリー＝ストーリー」が終わる、という極めて恣意的な語り方を採用した。『ニッポンの思想』への反応でやたらと取り沙汰されたのは、何と言ってもエンディングに出てくる「東浩紀ひとり勝ち」という表現だった。この「ひとり勝ち」は、当然といえば当然だが、東浩紀のファンには共感と賛辞を、アンチ東には怒りと嘲笑を、かなりのテンションで惹き起こすことになった。そして更には著者である私自身が「ひとり勝ち」をどう評価しているのかという点においても、読者の判断は真っ二つに分かれた。つまり『ニッポンの思想』の書き手は「東ひとり勝ち」を良いことだと思っているのか、それとも好ましからざることだと思っているのか。佐々木は東派なのか否か。面白いことに、この点にも真逆と言っていい反応があったのだ。

面白いことに、とは書いたが、私はそうなることが最初からわかっていた。なぜならば、そうなるように書いたからである。私はこのことに限らず、『ニッポンの思想』において、自分自身の意見というよりも単に事実としてそうなっていると思ったことを書いた。すなわち「東ひとり勝ち」は端的にそうなのであり、それはもっぱら「日本—現代—思想—史」を、言説（コンスタティヴな）レベル以上に現象（パフォーマティヴな）レベルにおいて記述しようとした（「言説」を足掛かりに「現象」を説明しようと試みた）同書では、他にはあり得ない結末であった。

だが、そのラストシーンをどう評価／判断するのかは、読者の側に委ねられている。私はストーリーの結末が、ハッピーエンドともバッドエンドとも受け取れるような書き方を敢えて選んだ。表面的には「ひとり勝ち」を言祝いでいるようだが、勘ぐればむしろ持って回った批判をしているようにも読めるように意図的に論を構築した。だから読者たちの相対立する受け取り方は予想していたし、ある意味では狙ったことでもあったのだ。

ではなぜ、そのようなトリッキーな語りを選んだのか。第一に、このことに限らず、この世の物事の大半は肯定／否定のいずれかに割り切れるものではなく（割り切るべきではなく）、是々非々であり、そうあるべきだと私が常日頃思っているからである。もうひとつは、とりわけ「東浩紀ひとり勝ち」は両義的なものであり、実際に良い面とよろしくない面を両方含んでいると考えたからである。私は「ひとり勝ち」を肯定も否定もしていない。ゼロ年代は東浩紀と誰かを並べることは出来ないと私は客観的に思ったし、繰り返すがそれは良い悪いの話ではない。「東以外に○○も居たじゃないか！」という声も散見されたが、それは自分の価値判断を先回りしてインストールしてしまっているだけだ。ましてや「東は勝ってなどいない！」といった批判は、いわば二〇一六年の今「安倍は勝ってなどいない！」と言いたがるのと同じ、個人の妄想的願望の吐露に過ぎない。

では「ひとり勝ち」の両義性とは如何なるものか。それはむろん、一人しかいないなんてマズいに決まっている、ということだ。そもそもゲームが成立しないではないか。東浩紀自身、それを良いことだと思っていたはずがない。だがしかし、ひとり東浩紀だけが「ニューアカ以後」の「ニッポンの思想」を誠実かつ真摯に引き受けてみせたのであり、彼がそうしていなければ、代わりに誰かが勝っていたのではなく、もっとグズグズにどうしようもないことになっていたことは間違いない。

東は明らかに「日本―現代―思想―史」への強い責任と継承の意識を自分に課してきた

し、それは現在もそうである。要するに、東が居てくれて本当に良かったのだが、東しかいなくなったことはけっして良いことではない。従って、どうにかして新たなストーリーを始める必要がある。そしてそのためには、東に成り代わる存在ではなく、まったく異なったタイプのプレイヤーが登場しなくてはならない。つまり八〇年代に「ニューアカ」で始まったストーリーとは別のストーリーが開始されることが要請されているのだ。

さて、テン年代もすでに半分以上が過ぎてしまった。では二〇一六年の現在、「ニッポンの思想」の新たなストーリーは生まれているだろうか。残念ながら答えは否だ。むしろ状況はより悪化している。困ったものである。一体どうしたらいいのだろうか？　このことを考え始めるためにも、ここであらためて「ゼロ年代以後」の日本の「現代思想／批評／哲学」の推移変遷にかんして、少しだけ立ち入って述べてみることが必要だろう。

2　左翼と賢者と

私は前に、二〇〇九年当時の「ニッポンの思想」の光景について、以下の三つの傾向を指摘した（本書「プロローグ」参照）。

（1）広義の「左翼」本
（2）いわゆる「賢者」本
（3）「東浩紀」系

まず「左翼」本から述べていこう。二〇〇三年一月にアントニオ・ネグリとマイケル・ハートの共著『〈帝国〉――グローバル化の世界秩序とマルチチュードの可能性』が刊行された。邦訳の版元は、それ以前からジャン＝リュック・ナンシーやジョルジョ・アガンベンの政治哲学方向の著作を出していた以文社である。同社はその後、萱野稔人、高祖岩三郎、酒井隆史（『〈帝国〉』の訳者の一員でもある）、渋谷望、田崎英明、松本潤一郎、矢部史郎他を編集委員（創刊時）とする雑誌「ＶＯＬ」（二〇〇六年～）の発行元ともなる。『〈帝国〉』は日本のメディアでもかなり話題になり、関連書も多数出版された。同書の原著出版は二〇〇〇年だが、二〇〇一年九月十一日に「アメリカ同時多発テロ事件」が起こり、米国は「テロとの戦い」を謳って有志連合を率いてアフガニスタンに侵攻、日本語版の刊行までの間に（対イラク戦争は二〇〇三年三月）以前にも増して「アメリカ＝帝国」の矛盾を帯びた強大さがクローズアップされていたことも重要である。ネグリ＝ハートの企図を超えて、同書は一種の「予言の書」として受け取られたのである。

九〇年代末、西尾幹二、藤岡信勝らの「新しい歴史教科書をつくる会」に代表される歴史修正主義や、小林よしのりの『新ゴーマニズム宣言SPECIAL 戦争論』(一九九八年)が衆目を集める中、リベラル——現在のカテゴライズで言うなら左翼的——な文学/哲学系の学者や知識人が、差し迫る危機感から積極的な「発言」に転じていく。高橋哲哉の『戦後責任論』(一九九九年)と『歴史/修正主義』(二〇〇一年)、小森陽一の『ポストコロニアル』(二〇〇一年)と、刊行時期はやや後になるが『天皇の玉音放送』(二〇〇三年)などは明らかに歴史修正主義への応接として書かれている。二〇〇一年四月の自民党総裁選に出馬して勝利し、総理大臣となり、「小泉旋風」を巻き起こした小泉純一郎は靖国神社参拝を明言した(だが在任中は八月十五日には一度も参拝していない)。更に小泉は米国の「テロとの戦い」への支持を熱烈表明。いわば日本のリベラル/左派は「靖国」と「アメリカ」によって挟み撃ちされていた。加えて、やはり九〇年代後半から悪化の一途を辿っていた経済問題、雇用問題も臨界点を超えつつあった。ネグリ＝ハートの『〈帝国〉』が書店に並んだのは、そんなタイミングのことだった。わが国の「思想市場」には、さまざまな角度から「帝国＝アメリカ」と、それが代表/象徴する資本主義や新自由主義/新保守主義を(肯定と批判の両面で)論じた書物が溢れかえることになった。

これに並行する柄谷行人の動向もあらためて記しておく。柄谷は二〇〇〇年六月、自ら中心となり「NAM(New Associationist Movement)」を創立した。かつて若き日の彼自身が属していた従来の日本の政治運動とは一線を画すことを標榜し、「国家と資本への対抗運動」としての「アソシエーション」を志向したNAMは、二〇〇一年出版の柄谷の著書『トランスクリティーク――カントとマルクス』で開陳される理論の実践版であった。同書は雑誌「批評空間」の編集長だった内藤裕治と柄谷らによって設立された「批評空間社」から刊行された。これに先立ち第二期「批評空間」の版元の太田出版から『可能なるコミュニズム』(二〇〇〇年)、『NAM―原理』(同)、『NAM生成』(二〇〇一年)が立て続けに出ている。『NAM生成』には柄谷と共に「批評空間」の中心人物だった浅田彰の他、坂本龍一や村上龍、山城むつみ、王寺賢太などが参加していた。これらは大学生や若者層を中心によく売れ、NAMの活動は俄に注目を集めた。二〇〇一年末には進化経済学者で地域通貨LETSの専門家の西部忠が中心となって「地域通貨Q」を立ち上げ、実際の商取引や流通への導入を視野に入れたNAMとの連繋が試みられた。ところがNAMはその後、内部トラブルや問題が続出し、三年と保たずに二〇〇三年一月に解散してしまう(実質的にはそれ以前から活動は混乱していた)。批評空間社も、社長の任にあった内藤裕治の急死によって事業続行が不可能となり、二〇〇二年八月をもって活動停止、同社刊行の「批評空間」も第三期第四号で終刊となっている。

柄谷行人が選考委員を務めていた第四十一回群像新人文学賞評論部門(一九九八年)を「丸山真男論」で受賞して文芸評論家としてデビューした鎌田哲哉は、批評空間社への投資事業有限責任組合に有限責任組合員として加わり、NAMの活動に参画する。第七章でも触れたように、一九九九年初頭に行なわれたシンポジウム「いま批評の場所はどこにあるのか」（第二期「批評空間」第二十一号に採録）では東浩紀と激しい舌戦を繰り広げた。鎌田は西部忠らの「Q-project」にも参加し、二〇〇二年二月に雑誌「重力」を創刊する。第一号には内藤裕治へのインタビューが掲載されている。「重力編集会議」のメンバーは、第一号が鎌田、西部、市川真人、井土紀州、大杉重男、可能涼介、松本圭二。すでに批評空間／社もNAMも存在していない二〇〇三年四月刊行の第二号が鎌田、井土、大杉、松本、大澤信亮、沖公祐、絓秀実。文学プロパーの人間のみならず、経済学者や映画監督、詩人、劇作家が加わっているところに「重力」の集団としての個性があったと言えるだろうが、他ならぬ「Q——NAM問題」を特集すると予告されていた第三号は結局出ないままになっている。その後、鎌田哲哉は地方に移住し、二〇〇五年に「ブックレット重力NO.1」として井土監督のドキュメンタリー映画『LEFT ALONE』のパンフレットを編集発行、二〇〇七年には聞き手を務めた大西巨人のインタビュー本『未完結の問い』が刊行されているが、現在に至るも単著は出ていない。

井土紀州の責任編集により、ほぼ全頁を使って「一九六八年」を特集した重力第二号の共同討議では、絓秀実がネグリ＝ハート『〈帝国〉』に何度か言及している。この時点での絓の最新刊はその名も『「帝国」の文学——戦争と「大逆」の間』（二〇〇一年、以文社）だが、二〇〇三年五月に刊行された『革命的な、あまりに革命的な——「1968年の革命」史論』によって絓は彼独自の「六八年論」を切り拓くことになる。八〇年代から柄谷の近傍にあった絓は、基本的にアカデミズムには属さない（しばしば反目し合う）言論活動をしてきたが、二〇〇二年に柄谷が近畿大学教授・同大国際人文科学研究所長になると特任教授に迎えられた（二〇一五年に定年退職）。その後も『JUNKの逆襲』（二〇〇三年）、『1968年』（二〇〇六年）、『吉本隆明の時代』（二〇〇八年）、『反原発の思想史――冷戦からフクシマまで』（二〇一二年）、『天皇制の隠語』（二〇一四年）など他の文芸評論家／新左翼系批評家とはまったく異なるスタンスを維持しており、貴重な存在感を放っている。

九〇年代には「ミニスカ右翼」だった雨宮処凛は、二十一世紀に入ると「左傾化」を宣言し、以前と同じく精力的な言論活動を展開した。彼女の「転向」は、個人の選択であると同時に、先の見えない不況の中、雇用流動化や年金問題による将来不安がより明確に社会問題化した時代の要請でもあったろう。ゼロ年代後半になると、フリーター問題、ワーキング・プア問題、プレカリアート問題、ロスジェネ（ロスト・ジェネレーション）問題など、名称や定義やカテゴライズを微妙に違えつつも、主として若者層の雇用／労働にかかわる諸問題が、メディアに頻繁に取り上げられるようになっていく。雨宮の『生きさせろ！――難民化する若者たち』（二〇〇七年）や『プレカリアート――デジタル日雇い世代の不安な生き方』（同）は「問題」が全面化した時期のものである。自身も非正規雇用労働者だった赤木智弘の「「丸山眞男」をひっぱたきたい――31歳、フリーター。希望は、戦争。」が朝日新聞社の雑誌「論座」に掲載され大きな話題となったのは二〇〇六年末のこと。もともと個人ブログで執筆していた赤木は、この論文によって一挙に注目され、二〇〇七年十月に単著『若者を見殺しにする国――私を戦争に向かわせるものは何か』を発表する。二〇〇八年五月創刊の「超左翼マガジン」と銘打たれた雑誌「ロスジェネ」の第一号では同誌編集長で小説「家畜の朝」によって第三十五回新潮新人賞を受賞した浅尾大輔と赤木の対談が巻頭に置かれている。「ロスジェネ」は「重力」にも参加していた大澤信亮やアーティストの増山麗奈が編集に名を連ねており（創刊時）、二〇一〇年十月刊の第四号まで存続する。時期が前後するが、二〇〇七年六月には評論家、ルポライターの生田武志を編集代表とする雑誌「フリーターズフリー」も創刊されている。こちらのメンバーは生田、杉田俊介、大澤信亮、栗田隆子（創刊時）。同誌は長いブランクを間に挟みつつも、二〇一四年末に第三号を刊行している。また「日本で唯一の若者による労働問題総合誌」としてNPO法人POSSEによって制作されている雑誌「POSSE」の創刊は二〇〇八年九月、同誌は現在も継続中である。東京・高円寺で「素人の乱」を展開する松本哉の初著書『貧乏人の逆襲！　タダで生きる方法』および二木信との共編書『素人の乱』も二〇〇八年の刊行。長年、反貧困を掲げてボランティアやNPO活動を行なってきた湯浅誠の『反貧困――「すべり台社会」からの脱出』も同年である。九〇年代後半に胚胎され、ゼロ年代前半を通して更に一層深刻化した諸問題が完全に表面化し、出版ベースの言説／

言論のかたちを取るに至ったのが二〇〇七〜〇八年だったということになるだろう。付言しておくと、リーマン・ショックが起こるのは二〇〇八年九月である。

ここで大澤信亮について述べておく。彼は「重力」「フリーターズフリー」「ロスジェネ」の三誌にかかわっている。慶応義塾大学大学院では福田和也に師事し、その後は福田の紹介によって大塚英志のアシスタントとしての仕事を多数こなした。大塚と東浩紀が二〇〇二年七月に角川書店から創刊した雑誌「新現実」にもスタッフ的な立場で参加していた。二〇〇七年に「宮澤賢治の暴力」で第三十九回新潮新人賞評論部門を受賞する（同賞の評論部門の最後の受賞者）。「ロスジェネ」は新潮新人賞が二人いる雑誌だったわけだ。二〇一〇年に初の評論集『神的批評』を、二〇一三年には二冊目の論集『新世紀神曲』を刊行している。二〇一三年から長編評伝「小林秀雄」を「新潮」に長期連載中、新潮新人賞の選考委員も務めている。大澤に求められているのは、かつての福田和也のような役割だと思われるが、「文学」と「文壇」の、ますますの空疎化、形骸化が進行するなか、本人も「最後の文芸評論家」としての自負と自覚を強く持っているように見受けられる。

英国出自のカルチュラル・スタディーズの日本の「思想市場」への導入に先鞭をつけた『カルチュラル・スタディーズ入門』（二〇〇〇年）を上野俊哉と共に著した毛利嘉孝（二〇〇二年に続編『実践カルチュラル・スタディーズ』もあり）は、初単著『文化＝政治——グローバリゼーション時代の空間叛乱』（二〇〇三年）、『ポピュラー音楽と資本主義』（二〇〇七年、二〇一二年増補版）を経て、二〇〇九年に『ストリートの思想――転換期としての1990年代』を上梓する。『ニッポンの思想』新書版と前後して世に出たこともあり、歴史認識が拙著とは大きく異なるものであることが一部で指摘されたりもした。毛利の視点は、ここまで述べてきたような、保守派／右派への対抗としての、資本／権力への抵抗としての言論／言説と行動／運動を共に肯定する、ニッポンの「文化左翼」（R・ローティ）ともいうべきものである。こうしたスタンスは二〇〇五年に『アーバン・トライバル・スタディーズ――パーティ、クラブ文化の社会学』を出した上野俊哉も同じであり、彼らの先行者として粉川哲夫や平井玄の名前を挙げることが出来るだろう。八〇年代に粉川が行なった「自由ラジオ」などの日本版アウトノミア運動や、一時は浅田彰のライバルとも目された平井の一連の仕事は、九〇年代のサウンドデモを経て「3・11」後の反原発～反政府デモへと至る、旧来のイデオロギッシュな党派的「動員」とは異なる集団性を帯びた運動（しばき隊からSEALDsまで）のひとつの源流と言える。

この辺で「賢者」本に移ろう。ここでは内田樹についてのみ述べる。何と言ってもゼロ年代以降、現在に至る「思想市場」において最大のプレゼンスを発揮しているひとりは疑いなく内田であるからだ（もうひとりは佐藤優だろう）。エマニュエル・レヴィナスを主な対象とする哲学研究者だった内田が世に広く知られるようになったのは、ブログを編集して刊行した『「おじさん」的思考』（二〇〇二年）がきっかけだった（これ以後も内田の書物の多くはブログを基に造られている)。版元の晶文社からは同時期に坪内祐三の『後ろ向きで前へ進む』も出ており、故意にひらがなの「おじさん」という字面といい、保守とは言わないまでも、どちらかといえばさほどラディカルではないスタンスのエッセイ集として企画されたのではないかと思われる。だが同書は非常に好評を博し、同じ年の内に続編『期間限定の思想――「おじさん」的思考2』も刊行された。ちょうどその間に出た『寝ながら学べる構造主義』も売れたことによって、内田樹の名前は急激に浮上する。その後、年刊数冊のハイペースで続々と著書を出していくが、中でも『私家版・ユダヤ文化論』(二〇〇六年)、『下流志向』(二〇〇七年)、『日本辺境論』(二〇〇九年)などはベストセラーになっている。

内田のユニークさは、その人気があくまでも彼の文章および人柄と思考法の魅力に立脚しており、アカデミシャンとしての権威性や専門性とはほぼ無関係である点にある。出発点としてはフランス現代思想の研究者/紹介者でありながら、彼は「ニューアカ」の系譜からは明らかに隔絶――中沢新一との対談本『日本の文脈』(二〇一二年)はあるが――している。むしろゼロ年代に入って急速に成長した「ブログ論壇」の申し子というべきだろう。もともと哲学者の人生論/エッセイには一定の需要がある。中島義道や土屋賢二もそうだし、内田との対談本『大人のいない国』(二〇〇八年)もある鷲田清一(彼もまた「賢者」の一員だ)も数多くの一般読者を抱えている。しかし内田の存在感は、その誰よりも強力である。これはやはりインターネットの磁場によるものだろう。内田の強みは、ブログという、書いても書かなくてもよく、読まれるか読まれないかもわからない、金銭的報酬とは基本的に切り離された場所で書いてきた／いることによって、ある意味で「読者」という存在を気にしなくていいことにある。独特の断言口調や理路のうねりは、明らかにネット／ブログによって育まれたものだと言える。

二〇一一年三月十一日の東日本大震災および福島第一原発事故以後、以前からその傾向はあったものの、内田は権力／体制側に対する批判的なスタンスをより強め、現在は「護憲リベラル」の代表的論客と言っていい。しかし彼の物言いは、やはり旧来の「左翼」とはかなり違っている。とはいえここ最近の内田は世間的には「左翼」に映っているのかもしれない。内田は『未完のレーニン――〈力〉の思想を読む』（二〇〇七年）などレーニン研究者だった白井聡の、太田出版が「批評空間」を手放した後に創刊した「思想と活動」をテーマとする雑誌「at プラス」の連載を書籍化した『永続敗戦論』（二〇一三年）をいちはやく絶賛し、同書のベストセラー化に一役買った。あっという間に「ニッポンの文化左翼」の新たなオピニオン・リーダーとなった感のある白井と内田は対談本をたて続けに出している。

『ニッポンの思想』新書版の執筆時点で、私が「新たなストーリー」の担い手になり得るかもしれないと秘かに期待した人物がいる。佐々木中である。全くの無名だった佐々木は、二〇〇八年に突然、博士論文を元にした大著『夜戦と永遠――フーコー・ラカン・ルジャンドル』を上梓し、注目された。しかし彼を化けさせたのは二冊目の『切りとれ、あの祈る手を――〈本〉と〈革命〉をめぐる五つの夜話』（二〇一〇年）である。分厚いデビュー作とは打って変わって、語り下ろしのごく薄い本で、そこで語られている内容それ自体よりも、擬古的と呼んでもいいような独特なレトリックと、西欧近現代に限定されない哲学／思想の知識、その二つを武器に繰り出されるアジテーションにも似た舌鋒が、ある種の読者に強く訴えかけた。ヒップホップ好きという点も人気の一因だっただろう。ほどなく佐々木は市川真人編集の「早稲田文学増刊π」（二〇一〇年）に「九夏前夜」が掲載されて小説家としてもデビューし、以後は批評家／思想家としての著作と小説作品を並行して発表していった。

私が逆説的な新しさを感じたのは『切りとれ』よりも『夜戦と永遠』のあからさまに反時代的なバロッキズムだったのだが、残念ながら私が期待したような方向に佐々木は向かわなかった。別段それが悪いわけではないが、早い段階で予告されていたジル・ドゥルーズ論がいまだに刊行されていないことも気に懸かる。もっと気に懸かっているのは「3・11」以後、佐々木も明確に「左翼」化したということである。『切りとれ』にも「帝国＝アメリカ」への痛罵がちりばめられていたが、震災直後にいとうせいこうとヒップホップのマナーによって即興的に共作され、印税全額を被災地に寄付することを前提に出版された『Back 2 Back』を経て、その後の佐々木の言動／テクストには反原発や反政府のメッセージがしばしば込められている。繰り返すが、それが悪いわけではない。ただ気に懸かるのは佐々木に限らず、もともとはもう少し複雑かつ（良い意味で）難解な思考を展開していた書き手が、ある時ある瞬間から、もうややこしいことなど言っていられないとばかりに、それ以前の本人の言説／言論からするとかなりナイーブなのではないかと思えてしまう直情的な言葉を発し出す、そしてそれが一定以上の人気を獲得していく、という現象なのだ。正直に言うと私は、そういうさまを目にすると、なんだか哀しいような、恥ずかしいような気持ちになってしまうのである。

だが、これは必ずしも「震災後」に始まったことではない。仲正昌樹は『ポスト・モダンの左旋回』（二〇〇二年、増補新版二〇一七年）で、柄谷と浅田に代表される八〇年代の「日本版ポストモダニズム」の批評家／思想家が、ある時期以降に「左旋回」していったことについて、ローティの「文化左翼」概念も用いいつつ批判を試みた。だが、むしろそれ以降、ゼロ年代を通して、更に多くの論者たちが「左旋回」を遂げていき、その傾向は「3・11」以後いっそう強まったと言っていい。今やこの国で「賢者」たらんとすれば「左翼」になるしかない、ということなのかもしれない。しかし彼らの「抵抗」と「対抗」の言説／言論は、いつのまにか「批評／思想」から離脱してしまってはいないだろうか？「声を上げる」という言い方がある。確かに「声」を上げるのは悪いことではないし、時として切実に必要なことでもあるだろう。けれども「声」は、やはり声でしかない。自分の話している声を聞いているだけでは「批評／思想」にはならない。だが「ニッポンの文化左翼」は絶えざる後退戦の中で、自らの「声」が届いていると信じられる範囲を守るだけで精一杯なように見える。「批評」は、そのような「声」自体の限界の画定と解析であるべきだし、そこから「思想」も生まれてくる。こんなことは誰にだってわかることではないか。にもかかわらず、ゼロ年代の終わりにも、そしてテン年代も半ばを過ぎた今もなお、そうはなっていない。書店の思想書／人文書のコーナーすなわち「思想市場」の風景は、今もほとんど変わり映えがしていない。

3 「ニッポンの文化左翼」を超えて？

さて、最後は「東浩紀」系である。

福嶋亮大は、メールマガジン「波状言論」への参加を経て雑誌「ユリイカ」に「神話社会学」を連載、これを元にした『神話が考える――ネットワーク社会の文化論』（二〇一〇年）がデビュー作となる。この後、二冊目となる書き下ろしの大作『復興文化論――日本的創造の系譜』（二〇一三年）でサントリー学芸賞を受賞。二〇一六年七月に第三作『厄介な遺産――日本近代文学と演劇的想像力』が刊行されたばかりと、ほぼ三年に一冊というペースながら、広範な知識と鋭利な歴史的透視力に基づく骨太な論の構えは既にして重鎮感がある。福嶋の仕事は『光の曼陀羅――日本文学論』（二〇〇八年）や『折口信夫』（二〇一四年）の安藤礼二とともに、文芸批評の「文芸」という語の深淵を掘り進みつつ、その語義自体を拡張するようなものだと言える。

同じく「波状言論」出身の濱野智史は、東浩紀が国際大学グローバル・コミュニケーションセンター（GLOCOM）所属時代に立ち上げた研究プロジェクト「ised（情報社会の倫理と設計についての学際的研究 Interdisciplinary Studies on Ethics and Design of Information Society）」のスタッフを務めた後、二〇〇八年に『アーキテクチャの生態系――情報環境はいかに設計されてきたか』でデビュー。当時ローンチされてまもない「ニコニコ生放送」についての分析を含む同書は各所で話題となり、濱野は新進の社会学者として一躍脚光を浴びた。しかしその後、後述の宇野常寛ともどもアイドルとりわけＡＫＢ48に急激にハマり、処女作から四年を経た第二作はなんと『前田敦子はキリストを超えた――〈宗教〉としてのＡＫＢ48』（二〇一二年）だった。自らアイドルユニットＰＩＰをプロデュースするまでに至ったが、彼女たちのブレイクを見る前に途中放棄し、以下は批評とも思想とも関係がないので割愛する。

同人誌「PLANETS」を主宰し、同誌のインタビュー等で東浩紀への批判を展開することで物議を醸した宇野常寛は、商業誌デビューでいきなり「ＳＦマガジン」に連載された

『ゼロ年代の想像力――「失われた10年」の向こう側』（二〇〇八年）がベストセラーとなった。従来の批評が相手取ってきた文学や哲学、芸術といった「ハイ・カルチャー」に敢然と背を向け（むしろ敵対視し）、もっぱら大衆的なアニメやマンガ、テレビドラマなどを論じることで「ゼロ年代の風景」を描出しようとした同著は、まさに「東浩紀以後」の論客の登場として歓迎された。宇野はその後『ゼロ年代』の続編的色彩の濃い第二作『リトル・ピープルの時代』（二〇一一年）を発表、これと前後してメディア露出が増え、広義のオタク案件に留まらず、社会的事象や現実政治にもコメント／コミットするようになり、テレビやラジオにもレギュラー出演するなど、文筆での活動は二義的なものになっているかに見える。

福嶋、濱野、宇野の三人は、タイプが相当に異なっている（濱野と宇野は「アイドル」で繋がっている／いたが）。しかし彼らには「文化左翼」的な振る舞いをほぼまったく採っていない、という共通点がある。この点は三人以外の東浩紀系の書き手にも言えることであり（アティチュードとして「文化左翼」に最も近いのは東が講談社BOX（当時）の太田克史と仕掛けた批評家養成企画「ゼロアカ道場」出身の藤田直哉くらいではないだろうか）、ゼロ年代からテン年代を通じて多くの批評家／思想家が「文化左翼」化していった（「文化左翼」性を露わにした）ことを考えると、ここにはある種の線引きが存在していると思われる。サヨクvsオタク？　そうかもしれない。だが、それだけで片付けるわけにはいかない。

「ゲンロン」4号の「平成批評の諸問題」座談会で、出席者のひとりの大澤聡が毛利嘉孝の『ストリートの思想』を「もうひとつのゼロ年代批評のライン」を描いたと評したのに対して、東浩紀は「「もうひとつの」というか、いま振り返れば、むしろそちらこそがゼロ年代の本流」だったと返答している。そして東は「僕から宇野常寛にいたるオタク系批評の流れは、いまや潰えてしまった」とやや詠嘆的に続けているのだが、東→宇野を「オタク系批評」と呼ぶべきかどうかはともかくとして、オタク系の消費者のマジョリティが「批評（的なるもの）」を求めなくなったことは事実だろう。しかし個人の営為としては、今も「オタク系批評」は成立し得るし、どこかでやられている。問題は、それが影響力を持たないこと、批評対象を愛でる趣味的共同体の内部にも、批評対象及び当該ジャンルの外部にいる数多の他者たちにも、つまり「内」にも「外」にも訴えかけることが出来ないということなのではないか。承認欲求も陣地拡大も放棄し、嬉々として「現場」に閉じこもるテン年代型のオタクたちは、本質的に「外から目線」であるべき「批評」を意識的／無意識的に排除することによって、絶望的なまでに幸福な「閉じこもり」を、より強固なものにしている。

「ゼロアカ道場」という「祭り」と宇野の『ゼロ年代の想像力』のブレイクを頂点として、広義の「オタク系批評」が「ゼロ年代批評」のヘゲモニーを握ったことは疑いない。しかし東浩紀自身の『ゲーム的リアリズムの誕生――動物化するポストモダン2』（二〇〇七年）や濱野の『アーキテクチャの生態系』、或いは「ゼロアカ道場」の優勝者である村上裕一の『ゴーストの条件──クラウドを巡礼する想像力』（二〇一一年）、そして福嶋亮大や濱野と同じ「波状言論」でデビューした渡邉大輔の『イメージの進行形──ソーシャル時代の映画と映像文化』（二〇一二年）のように、オタク的なジャンル／コンテンツを批評対象にしつつも、同時に「日本─現代─思想─史」との接続を歴然と志向する仕事は、率直に言ってどんどん成立し難くなっていっているように見える。それは一方では「ゼロ年代の批評＝オタク系批評」が、質の悪いエピゴーネン（その最もありふれたパターンは好きなアニメをフーコーやドゥルーズの用語を使って説明してみせる、といった類いだ）を大量に産んでしまったことによるものと言えるが、しかし真の問題は、たとえ質が高かったとしても、独創的な論考であったとしても、いつのまにか読者が居なくなっていた、ということの方なのではないか。

オタクとは本来、無限にフィードバックする自己意識＝内省のモンスターのような心性を表す言葉だった。だが今やそれは単に熱烈なファンのことでしかない。アイドルオタク＝ファンに顕著なように、そこで求められているのは信仰にも似た徹底的な肯定であり、ファンコミュニティへの忠誠である。そこには「批評／思想」性は存在していない。それは「外部」を自ら進んで忘却している、ということでもある。

この意味で、「ニッポンの文化左翼」もまた、その牧歌的な閉鎖性において「オタク」

に似ているのではないか。たとえ明らかな善意と切迫した要請によって発されているのだとしても、彼らの言葉は「批評（批判）」ではない。それは結局、内輪の言説／言論にしかなっていないからだ。あるアイドルの信者とアンチのいずれかの立場から反対側をdisり合うのは「批評」ではない。なぜ信者とアンチという差異が生まれるのか、その選別の条件とは何か、その対立が意味するもの、その対立が生産するものは何か、を問うのが「批評」なのである。だが、そんな営み／試みはもはや必要とされておらず、むしろ忌み嫌われている。

「ニッポンの文化左翼」たちもまた、それ自体としては私も同意するリベラルな主張の正しさに閉じこもり、他者性も外部性も欠落させた自家中毒的な言葉を、真剣な顔をしつつも実は戯れに空転させ続けているだけになっていないだろうか。そしてみんなサヨクになった。それは最悪の意味で、そしてみんなオタクになった、と同義なのではないだろうか。

というわけで、いまだに「ニッポンの思想」の新たなストーリーは始まっていない。そして、ここにはさしあたり結論もない。

第十章　二〇二〇年代の「ニッポンの思想」

震災、改元、コロナ禍を超えて

　本書の旧版は、二〇〇〇年代＝ゼロ年代最後の年の二〇〇九年に、まもなく突入する二〇一〇年代＝テン年代の「ニッポンの思想」への「期待」を記して終わっていたわけですが、あっという間にテン年代は過ぎ去り、二〇二〇年代をどう呼ぶのかはともかくとして、このディケイド（年代）もすでに半ばに至らんとしています。

　周知のように、この間に沢山の出来事がありました。大きなことだけでも三つ。言うまでもなくそれは、まず第一に二〇一一年三月十一日の東日本大震災および福島第一原発事故、それから二〇一九年四月三十日の「平成」の終わりと、その翌日からの「令和」の始まり、そして二〇二〇年以降の新型コロナウイルスの全世界的な流行、いわゆる「コロナ禍」です。もちろん他にも重要な事件・事象は多々ありましたが、これら三つは歴史的な出来事と言っていいでしょう（改元はそうでもないと思う人もいそうですが、皇室典範を改正しての天皇の生前退位によるものだったという点で、それはやはり「歴史的」です）。当然のことながら、それらは「ニッポンの思想」にも、さまざまな影響を及ぼすことになりました。

　震災と改元とコロナ禍を経て、そしてそれらと関連することだけでなく、気づいてみれば、この国の「現代思想」の風景は、ずいぶんと様変わりしているように見えます。筆者には、その変化は十数年前に書いた、八〇年代、九〇年代、ゼロ年代の三つのディケイドを通しての変化を上回っていると思えます。いや、それは「変化」でさえないのかもしれない。「風景」自体が消失しつつあるというか、「ニッポンの思想」の「歴史＝物語」が、いよいよ本格的に終焉を迎えつつある、そんな気がしてならないのです。

もしも本当にそうなのだとしたら、確かに大変残念なことではあるとしても、そうなってしまう理由があるのだと思います。時代の必然とまでは言わないまでも、この国の人々は以前にも増して、もはや「思想」を必要としていない、そう考えるにたる現実がまぎれもなく存在しているのだと。嘆いていても仕方がない。それよりも、どうしてそうなってしまったのかを冷静に分析し、その上で多少とも、回復の、逆転の可能性を考えてみるべきだと思います。そんなことはない、今も「思想」は確固として存在している、筆者の現状認識が間違っているのだという方もいるかもしれませんが、そう思う人も、思想や哲学に限らない人文学全般の今後について、ある種の危機意識は共有しているのではないでしょうか。

「思想市場」は、ますますシュリンクの一途を辿っています。日本では長らく「思想」と「哲学」と「批評」（おそらく「文学」も）の区別は曖昧でしたが、それらの専門家の言動が世間から注目され、影響力を発揮することも、今ではほとんど見られなくなってしまいました。「ニッポンの思想」は遂に「歴史の終わり」に辿り着いてしまったのでしょうか？

この問いには最後に戻ってくることにして、ともかく話を進めていくことにしましょう。前章に二〇一六年に書いた文章を置きました。旧版の刊行から七年後だったわけですが、現在（二〇二三年九月）は更に七年後に当たります。新たな「ニッポンの思想」の担い手二名に登場してもらった後、二人の主要プレイヤーの「現在」を語ってみたいと思います。

テン年代に現れた二人――國分功一郎と千葉雅也

『ニッポンの思想』の「歴史」は、一九八三年に浅田彰の『構造と力』がベストセラーになった出来事から書き起こされていました。現時点から顧みると、それは四つの問題を提起していたと思います。

（1）ポストモダン論としての「現代思想」

「ポストモダン」という語の定義は、日本では特に曖昧です。「脱近代」としても「近代以後」としても、どこか不十分だったりズレているように思えてしまう。それは「モダン＝近代」の定義がすでに曖昧であるからですが、精確さよりも用法を見るならば、要するに「ポストモダン」とは「現在」を「現代」とは何らかの意味でまったく異なった新しい時代として措定しようとする態度のことだと言えます。『構造と力』も、浅田が続いて出した『逃走論』も、ニュー・アカデミズム＝ニューアカという俗称の通りアカデミズムの新時代を告知するだけではなく、もっと広い意味での社会形態や思考法やライフスタイルの新しさを提示するものでした。この姿勢は浅田に続く「ニッポンの思想」の論客にも引き継がれていきました。『構造と力』から十八年後に出版された東浩紀の『動物化するポストモダン――オタクから見た日本社会』(二〇〇一年)は、浅田が自らそのひとりとして高らかに名乗りを上げた八〇年代の「スキゾキッズ」(「新人類」と呼んでも「センス・エリート」と呼んでもいい)がゼロ年代になると「おたく/オタク」と呼ばれる存在に変容(?)していたという状況認識を背景に著されていました。ポストモダン論とは、ポスト消費社会論であり、ポスト文化(サブカルチャー)論であり、ポスト政治(イデオロギー)論でもあります。

(2) ドゥルーズ論の展開/転回

『構造と力』と『逃走論』の核心は、ジル・ドゥルーズとフェリックス・ガタリが共同で書いた著作の紹介でした。より精確に言えば、それがそのまま時代と状況にかかわるリアルタイムの「(ニッポンの)ポストモダン論」としても読めるという点に浅田彰のドゥルーズ=ガタリ論の特長がありました。それは一世を風靡しましたが、九〇年代の「ニッポンの思想」の担い手たちはそこから明確に距離を取ります。ゼロ年代の東浩紀のデビュー作『存在論的、郵便的』はドゥルーズでなくジャック・デリダを論じた本でした。しかし実際には八〇年代以降、ドゥルーズの日本の人文系における存在感は増していきました。ドゥルーズは幅広い射程を持つ哲学者ですが、個別のテーマを集中的に論じたり、トータルなドゥルーズ像を描き出そうとしたり、アプローチはさまざまですが、ドゥルーズ論はコンスタントに数多く出版されており、その多くは博士論文をもとにしたものです。

（３）「思想市場」・商業性・メディア

ニューアカが始まったのは『構造と力』と中沢新一の『チベットのモーツァルト』が相次いでベストセラーになったことがきっかけでした。二冊があれほど売れなかったら、その後の「ニッポンの思想」の風景はまったく違うものになっていたでしょう（本書が書かれることもなかったでしょう）。ニューアカの本質は、アカデミズムという本来は高度の専門性を持つ、いわば一見さんお断り的な閉じた世界の住人たちが、その外側の社会やメディアでスターになったことです。それが「思想市場」ということですが、それは「売れる」こと、「注目される」こと、「人気者になる」ことを意味しています。そうした現象はニューアカ以前にもありましたが、それ以後は一定の商業的成功と知名度は「ニッポンの思想」の重要条件になります。本書にこれまで登場したプレイヤーたちも、程度の差はあれ、書いた本が売れた人たちです。

（4）社会変革の（不）可能性

前にも述べたように、八〇年代のニューアカ、日本のポストモダニストたちは、九〇年代以降、明確に左傾化しました。しかしこの社会（世界）を変わり得るもの、変え得るものとして捉える視点は、そもそも『構造と力』にも潜在していたと言えます。「社会」なのか「世界」なのか、フレームの違いはありますが、「ニッポンの思想」のプレイヤーたちは、「今ここ」を説明すると同時に何らかの意味で良い方向に変革する方法をも考えようとしてきたのだと思います。日本はこの数十年の間に不可逆的とも思える大きな変化を経験しました。「思想」だけではなく、そのインフラである社会や国家のありようについて、現在の状態に至るプロセスは八〇年代に始まったという見方も出来るかもしれません。社会を変えるには、世界を変えるには、どうしたらいいのか？　これは永遠の問いですが、問い方も答え方も、時代とともに刻々と変容しています。

以上の四点を取り出してみると、テン年代に新たに現れた二人の人物が注目されます。國分功一郎と千葉雅也です。二人とも主な専門はフランス現代哲学です。ニューアカ・ブームの時、彼らはまだ子供でしたが、どちらもそれぞれのスタンスでニューアカ以後の「ニッポンの思想」すなわち日本のポストモダンに意識的です。國分の博士論文はスピノザ論ですが（『スピノザの方法』二〇一一年。彼は他にもスピノザにかんする本を何冊も書いています)、『ドゥルーズの哲学原理』(二〇一三年)という書物があります。千葉の博士論文は『動きすぎてはいけない――ジル・ドゥルーズと生成変化の哲学』(二〇一三年)として出版されています。國分にも千葉にも数冊ずつヒット作があります。そして二人の言論活動はアカデミズムの枠内に留まらず、社会(の捉え方もそれぞれですが)へと向けたスタンスを有しています。つまり二人とも先の四点すべてを継いでいると言えます。前章で名前を出しておかなかったのは、言うなれば温存(?)していたのでした。

『暇と退屈の倫理学』の理路と文体

それではまず國分功一郎について述べていきましょう。一連のスピノザ論も重要ですが、それらとは別に、國分には二冊のベストセラーがあります。『暇と退屈の倫理学』(二〇一一年)と『中動態の世界――意志と責任の考古学』(二〇一七年)です。二冊とも毎年の人文書から読者投票で選ばれる「紀伊國屋じんぶん大賞」を受賞、『中動態の世界』は第十六回小林秀雄賞も受賞しています。

國分の出世作である『暇と退屈の倫理学』は、題名通り「暇」と「退屈」を哲学的に考察した長編論考です。資本主義の爛熟と高度消費社会=「ゆたかな社会」(ジョン・ガルブレイス)――のひとつの帰結として「暇」が大量発生した、だが「好きなこと」を持たない/持てない多くの人々は暇をどう使っていいのかわからず、ただ「退屈」を持て余している。こうして「暇のなかでいかに生きるべきか、退屈とどう向き合うべきかという問いがあらわれる」と國分は「序章」で述べます。「暇と退屈」の本質を淵源まで遡って確認し、非常に長いスパンの歴史的な変遷を辿ったあと、國分はマルティン・ハイデッガーの『形而上学の根本諸概念』を一種の「退屈論」として読み直します。國分によると、ハイデッガーの主張は次のようなものです。

退屈こそは人間の可能性の現れである。ハイデッガーはそう考えた。その可能性とは自由のことだ。人間は退屈する。いや、退屈できる。だからこそ自由である。
（『暇と退屈の倫理学』）

ハイデッガーは、ここから「決断」という主張を導き出します。しかし國分はこの結論に納得しません。そして彼は――ここからが『暇と退屈の倫理学』のハイライトというべきですが――理論生物学者ヤーコプ・フォン・ユクスキュルが『生物から見た世界』で提出した「環世界（Umwelt）」という概念を導入します。

私たちは普段、自分たちをも含めたあらゆる生物が一つの世界のなかで生きていると考えている。すべての生物が同じ時間と同じ空間を生きていると考えている。ユクスキュルが疑ったのはそこである。彼はこう述べる。すべての生物がそのなかに置かれているような単一の世界など実は存在しない。すべての生物は別々の時間と空間を生きている！　（同前）

「すべての生物」が生きている「別々の時間と空間」が「環世界」です。よく知られているように、ユクスキュルはダニの例を挙げて、このことを説明しています（後で触れるようにジル・ドゥルーズが幾つかのテクストでユクスキュルを参照しているのですが、おそらくは敢えて國分はここでドゥルーズには言及していません）。再びハイデッガーを参照してミツバチの生態について、ユクスキュルとともに盲導犬について考察した後、國分は別々であるはずの「環世界」を移動する能力を「あらゆる生物」は持っていると述べ、なかでも人間は「その他の動物に比べて極めて高い環世界間移動能力をもっている」のだと言います。そしてこう主張します。「人間は環世界を相当な自由度をもって移動できるから退屈するのである」。

『暇と退屈の倫理学』の後半はかなり込み入った議論が延々と展開されます。「暇と退屈」について考えるためにハイデッガーが召喚されたわけですが、いつしかそれ自体がひとつのハイデッガー論（批判）になっていくのがスリリングです。そして國分は本書第四章でも触れたアレクサンドル・コジェーヴの「歴史の終わり」に言及し、批判します。その後、ジル・ドゥルーズ、國分の最初の研究対象だったスピノザを経由して『暇と退屈の倫理学』は大団円を迎えます。曰く「退屈」への処方箋とは「〈人間であること〉を楽しみ、〈動物になること〉を待ち構える」ことなのだと。

國分の論述は極めてスケールが大きく、かつ極めて複雑であり、その理路を短い紙数でスッキリと纏めるのは至難の技、というか不可能です。「暇と退屈」という誰もが関心を抱くワードから出発しながら、気がつくと高度な哲学論議になっている。國分の文章はとてもリーダブルですが、にもかかわらずじっくり読み進めないとロジックを見失ってしまいそうになります。入り口は易しそうなのに、奥に進んでいくとどんどん難解になっていく。それは國分のもう一冊のベストセラーである『中動態の世界』にも言えます。

思考様式の改変をうながす――『中動態の世界』

「中動態」とは「《する》＝能動態」と「《される》－受動態」のどちらでもない、インド－ヨーロッパ語にかつて存在していた態です。実はもともとあったのは能動態と中動態だったのですが、中動態から派生した受動態によって、いつしか能動態と受動態が対立軸とされるようになり、中動態は忘却されてしまった。中動態はフランスの言語学者エミール・バンヴェニストが『一般言語学の諸問題』で注目したことで知られています。國分は古典時代のギリシアまで遡って、哲学、文献学、比較言語学などを駆使しつつ、この「失われた態」を再発見していきます。

『中動態の世界』によって「中動態」は一種の流行語になりました。しかし「能動態＝する」と「受動態＝される」のように「中動態」を簡潔に述べようとすると、途端に困難が生じます。なぜか？　人間の思考がすでに長らく「能動／受動」に囚われてしまっているからです。國分はジャック・デリダの論文「差延」（『哲学の余白』）から「哲学は、このような中動態、すなわちある種の非－他動詞性をまず能動態と受動態へと振り分け、それを抑圧することで自らを構成したのである」という一文を引用し、こう述べます。

デリダは態をめぐる言語の変化が、哲学そのものと内在的に結びついている可能性に言及している。すなわち、言語と思考とが関係する可能性、中動態の抑圧がいまに至る哲学の起源にあるという可能性に言及している。（中略）

おそらく、いまに至るまでわれわれを支配している思考、ギリシアに始まった西洋の哲学によってある種の仕方で規定されてきたこの思考は、中動態の抑圧のもとに成立している。（『中動態の世界』）

そして國分は「中動態を有していた古代ギリシアが意志の概念を知らなかったという事実」から、アリストテレスに戻って、副題の一方である「意志の概念」を論じていきます。

『暇と退屈の倫理学』よりも更に濃密で精妙な議論をこれ以上トレースすることは控えますが、重要なことは、國分がこの本を書くきっかけになったのが、『暇と退屈の倫理学』がアルコールや薬物の依存症の患者や医師に読まれていることを知り、依存症の自助グループと語る機会を得たことだったという事実です。実は『中動態の世界』の冒頭には、謎めいた「ある対話」が置かれています。


——ちょっと寂しい。それぐらいの人間関係を続けられるのが大切って言ってましたよね。

「そうそう、でも、私たちってそもそも自分がすごく寂しいんだってことも分かってないのね」

——ああ、それはちょっと分かるかもしれないです。

「だから健康な人と出会うと、寂しいって感じちゃう」

——それは「この人は自分とは違う……」って感じるということですか？

「そういうのもあるかもしれないけど、人とのほどよい距離に耐えられない」


（同前　一行空きを省略した）

これは最初の部分ですが、こんな対話から「中動態」についての思考へと旅立っていくのが國分功一郎という書き手の真骨頂だと思います。誰もが何かしら思い当たるような世俗的な事象から出発して、深遠にして広大無辺の哲学の世界へと読者を誘っていく手つきは、見事という他はありません。

『中動態の世界』は医学書院の「シリーズケアをひらく」の一冊として刊行されました。同シリーズは綾屋紗月と熊谷晋一郎の共著『発達障害当事者研究――ゆっくりていねいにつながりたい』（二〇〇八年）、熊谷の『リハビリの夜』（二〇〇九年）、東畑開人『居るのはつらいよ――ケアとセラピーについての覚書』（二〇一九年）、横道誠『みんな水の中――「発達障害」自助グループの文学研究者はどんな世界に棲んでいるか』（二〇二一年）など話題書や注目書を次々と送り出しています。近年は日本社会の構造的変質（「引きこもり」や「心の病い」の増加）や少子高齢化ともかかわって、心身両方の広義の「障害」や「介護」「ケア」への関心が急激に増していることもあり、このシリーズに限らず、こうしたテーマの書物が数多く出ており、ベストセラーになることも少なくありません。臨床心理学者の東畑や文学研究者で発達障害当事者の横道は「ケアをひらく」の著書以後、次々と本を書いていますし、同シリーズから『どもる体』（二〇一八年）を出している伊藤亜紗の『目の見えない人は世界をどう見ているのか』（二〇一五年）の大ヒットは記憶に新しいところです。小児科学と当事者研究を専門とする熊谷晋一郎が『暇と退屈の倫理学』を依存症の自助グループに繋ぐきっかけを作った人物です（『中動態の世界』あとがき参照）。國分と熊谷には『〈責任〉の生成——中動態と当事者研究』(二〇二〇年)という共著(対談)もあります。

『中動態の世界』の副題は「意志と責任の考古学」です。しかしここには三つ目の概念が、いわば「意志」と「責任」を繋ぐものとして存在しています。それは「自由」です。「自由」の概念を問い直すことこそ、國分がこの本を書いた最終的な目標です。

完全に自由になれないということは、完全に強制された状態にも陥らないということである。中動態の世界を生きるとはおそらくそういうことだ。われわれは中動態を生きており、ときおり、自由に近づき、ときおり、強制に近づく。(同前)

「われわれはおそらく、自分たち自身を思考する際の様式を根本的に改める必要があるだろう」と國分は結論部分で述べています。「思考の様式」を改変することこそ、「中動態の世界」を生きていながら「中動態」を忘れてしまった人間の「自由」の条件なのです。

『ドゥルーズの哲学原理』——テクストの細部にこだわり、包括的に読む

『暇と退屈の倫理学』と『中動態の世界』の間に出版されたのが『ドゥルーズの哲学原理』です。ドゥルーズ哲学の解説書はとにかく沢山出ていますが、筆者があれこれ読んで

みた限りでは、これは最も行き届いた内容の、しかも野心的な本だと思います。そしてそれは國分自身も多分に意識していたことだと思われます。「はじめに」で彼はこう述べています。

ドゥルーズの著作は世界中で読者を獲得しており、研究も盛んに行われている。専門誌があり、専門の国際会議があり、毎年、山のように研究論文が書かれている。だが、そのことはドゥルーズの著作が読まれていることを少しも意味しない。むしろ事態は逆である。二〇世紀の哲学が残した偉大なる遺産の一つは、読むことの複雑さという当たり前の事実であった。この遺産の教えるところは、しかし、盛んに取り上げられている作者においてこそ忘れられてしまう。本書が目指すのは、それゆえ、ジル・ドゥルーズという哲学者の著作を読むことである。それによって我々はドゥルーズを読むための最低限の条件を整えようと試みる。

(『ドゥルーズの哲学原理』)

ドゥルーズの著作を「読むこと」によってドゥルーズを「読むための最低限の条件を整えようと試みる」という、一見、同義反復にも思われる書き方に、この本の独自性が刻印されています。國分はドゥルーズが残したテクストを細部にこだわりながら包括的にひたすら読み込むことによって、ドゥルーズ哲学の「原理」を導出していきます。この姿勢は

『暇と退屈』や『中動態』そしてスピノザ論とも共通する國分の基本スタンスです。この本の長所は、ともすれば別々に捉えられがちだったジル・ドゥルーズとドゥルーズ＝ガタリを論理的に繋ぐことに挑戦している点です。「読むこと」において、すべては同一平面上で捉えられるべきだからです。

國分はドゥルーズという哲学者が、何をしようとして、何をなし得たのかを見事に描き出してみせます。そのためにまず彼は「哲学研究」と「哲学」の関係性について論じます。

もし哲学研究が、対象となる哲学者の思想を書き写すこと、まとめ直すことであるならば、それはその哲学者が述べたことをもう一度述べているにすぎない（略）対象となる哲学者の思想とは別の思想をその哲学者の名を借りて語っているのであれば、それは哲学研究ではない（それはその人の主張である）。ならば、哲学研究は何をするべきか？　哲学者に思考を強いた何らかの問い、その哲学者本人にすら明晰に意識されていないその問いを描き出すこと、時にはその哲学者本人が意識して概念化したわけではない「概念」すら用いて、時にはその対象を論じるには避けて通れないと思われているトピックを飛び越えることすら厭わず、その問いを描き出すこと——ドゥルーズは、それこそが哲学研究の使命であると考え、そしてそれを実践した。（同前）

國分はドゥルーズが「哲学者の意識を超えるものとしての思考、つまり、語られたことは別に捉えられうる、語られたこと以上のものを含み込み、語られたこと以前に位置するものとしての思考」を「思考のイメージ」と呼んでいたと述べます。「ドゥルーズにとって哲学研究とは、対象となる哲学者がそれとは意識せずに直面していた、あるいは語り尽くすことのできなかった「問題」へと遡り、それを切り開き、その問題が位置づけられている思考のイメージを明らかにすることである」。そしてその上で、哲学とは「概念」を創造することである。ドゥルーズによる有名な「哲学」の定義です。

問いを批判することによって行われる、新たな問いの発見と概念の創造。これは、新たな問いを発見したり、概念を創造したりするための、数あるやり方のうちの一つではない。ドゥルーズによれば、それこそが問いを発見する唯一のやり方であり、概念を創造する唯一のやり方である。（同前）

では、それはどのようになされるのか？　國分はドゥルーズの「問いの発見と概念の創造」をひとつひとつ丹念に論じていますが、ここでは「あとがき」に記された一例を挙げておきます。ドゥルーズ＝ガタリの「逃走線」は浅田彰によって一躍有名になった言葉＝概念ですが、國分はこれについて次のように述べています。

ここで「逃走」と訳された“fuite”という語には「水漏れ」という意味もある。社会は、マルクス主義が言うように「矛盾」によって定義されるのではない。社会は「逃走線＝水漏れ線」によって定義される、というのがドゥルーズ＝ガタリの主張である。社会は一つのシステムとして思い描かれるが、このシステムは決して完全なものではなく、あちこちで水漏れを起こしているということだ。南フランスで最初に地主に挨拶をしなくなった農民は、当時の当地における「逃走線＝水漏れ線」であろう。地主が農民を抑圧していたが、のちの農民は反乱を起こし……などというモル的＝大域的な説明——社会的な「矛盾」に依拠した説明——では、この「逃走線＝水漏れ線」を説明することはできないし、それを可能にした欲望のアレンジメントをつかむこともできない。欲望のアレンジメントという視座から分子的に社会が考察された時に初めて、変革の発端となる水漏れを見出すことができる。（同前）

國分のこれまでのところの「主著」は、『スピノザの方法』『暇と退屈』『中動態』の三冊ということになると思いますが、他にも入門書／啓蒙書的な『近代政治哲学——自然・主権・行政』（二〇一五年）、『はじめてのスピノザ——自由へのエチカ』（二〇二〇年）、『スピノザ——読む人の肖像』（二〇二二年）、小平都市計画道路328号線建設に反対する住民直接請求のための住民投票へのコミットをきっかけに著した『来るべき民主主義――小平市都道328号線と近代政治哲学の諸問題』(二〇一三年)や『民主主義を直感するために』(二〇一六年)、『原子力時代における哲学』(二〇一九年)など、先ほどの「水漏れ」とも繋がるアクチュアルなテーマを扱った本もあります。訳業ではジャック・デリダ『マルクスと息子たち』やジル・ドゥルーズ『カントの批判哲学』などを手がけています。そして國分と一緒にフェリックス・ガタリ『アンチ・オイディプス草稿』を翻訳したのが、他でもない千葉雅也です。

『動きすぎてはいけない』――中庸さの戦略

千葉雅也の『動きすぎてはいけない』は、副題に「ジル・ドゥルーズと生成変化の哲学」とあるようにドゥルーズ論です。しかしスタイルや文体は國分の『哲学原理』とはかなり異なっています。「序――切断論」で千葉はこう言います。「概して「ドゥルーズ主義者」は、絶えざる互いの生成変化において私たちは必ず接続されていると考えさせてくれることを、ドゥルーズ＝ガタリの美点として支持してきたと思われる」。千葉がドゥルーズ哲学のキーワードとしてまず提出するのは「接続」です。こんにちの社会は「接続過剰」であり、それゆえの多くの問題がある。では「接続」を解除すれば、「切断」すればいいのか？　そんな単純な話ではありません。「接続」と「切断」という二項に「意味」

と「非意味」の二項を掛け合わせると「意味的接続」「意味的切断」「非意味的接続」「非意味的切断」の四つが得られます。千葉はこう述べます。

二〇世紀末の多くのポストモダン論では、非意味的接続の奨励——貨幣的ではなく文化的な——を主としており、非意味的接続の過剰による文化的な窒息に対する非意味的切断は、二次的なテーマでしかなかった。二一世紀のグローバルなネットワーク社会に入って、非意味的切断は焦眉のテーマになる。情報のオーバーフローにおいては、意志的な選択よりも、偶々《たまたま》のタイミングで取捨されてしまった情報のいくつかのみに反応せざるをえないということが、前景化している。このことを、文明の堕落であると言って済ませるわけにはいかない。情報のオーバーフローに翻弄される私たちの不随意な痴態は、哲学的な示唆に富んでいる。（『動きすぎてはいけない』）

千葉は「非意味的切断」を奨励します。千葉も明言していますが、彼のスタンスは三十年前の浅田彰『構造と力』『逃走論』を強く意識しています。浅田が一九六〇年代末の（「六八年五月」の！）ドゥルーズ＝ガタリでニッポンの「八〇年代」を論じたのだとしたら、千葉は同じドゥルーズによって「ニッポンのテン年代」を論じようとしたと言ってもいいかもしれません。即ちそれは「ドゥルーズ（＝ガタリ）によるポストモダン論」の更新です。

ポジティブに言って、私たちは、偶然的な情報の有限化を、意志的な選択（の硬直化）と管理社会の双方から私たちを逃走させてくれる原理として「善用」するしかない。モダンでハードな主体性からも、ポストモダンでソフトな管理からも逃れる中間地帯、いや、中間痴態を肯定するのである。仮に〈ポストポストモダン〉という状況を特徴づけるとすれば、それは、情報のオーバーフローにおいて、多様な有限性による非意味的切断が前景化されている状況である。ポストポストモダンの風は、有限性の多様性のあいだを吹き抜ける。無限に豊かに絡みあう差異のネットワークを泳ぎ回るのではなく、或る有限性から別のしかたの有限性への、愚かさから愚かさへの、貧しさから貧しさへのテレポーテーション。（同前）

千葉は「ポストモダン」の次なる「ポストポストモダン」の定立を試みます。それはドゥルーズ＝ガタリが提起した（浅田彰がそこに見出した）ポストモダン的主体／客体性への批判、その乗り越えです。ゼロ年代の始まりとともにインターネットの常時接続が一般化してから十年、気づけばケータイはスマホになり、ソーシャル・ネットワーキング・サービス＝SNSが蔓延している。今やわたしたちは繫がり過ぎている。それはかつてドゥルーズ＝ガタリが描いた「リゾーム」の実現かもしれない。だが、それはすでに度を越してしまっているのではないか？　「リゾーム的な接続は、どこかで切断され、有限化されなければ、私たちは、かえって巨大なパラノイアのなかに閉じこめられる。あらゆる事物が関係しているという妄想である」。「生成変化は、接続過剰のどんづまりからの解放でなければならない」と千葉は言います。そしてこの本の題名となったドゥルーズのフレーズを書きつけます。「生成変化を乱したくなければ、動きすぎてはいけない」。

千葉はドゥルーズに倣って「動きすぎる知識人は、裏腹に、理性の領分から動かない」と述べます。「他方、「動きすぎない」での生成変化とは、すべてではない事物「と」の諸関係を変えることである」。

もっと動けばもっと良くなると、ひとはしばしば思いがちである。ひとは動きすぎになり、多くのことに関係しすぎて身動きがとれなくなる。創造的になるには、「すぎない」程に動くのでなければならない。動きすぎの手前に留まること。そのためには、自分が他者から部分的に切り離されてしまうに任せるのである。自分の有限性のゆえに、様々に偶々《たまたま》のタイミングで。（同前）

『動きすぎてはいけない』でトータルに提起されるヴィジョンは、右の箇所にも端的に現れているように、ある種の中庸さの戦略です。接続過剰はよくないが、完全な切断も望ましくない。意味の過飽和も意味のリセット＝非意味も現実的ではない。動きすぎてはいけないが、まったく動かないのはもっといけない。そこには浅田のようなクリアカットの感覚はありませんが、むしろそのことによってこそ千葉の主張はリアルでラディカルなものになっていると言えます。要するにそれが「八〇年代」と「テン年代」の違いです。

もう一点、千葉は「セルフエンジョイメント」のことも取り上げています。ドゥルーズが「固有に英語的」な概念として好んで用いたこのワードは、千葉によると「生成変化」のもうひとつの鍵です。

> セルフエンジョイメントは、エゴイズムではない。なぜなら「自分に満足する」としても、この喜びは、自分を、自分とは異なる「元素」たち、つまり他者たちのまとまりとして観ることであるからである。自分とは、複数の他者が「縮約」された結果＝効果(effet)なのである。ドゥルーズは、他者たちを自己よりも先立てる——他者たちになるほどに、私たちはますます自己になる。（同前）

だが、ドゥルーズは同時に「喜ばしく自己になるほどに、私たちはますます他者たちになる」とも言っていると千葉は述べます。「生成変化とは、自他を一緒くたにすることではない。セルフエンジョイメントは、自他の区別を伴っている」。むしろそこにあるのは「他者と自己のシーソーゲームを限りなく水平化してしまう、ほとんど多幸症的な口ぶり」なのだと。

「思弁的実在論」の導入

このような方針を示した上で『動きすぎてはいけない』という書物では実に多くのトピックが扱われていきます。國分功一郎が『暇と退屈の倫理学』で取り上げたユクスキュルの「環世界」についても——ドゥルーズ（=ガタリ）は幾つかのテクストで「ダニ」の話をしています——考察されます。しかし細部に踏み込むのは諦めることにして、ここではこの本の「日本語で読めるドゥルーズ論」としての決定的な新しさについて触れておきます。

それは「思弁的実在論（speculative realism）」の導入です。これも詳しく述べることは出来ませんが、思弁的実在論とは、フランスのカンタン・メイヤスーとアメリカのグレアム・ハーマン、イギリスのレイ・ブラシエとイアン・ハミルトン・グラントを中心に二〇〇七年以降に欧米で勃興した哲学の潮流／運動です。千葉は『動きすぎてはいけない』においてメイヤスーとハーマンに言及している他、メイヤスーの『有限性の後で』を翻訳（大橋完太郎、星野太との共訳）、後で触れる『現代思想入門』（二〇二二年）や対談集『思弁的実在論と現代について——千葉雅也対談集』（二〇一八年）、雑誌「現代思想」で連載後、未だ書籍化されていない『アウト・イン・ザ・ワイルズ』でも思弁的実在論を論じています。

なぜここで思弁的実在論が出てくるのかといえば、メイヤスーとハーマンが、それぞれの仕方で、ドゥルーズが『経験論と主体性』などで論じたデイヴィッド・ヒュームの哲学の或る種の徹底化（あるいは変形？）を試みているからです。思弁的実在論は必ずしも統一的な哲学的見解を持ったものではなく、メイヤスーとハーマン、二人以外の人々も実際にはかなり異なった主張をしています。千葉の積極的な紹介もあって一時期、思弁的実在論は日本の人文業界でブームの様相を呈しました。現在はメイヤスーとハーマンはそれぞれ数冊の邦訳がありますし、千葉の『現代思想入門』の他にもハーマン自身の『思弁的実在論入門』など入門書も何冊か出ています。

ここでは千葉によるメイヤスー紹介のみ記しておきます。『動きすぎてはいけない』の記述では、メイヤスーの「最大の主張は、世界の諸法則（物理的、論理的などの）が、或るとき突然、絶対の偶然性で、何の理由もなく、別のしかたに変化しうるという主張である。また、そもそもこの世界は、或るとき突然、絶対の偶然性で、何の理由もなく発生した。メイヤスーは、この世界がこのように成立しているという事実の充足理由を、完全に消去してしまう」。ほとんどＳＦですが（実際、ハーマンを始め思弁的実在論者たちはＳＦやホラーを好んで取り上げます)、しかし『有限性の後で』を読めば、メイヤスーが精密に議論を組み立てていった結果、この途方もない主張に至っていることがわかります。メイヤスーは一時期、自身の立場を「思弁的唯物論(speculative materialism)」と呼んでいましたが、呼称はともかく、或る哲学的な思弁(Speculation)を自然科学的な証明とは別に実在化(realize)もしくは物質化(materialize)させる、ということなのだと思います。ちなみに思弁的唯物論の「流行」と前後して、また別の(だが関連がないわけではない)哲学的立場を有するドイツのマルクス・ガブリエルや、思弁的唯物論とは人脈的にも近接する「加速主義(accelerationism)」、その理論的な父とも言われるニック・ランドなどが相次いで日本に紹介されました。この感じもまた八〇年代のニューアカ時と似ていますが、かつてのような人文業界を超えるほどのインパクトは持ち得なかったと思います(でもこれは時代の変化でしょう)。

しかし、そうした一過性の流行現象とは別に、千葉は『動きすぎてはいけない』以降も独自のプレゼンスを維持、強化し続けています。彼のユニークさは、広義の「哲学」的な営為/試行にかんする、まったく新しいタイプの「マニュアル」本を書けることです。ツイッター(現X)の「呟き」をまとめた『別のしかたで――ツイッター哲学』(二〇一四年)を経て著した『勉強の哲学――来たるべきバカのために』(二〇一七年)はベストセラーになりました(姉妹編『メイキング・オブ・勉強の哲学』〔二〇一八年〕は筆者が聞き手となって行われた『勉強の哲学』刊行記念トークを元にした本です）。『アメリカ紀行』（二〇一九年）は「アメリカ（とニッポン）の哲学」とも呼べる内容ですし、「書くこと」について考えた『ライティングの哲学──書けない悩みのための執筆論』（山内朋樹、読書猿、瀬下翔太との共著 二〇二一年）、『現代思想入門』、現在は『制作の哲学（仮）』を準備中とのことです。アートや音楽や文学やファッション、プロレスやギャル男まで論じた多種多様な批評集『意味がない無意味』（二〇一八年）や、二村ヒトシ、柴田英里との鼎談『欲望会議「超」ポリコレ宣言』（同）もあります。

大学生など若い世代を中心に非常に多くの読者を獲得した『勉強の哲学』は、世に溢れかえっている「勉強本」や「学習本」とは一線を画しています。「はじめに」で、千葉は「それにしても今日ほど、勉強するのに良い時代はないんじゃないかと思うのです」と述べます。インターネットで検索すれば、さまざまな事象についての基本的な知識をすぐさま知ることができるし、入門書の類いも膨大に出版されている。外国語の習得も、やはりネットなどのテクノロジーによって昔とは比較にならないほど効率的に行なうことが可能になりました。千葉はこのような状況を「勉強のユートピア」と呼び、ひとまず肯定したうえで「しかしまた、情報が多すぎることで、考える余裕を奪われているとも言えるでしょう」と続けます。SNSとスマートフォンは、ひとびとの生活と日常を常に過剰な「情報刺激」に晒しており、われわれは「共感＝集団的なノリ」に囚われてしまっている。

そこで、キーワードになるのが「有限化」です。ある限られた＝有限な範囲で、立ち止まって考える。無限に広がる情報の海で、次々に押し寄せる波に、ノリに、ただ流されていくのではなく。「ひとまずこれを勉強した」と言える経験を成り立たせる。勉強を有限化する。

（『勉強の哲学』）

「有限化」というキーワードが『動きすぎてはいけない』の主張と繫がっていることがわかります。いわば『勉強の哲学』は、千葉のドゥルーズ論の応用編（のひとつ）なのです。

「人は、「深くは」勉強しなくても生きていけます」と千葉は言います。

深くは勉強しないというのは、周りに合わせて動く生き方です。状況にうまく「乗れる」、つまり、ノリのいい生き方です。それは、周りに対して共感的な生き方であるとも言える。逆に、「深く」勉強することは、流れのなかで立ち止まることであり、それは言ってみれば、「ノリが悪くなる」ことなのです。深く勉強するというのは、ノリが悪くなることである。

（同前）

ここだけを読むと、いわゆる「空気（共感＝ノリ）を読む／読まない」という話のようですが、千葉の議論は、その先にポイントがあります。彼は「これから説明するのは、いままでに比べてノリが悪くなってしまう段階を通って、「新しいノリ」に変身するという、時間がかかる「深い」勉強の方法です」と続けます。「深い」勉強をしてゆくと、ノリが悪くなる、以前のような「バカなこと」が出来なくなる。だがその先に「来るべきバカ」に変身する可能性がある、千葉はそう言います。「勉強の目的とは、これまでとは違うバカになることなのです」。


まず、勉強とは、獲得ではないと考えてください。

勉強とは、喪失することです。

これまでのやり方でバカなことができる自分を喪失する。

これまでと同じ自分に、英語力とか何か、スキルや知識が付け加わるというイメージで勉強を捉えているのなら、勉強を始めることはできません。

（同前）


このように「はじめに」を読むだけでも、この本が他の「勉強本」とはまったく異なる狙いを持っていることがわかると思います。千葉はいわば、従来の「勉強」という概念を書き換えてしまっています。だからこの本の書名は『勉強の哲学』なのです。

周知のように、千葉雅也は小説家でもあります。『デッドライン』（二〇一九年）、『オーバーヒート』（二〇二一年）、『エレクトリック』（二〇二三年）の三部作はいずれも芥川賞候補に挙げられ、筆者が編集長を務める文芸雑誌「ことばと」創刊号に発表した短編「マジックミラー」は第四十五回川端康成文学賞を受賞しました。『デッドライン』はジル・ドゥルーズにかんする修士論文の執筆に呻吟するゲイの大学院生の「僕」（名前は与えられていません）の物語で、ドゥルーズ（&ガタリ）の重要な概念のひとつである「生成変化」がテーマになっています。続く『オーバーヒート』ではそれから十数年の月日が流れており、やはり名前のない「僕」は関西の大学の教員になっています。そして『エレクトリック』は第一作よりも時間が遡り、栃木県宇都宮市の実家で暮らす高校二年生の「志賀達也」の日々がはじめて三人称で語られます。それぞれ二〇〇〇年代＝ゼロ年代の初頭、二〇一〇年代＝テン年代の後半、一九九〇年代の半ばが舞台となっており、もちろん小説ですから千葉雅也本人と完全にイコールではないにせよ、千葉にとって「哲学＝思弁」と「小説＝制作」は相互作用的な営み／試みなのかもしれません。

國分功一郎と千葉雅也、二人のスタイルはある意味で対照的ですが、彼らには『アンチ・オイディプス草稿』の共訳の他に対談本『言語が消滅する前に』（二〇二一年）もあります。二人にはフランスに長期留学経験のあるアカデミシャンという共通点もあります。筆者にはこのことは非常に重要だと思えます。國分はゼロ年代の前半、千葉はゼロ年代の半ばに日本にいなかったのです。結果として彼らは「ゼロ年代の思想」から自然と距離を置くことが出来た。國分（一九七四年生まれ）は東浩紀（一九七一年生まれ）と三歳しか離れていませんが、少し年下の千葉（一九七八年生まれ）ともども「ニッポンの思想」の舞台（ゲームボード？）に登場してきたのはテン年代に入ってからです。二人の「哲学」の「ニッポンの思想」らしからぬグローバルな構えは、このことと関係があるように思えてなりません。

『力と交換様式』──柄谷行人の総決算

二〇二二年、柄谷行人は『力と交換様式』を発表しました。柄谷思想の総決算ともいうべき大著です。『トランスクリティーク──カントとマルクス』が二〇〇一年、『世界史の構造』が二〇一〇年の刊行だったので、ほぼ十年に一冊のペースで「主著」と呼べる書物を出してきたことになります。

マルクス主義において社会構成体の歴史は「生産様式」によって規定されてきました。柄谷はそれを「交換様式」で読み替えることを提案します。

交換様式A（互酬）
交換様式B（服従と保護）
交換様式C（商品交換）
交換様式D（Aの高次元での回復）

すでに『世界史の構造』で提示されていた枠組みですが、もちろん問題はDです。互酬の「高次元での回復」とは何なのか？　柄谷は交換様式の四つの段階を途方もない時間的／地理的なスケールで綿密かつシャープに辿り直しながら、Dの謎に迫っていきます。その際のキーワードが「力」です。

柄谷は交換という営みに「力」が宿ると述べます。それは「剰余価値」とは違う「観念的あるいは霊的な力」です。スピリチュアルな空気を感じるかもしれませんが、確かにそれは、ある種の宗教的な力だとは言えますが、特定の宗教のことではなく、あらゆる「宗教」の根源を成す、いわば「世界宗教」のエンジンとなるような力です。Aは異なる集団間の贈与の応酬です。定住によって、それはBに変化する。Bは「王」を、そして「国家」を生み出す。その発展段階のCは「貨幣」を生み、それは「資本」へと転化する。現在のC、すなわち資本主義は、多くの意味で行き詰まりを迎えているが、抜本的な対策は見えない。Cのマイナーチェンジでは最早どうしようもない限界に至りつつあるのだ、と柄谷は述べます。

柄谷はAとBとCのどの段階にも「力」が宿ると言っています。B＝国家の力は「怪獣」であり、C＝資本の力は「物神（フェティシズム）」です。それらは人間の意志を超えており、やがて必ず制御不能になる。そこで社会構成体の最初期段階のAに孕まれていたがB以後に見失われてしまった力を「高次元で回復」することによって、Cの乗り越えが可能なのではないか。このことに（無意識的に）気づいていた者として、マルクスが、エンゲルスが、トマス・ホッブズが、トーマス・モアが、エルンスト・ブロッホが、マックス・ヴェーバーが、次々と召喚されていきます。

ではDとはいったい何なのか。『力と交換様式』の結論は評価が分かれるかもしれません。柄谷はそれが具体的に何であるのかを述べていない、より精確に言えば、交換様式Dとはそのような仕方では述べられないものだと言っているのも同然であるからです。

では、国家や資本を揚棄すること、すなわち、交換様式でいえばBやCを揚棄することはできないのだろうか。できない。というのは、揚棄しようとすること自体が、それらを回復させてしまうからだ。唯一可能なのは、Aにもとづく社会を形成することである。が、それはローカルにとどまる。BやCの力に抑えこまれ、広がることができないからだ。ゆえに、それを可能にするのは、高次元でのAの回復、すなわち、Dの力によってのみである。

ところがDは、Aとは違って、人が願望し、あるいは企画することによって実現されるようなものではない。それはいわば〝向こう〟から来るのだ。この問題は、別に新しいものではない。古来、神学的な問題、すなわち「終末」や「反復」の問題として語られてきたことと相似するものである。つまり、「終末」とは、Dの〝反復〟、いいかえれば、Aの〝高次元での回復〟としてDが到来する、ということを意味する。

（『力と交換様式』）

『力と交換様式』を「希望」の書として受け取るか、これでは何も言っていないのと同じだと思うかは人それぞれでしょう。しかし柄谷行人という稀代の批評家にして思想家の、久々の、ひょっとしたら最後になるかもしれない本格的な仕事は大いに話題になりました。ちなみに刊行前に東京大学駒場キャンパスで開催されたシンポジウム「柄谷行人さんに聞く〜疫病、戦争、世界共和国」では國分功一郎が聞き手を務めました。（『柄谷行人『力と交換様式』を読む』二〇二三年に採録）。

『力と交換様式』は二〇二二年に、慈善家のニコラス・バーグルエンが「哲学のノーベル賞」を目指して二〇一六年に設立したバーグルエン哲学・文化賞を受賞しました。賞金はなんと百万ドル（受賞時のレートで約一億四千万円）です。『柄谷行人『力と交換様式』を読む』に収録されたインタビューによると当人も驚いたそうですが（当たり前ですね）、使い道はまだ決めていないと話しています。是非とも交換様式Dの招来に役立てて欲しいものです。

『観光客の哲学』――インターネット後の「公共性」を問う

二〇二三年夏、東浩紀は『観光客の哲学 増補版』と『訂正可能性の哲学』を立て続けに刊行しました。前者は『ゲンロン0 観光客の哲学』（二〇一七年）の増補改訂版、後者は新著です。二冊の議論は連続しており、実質的に「観光客と訂正可能性の哲学」と呼んでよい内容になっています。これに先立つ重要な著作として、ジャン＝ジャック・ルソー論『一般意志2.0――ルソー、フロイト、グーグル』（二〇一一年）や『弱いつながり――検索ワードを探す旅』（二〇一四年）などがあります。また東は本書旧版刊行の一年後の二〇一〇年四月に合同会社コンテクチュアズを設立、同社は二〇一二年四月に社名と法人格を株式会社ゲンロンに変更し、雑誌「ゲンロン」や単行本、メールマガジンの編集刊行やイベントスペース「ゲンロン・カフェ」の運営、一連のスクール（筆者も四期にわたって「批評再生塾」の主任講師を務めました）、インターネット上の放送プラットフォーム「シラス」など多岐にわたる事業を展開して現在に至っています（ゲンロンについては『ゲンロン戦記――「知の観客」をつくる』二〇二〇年に詳しく述べられています）。東のさまざまな活動は彼の著作や主張と密接に繋がっており、今やすべてを併せて彼の「思想」と呼んでいいのではないかと思います。

東は人間嫌いでありながら『社会契約論』を著したルソーを踏まえて、こう述べます。「人間は人間が好きではない。人間は社会をつくりたくない。にもかかわらず人間は現実には社会をつくる。言い換えれば、公共性などだれももちたくないのだが、にもかかわらず公共性をもつ。ぼくには、この逆説は、すべての人文学の根底にあるべき、決定的に重要な認識のように思われる」。そこで登場するのが「観光客」です。それは「特定の共同体にのみ属する「村人」でもなく、どの共同体にも属さない「旅人」でもなく、基本的には特定の共同体に属しつつ、ときおり別の共同体も訪れる」存在のことです（この三分法は『弱いつながり』ですでに提示されていました）。東の「観光客」は、文字通りの意味であると同時に一種のメタファーでもあります。それは他国に物見遊山に出かける者を指すだけではなく、インターネット以後の人間の生の様式を表しています。しかし「観光客」はけっして無責任な存在ではありません。現実世界でもネットでも、たまたま訪れた場所を好奇心の赴くまま見聞し、そこで出会う人々とかりそめの関係を結ぶこと、東はそこに新しいタイプの共感と連帯の可能性を見出そうとします。

観光客の哲学とは、政治の外部から立ち上がる政治についての哲学、動物と欲望から立ち上がる公共性についての哲学、グローバリズムが可能にする新たな他者についての哲学を意味している。

（『観光客の哲学 増補版』）

東はルソーの同時代人だったヴォルテールとカントに始まり、カール・シュミット、アレクサンドル・コジェーヴ、ハンナ・アーレントの議論を経由して、現代をナショナリズムとグローバリズムという二つの秩序原理が重なり合った「二層構造の時代」と名付けます。そして「リベラリズム（自由主義）」の現代的な可能性の二つの立場である「リバタリアニズム（自由至上主義）」をグローバリズムに、「コミュニタリアニズム（共同体主義）」をナショナリズムに、それぞれ紐付けます。「二層構造の時代」を生きる存在の様態として、東はネグリ＝ハートが『〈帝国〉』――グローバル化の世界秩序とマルチチュードの可能性』と『マルチチュード――〈帝国〉時代の戦争と民主主義』で提示した、ラテン語で「多数」や「民衆」という意味の「マルチチュード」に『存在論的、郵便的』以来の「誤配」によって偶然性を必然性へと転換させる「郵便的」というキーワードを接続します。「観光客」とは「郵便的マルチチュード」のことです。これに対してネグリたちのマルチチュードは、連帯の不可能性によって連帯を夢想する（現実には機能しない）「否定神学的マルチチュード」だとされます。つまりこれは東の「運動」論でもあります。そして東は、ネットワーク理論を援用し、かつてドゥルーズ＝ガタリ（と浅田彰）が提示した「ツリー」と「リゾーム」を「スモールワールド」と「スケールフリー」にアップデートして議論を進めていきます。

新たなマルチチュードは、リゾーム＝帝国そのものが生みだしたにもかかわらずその秩序を内部から切り崩すといった、正体不明の自己言及的な否定作用を名指す魔法の言葉なのではない。人文思想の世界はそのような魔法の言葉ばかりで、ぼくはその状況にうんざりして本書を書き始めた。ぼくが本書で提案する観光客、あるいは郵便的マルチチュードは、スモールワールドをスモールワールドたらしめた「つなぎかえ」あるいは誤配の操作を、スケールフリーの秩序に回収される手前で保持し続ける、抵抗の記憶の実践者になる。（同前）

『観光客の哲学』の第二部は「家族の哲学（導入）」と名付けられています。「観光客」の次は「家族」と、これまた哲学らしからぬワードですが、そこでの「導入」が『訂正可能性の哲学』に繋がっていきます。その前に確認しておくべきことは、「観光客」と「家族」という二つの概念を提出した『観光客の哲学』の旧版から増補版、そして『訂正可能性の哲学』までの間に新型コロナウイルス（COVID-19）が到来したことです。全世界を覆ったコロナ禍は「観光客」と「家族」の意味を大きく変えてしまいました。一時期は観光どころか外出さえ出来なくなりましたし、家族のあり方、家族との関わり方も、さまざまな影響を受けました。東の議論はこの不可逆的な変化も踏まえています。

訂正可能性に開かれた社会はいかに可能か?

『訂正可能性の哲学』は「家族」の話から始まります。東はウィトゲンシュタインの「家族的類似性」とソール・クリプキの「固有名」を踏まえて、次のように述べます。「本書が導入したい新しい「家族」の概念は、特定の固有名の再定義を不断に繰り返すことで持続する、一種の解釈共同体だと定義することができる」。そこで出てくるのが「訂正可能性」です。

家族とは、成員も規則もなにもかもが変わっていくにもかかわらず、参加者たちはなぜかみな「同じゲーム」を行い、「同じなにか」を守り続けていると信じている、そのような共同体のことである。ぼくたちはみな、そんな家族のゲームのなかに、いかなる同意もなく新しいプレイヤーとして生まれ落ちる。ゲームはすでに存在しているのだから、参加は強制的で、いかなる必然性もないように感じられる。

にもかかわらず、規則はつねに遡行して訂正可能なので、家族というゲームは拡張可能性に開かれてもいる。家族の参加者は、「同じ家族」の体裁を保ったまま内実をいくらでも変更することができる。養子を迎え入れることも、別の国に移住して別の家族と融合することも、あるいは一族と決別して新しい集団を立ち上げることもできる。そして、それでもずっと、自分たちは「同じ家族」であり、伝統を守り続けているのだと主張することができる。（『訂正可能性の哲学』）

東の言う「家族」が、いわゆる家族のこと（だけ）ではないということは明らかでしょう。「観光客」が単なる観光客のこと（のみ）ではなかったように、彼は実存と共同（体）性を論じているのです。「ぼくたちは常識に従うかぎり、共同体は閉じているか開かれているかのどちらかであり、ひとは友か敵かのどちらかだと考えてしまう。けれども現実には、共同体は閉じていて同時に開かれているということがありうるし、ひとも友でもなければ敵でもないということがありうる」。

『訂正可能性の哲学』の後半で、東はあらためてルソーに立ち返ります。ルソーの「社会契約」は、先行するトマス・ホッブズやジョン・ロックのそれとは大きく異なっていた。ホッブズやロックは「自然状態」を人間にとって好ましからざるものと捉え、それゆえ「社会」が必要なのだと論じた。ところがルソーは、むしろ「自然状態」の方が人間にとって幸せなのだと言っている。ホッブズやロックは人間が「社会」を作るのは孤独が耐え難いからだと述べたが、ルソーは彼自身がそうであったように孤独な方がよりよく生きることが出来ると考えていた。にもかかわらず彼は「社会契約」を提起した、これはどういうことなのか?

ルソーがなぜ一般意志と全体意志の区別を必要としたのか、その理由がここから推察できる。ホッブズやロックは一般意志の概念を必要としない。そこでは社会契約は、個人が私的な利害を守るためにこそ必要だと考えられていたからである。これはすなわち、社会は特殊意志の集積から、つまり全体意志からおのずと立ち上がってくるということを意味する。社会の成立を説明するためには、全体意志の概念だけで十分なのだ。

けれどもルソーの社会契約説ではそうはいかない。個人は自然状態のままで幸せに生きることができるのだから、社会契約は私的な利害から生まれる理由がない。特殊意志をいくら集めても、社会は立ち上がらない。それゆえルソーは、全体意志と区別される一般意志という新しい概念を導入し、社会の存在を特殊意志の集積から切り離す必要があったのである。(同前)

そして東は「特殊意志は実在する。全体意志も実在する。しかし一般意志は実在しない。それは社会が生まれたあと、「訂正」によって遡行的に発見されるものにすぎない」と述べます。それから彼は、成田悠輔や落合陽一の主張を「人工知能民主主義」と呼んで批判していきます。成田の『22世紀の民主主義——選挙はアルゴリズムになり、政治家はネコになる』（二〇二二年）では「無意識データ民主主義」とされているもので、テクノロジーの爆発的な進化（シンギュラリティ！）、具体的にはビッグデータや監視カメラ映像などの解析によって、無意識の「民意」をアルゴリズム的に算出し、自動的に最善の政策を決定する、というようなことです。東はそれを「訂正可能性」を持たないがゆえに否定します。「人工知能民主主義は、訂正可能性の実装で補われなければならないのだ」。

本人も認めていますが、実は成田や落合の主張は、東が『一般意志2.0』で提起していたものと非常によく似ています（その時はインターネットが新たな民主主義のインフラとして機能するというヴィジョンでした）。しかしそこにはすでに「訂正可能性」の可能性が潜在していたと東は言います。訂正のダイナミズムに開かれていない一般意志、訂正可能性を欠いた人工知能民主主義が消去してしまうもの、それは「私」の固有性です。

（前略）確かに人工知能からすれば「ぼく」も「ぼくに似た人々」も変わりはない。だからこそ行動予測が可能なのだから。

けれども現実に生きるぼくからすれば「ぼく」と「ぼくに似た人々」は大違いだ。後者がいくら死んでもぼくの人生に影響はないが、前者が死んだら終わりだ。人間は統計

の一部ではなく、固有の生を生きている。ひとは一回しか生きることができないし、一回しか死ぬことができない。（略）
したがってぼくは、人間の社会について考えるにあたり、その「私」という固有性の感覚に直面しない思想は、すべて原理的な欠陥を抱えていると考える。人工知能民主主義は現行の民主主義より効率的なのかもしれない。意志決定は迅速で、資源配分も巧みで、多くの人々を幸せにしてくれるのかもしれない。しかし、それでも、それが生の一回性を無視し、人々の意志を群れの表現としてしか理解することができないかぎりにおいて、けっして持続的な統治は実現できない。いくら人間を家畜のように管理するのが合理的だったとしても、実際には人間は家畜ではないので手痛いしっぺ返しに遭うだけだ。

（同前）

「だからぼくたちはけっして、民主主義の理念を、理性と計算だけで、つまり科学的で技術的な手段だけで実現しようとしてはならない」と東は述べています。成田悠輔や落合陽一に比べたら、東のこのようなスタンスは、保守的にも映るものかもしれません。「私の固有性」と「生の一回性」だなんて、今さら本気で言っているのかと。しかしもちろん彼は「真摯《ベタ》＝本気《マジ》」なのだと思います。だって、最初からずっとそうだったのですから。
『訂正可能性の哲学』に続いて、東浩紀はその応用編・実践編というべき『訂正する力』

を出しました（『観光客』と『訂正可能性』はゲンロンからの出版ですが、こちらは朝日新書です）。前二著で提示した理論をさまざまなアクチュアルな事象に縦横に適用した語り下ろしの状況論です。

さて、どうにか「現在」に追いついたようです。最初に掲げた問いに戻りましょう。「ニッポンの思想」は「歴史の終わり」に辿り着いてしまったのでしょうか？

そうかもしれません。でも、希望が皆無というわけでもありません。國分功一郎は、千葉雅也は、柄谷行人は、東浩紀は、それぞれの仕方で、今なお彼らにとっての「思想」を語ることを試み続けています。考えてみると、彼らの最新の「思想」には「ニッポン／日本」というトポスと歴史に限定されないグローバルな思考＝試行であるという共通点があります。そう、もはや問題は「ニッポン」の「思想」ではない、単に「思想」なのです。この意味で「ニッポンの思想」という「歴史＝物語」は、やはり、ひとつの終止符を打ったということになるのかもしれません。

けれども、ひとつの物語が終わった後も、歴史は、時間は、相変わらず続いていきます。そして人間が存在する限り、考えるべきことがなくなりはしない。

あるとき、どこかで、誰かが、自分と、自分以外のさまざまなことについて、真剣に考えてみること。それを「思想」と呼ぶのです。

文庫版あとがき

『ニッポンの思想』は講談社現代新書より二〇〇九年七月に刊行された。本書はその文庫版である。文庫化にあたって旧版から七年後に執筆した論考を改稿の上で追加し、新たに一章を書き下ろして増補決定版とした。

『ニッポンの思想』は私が初めて書いた新書だった。もっぱら芸術文化やサブカルチャーを論じてきた自分が「日本の現代思想」の歴史を著すことになるとは予想だにしていなかった。それだけに大きな挑戦だったが、幸いにも新書版は好評をもって迎えられ、版を重ねた。刊行から十年以上が過ぎても、何度も言及されているのを目にしたし、若い人から読んだと言われたりもした。だが、そのたびに二〇一〇年代＝テン年代以降の出来事が（当然ではあるが）書かれていないことへの後ろめたさのような感覚があった。

このたび、筑摩書房の永田士郎氏の申し出によって、こうして文庫化の運びとなり、旧版からのタイムラグを埋めることが出来たことを心から嬉しく思っている。もちろん、本書は一種の「入門」なので、書き切れないところ、書き足らないところは多々ある。だが、一九八〇年代以降の「ニッポンの思想」への扉としては、他にないタイプの書物になっているのではないかと思う。

講談社現代新書からは『ニッポンの思想』の後、『ニッポンの音楽』（二〇一四年）、『ニッポンの文学』（二〇一六年）を数年おきに刊行し、ほぼ同時代（『思想』と『文学』が一九八〇年代以降、『音楽』は一九七〇年代以降）の「歴史＝物語」を、それぞれのテーマに則して描いた「ニッポン三部作」として完結した（実は『ニッポンの映画』も構想していたのだが諸般の事情で実現しなかった）。本書に先駆けて『ニッポンの音楽』は二〇二二年末に「増補・決定版」として扶桑社より文庫化されている。併せてお読みいただければ幸いである。

講談社現代新書版の担当者だった岡本浩睦氏（現・講談社文庫出版部）にあらためて感謝を捧げたい。版元は変わったが、氏はこのたびの十六年ぶりのアップデートを心から喜んでくださった。

編集を担当された永田さんと、表紙のために作品を描き下ろしてくださった米澤柊さんに感謝します。

二〇二三年九月二十八日

佐々木　敦

参考文献

赤木智弘『若者を見殺しにする国——私を戦争に向かわせるものは何か』双風舎、二〇〇七年（朝日文庫、二〇一一年）
浅田彰『構造と力——記号論を超えて』勁草書房、一九八三年
同『逃走論——スキゾ・キッズの冒険』筑摩書房、一九八四年（ちくま文庫、一九八六年）
同『ヘルメスの音楽』筑摩書房、一九八五年（ちくま学芸文庫、一九九二年）
同『「歴史の終わり」を超えて』中央公論新社、一九九九年
東浩紀『存在論的、郵便的——ジャック・デリダについて』新潮社、一九九八年
同『動物化するポストモダン——オタクから見た日本社会』講談社現代新書、二〇〇一年
同『ゲーム的リアリズムの誕生——動物化するポストモダン2』講談社現代新書、二〇〇七年
同『郵便的不安たち』朝日新聞社、一九九九年（朝日文庫、二〇〇二年）
同『文学環境論集——東浩紀コレクションL』講談社BOX、二〇〇七年
同『情報環境論集——東浩紀コレクションS』講談社BOX、二〇〇七年
同『批評の精神分析——東浩紀コレクションD』講談社BOX、二〇〇七年
同『弱いつながり——検索ワードを探す旅』幻冬舎、二〇一四年（幻冬舎文庫、二〇一六年）
同『ゲンロン0　観光客の哲学』ゲンロン叢書、二〇一七年（増補版二〇二三年）
同『訂正可能性の哲学』ゲンロン叢書、二〇二三年
同『ゲンロン戦記——「知の観客」をつくる』中公新書ラクレ、二〇二〇年
同『不過視なものの世界』朝日新聞社、二〇〇〇年

東浩紀、北田暁大『東京から考える――格差・郊外・ナショナリズム』日本放送出版協会、二〇〇七年
東浩紀、桜坂洋『キャラクターズ』新潮社、二〇〇八年
雨宮処凛『生きさせろ！――難民化する若者たち』太田出版、二〇〇七年
同『プレカリアート――デジタル日雇い世代の不安な生き方』新書y、二〇〇七年
安藤礼二『光の曼陀羅――日本文学論』講談社、二〇〇八年（講談社文芸文庫、二〇一六年）
同『折口信夫』講談社、二〇一四年
井狩春男『返品のない月曜日』筑摩書房、一九八九年
上野俊哉『アーバン・トライバル・スタディーズ――パーティ、クラブ文化の社会学』月曜社、二〇〇五年、二〇一七年増補新版
内田樹『「おじさん」的思考』晶文社、二〇〇二年（角川文庫、二〇一一年）
同『期間限定の思想――「おじさん」的思考2』晶文社、二〇〇二年（角川文庫、二〇一一年）
同『寝ながら学べる構造主義』文春新書、二〇〇二年
同『私家版・ユダヤ文化論』文春新書、二〇〇六年
同『下流志向――学ばない子どもたち、働かない若者たち』講談社、二〇〇七年（講談社文庫、二〇〇九年）
同『日本辺境論』新潮新書、二〇〇九年
宇野常寛『ゼロ年代の想像力――「失われた10年」の向こう側』早川書房、二〇〇八年
同『リトル・ピープルの時代』幻冬舎、二〇一一年（幻冬舎文庫、二〇一五年）
大澤信亮『神的批評』新潮社、二〇一〇年
同『新世紀神曲』新潮社、二〇一三年
大塚英志『戦後民主主義のリハビリテーション――論壇でぼくは何を語ったか』角川書店、二〇〇一年（角川

文庫、二〇〇五年）
同『少女たちの「かわいい」天皇――サブカルチャー天皇論』角川書店、二〇〇三年
同『定本　物語消費論』角川文庫、二〇〇一年
同『「おたく」の精神史――一九八〇年代論』講談社現代新書、二〇〇四年（朝日文庫、二〇〇七年）
同『サブカルチャー反戦論』角川文庫、二〇〇三年
大塚英志、東浩紀『リアルのゆくえ――おたく／オタクはどう生きるか』講談社現代新書、二〇〇八年
加藤典洋『敗戦後論』講談社、一九九七年（ちくま文庫、二〇〇五年）
香山リカ『ポケットは80年代がいっぱい』バジリコ、二〇〇八年
柄谷行人『終焉をめぐって』講談社、一九九〇年（講談社学術文庫、一九九五年）
同『探究Ⅰ』講談社、一九八六年（講談社学術文庫、一九九二年）
同『探究Ⅱ』講談社、一九八九年（講談社学術文庫、一九九四年）
同『隠喩としての建築』講談社、一九八三年（講談社学術文庫、一九八九年）
同『内省と遡行』講談社、一九八五年（講談社学術文庫、一九八八年）
同『ヒューモアとしての唯物論』筑摩書房、一九九三年（講談社学術文庫、一九九九年）
同『トランスクリティーク――カントとマルクス』批評空間、二〇〇一年
同『可能なるコミュニズム』太田出版、二〇〇〇年
同『NAM―原理』太田出版、二〇〇〇年
同『NAM生成』NAM、二〇〇一年
同『世界史の構造』岩波書店、二〇一〇年（岩波現代文庫、二〇一五年）
同『力と交換様式』岩波書店、二〇二二年
同『批評とポスト・モダン』福武書店、一九八五年

同『マルクスその可能性の中心』講談社、一九七八年（講談社学術文庫、一九九〇年）
同『日本近代文学の起源』講談社、一九八〇年
同『近代文学の終わり』インスクリプト、二〇〇五年
同『世界共和国へ――資本＝ネーション＝国家を超えて』岩波新書、二〇〇六年
柄谷行人、坂本龍一、村上龍、浅田彰、山城むつみ、NAM学生（編集）『NAM生成』NAM、二〇〇一年
栗本慎一郎『パンツをはいたサル』光文社、一九八一年
國分功一郎『スピノザの方法』みすず書房、二〇一一年
同『暇と退屈の倫理学』朝日出版社、二〇一一年（新潮文庫、二〇二一年）
同『ドゥルーズの哲学原理』岩波現代全書、二〇一三年
同『来るべき民主主義――小平市都道328号線と近代政治哲学の諸問題』幻冬舎新書、二〇一三年
同『近代政治哲学――自然・主権・行政』ちくま新書、二〇一五年
同『民主主義を直感するために』晶文社、二〇一六年
同『中動態の世界――意志と責任の考古学』医学書院、二〇一七年
同『原子力時代における哲学』晶文社、二〇一九年
同『はじめてのスピノザ――自由へのエチカ』講談社現代新書、二〇二〇年
同『スピノザ――読む人の肖像』岩波新書、二〇二二年
小林秀雄『様々なる意匠』改造社、一九三四年（小林秀雄全作品1、新潮社、二〇〇二年）
小林よしのり『ゴーマニズム宣言』扶桑社、一九九三年
同『新ゴーマニズム宣言SPECIAL 戦争論』幻冬舎、一九九八年
同『新ゴーマニズム宣言SPECIAL 靖國論』幻冬舎、二〇〇五年
同『ゴーマニズム宣言SPECIAL 天皇論』小学館、二〇〇九年

小森陽一『ポストコロニアル』岩波書店、二〇〇一年
同『天皇の玉音放送』五月書房、二〇〇三年
佐々木中『夜戦と永遠――フーコー・ラカン・ルジャンドル』以文社、二〇〇八年（河出文庫、二〇一一年）
同『切りとれ、あの祈る手を――〈本〉と〈革命〉をめぐる五つの夜話』河出書房新社、二〇一〇年
椹木野衣『日本・現代・美術』新潮社、一九九八年
白井聡『未完のレーニン――〈力〉の思想を読む』講談社選書メチエ、二〇〇七年（講談社学術文庫、二〇二一年）
同『永続敗戦論』太田出版、二〇一三年（講談社＋α文庫、二〇一六年）
絓秀実『革命的な、あまりに革命的な――「1968年の革命」史論』作品社、二〇〇三年（ちくま学芸文庫、二〇一八年）
同『JUNKの逆襲』作品社、二〇〇四年
同『1968年』ちくま新書、二〇〇六年
同『吉本隆明の時代』作品社、二〇〇八年
同『反原発の思想史――冷戦からフクシマまで』筑摩選書、二〇一二年
同『天皇制の隠語』航思社、二〇一四年
高橋哲哉『戦後責任論』講談社、一九九九年（講談社学術文庫、二〇〇五年）
同『歴史／修正主義』岩波書店、二〇〇一年
同『靖国問題』ちくま新書、二〇〇五年
千葉雅也『動きすぎてはいけない――ジル・ドゥルーズと生成変化の哲学』河出書房新社、二〇一三年（河出文庫、二〇一七年）
同『別のしかたで――ツイッター哲学』河出書房、二〇一四年（『河出文庫、二〇二〇年）

同『勉強の哲学——来るべきバカのために』文藝春秋、二〇一七年（文春文庫、二〇二〇年）
同『思弁的実在論と現代について——千葉雅也対談集』青土社、二〇一八年
同『メイキング・オブ・勉強の哲学』文藝春秋、二〇一八年
同『意味がない無意味』河出書房新社、二〇一八年
同『欲望会議「超」ポリコレ宣言』KADOKAWA、二〇一八年（角川ソフィア文庫、二〇二一年）
同『アメリカ紀行』文藝春秋、二〇一九年（文春文庫、二〇二二年）
同『ライティングの哲学——書けない悩みのための執筆論』共著、星海社新書、二〇二一年
同『現代思想入門』講談社現代新書、二〇二二年
坪内祐三『後ろ向きで前へ進む』晶文社、二〇〇二年
鶴見済『完全自殺マニュアル』太田出版、一九九三年
中沢新一『チベットのモーツァルト』せりか書房、一九八三年（講談社学術文庫、二〇〇三年）
『雪片曲線論』青土社、一九八五年（中公文庫、一九八八年）
同『対称性人類学』講談社選書メチエ、二〇〇四年
同『狩猟と編み籠——対称性人類学Ⅱ』講談社、二〇〇八年
同『三位一体モデル』東京糸井重里事務所、二〇〇六年
仲正昌樹『ポスト・モダンの左旋回』世界書院、二〇〇二年（作品社、増補新版二〇一七年）
中森明夫、田口賢司、野々村文宏『卒業——Kyon^{2}に向けて』朝日出版社、一九八五年
成田悠輔『22世紀の民主主義——選挙はアルゴリズムになり、政治家はネコになる』SB新書、二〇二二年
蓮實重彦『批評あるいは仮死の祭典』せりか書房、一九九〇年
同『表層批評宣言』筑摩書房、一九七九年（ちくま文庫、一九八五年）
同『物語批判序説』中央公論社、一九八五年（中公文庫、一九九〇年）

同『小説から遠く離れて』日本文芸社、一九八九年（河出文庫、一九九四年）
同『フーコー・ドゥルーズ・デリダ』朝日出版社、一九七八年（河出文庫、一九九五年）
同『凡庸さについてお話させていただきます』中央公論社、一九八六年
蓮實重彥、柄谷行人『闘争のエチカ』河出書房新社、一九八八年
濱野智史『アーキテクチャの生態系——情報環境はいかに設計されてきたか』青土社、二〇〇八年（ちくま文庫、二〇一五年）
同『前田敦子はキリストを超えた——〈宗教〉としてのAKB48』ちくま新書、二〇一二年
福嶋亮大『神話が考える——ネットワーク社会の文化論』青土社、二〇一〇年
同『復興文化論——日本的創造の系譜』青土社、二〇一三年
同『厄介な遺産——日本近代文学と演劇的想像力』青土社、二〇一六年
福田和也『グロテスクな日本語』洋泉社、一九九五年
同『甘美な人生』新潮社、一九九五年（ちくま学芸文庫、二〇〇〇年）
同『日本の家郷』新潮社、一九九三年（洋泉社MC新書、二〇〇九年）
同『奇妙な廃墟——フランスにおける反近代主義の系譜とコラボラトゥール』ちくま学芸文庫、二〇〇二年
同『保田與重郎と昭和の御代』文藝春秋、一九九六年
同『南部の慰安——福田和也文芸評論集』文藝春秋、一九九八年
同『近代の拘束、日本の宿命』文春文庫、一九九八年
同『江藤淳という人』新潮社、二〇〇〇年
福田和也、香山リカ『「愛国」問答——これは「ぷちナショナリズム」なのか』中公新書ラクレ、二〇〇三年
福田和也、小林よしのり、西部邁、佐伯啓思『国家と戦争——徹底討議』飛鳥新社、一九九九年

福田和也、島田雅彦『世紀末新マンザイ――パンク右翼vs.サヨク青二才』文藝春秋、一九九八年
松本哉『貧乏人の逆襲！――タダで生きる方法』筑摩書房、二〇〇八年（ちくま文庫、二〇一一年）
松本哉、二木信編『素人の乱』河出書房新社、二〇〇八年
丸山眞男『日本の思想』岩波新書、一九六一年
宮台真司『終わりなき日常を生きろ』筑摩書房、一九九五年（ちくま文庫、一九九八年）
同『権力の予期理論――了解を媒介にした作動形式』勁草書房、一九八九年
同『制服少女たちの選択』講談社、一九九四年（朝日文庫、二〇〇六年）
同『透明な存在の不透明な悪意』春秋社、一九九七年
同『まぼろしの郊外――成熟社会を生きる若者たちの行方』朝日新聞社、一九九七年
同『援交から革命へ――多面的解説集』ワニブックス、二〇〇〇年
同『援交から天皇へ――COMMETARIES: 1995-2002』朝日新聞社、二〇〇二年
同『絶望　断念　福音　映画――「社会」から「世界」への架け橋』メディアファクトリー、二〇〇四年
同『〈世界〉はそもそもデタラメである』メディアファクトリー、二〇〇八年
村上裕一『ゴーストの条件――クラウドを巡礼する想像力』講談社、二〇一一年
毛利嘉孝、上野俊哉『カルチュラル・スタディーズ入門』ちくま新書、二〇〇〇年
同『実践カルチュラル・スタディーズ』ちくま新書、二〇〇二年
毛利嘉孝『文化＝政治――グローバリゼーション時代の空間叛乱』月曜社、二〇〇三年
同『ポピュラー音楽と資本主義』せりか書房、二〇〇七年、二〇一二年増補版
同『ストリートの思想――転換期としての１９９０年代』ＮＨＫブックス、二〇〇九年
湯浅誠『反貧困――「すべり台社会」からの脱出』岩波新書、二〇〇八年
渡邉大輔『イメージの進行形――ソーシャル時代の映画と映像文化』人文書院、二〇一二年

アラン・ソーカル、ジャン・ブリクモン『「知」の欺瞞』（田崎晴明、大野克嗣、堀茂樹訳）岩波書店、二〇〇〇年
アントニオ・ネグリ、マイケル・ハート『〈帝国〉――グローバル化の世界秩序とマルチチュードの可能性』（水嶋一憲、酒井隆史、浜邦彦、吉田俊実訳）、以文社、二〇〇三年
ジャン＝フランソワ・リオタール『ポスト・モダンの条件』（小林康夫訳）水声社、一九八九年
マトゥラーナ＝バレーラ『知恵の樹――生きている世界はどのようにして生まれるのか』朝日新聞社、一九八七年
ミシェル・フーコー『監獄の誕生――監視と処罰』（田村俶訳）新潮社、一九七七年

「朝日ジャーナル」一九八四年四月、朝日新聞社
「現代思想」一九七八年十二月臨時増刊号、青土社
「現代思想」一九八三年五月号、青土社
「別冊宝島　わかりたいあなたのための現代思想・入門」ＪＩＣＣ出版局、一九八四年（宝島社文庫、二〇〇〇年）
「別冊宝島　わかりたいあなたのための現代思想・入門Ⅱ　日本編」ＪＩＣＣ出版局、一九八六年
「思想地図 vol.1」日本放送協会出版、二〇〇八年
「諸君！」一九九五年八月号、文藝春秋
「新現実 vol.2」角川書店、二〇〇三年
「批評空間」第Ⅱ期第21号、太田出版、一九九九年
「文學界」一九八九年二月号、文藝春秋
「論座」二〇〇七年一月号、朝日新聞社
「論座」二〇〇八年五月号、朝日新聞社

【や】

【ら】

【わ】

【た】

【な】

【は】

【ま】

人名索引

本書は、二〇〇九年七月二〇日に講談社現代新書として刊行された『ニッポンの思想』に加筆修正を加え、「第九章　ストーリーを続けよう？（On with the Story?）」「第十章　二〇二〇年代の「ニッポンの思想」」を増補して文庫化したものです。

人名はすべて敬称を省略し、肩書きは当時のままとしました。

理不尽な進化 増補新版　吉川浩満

進化論の面白さはどこにあるのか？ 科学者の論争を整理し、俗説を覆し、進化論の核心をしめす。アートとサイエンスを鮮やかに結ぶ現代の名著。（養老孟司）

人間の解剖はサルの解剖のための鍵である 増補新版　吉川浩満

主体性と合理性が切り崩された先の「人間の定義」とは？ 「当代屈指の読書家による細密で浩瀚なキーコンセプトガイド」（東浩紀）を文庫化。（大澤真幸）

武道的思考　内田樹

「いのちがけ」の事態を想定し、心身の感知能力を高める技法である武道には叡智が満ちている！ 気持ちがシャキッとなる達見の武道論。（安田登）

ちぐはぐな身体《からだ》　鷲田清一

ファッションは、だらしなく着くずすことから始まる。中高生の制服の着崩し、コムデギャルソン、刺青等から身体論を語る。（永江朗）

増補 戦う姫、働く少女　河野真太郎

ジブリの少女たちやディズニープリンセスは何と戦ったのか。現代社会の問題をポップカルチャーから読みとく新しい文芸批評。大幅増補で文庫化。

生き延びるためのラカン　斎藤環

幻想と現実が接近しているこの世界で、できるだけリアルに生き延びるためのラカン解説書にして精神分析入門書。カバー絵・荒木飛呂彦（中島義道）

「読まなくてもいい本」の読書案内　橘玲

時間は有限だから「古いパラダイムで書かれた本」は捨てよう！ 「今、読むべき本」が浮かび上がる驚きの読書術。文庫版書き下ろしを付加。（吉川浩満）

父が子に語る日本史　小島毅

歴史の見方に「唯一」なんてあり得ない。君にはそれを知ってほしい――。一国史的視点から解放される、ユーモア溢れる日本史ガイド！（保立道久）

傷を愛せるか 増補新版　宮地尚子

傷がそこにあることを認め、受け入れ、傷のまわりをそっとなぞること――。トラウマ研究の第一人者による深く沁みとおるエッセイ。（天童荒太）

ゼロから始めるジャック・ラカン　片岡一竹

現代思想における震源地のひとつであるラカン。その核心に実践臨床から迫る超入門の書。『疾風怒濤精神分析入門』増補改訂版。（向井雅明）

ちくま文庫

ニッポンの思想《しそう》 増補《ぞうほ》新版《しんぱん》

二〇二三年十二月十日 第一刷発行

著 者 佐々木敦（ささき・あつし）
発行者 喜入冬子
発行所 株式会社 筑摩書房
東京都台東区蔵前二―五―三 〒一一一―八七五五
電話番号 〇三―五六八七―二六〇一（代表）
装幀者 安野光雅
印刷所 星野精版印刷株式会社
製本所 株式会社積信堂

ISBN978-4-480-43914-7 C0110